INSTRUCTOR'S ANNOTATED EDITION   **FOURTH EDITION**

Sueña

Español sin barreras | Curso intermedio breve

José A. Blanco

C. Cecilia Tocaimaza-Hatch

VISTA®
HIGHER LEARNING

Boston, Massachusetts

Publisher: José A. Blanco

Editorial Development: Judith Bach, Deborah Coffey, María Victoría Echeverri, Jo Hanna Kurth

Project Management: Sally Giangrande, Faith Ryan

Rights Management: Jorgensen Fernandez, Ashley Poreda

Technology Production: Egle Gutiérrez, Paola Ríos Schaaf

Design: Radoslav Mateev, Sara Montoya, Gabriel Noreña, Andrés Vanegas

Production: Oscar Díez, Sebastián Díez Pérez

Student Text ISBN (Perfectbound): 978-1-68005-716-4
Student Text ISBN (Loose-Leaf): 978-1-68005-717-1

Instructor's Annotated Edition ISBN: 978-1-68005-718-8

Library of Congress Control Number: 2017949821

1 2 3 4 5 6 7 8 9 WC 22 21 20 19 18 17

INSTRUCTOR'S ANNOTATED EDITION

Table of Contents

The Vista Higher Learning Story
Your Specialized World Language Publisher

Independent, specialized, and privately owned, Vista Higher Learning was founded in 2000 with one mission: to raise the teaching and learning of world languages to a higher level. This mission is based on the following beliefs:

- It is essential to prepare students for a world in which learning another language is a necessity, not a luxury.
- Language learning should be fun and rewarding, and all students should have the tools they need to achieve success.
- Students who experience success learning a language will be more likely to continue their language studies both inside and outside the classroom.

With this in mind, we decided to take a fresh look at all aspects of language instructional materials. Because we are specialized, we dedicate 100 percent of our resources to this goal and base every decision on how well it supports language learning.

That is where you come in. Since our founding, we have relied on the invaluable feedback of language instructors and students nationwide. This partnership has proved to be the cornerstone of our success by allowing us to constantly improve our programs to meet your instructional needs.

The result? Programs that make language learning exciting, relevant, and effective through:

- unprecedented access to resources
- a wide variety of contemporary, authentic materials
- the integration of text, technology, and media, and
- a bold and engaging textbook design.

By focusing on our singular passion, we let you focus on yours.

The Vista Higher Learning Team

VISTA®
HIGHER LEARNING

500 Boylston Street, Suite 620, Boston, MA 02116-3736 TOLL-FREE: 800-618-7375
TELEPHONE: 617-426-4910 FAX: 617-426-5209 www.vistahigherlearning.com

Getting to Know SUEÑA

SUEÑA, Fourth Edition, is a market-leading intermediate Spanish program designed to provide students with an active and rewarding learning experience as they strengthen their language skills and develop their cultural competency. **SUEÑA** takes an interactive, communicative approach. It focuses on real communication in meaningful contexts to develop and consolidate students' speaking, listening, reading, and writing skills. **SUEÑA** features a fresh, magazine-like design that engages students while integrating thematic, cultural, and grammatical concepts within every section of the text.

NEW to the Fourth Edition

- Supersite offers more powerful course management tools and a simplified user experience with iPad®-friendly* features

- Three new authentic short films: **Café para llevar** (lesson 1), **Desconexión** (lesson 3), **Sin palabras** (lesson 4)

- Two new **Literatura** readings: **Una lucha muy personal** by Mercè Sarrias (lesson 2), **Pájaros prohibidos** by Eduardo Galeano (lesson 6)

- Five new **Cultura en pantalla** TV clips, aligned with the **Cultura** readings

- **News and Cultural Updates** on the Supersite provide current, real-world connections to language and culture via authentic articles and videos, and include pre-, during, and post-reading and viewing activities. New selections are added monthly.

- **Vocabulary Tools**: customizable word lists with multiple practice modes, and flashcards with audio and options for English translations

- Redesigned textbook icons, including easy-to-identify chat activities

- Task-based activities—for more language practice

- Audioscripts for Virtual Chat activities

Plus, the original hallmark features of SUEÑA

- Authentic short films by award-winning Hispanic filmmakers and a wide range of pre- and post-viewing activities

- Dramatic photos and thought-provoking discussion questions

- Real-life, practical vocabulary related to the lesson theme followed by directed and communicative activities

- Rich, contemporary cultural presentations, including **Flash Cultura** video and TV clips

- Clear, comprehensive grammar explanations followed by thematically and culturally relevant activities

- **Manual de gramática** supplemental grammar explanations and practice for every lesson at the back of the book

- Authentic literary selections including poems and short stories

*Students must use a computer for audio recording and select presentations.

CONTENIDO

	PARA EMPEZAR	CORTOMETRAJE	SUEÑA

CONTENIDO

	PARA EMPEZAR	CORTOMETRAJE	SUEÑA

Lección 5
Las riquezas naturales
	Nuestro mundo. **160**
	  los animales
	  la ecología
	  los fenómenos naturales
	  la naturaleza
		Raíz (17 min). 162
		España 2003
		Director: Gaizka Urresti
			Colombia, Ecuador y Venezuela .168
			GALERÍA DE CREADORES:
			Marisol Escobar, Gabriel García
			Márquez, Oswaldo Guayasamín,
			Carolina Herrera 170
			FLASH CULTURA: Un bosque
			tropical 173

Lección 6
El valor de las ideas
	Creencias e ideologías **198**
	  la gente
	  las leyes y los derechos
	  la política
	  la seguridad y la amenaza
		Hiyab (8 min) 200
		España 2005
		Director: Xavi Sala
			Chile 206
			GALERÍA DE CREADORES:
			Isabel Allende, Miguel Littín,
			Roberto Matta, Violeta Parra. . . .208
			FLASH CULTURA: Puerto Rico:
			¿nación o estado?. 211

Icons

Familiarize yourself with these icons that appear throughout **SUEÑA**.

 Content on the Supersite: audio, video, and presentations

 Activity on the Supersite

 Pair activity

 Group activity

 Partner Chat activity

Additional practice on the Supersite, not included in the textbook, is indicated with this icon feature:

 Practice more at **vhlcentral.com.**

The SUEÑA Supersite

The **SUEÑA** Supersite is your online source for integrating text and technology resources. The Supersite enhances language learning and facilitates simple course management. With powerful functionality, a focus on language learning, and a simplified user experience, the Supersite offers features based directly on feedback from thousands of users.

Student Friendly

Make it a cinch for students to track due dates, save work, and access all assignments and resources.

Set-Up Ease

Customize your course and section settings, create your own grading categories, plus copy previous settings to save time.

All-in-One Gradebook

Add your own activities or use the grade adjustment tool for a true, cumulative grade.

Grading Options

Choose to grade student-by-student, question-by-question, or spot check. Plus, give targeted feedback via in-line editing and voice comments.

Accessible Student Data

Conveniently share information one-on-one, or issue class reports in the formats that best fit you and your department.

Instructor resources include:

- A gradebook to manage classes, view rosters, set assignments, and manage grades
- A communication center for announcements and notifications
- Downloadable and editable task-based activities, sample syllabus, sample lesson plan, and Testing Program
- Instructor Resources (answer keys, audioscripts, videoscripts, translations, grammar slides, and teaching suggestions)
- **NEW!** Online Instructor's Edition with teaching suggestions, annotations, and the ability to add notes.
- Online administration of quizzes and exams, now with time limits and password protection
- Tools to add your own content to the Supersite:
    - Create and assign Partner Chat and open-ended activities
    - Upload and assign videos and outside resources
- Single sign-on feature for integration with your school's LMS
- Lab and Testing Audio Program MP3 files
- Live Chat for video chat, audio chat, and instant messaging
- Forums for oral assignments, group discussions, and projects
- v̂Text online interactive student edition with access to Supersite activities, audio, and video

Supersite

Each section of the textbook comes with resources and activities on the **SUEÑA** Supersite, many of which are auto-graded with immediate feedback. Plus, the Supersite is iPad®-friendly*, so it can be accessed on the go! Visit **vhlcentral.com** to explore this wealth of exciting resources.

PARA EMPEZAR
- Audio of the **Vocabulary** with recording activity for oral practice
- Textbook and extra practice activities
- Partner Chat and Virtual Chat activities for increased oral practice

CORTOMETRAJE
- Streaming video of the short film with instructor-controlled options for subtitles
- Pre- and post-viewing activities
- Partner Chat and Virtual Chat activities for increased oral practice

SUEÑA
- Main **SUEÑA** cultural reading
- Streaming video of **Flash Cultura** cultural video
- Auto-graded textbook and extra practice activities
- Virtual Chat activity for increased oral practice

ESTRUCTURAS
- Textbook grammar presentations
- Animated grammar tutorials
- Textbook and extra practice activities
- Partner Chat activities for increased oral practice
- **Repaso** self-test

CULTURA
- Audio-synced reading of the main **CULTURA** text
- Textbook and extra practice activities
- Partner Chat and Virtual Chat activities for increased oral practice
- Streaming video of **Cultura en pantalla** TV clips

LITERATURA
- Audio-synced reading of the literary text
- Textbook and extra practice activities
- Partner Chat and Virtual Chat activities for increased oral practice
- **Plan de redacción** composition activity

VOCABULARIO
- Vocabulary list with audio
- Vocabulary Tools: customizable word lists, flashcards with audio

MANUAL DE GRAMÁTICA
- Textbook grammar presentations
- Practice activities with immediate feedback

Plus! Also found on the Supersite:
- Lab audio MP3 files
- Forums for oral assignments, group presentations, and projects
- Live Chat to connect with students in real time, without leaving your browser (instant messaging, audio chat, video chat)
- Communication center for instructor notifications and feedback
- A single gradebook for all Supersite activities
- WebSAM online Student Activities Manual (Workbook, Lab Manual)
- v̂Text online, interactive student edition with access to Supersite activities, audio, and video.

Supersite features vary by access level.
*Students must use a computer for audio recording and select presentations.

CONTENIDO

outlines the content and themes of each lesson.

Lesson opener The first two pages introduce you to the lesson theme. Dynamic photos and brief descriptions of the theme's film, culture topics, and readings serve as a springboard for class discussion.

Lesson overview A lesson outline prepares you for the linguistic and cultural topics you will study in the lesson.

Supersite

Supersite resources are available for every section of the lesson at **vhlcentral.com.** Icons show you which textbook activities are also available online, and where additional practice activities are available. The description next to the ⓢ icon indicates what additional resources are available for each section: videos, audio recordings, readings and presentations, and more!

Supersite features vary by access level.

PARA EMPEZAR

practices the lesson vocabulary with thematic activities.

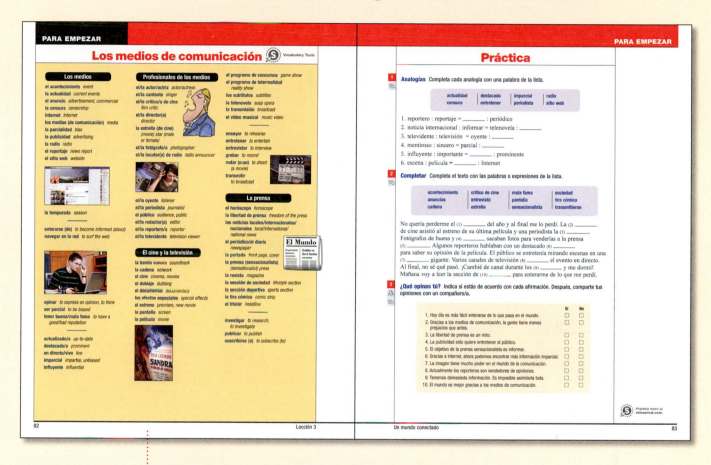

Vocabulary Easy-to-study thematic lists present useful vocabulary.

Photos and illustrations Dynamic, full-color photos and art illustrate selected vocabulary terms.

Práctica This set of activities practices vocabulary in diverse formats and engaging contexts.

Ⓢupersite

- Audio recordings of all vocabulary items

- All textbook activities including Partner Chat activities

- Additional online-only Virtual Chat activities and practice activities

Supersite features vary by access level.

CORTOMETRAJE

features award-winning short films by contemporary Hispanic filmmakers.

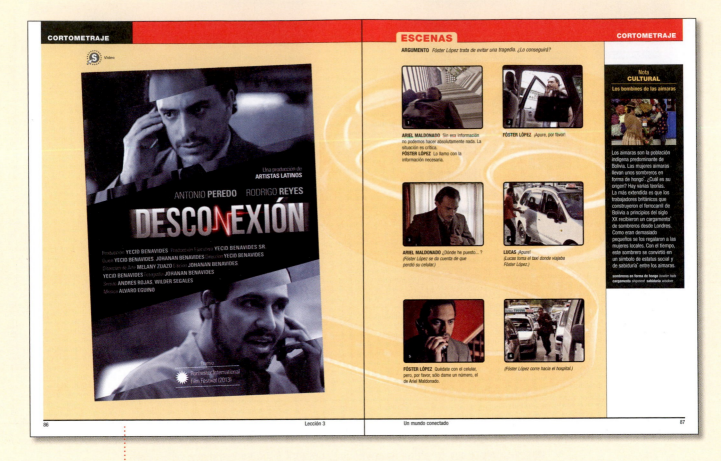

Films Compelling short films from three different countries let you see and hear Spanish in its authentic contexts. Films are thematically linked to the lessons.

Escenas Video stills with captions from the film prepare you for the film and introduce some of the expressions you will encounter.

Notas culturales These sidebars with cultural information related to the **Cortometraje** help you understand the cultural context and background surrounding the film.

Supersite

- Streaming video of short films with instructor-controlled subtitle options

Supersite features vary by access level.

PREPARACIÓN and ANÁLISIS

provide pre- and post-viewing support for each film.

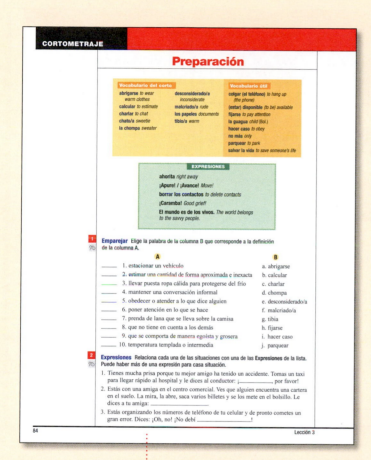

Preparación Pre-viewing activities set the stage for the film by providing vocabulary support, background information, and opportunities to anticipate the film content.

Análisis Post-viewing activities check your comprehension and allow you to explore broader themes from the film in relation to your own life.

Ⓢupersite

- All textbook activities including Partner Chat activities

- Additional online-only Virtual Chat and practice activities

Supersite features vary by access level.

SUEÑA

simulates a voyage to the featured country or region.

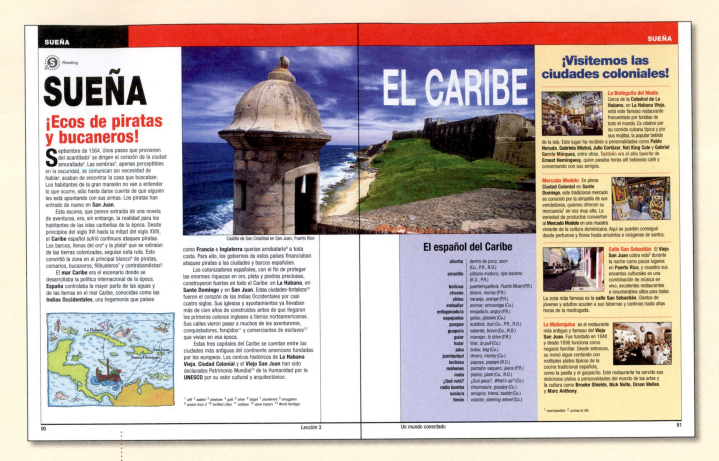

Magazine-like design Each reading is presented in the attention-grabbing visual style you would expect from a magazine.

Readings Dynamic readings draw your attention to culturally significant locations, traditions, and monuments of the country or region.

El español de... Terms and expressions specific to the country or region are highlighted in easy-to-reference lists.

Supersite

- All reading selections

Supersite features vary by access level.

GALERÍA DE CREADORES

profiles important cultural and artistic figures from the region.

Profiles and dramatic images Brief descriptions provide a synopsis of the featured person's life and cultural importance. Colorful photos show you their faces and artistic creations.

Activities **¿Qué aprendiste?** activities check your comprehension of the **Sueña** and **Galería de creadores** readings and lead you to further exploration.

Ⓢupersite

• All reading selections

• Textbook activities and online-only Virtual Chat and comprehension activities

Supersite features vary by access level.

FLASH CULTURA

features mini-interviews with Spanish speakers.

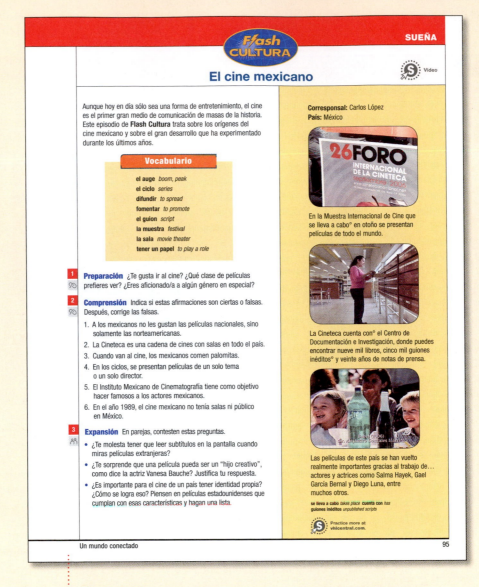

Flash Cultura Each lesson features a video shot in the form of a news broadcast.

Activities Video stills and **Preparación** activities provide visual and linguistic cues to help prepare you for watching the video. **Comprensión** and **Expansión** activities help you get the most out of it.

Supersite

- Streaming **Flash Cultura** video with instructor-controlled subtitle options

Supersite features vary by access level.

ESTRUCTURAS

presents key intermediate grammar topics with detailed visual support.

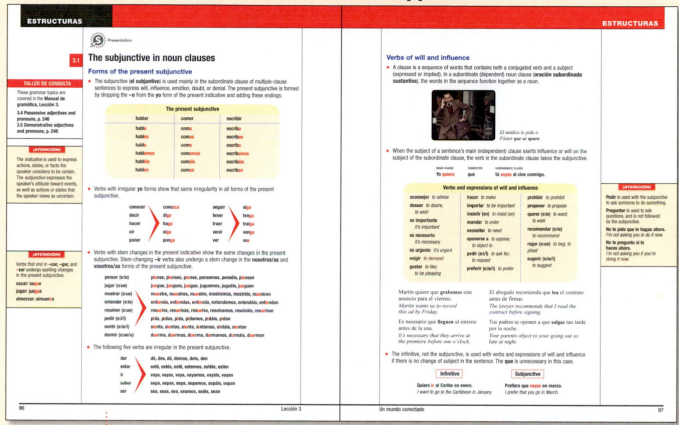

Integration of Cortometraje Photos with quotes or captions from the lesson's short film show the new grammar structures in meaningful contexts.

Charts and diagrams Colorful, easy-to-understand charts and diagrams highlight key grammar structures and related vocabulary.

Grammar explanations Explanations are written in clear, easy-to-understand language for reference both in and out of class.

Atención These sidebars expand on the current grammar point and call attention to possible sources of confusion.

Taller de consulta These sidebars reference relevant grammar points presented actively in **Estructuras**, and refer you to the supplemental **Manual de gramática** found at the end of the book.

Supersite

- Grammar presentations
- Animated grammar tutorials

Supersite features vary by access level.

ESTRUCTURAS

progresses from directed to communicative practice.

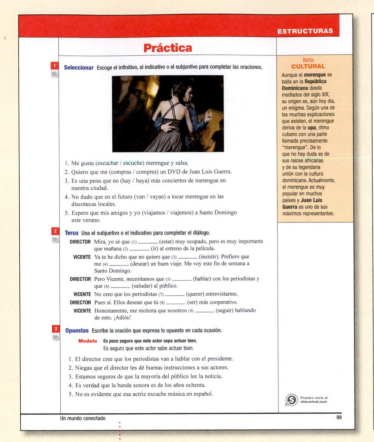

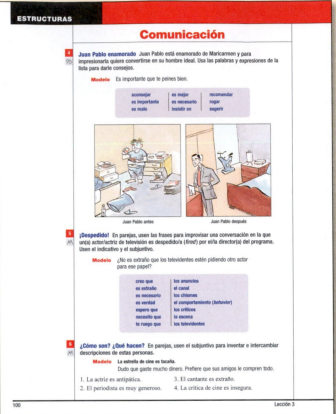

Práctica Directed exercises support you as you begin working with the grammar structures, helping you master the forms you need for personalized communication.

Comunicación Open-ended, communicative activities help you internalize the grammar point in a range of contexts involving pair and group work.

Manual de gramática Practice for grammar points related to those taught in **Estructuras** are included for review and/or enrichment at the end of the book.

⑤upersite

- All textbook activities including Partner Chat activities

- Additional online-only practice activities

- **Manual de gramática** with corresponding activities

Supersite features vary by access level.

SÍNTESIS

brings together the lesson grammar and vocabulary themes.

Reading Theme-related readings, realia, and charts reinforce the grammar structures and lesson vocabulary in engaging formats.

Activities This section integrates the three grammar points of the lesson, providing built-in, consistent review and recycling as you progress through the text.

Supersite

• **Repaso** self-tests

Supersite features vary by access level.

CULTURA

features a dynamic cultural reading.

Readings Brief, comprehensible readings present you with additional cultural information related to the lesson theme.

Design Readings are carefully laid out with line numbers, marginal glosses, pull quotes, and box features to help make each piece easy to navigate.

Photos Vibrant, dynamic photos visually illustrate the reading.

Cultura en pantalla TV clips related to the culture readings can be found online.

Ⓢupersite

- Audio-sync technology for the cultural reading that highlights text as it is being read

- All textbook activities including one Partner Chat activity

- Additional online-only Virtual Chat activity

- Streaming video of **Cultura en pantalla** TV clips and online-only comprehension activities

Supersite features vary by access level.

LITERATURA

showcases literary readings by well-known writers from across the Spanish-speaking world.

Literatura Comprehensible and compelling, these readings present new avenues for using the lesson's grammar and vocabulary.

Design Each reading is presented in the attention-grabbing visual style you would expect from a magazine, along with glosses of unfamiliar words.

Ⓢupersite

- Audio-sync technology for the literary reading that highlights text as it is being read

Supersite features vary by access level.

PREPARACIÓN and ANÁLISIS

activities provide in-depth pre- and post-reading support for each selection in Literatura and Cultura.

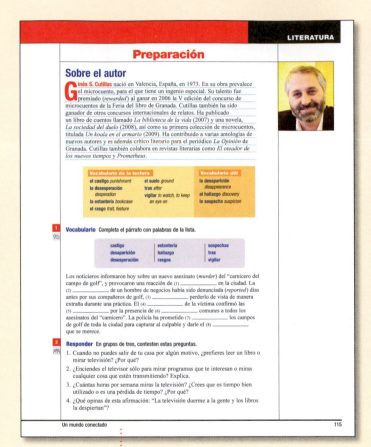

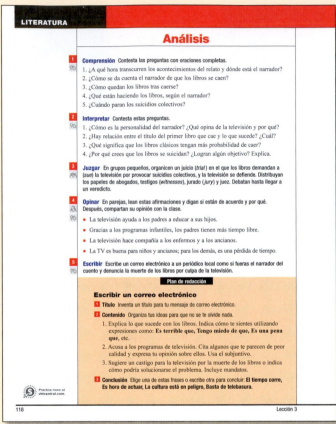

Preparación Vocabulary presentation and practice, author biographies, and pre-reading discussion activities prepare you for the reading.

Análisis Post-reading activities check your understanding and guide you to discuss the topic of the reading, express your opinions, and explore how it relates to your own experiences.

Plan de redacción A guided writing assignment concludes every **Literatura** section.

upersite

- All textbook activities including one Partner Chat activity

- Additional online-only Virtual Chat and comprehension activities

- Composition engine for **Plan de redacción** writing activity

- **Sobre el autor** reading

Supersite features vary by access level.

VOCABULARIO

summarizes the active vocabulary in each lesson.

VOCABULARIO

Los medios de comunicación

Vocabulary Tools

Los medios

el acontecimiento *event*
la actualidad *current events*
el anuncio *advertisement, commercial*
la censura *censorship*
Internet *Internet*
los medios (de comunicación) *media*
la parcialidad *bias*
la publicidad *advertising*
la radio *radio*
el reportaje *news report*
el sitio web *website*
la temporada *season*

enterarse (de) *to become informed (about)*
navegar en la red *to surf the web*
opinar *to express an opinion, to think*
ser parcial *to be biased*
tener buena/mala fama *to have a good/bad reputation*

actualizado/a *up-to-date*
destacado/a *prominent*
en directo/vivo *live*
imparcial *impartial, unbiased*
influyente *influential*

Profesionales de los medios

el/la actor/actriz *actor/actress*
el/la cantante *singer*
el/la crítico/a de cine *film critic*
el/la director(a) *director*
la estrella (de cine) *(movie) star*
el/la fotógrafo/a *photographer*
el/la locutor(a) de radio *radio announcer*
el/la oyente *listener*
el/la periodista *journalist*
el público *audience, public*
el/la redactor(a) *editor*
el/la reportero/a *reporter*
el/la televidente *television viewer*

El cine y la televisión

la banda sonora *soundtrack*
la cadena *network*
el cine *cinema, movies*
el doblaje *dubbing*
el documental *documentary*

los efectos especiales *special effects*
el estreno *premiere, new movie*
la pantalla *screen*
la película *movie*
el programa de concursos *game show*
el programa de telerrealidad *reality show*
los subtítulos *subtitles*
la telenovela *soap opera*
la transmisión *broadcast*
el video musical *music video*

ensayar *to rehearse*
entretener *to entertain*
entrevistar *to interview*
grabar *to record*
rodar (o:ue) *to shoot (a movie)*
transmitir *to broadcast*

La prensa

el horóscopo *horoscope*
la libertad de prensa *freedom of the press*
las noticias locales/internacionales/ nacionales *local/international/ national news*
el periódico/el diario *newspaper*
la portada *front page, cover*
la prensa (sensacionalista) *(sensationalist) press*
la revista *magazine*
la sección de sociedad *lifestyle section*
la sección deportiva *sports section*
la tira cómica *comic strip*
el titular *headline*

investigar *to research; to investigate*
publicar *to publish*
suscribirse (a) *to subscribe (to)*

Cortometraje

la chompa *sweater*
la guagua *child*
los papeles *documents*

abrigarse *to wear warm clothes*
calcular *to estimate*
charlar *to chat*
colgar (el teléfono) *to hang up (the phone)*
(estar) disponible *(to be) available*
fijarse *to pay attention*

hacer caso *to obey*
parquear *to park*
salvar la vida *to save someone's life*

chato/a *sweetie*
desconsiderado/a *inconsiderate*
malcriado/a *rude*
tibio/a *warm*

no más *only*

Cultura

el bajo *bass*
el crecimiento *growth*
el estilo *style*
el éxito *success*
la fama *fame*
la flauta *flute*
el género *genre*
la letra *lyrics*
la pista de baile *dance floor*
el ritmo *rhythm*
el tambor *drum*
el violonchelo *cello*

golpear *to beat (a drum)*
salir a la venta *to go on sale*
tocar *to play (an instrument)*

controvertido/a *controversial*

Literatura

el castigo *punishment*
la desaparición *disappearance*
la desesperación *desperation*
la estantería *bookcase*
el hallazgo *discovery*
el rasgo *trait, feature*
el suelo *ground*
la sospecha *suspicion*

vigilar *to watch, to keep an eye on*

tras *after*

Un mundo conectado

119

Vocabulario All the lesson's active vocabulary is grouped in easy-to-study thematic lists and tied to the lesson section in which it was presented.

Supersite

- Audio for all vocabulary items
- Vocabulary Tools: customizable word lists, flashcards with audio

Supersite features vary by access level.

SUEÑA and the *World-Readiness Standards for Learning Languages*

Since 1982, when the *ACTFL Proficiency Guidelines* were first published, that seminal document and its subsequent revisions have influenced the teaching of modern languages in the United States. **SUEÑA** was written with the concerns and philosophy of the *ACTFL Proficiency Guidelines* in mind. It emphasizes an interactive, proficiency-oriented approach to the teaching of language and culture.

The pedagogy behind **SUEÑA** was also informed from its inception by the *Standards for Foreign Language Learning in the 21st Century*. First published under the auspices of the *National Standards in Foreign Language Education Project*, the Standards are organized into five goal areas, often called the Five C's: Communication, Cultures, Connections, Comparisons, and Communities. National Standards icons appear on the pages of your IAE to call out sections that have a particularly strong relationship with the Standards.

Since **SUEÑA** employs a communicative approach to the teaching of Spanish, the Communications goal is an integral part of the student text. Diverse formats (discussion topics, role-plays, interviews, oral presentations, and so forth) promote authentic communicative exchanges in which students provide, obtain, and interpret information, as well as express emotions or opinions. Interactive **Comunicación, Síntesis,** and **Análisis** activities allow students to synthesize grammatical, cultural, and thematic material to expand their communicative abilities. In addition to oral skills, written communicative skills are strengthened through a wide array of practical and creative tasks.

SUEÑA also stresses cultural competency and the ability to make connections as invaluable components of language learning. **Cortometraje, Sueña, Cultura,** and **Literatura** all give the opportunity to acquire information, expand cultural knowledge, and recognize distinctive viewpoints. Through connections with multiple disciplines such as film, literature, and art, students are exposed to various cultural practices and perspectives of the Spanish-speaking world. **Nota cultural** sidebars provide additional opportunities for students to connect to language through culture.

Students develop further insight into the nature of language and culture through comparisons with their own. Compelling discussion topics throughout the text encourage students to compare new information with familiar concepts and ideas. In addition, the clear, comprehensive grammar explanations in **Estructuras** allow students to compare and contrast the grammatical structures of their own language with those presented in **SUEÑA**.

Finally, **SUEÑA** encourages students to expand their use of language beyond the classroom setting and participate in broader, richer Spanish-speaking communities. In the **Sueña** section of each lesson, outside projects, multimedia resources, and online information and activities provide access to a wealth of opportunities for students to expand their use of Spanish outside the classroom.

As you become familiar with the **SUEÑA** program, you will find many more connections to the *World-Readiness Standards for Learning Languages*. We encourage you to keep its goals in mind and to make new connections as you work with the text and ancillaries.

Communication

Understand and be understood: Read and listen to understand the Spanish-speaking world, converse with others, and share your thoughts clearly through speaking and writing.

Cultures

Experience Spanish-speaking cultures through their own viewpoints, in the places, objects, behaviors, and beliefs important to the people who live them.

Connections

Apply what you learn in your Spanish course to your other studies; apply what you know from other courses to your Spanish studies.

Comparisons

Discover the ways in which the Spanish language and Spanish-speaking cultures are like your own—and how they differ.

Communities

Engage with Spanish-speaking communities locally, nationally, and internationally both in your courses and beyond—for life.

Instructor Resources

SUEÑA, **Fourth Edition**, offers a wide array of resources to support instructors and students. Below is a list of the key instructor support materials.

Instructor's Annotated Edition

This edition of **SUEÑA** contains tips, suggestions, ideas for expansion, and more, all conveniently overprinted on the Student Edition page.

Online Instructor's Edition

Available on the Supersite for anytime access, with teaching suggestions, annotations, and the ability to add notes.

Supersite

In addition to full access to the Student Supersite, the password-protected Instructor Supersite offers a robust course management system that allows you to assign and track student progress. *For more details, see pages IAE-10 and IAE-11.*

Testing Program

The Testing Program is delivered in editable RTF (rich text format). The testing materials include vocabulary and grammar quizzes (**Minipruebas**), lesson tests (**Pruebas**), mid-term and final exams (**Exámenes**), optional testing, answer keys, and MP3 files for listening activities.

Other Resources

Other resources available on the Supersite include a sample syllabus and a sample lesson plan; audioscripts for the Video Virtual Chats and Lab Audio Program; videoscripts and translations for the **Cortometraje** films, **Flash Cultura** episodes, and **Cultura en pantalla** TV clips; teaching suggestions for some textbook sections; and the Student Activities Manual (SAM) Answer Key.

Program Components

Student Edition vText

This virtual, interactive student edition provides a digital text, plus links to Supersite activities and media.

Student Activities Manual (SAM)

The **Student Activities Manual** consists of two parts: the **Workbook** and the **Lab Manual**.

- ### Workbook

  The **Workbook** activities provide additional practice of the vocabulary and grammar for each textbook lesson. They also reinforce the content of the **Sueña** section.

- ### Lab Manual

  The **Lab Manual** activities focus on building your pronunciation and listening comprehension skills in Spanish. They provide additional practice of the vocabulary and grammar of each lesson. They also revisit the **Literatura** reading with dramatic recordings and activities.

WebSAM

Completely integrated with the **SUEÑA** Supersite, the **WebSAM** provides access to online **Workbook** and **Lab Manual** activities with instant feedback and grading for select activities. The complete audio program is accessible online in the **Lab Manual** and features record-submit functionality for select activities. The MP3 files can be downloaded from the **SUEÑA** Supersite and can be played on your computer, portable MP3 player, or mobile device.

SUEÑA, Fourth Edition, Supersite

Included with the purchase of every new student edition, the passcode to the Supersite (**vhlcentral.com**) gives you access to a wide variety of interactive activities for each section of every lesson of the student text, including auto-graded activities for extra practice with vocabulary, grammar, video, and cultural content; reference tools; the **Cultura en pantalla** TV clips; the short films, **Flash Cultura** videos; News and Cultural Updates; the Lab Program MP3 files, and more.

SUEÑA Film Collection

Fully integrated with your text, the **SUEÑA** Film Collection features dramatic short films by Hispanic filmmakers. These films are the basis for the pre- and post-viewing activities in the **Cortometraje** section of each lesson. The films are a central feature of the lesson, providing opportunities to review and recycle vocabulary from **Para empezar**, and previewing and contextualizing the grammar from **Estructuras**.

These films offer entertaining and thought-provoking opportunities to build listening comprehension skills and cultural knowledge of Spanish speakers and the Spanish-speaking world.

Besides providing entertainment, the films serve as a useful learning tool. As students watch the films, they will observe characters interacting in various situations, using real-world language that reflects the lesson themes as well as the vocabulary and grammar they are studying.

The films are available on the **SUEÑA** Supersite.

LECCIÓN 1

NEW! Café para llevar

(España; 13 minutos)

A man and a woman run into each other long after they broke up. Will their love be rekindled?

LECCIÓN 2

Adiós mamá

(México; 8 minutos)

In this award-winning short film, a man is grocery shopping alone on an ordinary day when a chance meeting makes him the focus of an elderly woman's existential conflict.

LECCIÓN 3	LECCIÓN 4

NEW! Desconexión

(Bolivia; 19 minutos)

A desperate man is in a race against the clock. Can he save his nearest and dearest?

NEW! Sin palabras

(España; 13 minutos)

Forced to spend a week with his grandfather, David has to learn how to navigate the generation gap.

LECCIÓN 5	LECCIÓN 6

Raíz

(España; 17 minutos)

An older couple joyfully awaits the visit of the son they haven't seen in some time.

Hiyab

(España; 8 minutos)

Fátima's teacher is concerned that her wearing a headscarf will make the student stand out at her new school. How far will she go to fit in?

The overwhelmingly popular **Flash Cultura** video provides an entertaining and authentic complement to the **Sueña** section of each lesson. Correspondents from various Spanish-speaking countries report on aspects of life in their countries, conducting street interviews with residents along the way. These episodes draw attention to similarities and differences between Spanish-speaking countries and the U.S., while highlighting fascinating aspects of the target culture. The videos are available on the **SUEÑA** Supersite.

LECCIÓN 1

Las relaciones personales

(España)

LECCIÓN 2

El metro del D.F.

(México)

LECCIÓN 3

El cine mexicano

(México)

LECCIÓN 4

De compras en Barcelona

(España)

LECCIÓN 5

Un bosque tropical

(Puerto Rico)

LECCIÓN 6

Puerto Rico: ¿nación o estado?

(Puerto Rico)

Cultura en pantalla

This online-only component features authentic TV clips related to the **Cultura** reading in each **SUEÑA** lesson. The clips, many new to the Fourth Edition, are available for viewing on the Supersite.

Online-only activities support each TV clip.

LECCIÓN 1

Estados Unidos

Hispanos e inmigración en los
Estados Unidos

LECCIÓN 2

México

Mujeres triquis de Oaxaca

LECCIÓN 3

El Caribe

Festival de merengue en la
República Dominicana

LECCIÓN 4

Puerto Rico

Sonia Sotomayor habla sobre
su condición de latina

LECCIÓN 5

Paraguay

Plantas medicinales

LECCIÓN 6

Chile

Chile y la Operación Cóndor

Teaching with SUEÑA

Orienting Students to the Textbook

You may want to spend some time orienting students to the **SUEÑA** textbook on the first day. Have students flip through **Lección 1**. Explain that all lessons are organized in the same manner so that students will always know "where they are" in the textbook. Emphasize that all sections are self-contained, occupying either a full page or spreads of two facing pages. Call students' attention to the use of color and/or boxes to highlight important information in charts, diagrams, word lists, and activities. Provide a brief overview of the main sections of each lesson: **Para empezar, Cortometraje, Sueña, Estructuras, Cultura, Literatura,** and **Vocabulario**. Then point out the **Atención, Taller de consulta,** and **Nota cultural** sidebars and explain that these boxes provide useful lexical, grammatical, and cultural information related to the material students are studying. Point out that the **Manual de gramática** in the back of the book offers additional grammar topics with practice for review or expansion.

Flexible Lesson Organization

To meet the needs of diverse teaching styles, institutions, and instructional objectives, **SUEÑA** has a very flexible lesson organization. You can begin with the lesson opener spread and progress sequentially through the lesson, or you may rearrange the order of the material in each lesson to suit your teaching preferences and students' needs.

If you do not want to devote class time to teaching grammar, you can assign the **Estructuras** explanations for outside study, freeing up class time for working with the activities. The **Manual de gramática** at the end of the book provides additional flexibility in grammar instruction. Related grammar points for each lesson can be incorporated into classroom instruction, assigned for individual study, or used as needed for review and enrichment.

Identifying Active Vocabulary

The thematic vocabulary lists in **Para empezar** are active vocabulary, as are all words and expressions in the **Vocabulario** boxes of the **Cortometraje, Cultura,** and **Literatura** sections. Words in the charts, lists, and sample sentences of **Estructuras** are also part of the active vocabulary load. At the end of each lesson, the **Vocabulario** section provides a convenient one-page summary of the items students should know and that may appear on quizzes and exams.

Note that regional variations presented in the **Sueña** section as well as the marginal glosses from the readings and film captions are presented for recognition only. They are not included in testing materials, although you may wish to make them active vocabulary for your course, if you so choose. The additional terms and lexical variations provided in the annotations of the Instructor's Annotated Edition are also considered optional.

Suggestions for Using
Contenido and *Para empezar*

Lesson Theme and Vocabulary

- Use the title, photo, and text on the lesson opening page as a springboard to introduce the themes and vocabulary of the lesson. Use the discussion questions in the introductory paragraph and **Preview** annotation for pair, group, or class activities.

- Allow time for students to scan the table of contents and flip through the pages of each lesson, much as they would a magazine. Have students point out sections that appeal to them, and briefly describe the cultural and thematic content of each lesson.

- To prepare students for new material, have them review what they already know about each theme by brainstorming related vocabulary words they have already learned.

- Introduce the new vocabulary by describing words and categories, then asking students yes/no or multiple-choice questions.

- Introduce the new vocabulary using Total Physical Response (TPR) or interactive class games such as Charades, Pictionary, and Hangman.

- Tell students that they will see some of the vocabulary in the context of a short film, and ask them to look at the vocabulary and predict what they think the short film might be about.

- Use the lab materials in class to introduce vocabulary and develop listening skills, or assign lab and workbook activities for extra practice outside of class.

Práctica

- The **Práctica** exercises can be done orally as class, pair, or group activities. Selected pair activities may also be completed online as Partner Chat activities. They may also be assigned as written homework.

- Insist on the use of Spanish during pair and group activities. Encourage students to use the language creatively.

- Have students form pairs or groups quickly. Assign or rotate partners and group members as necessary to ensure a greater variety of communicative exchanges.

- Allow sufficient time for pair and group activities (between five and ten minutes depending on the activity), but do not give students too much time or they may lapse into English and socialize. Always give students a time limit for an activity before they begin.

- Circulate around the room and monitor students to make sure they are on task. Provide guidance as needed and note common errors for future review.

- Remind students to jot down information during pair and group discussion activities so that they can report the results to the class.

- Encourage students to practice more online on the **SUEÑA** Supersite.

Suggestions for Using *Cortometraje*

The **Cortometraje** section of the student text and the **SUEÑA** Film Collection were created as interlocking pieces. All photos in the **Cortometraje** section are actual video stills from authentic films. These dramatic short films highlight the themes and language of each lesson and provide comprehensible input at the discourse level. The films and corresponding activities offer rich and unique opportunities to build students' listening skills and cultural awareness.

Depending on your teaching preferences and school facilities, you might show the films in class, or you might assign them for viewing outside the classroom at **vhlcentral.com**. You could begin by showing the first film in class to teach students how to approach viewing a film and listening to natural speech. After that, you could work with the **Cortometraje** section and have students view the remaining films outside of class. No matter which approach you choose, students have the support they need to view the films independently and process them in a meaningful way. Here are some strategies for coordinating the film with the subsections of **Cortometraje**.

Preparación

- Preview the vocabulary in **Preparación** using the activities provided and the suggestions for teaching vocabulary on page IAE-35.

- Initiate group discussion of important themes and issues. Ask students to discuss recent films from the same genre or that touch on similar themes.

Escenas

- The poster, photos, and text in **Escenas** may be used in a variety of ways. Before the class views the film, you might ask students to read or act out the dialogues, invent endings, or make predictions based on the photos and captions. You may also use the scenes while viewing, pausing for discussion at each of the scenes pictured. You may even choose to play the film first as a springboard into the lesson, returning to the scenes and text later for reinforcement.

- Use the **Nota cultural** sidebar to provide background information and cultural context before viewing the film, as a starting point for enrichment activities or projects, and to make connections to cultural information in other sections of the text.

- Use the film to introduce or reinforce the themes, vocabulary, and grammar points in each lesson, pausing and replaying examples of important words, structures, or concepts. If students need additional support before or while viewing, print the scripts (available at **vhlcentral.com**) and provide them to students. Students may read them ahead of time, looking up unknown words, or follow along as they watch.

Análisis

- Have students scan the comprehension questions before viewing the film. Pause the film after key scenes to ask related questions. Replay scenes as needed.

- Ask students to compare the plot, characters, and ending to their earlier predictions.

- Assign expansion and follow-up activities based on the film, such as film reviews, sequels, alternate endings, and comparisons with other **cortos** or recent movies.

Suggestions for Using *Sueña*

The **Sueña** section is designed to be visually stimulating and highly interactive. Use this section in conjunction with the multimedia and online resources available to students and instructors. At **vhlcentral.com**, students can access the **Flash Cultura** video, comprehension activities, and information about the notable figures in the **Galería de creadores**. In addition to the general suggestions listed here, the Instructor's Resources, available on the **SUEÑA** Supersite, contain specific teaching ideas and activities for all six **Sueña** sections.

- Use the locator map in the lesson opener to help students become familiar with the country or region of focus.

- Use the opening spread of **Sueña** to introduce the country or region, and direct students to the **SUEÑA** Supersite for additional information. The feature articles can be assigned for outside reading or you may use them in class to develop reading skills.

- Call students' attention to the **El español de...** feature. You may wish to bring in film or audio samples from the Film Collection, local TV and radio, or online resources to expose students to lexical variations and regional accents.

- Use the **¡Conozcamos...!/¡Visitemos…!, etc.** feature as you would a travel brochure to highlight "must-see" locations in each country or region. Encourage students to bring in photographs from their own travels, or assign group projects to research important cities, parks, architecture, or museums, depending on the theme of each lesson.

- Show the **Flash Cultura** video in class via the **SUEÑA** Supersite or assign it for outside viewing. Activities related to each episode are built into the text, with additional activities available at **vhlcentral.com** and in the Student Activities Manual.

- Check comprehension using the **¿Qué aprendiste?** feature.

- Depending on your teaching preferences and time constraints, you may wish to use all of the **Proyecto** features or you might select some for large oral projects. You may choose to have all students complete each **Proyecto** or you may assign one or two small groups for each **Proyecto**.

- Direct students to the **SUEÑA** Supersite for additional information about each of the cultural figures from the **Galería de creadores**. Print out additional examples of artists' work for use in class discussion. You may wish to incorporate additional readings from **Galería** authors into the **Literatura** lesson, focusing on genre, theme, or specific literary techniques. The films of famous directors and actors can be assigned for outside viewing and integrated with the **Cortometraje** section. You may also have students select figures in the **Galería de creadores** section for oral and written projects, such as mock interviews and biographies.

Suggestions for Using *Estructuras*

Grammar Explanations

- Have students read the explanations at home and come to class with any questions. Explain the grammar in Spanish and try to keep explanations to a minimum, about five to ten minutes for each point. Grammar explanations should be assigned for homework so that class time can be devoted to the **Práctica** and **Comunicación** activities.

- Introduce new grammar in context, using short narrations, guided discussions, brief readings, or realia. Call on students to share what they already know about each grammar point.

- Use other sections of the text to introduce or reinforce grammatical concepts. Pause the **Cortometraje** film to discuss uses of each grammatical structure, or have students jot down examples as they watch. Have students take notes of key grammatical structures as they read the **Cultura** and **Literatura** selections.

Práctica, Comunicación, and Síntesis

- The **Práctica** exercises can be done orally as class, pair, or group activities. They may also be assigned as written homework.

- Activities marked with a 🖱 mouse icon are also available on the Supersite with auto grading, or they can be submitted online for instructor grading. These activities may be assigned as homework; depending on students' success rate, devote additional time to the explanation or to extra **Práctica** activities before moving on to **Comunicación**.

- Insist on the use of Spanish for all pair and group activities.

- Have students form pairs or groups quickly, or assign them yourself for variety. Allow sufficient time for **Comunicación** activities (between five and ten minutes), but do not give students too much time or they may lapse into English and socialize. Always give students a time limit for an activity before they begin.

- Circulate around the room to answer questions and keep students on task.

- Encourage students to complete additional practice and take the **Repaso** self-test on the **SUEÑA** Supersite to assess what they have learned.

- Use **Síntesis** activities to review all three grammar points and to make connections with the theme, vocabulary, and culture of the lesson. Encourage debate and open discussion.

Suggestions for Using *Manual de gramática*

- Point out the references to related **Manual de gramática** topics in the **Taller de consulta** sidebars of the student text. The supplemental grammar points may be presented sequentially, in conjunction with the **Estructuras** section of each lesson, or you may pick and choose from the topics covered as individual and class needs arise.

- Assign the activities for online completion.

- When grading writing assignments, refer students to **Manual de gramática** topics in response to common errors or individual concerns. Have students use the **Manual de gramática** as a tool for revision or when editing one another's work.

Suggestions for Using *Cultura*

Preparación

- Preview the vocabulary in **Preparación** using the activities provided and the suggestions for teaching vocabulary on page IAE-35.
- Refer students to the **Sueña** section for background information and cultural context.

Cultural Readings

- Talk to students about how to become effective readers in Spanish. Point out the importance of using reading strategies. Encourage them to read every selection more than once. Explain that they should read the entire text through first to gain a general understanding of the main ideas without stopping to look up words. Then, they should read the text again for a more in-depth understanding of the material.
- Discourage students from translating the readings into English and relying too heavily on a dictionary. Tell them that reading directly in the language will help them grasp the meaning better and improve their ability to discuss the reading in Spanish.
- Use the reading to reinforce the themes and linguistic structures of each lesson.

Análisis

- Have students scan the comprehension questions before reading. Ask students to summarize the reading orally or in writing.

News and Cultural Updates

- **NEW!** Additional cultural material is available in the **News and Cultural Updates** section on the Supersite, which appears after the Lessons in **Content > Activities**. Links to authentic articles or videos with carefully scaffolded activities are added monthly from September to May, and all postings are archived for easy, any time access. Assign as homework or present in class for discussion, and customize the activities as you see fit.

Suggestions for Using *Literatura*

Preparación

- Preview the vocabulary in **Preparación** using the activities provided and the suggestions for teaching vocabulary on page IAE-35.
- Read the background information about each author.
- Introduce important themes and literary techniques used in the reading and call attention to genre and style. Encourage students to think about other works they have read in Spanish or English from the same genre or that make use of similar themes and techniques.

Literary Readings

- Talk to students about how to become effective readers in Spanish. Point out the importance of using reading strategies. Encourage them to read every selection more than once. Explain that they should read the entire text through first to gain a general understanding of the plot or main ideas without stopping to look up words. Then, they should read the text again for a more in-depth understanding of the material.
- Discourage students from translating the readings into English and relying too heavily on a dictionary. Tell them that reading directly in the language will help them grasp the meaning better and improve their ability to discuss the reading in Spanish.
- Use the reading to reinforce the themes and linguistic structures of each lesson.

Análisis

- Have students scan the comprehension questions before reading. Ask students to summarize the reading orally or in writing.
- For the **Escribir** activities (and other writing assignments), have students maintain a writing portfolio so that they can periodically review their progress. The Composition Engine on the Supersite allows you to edit a student's draft. Have students create a running list of the most common grammatical or spelling errors they make when writing to use as a reference when revising their work or for peer editing. Explain your grading system for writing assignments. This rubric could be used or adapted to suit your needs.

Evaluation			
Criteria	**Scale**		**Scoring**
Appropriate details	1 2 3 4	Excellent	18–20 points
Organization	1 2 3 4	Good	14–17 points
Use of vocabulary	1 2 3 4	Satisfactory	10–13 points
Grammatical accuracy	1 2 3 4	Unsatisfactory	<10 points
Mechanics	1 2 3 4		

Reviewers

On behalf of its writers and editors, Vista Higher Learning expresses its sincere appreciation to the many instructors nationwide who reviewed **SUEÑA**. Their insights, ideas, and detailed comments were invaluable to the final product.

John Guzman Aguilar
University of New Mexico, NM

Collin Ashmore
Washington College, MD

Elizabeth Bell
Ball State University, IN

Kristee K. Boehm
St. Norbert College, WI

Heather C. Cisneros
Frostburg State University, MD

Danion L. Doman
Truman State University, MO

Audrey Garcia
Kennesaw State University, GA

Ines M. Garcia
American River College, CA

Marian Giraldez Elizo
University of New Mexico, NM

Olga Godoy
Georgia Southwestern State University, GA

Dr. Diana Gonzalez
Northwestern College, IA

Richard A. Heath
Kirkwood Community College, IA

Dr. Natalia Jackovkis
Xavier University, OH

Piet J. Koene
Northwestern College, IA

Assen Kokalov
Purdue University North Central, IN

Iana Konstantinova
Southern Virginia University, VA

Dr. Verónica G. León
Southern Methodist University, TX

Alejandra Lopez
California State University, Fresno, CA

John S. Marchese
Valparaiso University, IN

Anne McCormick, PhD
Berkeley City College, CA

Dr. Denise G. Mills
Daemen College, NY

Dr. Margaret L. Morris
South Carolina State University, SC

Lucía Osa-Melero
Duquesne University, PA

Joel T. Postema
Westminster College, PA

Karry Putzy
Solon High School, IA

Eva Rodríguez González
University of New Mexico, NM

Denise Saldivar
Diablo Valley College, CA

Dr. Rosemary Sands
St. Norbert College, WI

Cristina Sparks-Early
Northern Virginia Community College
Manassas, VA

Mariana Stoyanova
Georgia College & State University, GA

Andrea Van Vorhis
Owens Community College, OH

Ingrid Watson-Miller
Norfolk State University, VA

Helga Winkler
Moorpark College, CA

Milagros Zapata Swerdlow
Westminster College, PA

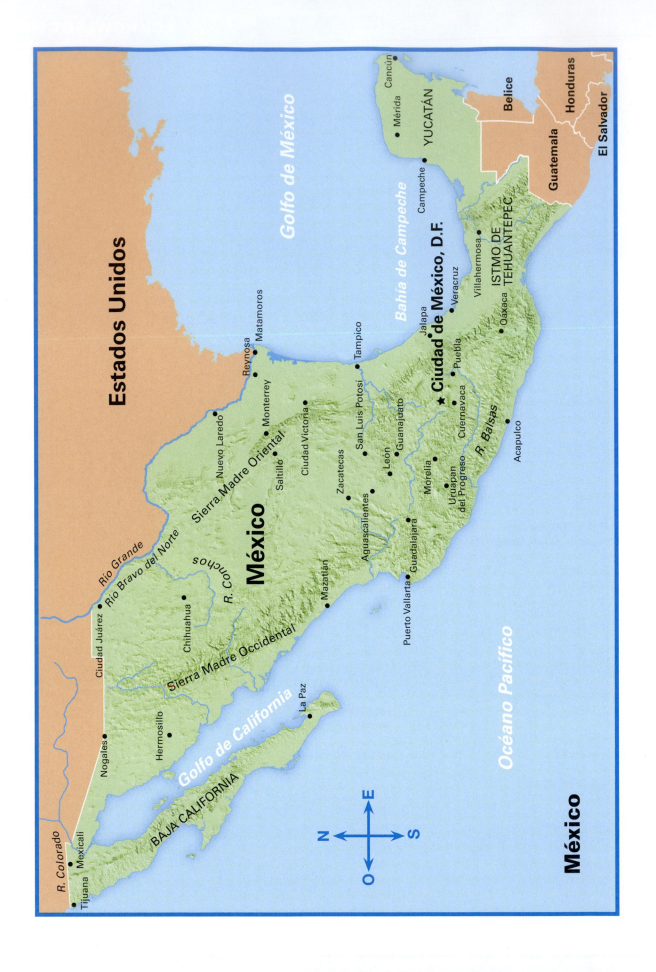

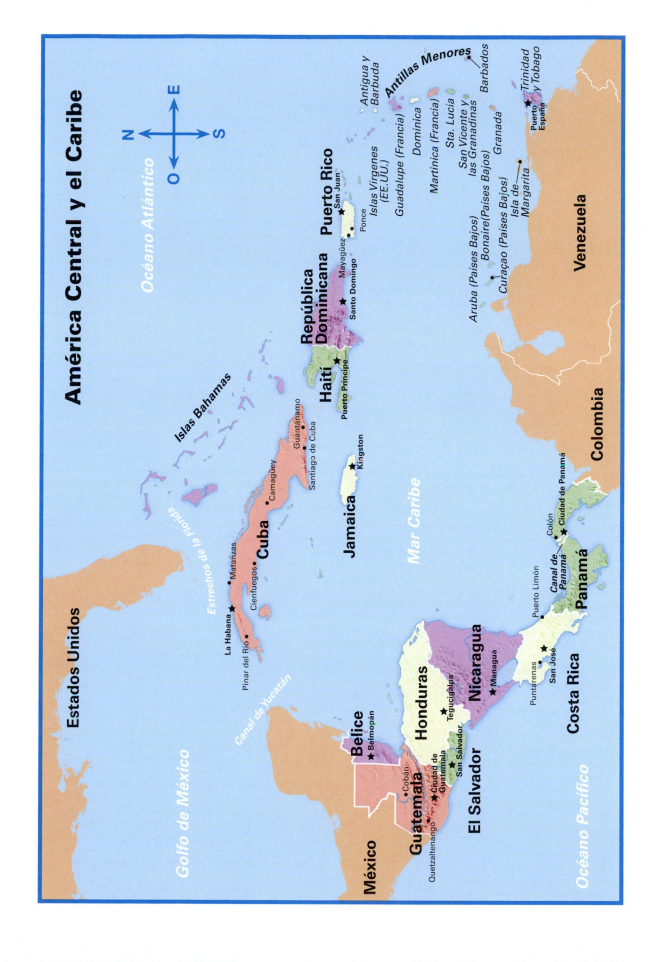

Mar Caribe

Barranquilla
Maracaibo
Caracas
Puerto España
Trinidad y Tobago
Venezuela
Medellín
Colombia
Georgetown
Guyana
Paramaribo
Cayena
Bogotá
Surinam
Guayana Francesa
Cali
Pasto
Quito
Ecuador
Guayaquil
R. Orinoco
R. Negro
R. Amazonas
Manaus
Belém
Iquitos
Perú
R. Madeira
Recife
Cordillera de los Andes
Lima
Cuzco
Lago Titicaca
Arequipa
La Paz
Salvador
Arica
Sucre
Bolivia
Brasil
Brasilia
Océano Pacífico
Iquique
R. Paraguay
Belo Horizonte
Antofagasta
Paraguay
R. Paraná
Salta
Asunción
São Paulo
Río de Janeiro
Santos
Chile
R. Paraná
Córdoba
Uruguay
Porto Alegre
R. Uruguay
Valparaíso
Mendoza
Rosario
Santiago
Buenos Aires
Montevideo
Concepción
Argentina
Océano Atlántico
Bahía Blanca
Cordillera de los Andes
Puerto Montt

N
O   E
S

Estrecho de Magallanes
Punta Arenas
Islas Malvinas
Tierra del Fuego

América del Sur

Islas Galápagos
Océano Pacífico
Isla Pinta
Isla Marchena
Isla Genovesa
Isla Isabela
Línea ecuatorial
Volcán Darwin
Isla Santiago (San Salvador)
Isla Fernandina
Puerto Ayora
Isla Santa Cruz
Isla San Cristóbal
Santo Tomás
Puerto Baquerizo Moreno
Isla Santa María
Isla Española

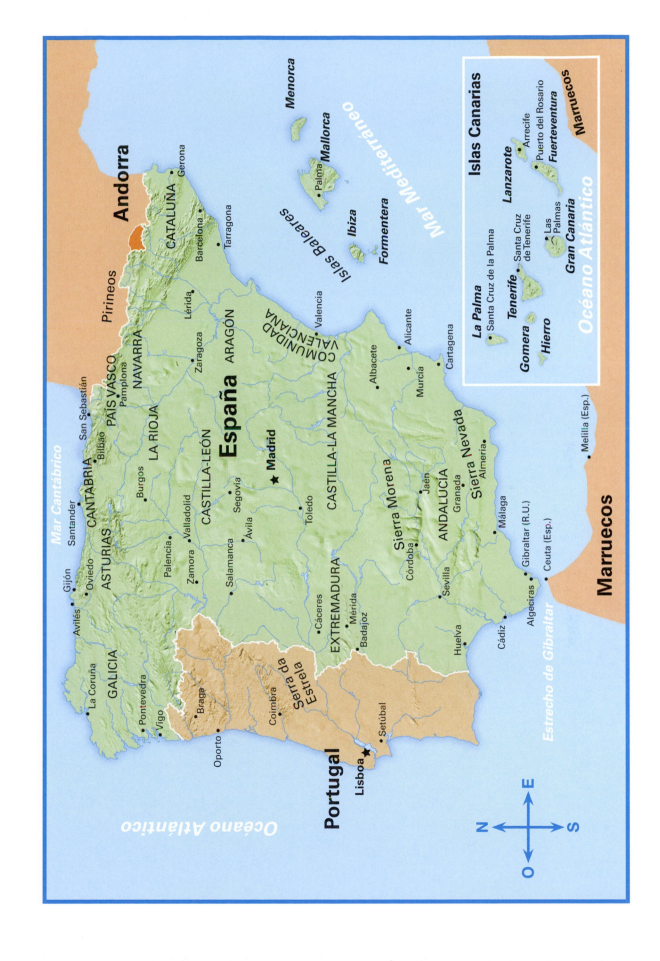

FOURTH EDITION

Sueña

Español sin barreras | Curso intermedio breve

Sentir y vivir

El deseo de vivir y el instinto de supervivencia son razón suficiente para seguir adelante. Ésta es una de las cualidades que compartimos los seres humanos independientemente de nuestras circunstancias, nuestros sueños o nuestros objetivos. Gracias a esa motivación nos lanzamos, enamorados, ilusionados, indecisos, a vivir sin tenerle miedo al futuro.

9

32

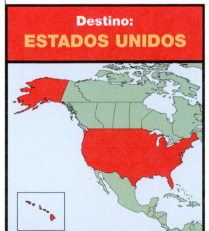

Destino:
ESTADOS UNIDOS

PREVIEW Invite students to discuss in groups the photo and the text on the opposite page. Ask these questions: **¿Están de acuerdo con que el instinto de supervivencia y el deseo de vivir son motivación suficiente para seguir adelante? ¿Por qué? ¿Desconocer el futuro les asusta? ¿Por qué?**

Las relaciones personales

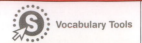 Vocabulary Tools

Las relaciones

el alma gemela *soul mate*
la amistad *friendship*

el ánimo *spirit; mood*
el chisme *gossip*
la cita (a ciegas) *(blind) date*
el compromiso *commitment; engagement*
el deseo *desire*
el divorcio *divorce*
la (in)fidelidad *(un)faithfulness*
el matrimonio *marriage*
la pareja *couple*
el riesgo *risk*

---

compartir *to share*
confiar (en) *to trust (in)*
contar (o:ue) con *to rely on, to count on*
coquetear *to flirt*
dejar a alguien *to leave someone*
dejar plantado/a *to stand (someone) up*
discutir *to argue*

engañar *to cheat; to deceive*
ligar *to flirt; to hook up*
merecer *to deserve*
romper (con) *to break up (with)*
salir (con) *to go out (with)*

VARIACIÓN LÉXICA
enojarse ↔ enfadarse
enojado/a ↔ enfadado/a
ligar (Esp./Méx./Cu.) ↔ levantarse a alguien (Arg./Col.)

Presentation Explain to students that **tempestuoso/a** is not commonly used to refer directly to people. Rather, it is used to refer to a situation or to someone's personality (**carácter tempestuoso, relación tempestuosa**).

Los sentimientos

enamorarse (de) *to fall in love (with)*
enojarse *to get angry*
estar harto/a *to be fed up (with); to be sick (of)*
llevarse bien/mal/fatal *to get along well/badly/terribly*
odiar *to hate*
ponerse pesado/a *to become annoying*
querer(se) (e:ie) *to love (each other); to want*
sentir(se) (e:ie) *to feel*
soñar (o:ue) con *to dream about*

tener celos (de) *to be jealous (of)*
tener vergüenza (de) *to be ashamed (of)*

Los estados emocionales

agobiado/a *overwhelmed*
ansioso/a *anxious*
celoso/a *jealous*

deprimido/a *depressed*
disgustado/a *upset*
emocionado/a *excited*
enojado/a *angry, mad*
pasajero/a *fleeting*
preocupado/a (por) *worried (about)*

INSTRUCTIONAL RESOURCES
Supersite: Audioscripts, SAM AK, Lab MP3s
SAM/WebSAM: WB, LM
Note: SAM: Student Activities Manual
AK: Answer Key WB: Workbook
LM: Lab Manual

Los estados civiles

casarse (con) *to get married (to)*
divorciarse (de) *to get a divorce (from)*

---

casado/a *married*
divorciado/a *divorced*

separado/a *separated*
soltero/a *single*
viudo/a *widowed*

Las personalidades

cariñoso/a *affectionate*

cuidadoso/a *careful*
falso/a *insincere*
genial *wonderful*
gracioso/a *funny*
inolvidable *unforgettable*
inseguro/a *insecure*
maduro/a *mature*
mentiroso/a *lying*
orgulloso/a *proud*
seguro/a *secure; confident*
sensible *sensitive*
tacaño/a *cheap; stingy*
tempestuoso/a *impulsive; stormy*

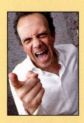

tímido/a *shy*
tranquilo/a *calm*

Práctica

1 **Definiciones** Completa las oraciones con el adjetivo correcto.

1. Miente para mantener las apariencias. Es __b__.
2. Murió su mujer y vive solo. Es __d__.
3. No le gusta gastar su dinero. Es __a__.
4. Se siente mal y está triste. Está __c__.
5. No vive con su esposa. Está __g__.
6. Tiene pánico al examen de mañana. Está __e__.

a. tacaño
b. falso
c. deprimido
d. viudo
e. ansioso
f. gracioso
g. separado

2 **Identificar** Indica la palabra que no pertenece al grupo.

1. deprimido • ⟨tranquilo⟩ • preocupado • enojado
2. ligar • ⟨discutir⟩ • enamorarse • coquetear
3. pareja • compromiso • ⟨ánimo⟩ • matrimonio
4. casado • ⟨disgustado⟩ • viudo • soltero
5. ⟨inseguro⟩ • fabuloso • maravilloso • genial
6. almas gemelas • pareja • ⟨chisme⟩ • matrimonio

3 **¿Cómo eres?** Trabaja con un(a) compañero/a.

A. Contesta las preguntas del test.

	Sí	A veces	No	Clave
1. ¿Te pones nervioso/a cuando estás con otras personas?				**Sí** = 0 puntos **A veces** = 1 punto **No** = 2 puntos
2. ¿Te incomoda expresar tus emociones?				
3. ¿Te parece difícil iniciar una conversación?				
4. ¿Te ponen nervioso/a las citas a ciegas?				**Resultados**
5. ¿Te sientes inseguro/a cuando te critican?				**0 a 3** Eres muy introvertido/a.
6. ¿Tienes vergüenza de hablar en público?				**4 a 7** Tiendes a ser introvertido/a.
7. ¿Piensas mucho antes de tomar una decisión?				**8 a 11** No eres ni introvertido/a ni extrovertido/a.
8. ¿Piensas que, si eres muy simpático/a, las personas pueden creer que eres falso/a?				**12 a 16** Tiendes a ser extrovertido/a.
9. ¿Piensas que coquetear es inmaduro?				**17 a 20** Eres muy extrovertido/a.
10. ¿Te llevas bien con las personas muy tímidas?				

B. Ahora suma (*add up*) los puntos. ¿Cuál es el resultado? ¿Estás de acuerdo? Comenta tu resultado y tu opinión con tu compañero/a.

---

1 Additional examples:

7. Tiene un buen sentido del humor. Es __gracioso__.

8. Aún no se ha casado. Es __soltero__.

9. No quiere que su novia tenga amistades con otros hombres. Es __celoso__.

2 To check comprehension, ask students to describe what the other three words in each list have in common. Ex: 1. **Son emociones negativas.**

2 Have pairs of students use the new vocabulary to create two more groups of words for this activity; then have volunteers find the words that do not belong.

Practice more at
vhlcentral.com.

Preparación

INSTRUCTIONAL RESOURCES
Supersite: Video,
Script & Translation

VARIACIÓN LÉXICA
enhorabuena ↔ felicidades
tomar ↔ beber
vos ↔ tú ↔ usted
romper ↔ cortar

Vocabulario del corto

enhorabuena *congratulations*

la época *season*

la imprenta *printer*

liado/a (inf.) *busy*

un rato *a while*

tener prisa *to be in a hurry*

el/la trotamundos *globetrotter*

Vocabulario útil

arrepentirse *to regret*

el/la prometido/a *fiancé(e)*

reprochar *to blame*

la reseña *review*

el rompimiento *breakup*

EXPRESIONES

café para llevar *coffee to go*

de vez en cuando *every once in a while*

echar de menos *to miss someone*

estar embarazada *to be pregnant*

ponerte en mi lugar *to put yourself in my place*

¡Quién lo iba a decir! *Who would have thought!*

se me da bien… *I am good at…*

Te lo mereces. *You deserve it.*

tener la culpa *to be at fault*

---

1 Before showing the film, provide context for the vocabulary terms not covered in this activity to facilitate understanding.

1 Tell students that the noun **época** is also used to describe historical periods.

1 **Definiciones** Empareja cada definición con la palabra correcta.

____a____ 1. temporada   a. época

____e____ 2. viajero   b. enhorabuena

____b____ 3. felicitaciones   c. liado

____c____ 4. ocupado   d. reseña

____d____ 5. comentario   e. trotamundos

2 **Diálogo** Ana acaba de llegar a casa de Eva. Completa el diálogo con palabras y expresiones del vocabulario.

EVA ¿Dónde estabas? Llevo (1) __un rato__ llamándote.

ANA Perdona, estoy (2) __liada__ buscando vestidos de novia.

EVA ¿Vas a casarte? (3) __¡Enhorabuena!__ ¿Y te vas a Texas con Andrés?

ANA Sí, a Texas. (4) __¡Quién lo iba a decir!__, con lo poco que me gusta el calor.

ANA ¡Ay, qué lejos, te voy a (5) __echar de menos__!

EVA ¡Me alegro por ti, Ana! Y además (6) __te lo mereces__, Andrés es genial.

ANA Sí, y le encanta viajar. Él es todo un (7) __trotamundos__. Por cierto, necesito ropa adecuada para el calor.

EVA ¿Te ayudo a buscar? A mí (8) __se me da bien__ vestir a los demás.

ANA Bueno, tengo que ir a la (9) __imprenta__ a encargar las invitaciones.

EVA Ah, pues debes (10) __tener prisa__, la imprenta cierra a las ocho.

3 **Sentimientos** En parejas, observen los fotogramas y comenten los sentimientos que expresan los rostros de estos dos personajes.

> **Modelo** **Columna 1:**
> **ELLA:** Parece graciosa y contenta.
> **ÉL:** Parece estar feliz.

1	2	3

4 **La pareja imperfecta** En parejas, escojan uno de los atributos y contrasten cómo sería su pareja ideal según las cualidades seleccionadas.

> **Modelo** Prefiero una pareja tacaña a una falsa.

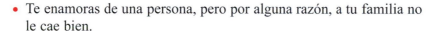

¿sensible o seguro?	¿tímido o cariñoso?
¿generoso o gracioso?	¿orgulloso o tranquilo?
¿falso o tacaño?	¿mentiroso o tempestuoso?

5 **Dilemas de la vida** En parejas, lean las situaciones y comenten qué harían en cada una de ellas.

> **Modelo** No me importa si a mi familia no le cae bien mi novia. Es mi novia, no la novia de ellos.

- Te enamoras de una persona, pero por alguna razón, a tu familia no le cae bien.
- Tienes pareja, pero te enamoras de otra persona que vive a miles de millas de distancia.
- Eres feliz en tu comunidad con tus familiares y amigos. Tu pareja se va a vivir en otro país y te pide que vayas con él/ella.
- Tú pareja y tú se quieren mucho pero tiene planes diferente para el futuro.
- Después de muchos años de estar con tu pareja te das cuenta de que ya no es igual y no te sientes enamorado/a.

6 **Relaciones personales** En parejas, respondan las preguntas.

1. ¿Creen que es posible seguir siendo sólo amigos/as de sus exnovios/as? ¿Por qué?
2. ¿Cuáles creen que son las razones por las que rompen las parejas?
3. ¿Creen que las relaciones de pareja son fáciles o difíciles? ¿Por qué?
4. ¿Creen que las parejas son más felices antes de casarse o después? ¿Por qué?

3 Tell students that the characters are having a conversation. First, ask students to guess what the characters' relationship might be. Then have them use the lesson vocabulary to describe how the feelings of the characters evolve in this sequence.

4 Tell students that although these paired traits are not mutually exclusive, in this activity they must choose one.

5 Tell students that the short film they are about to see deals with difficult choices. Tell them to use the present tense as described in **Estructuras 1.1**, p. 18, to discuss the dilemmas.

6 Ask students to relate their answers to romantic dramas and comedies (such as *La La Land*) or even classic fairy tales (like *Cinderella*).

TEACHING OPTION
Tell students that in some Spanish-speaking countries it is common to refer to former partners (boyfriends and girlfriends, husbands and wives, etc.), using the prefix **ex** as a noun. This usage is also common in English. Use this shortened form in a sentence.
Ex: **Ayer me tomé un café con mi ex.**

Video

ARGUMENTO *Alicia y Javi se encuentran dos años después de haber terminado su relación.*

JAVI Sí, ya me han dicho que te casas. Enhorabuena.
ALICIA Gracias. Me voy corriendo que tengo mucha prisa.

JAVI ¿Por qué no te tomas ese café conmigo?
ALICIA Bueno.

JAVI Bueno, estuve un año dando vueltas por el mundo y cuando volví a mi casa no tenía nada. Necesitaba trabajar.
ALICIA ¡Pues quién lo iba a decir!
JAVI Eso no es todo. He dejado de fumar.

ALICIA ¿Y de dónde es?
JAVI De Buenos Aires.
ALICIA ¿Pero se ha venido a vivir aquí, por ti?
JAVI Sí.

(Alma saluda desde la ventana.)
ALMA Hola.

JAVI Alicia...
(Javi y Alicia se abrazan.)

TEACHING OPTION Tell students that they will find a different use of the **tú** (personal) and **ti** (prepositional) pronouns. (**¿Qué tal? Escuché mucho de vos.**) Tell them that this variation called **voseo** exists in Argentina and Uruguay, as well as in regions of other Latin American countries.

PREVIEW Ask students to study the photos carefully and to speculate how the images might be connected. Tell them to read the textual clues on the page and to pay special attention to how the mood changes as the story evolves. Allow them to go back and examine the images in Activity 3, **Sentimientos, p. 7.** As they come up with plausible story lines, ask them which of the images might be a key to the plot and why.

TEACHING OPTION Ask students to contrast the verbal language of the characters with their body language, as they struggle to conceal their mutual sense of loss.

Análisis

1 **Comprensión** Contesta cada pregunta con una oración completa.

1. ¿Por qué se conocen Javi y Alicia? Javi y Alicia fueron novios.

2. ¿Qué tiene tan ocupada a Alicia? Alicia está preparando su boda.

3. ¿En qué trabaja Javi? Javi trabaja en la imprenta de su padre.

4. ¿Qué ha pasado en la vida laboral de Alicia? La han hecho jefa de departamento.

5. ¿Qué le ha pasado a la madre de Alicia? La han operado de la rodilla.

6. ¿Quién es Marcos? Marcos es el novio de Alicia.

7. ¿Qué hizo Javi después de separarse de Alicia? Javi viajó por el mundo.

8. ¿Dónde conoció Javi a Alma? Javi conoció a su novia en Chile.

9. ¿De dónde es la novia de Javi? La novia de Javi es de Buenos Aires.

10. Javi le dice a Alicia que tiene algo que contarle, ¿qué es? Él tiene que contarle que su novia está embarazada.

2 **¿Qué pensarán?** En parejas, basándose en lo que saben de los personajes, relacionen cada uno de estos pensamientos con uno de ellos.

1. "¿Pero por qué me toma de la mano? ¡Ya no somos novios!" _____Alicia_____

2. "¡Lo he hecho todo mal! Trabajo con mi padre y perdí a la mujer de mi vida". _____Javi_____

3. "Tiene el cabello bonito esa española". _____Alma_____

4. "Ojalá pudiera volver al pasado". _____Javi / Alicia_____

5. "Decía que no quería tener hijos. No entiendo nada. Me voy". _____Alicia_____

6. "Ella tuvo su oportunidad, pero ahora él está conmigo!" _____Alma_____

7. "Marcos es un hombre afortunado. ¡Cómo lo envidio!" _____Javi_____

8. "¡Él quería ser libre y míralo!, trabajando con su papá en la imprenta". _____Alicia_____

Alicia

Alma

Javi

3 **Interpretar** En parejas, contesten las preguntas.

1. ¿Qué crees que siente Javi cuando se encuentra con Alicia en la cafetería? ¿Y Alicia?

2. ¿Por qué Alicia duda cuando Javi la invita a tomarse un café con él?

3. ¿De qué hablan primero Javi y Alicia? ¿Por qué?

4. ¿Por qué decide Alicia tomarse el café con Javi?

5. ¿Cómo crees que ha cambiado Javi desde que él y Alicia fueron novios?

6. ¿Qué esperaba Alicia de Javi cuando eran novios? ¿Qué deseaba él?

7. ¿Cómo imaginaba Javi que iba a ser su vida? ¿Lo consiguió?

8. ¿Qué crees que opina Alicia de que Javi trabaje con su padre? ¿Por qué?

9. ¿Qué piensas que siente Alicia cuando ve entrar a Alma? ¿Por qué?

10. ¿Cómo interpretarías la frase final "no entiendo por qué no puedo tener dalias el día de mi boda; me da igual que no sea la época"?

4

¿Qué piensas? En parejas, respondan las preguntas.

1. ¿Cómo crees que se sintió Javi cuando se vieron Alma y Alicia?
2. ¿Qué pensó Alma al ver a Alicia y a Javi juntos?
3. ¿Qué les deseó Alicia a Javi y a Alma? ¿Por qué?

5

Reproches En parejas, comenten sobre el rompimiento de Alicia y Javi. Respondan las preguntas.

1. ¿Quién creen que tuvo la culpa de que rompieran Alicia y Javi? ¿Por qué?
2. ¿Cuál de los dos personajes crees que tomó las mejores decisiones en su vida? ¿Por qué?
3. ¿Quién crees que se reprochó más la pérdida del otro? ¿Alicia o Javi? ¿Por qué?
4. ¿Crees que Alicia hace lo correcto casándose con Marcos? ¿Por qué?

6

Puntos de vista En parejas, lean estas dos reseñas ficticias de la película. Elijan una y defiéndanla.

A

"En *Café para llevar*, Javi representa al típico hombre inmaduro que toma las decisiones equivocadas en su juventud y luego mira atrás con melancolía. Alicia, sin embargo, es madura y trabajadora. La película es real como la vida misma". Juana de Mier, *El faro de Cartagena*

B

"*Café para llevar* es otro ejemplo de cómo las mujeres tratan de controlar la vida de los hombres. Primero, Alicia intenta que Javi abandone sus sueños; luego, tiene que trabajar con su padre para mantener a su nueva familia. ¡Pobre Javi!" – Miño Meilán, *La voz de Santiago*

7

Volver a empezar En parejas, elijan una de estas situaciones e improvisen un diálogo. Utilicen seis palabras o expresiones de la lista. Después, represéntenlo delante de la clase.

de vez en cuando	la imprenta	¡Quién lo iba a decir!
echar de menos	liado/a	se me da bien
enhorabuena	para llevar	te lo mereces
la época	ponerte en mi lugar	tener la culpa
la horterada	(tener) prisa	el/la trotamundos

A

Después de romper con su novia de muchos años, tu mejor amigo se va a Santiago de Chile. Lleva dos meses de relación con una chica que conoció en este lugar pero se da cuenta de que cometió un error porque extraña mucho a su exnovia y quiere regresar con ella.

B

Llega el día de la boda y tu mejor amiga va a decirle a su novio que no puede casarse con él porque todavía está enamorada de su exnovio.

TEACHING OPTION Replay the scene in which Alicia addresses Alma (9:35 min.), and then say the sentence out loud: **Que vaya todo muy bien**. Explain that in Spanish wishes are often expressed with the word **que** followed by the present subjunctive. Use the sentence as a template and then provide other examples of well-wishing: **Que duermas bien. / Que lo pases bien. / Que disfrutes de la película**. You may preview the use of the subjunctive in **Estructuras 3.1, p. 96**.

5 Before assigning this activity, replay the scene in which Alicia and Javi argue about the reasons for their breakup.

TEACHING OPTION Tell students that with a budget of just €6,000 (about $7,000), *Café para llevar* won a Goya Award, the most prestigious recognition in Spanish-language cinema. As a class, discuss what might have been the key factor in the success of this movie. Have them comment on the acting—how real the short feels. Ask questions about the performing abilities of the actors. Ex: **¿Cuál de los dos actores les gustó más? ¿Por qué?**

 Practice more at vhlcentral.com.

INSTRUCTIONAL RESOURCES Supersite: Flash Cultura; Script & Translation; Teaching suggestions; SAM/WebSAM: WB

Reading

SUEÑA

Cuando se presentó como candidato para gobernador de **California**, **Arnold Schwarzenegger** se despidió de los reporteros con una de sus famosas frases de la película *Terminator 2: Judgment Day*: *"¡Hasta la vista, baby!"*. Miles y miles de niños pequeños repiten frases en español que aprendieron de *Dora, la exploradora*. Éstos no son ejemplos aislados. Hoy día, en todo el territorio de los **Estados Unidos**, personas de todas las edades, profesiones y razas utilizan frases en español, a veces sin saber de qué idioma vienen o qué significan. Seguramente tú también has escuchado con frecuencia frases como: *"Hola"*, *"Mi casa es su casa"*, *"Vamos"*, *"Adiós, amigo"* y muchas otras expresiones de boca de personas que no saben español.

ESTADOS

¡EL ESPAÑOL ESTÁ DE MODA!

¿A qué se debe la creciente popularidad del español en los Estados Unidos? La respuesta es sencilla[1]: a la progresiva influencia de este idioma en la cultura y en la vida diaria de este país. Hoy, en los Estados Unidos viven más de 53 millones de hispanohablantes que utilizan el español a diario. Se estima que para el año 2060 la población latina llegará a casi 120 millones. Además del hecho[2] de que el número de latinos ha aumentado, hay que señalar que la población latina se ha extendido cada vez más por todo el país: podemos encontrar comunidades de hispanohablantes desde Florida hasta Alaska y desde Hawái hasta Maine. Actualmente, por lo menos una de cada seis personas en los Estados Unidos es de origen hispano.

Los efectos del rápido crecimiento de la población latina son palpables en la cotidianidad[3] de todos los habitantes de los Estados Unidos. ¿Cuántas veces el cajero automático[4] te dio la opción de escoger entre inglés y español? ¿Cuántas veces llamaste a un contestador automático[5] de atención al cliente y te dieron la opción de seguir el menú en español? ¿Has notado los anuncios[6] en español en aeropuertos, estaciones de tren, hospitales y otros lugares públicos?

Ya son millones los estadounidenses que están aprendiendo español en instituciones educativas de todo el país. En la actualidad[7], el 70% de los estudiantes de secundaria eligen español como segunda lengua y más de 790.000 estudiantes universitarios se matriculan[8] todos los años en cursos de español. De hecho, el español es el idioma más solicitado[9] en los departamentos de lenguas extranjeras. No cabe duda de que el español es el idioma extranjero de mayor impacto en la cultura estadounidense actual, lo cual se refleja constantemente en la calle, en el cine, en Internet y en los medios de comunicación en general.

Signos vitales

Los **Estados Unidos** es el quinto país con mayor población hispanohablante en el mundo. Algunos argumentan que la cantidad de hispanohablantes podría reducirse a medida que el inglés se convierte en el primer idioma de hijos y nietos de inmigrantes. Sin embargo, algunas estadísticas, como las del US Census Bureau, contradicen este argumento. Según ellas, el número de hispanohablantes se mantiene vivo, e incluso aumenta, gracias a la constante inmigración.

[1] *simple* [2] *fact* [3] *everyday life* [4] *ATM* [5] *answering machine* [6] *announcements* [7] *At present* [8] *enroll* [9] *in demand; popular*

UNIDOS

El español en los Estados Unidos

Expresiones del español de uso común en inglés

Adiós, amigo.	*Goodbye, my friend.*
fiesta	*party, celebration*
gracias	*thank you*
Hasta la vista.	*See you later.*
Mi casa es su casa.	*My house is your house.*
número uno	*the best* (lit. *number one*)
plaza	*plaza; shopping mall*
pronto	*now; quick*
salsa	*sauce; Latin music*
sombrero	*hat*
Vamos.	*Let's go.*

Influencia del inglés en el español

Muchas palabras de uso común en español, especialmente palabras relacionadas con tecnología, están adaptadas del inglés.

chatear	*to chat (online)*
clic	*click*
computadora	*computer*
escáner	*scanner*
esnob	*snob*
flirtear	*to flirt*
gol	*goal (in sports)*

Latinos en los Estados Unidos

Jorge Ramos nació en la Ciudad de México el 16 de marzo de 1958. Desde noviembre de 1986, es el conductor[1] titular del

Noticiero Univisión en los Estados Unidos. Es el personaje de la televisión estadounidense en español que más tiempo ha estado en el aire en un mismo programa o noticiero. Además de presentador, Ramos es columnista y autor.

America Ferrera nació en los Estados Unidos el 18 de abril de 1984, pero sus padres son de **Honduras**. Comenzó a actuar desde muy pequeña en la escuela, y luego pasó al cine y a la televisión. En 2007 ganó los premios **Globo de Oro**, **EMMY** y **Alma** por su papel de Betty Suárez en la serie *Ugly Betty*. Es la voz en inglés de Astrid en la saga *How to Train Your Dragon*, que llegará a su tercera entrega en el 2018.

César Pelli, arquitecto argentino graduado de la **Universidad de Tucumán** en 1949. Viajó a los Estados Unidos en 1952 para realizar una maestría en Arquitectura en la Universidad de Illinois y luego se radicó[2] en este país. En 1977 creó su propia firma y ese mismo año fue nombrado decano[3] de la **Escuela de Arquitectura de Yale**, puesto que mantuvo hasta 1984.

De su trabajo podemos mencionar el **World Financial Center** en **Nueva York**, las **Torres Petronas** en **Kuala Lumpur**, **Malasia** y la **terminal norte del aeropuerto Ronald Reagan National** de **Washington, D.C.**

Susana Martínez, abogada y política estadounidense, nacida el 14 de julio de 1959. A finales del año 2010 fue elegida gobernadora del estado de **Nuevo México**, lo que la convirtió en la primera mujer en gobernar este estado y también en la primera gobernadora de origen hispano en la historia de los Estados Unidos. En noviembre

de 2014 fue reelegida para continuar en el cargo por un segundo período. Es la sucesora de Bill Richardson, otro político de descendencia hispana, quien gobernó el mismo estado hasta diciembre de 2010.

[1] *anchor* [2] *settled* [3] *dean*

GALERÍA DE CREADORES

LITERATURA Julia Álvarez

La escritora Julia Álvarez nació en Nueva York, pero pasó su niñez en la República Dominicana. Su familia se exilió en los Estados Unidos cuando Julia tenía diez años. Algunos de los temas de sus libros son sus experiencias derivadas de la dictadura en su país, su proceso de adaptación a una cultura desconocida y la importancia de la identidad. Es autora de *¡Yo!, A cafecito story, En el tiempo de las mariposas, De cómo las muchachas García perdieron el acento, En el nombre de Salomé, Para salvar el mundo,* entre otras obras. También escribió la serie *Tía Lola* para lectores más jóvenes.

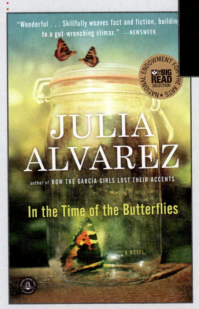

DISEÑO Y MODA Narciso Rodríguez

En 1996, Narciso Rodríguez causó sensación con el vestido de novia (*wedding gown*) que diseñó (*designed*) especialmente para Carolyn Bessette, quien lo lució (*wore*) el día de su boda con John F. Kennedy, Jr. En el mundo de la moda (*fashion*), este elegante y sencillo traje fue uno de los diseños más comentados de la década. Desde entonces, el diseñador de ascendencia cubana ha tenido por clientes a Salma Hayek, Sarah Jessica Parker, Anna Paquin, Michelle Obama y Charlize Theron. Las características de sus creaciones son la simplicidad, el uso de materiales ligeros (*lightweight*) y la influencia latina.

PINTURA Carmen Lomas Garza

Esta artista chicana pinta escenas de la vida cotidiana mexicano-americana inspiradas en recuerdos (*memories*) y experiencias de su niñez en Kingsville, Texas. El objetivo de su arte es mostrar el valor y la humanidad de su cultura. Celebraciones, historias familiares, rituales, preparación de comidas, mitos, tradiciones, juegos, remedios caseros (*home remedies*) y sueños forman parte de ese paisaje cotidiano. *Earache Treatment* es el título de este cuadro (*painting*). Aquí vemos una práctica antigua, pero todavía muy común entre muchas familias latinoamericanas y chicanas para curar el dolor de oído (*earache*).

CINE Robert Rodríguez

En veinte días y con sólo siete mil dólares, Robert Rodríguez filmó *El mariachi*, la película que ganó el Premio (*Award*) del Público del Festival de Cine de Sundance de 1993. Las aventuras de *El mariachi* continuaron con *Desperado* y *Once Upon a Time in Mexico*, películas en las cuales actuaron sus amigos Antonio Banderas, Quentin Tarantino y Johnny Depp. El joven tejano forma parte del grupo de directores que han ganado más de $100 millones por película, gracias al éxito (*success*) de su serie *Spy Kids*. Es autor, productor y director de la película *Machete Kills* (2013), secuela de *Machete* (2010), y de la serie *From Dusk till Dawn*.

¿Qué aprendiste?

1

Cierto o falso Indica si estas afirmaciones son ciertas o falsas. Corrige las falsas.

1. El español es el segundo idioma más solicitado en las universidades, después del francés. Falso. El español es el idioma más solicitado.

2. Muchos niños aprenden frases en español gracias a los dibujos animados. Cierto.

3. Es difícil encontrar compañías que ofrecen atención al cliente en español. Falso. Muchas compañías ofrecen operadores en español.

4. America Ferrera ganó el Globo de Oro por hacer la voz de Astrid en *How to Train Your Dragon*. Falso. Lo ganó por su actuación en *Ugly Betty*.

5. Hoy por hoy, el español es el idioma extranjero de mayor impacto en la cultura estadounidense. Cierto.

6. El español es el idioma elegido como segunda lengua por el 70% de los estudiantes universitarios en los Estados Unidos. Falso. Es la segunda lengua elegida por los estudiantes de secundaria de los Estados Unidos.

2

Preguntas Contesta las preguntas.

1. ¿Quién popularizó en los Estados Unidos la frase "Hasta la vista, baby"? Arnold Schwarzenegger popularizó esta frase en la película *Terminator 2: Judgment Day.*

2. ¿Cuántos millones de latinos se calcula que habrá para el año 2060 en los Estados Unidos? Se calcula que habrá casi 120 millones de latinos.

3. ¿En qué lugares es común encontrar mensajes o avisos bilingües? Es común encontrarlos en cajeros automáticos, aeropuertos, estaciones de tren y otros lugares públicos.

4. ¿Quién fue la primera estadounidense de origen hispano en ser elegida gobernadora de un estado? La gobernadora Susana Martínez.

5. ¿Qué artista de la Galería te interesa más? ¿Por qué? Answers will vary.

3

Identificar En parejas, cada uno elija un personaje de la sección **Latinos en los Estados Unidos** sin decir a quien escogieron. Después, hagan a su compañero tres de estas preguntas para tratar de identificar el personaje.

1. ¿Qué edad aproximada tiene el personaje que escogiste?

2. ¿En qué parte de la industria del espectáculo se mueve el personaje? ¿En el cine?, ¿en el teatro?, ¿en la música?, ¿en la televisión?, ¿en ninguno de ellos?

3. ¿Tu personaje nació en los Estados Unidos o en algún país de Latinoamérica? Si nació en Latinoamérica, ¿puedes decir en cuál país?

4. ¿Por qué el personaje latino que escogiste es tan reconocido en los Estados Unidos? ¿Ha ganado algún premio? ¿Cuál?

5. ¿Consideras que el papel del personaje es importante y reconocido en los Estados Unidos?

 Practice more at vhlcentral.com.

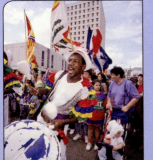

PROYECTO

En los EE.UU.

¿Qué sabes de la cultura latina en los EE.UU.? Escoge un tema e investiga toda la información que necesites en la biblioteca o en Internet para preparar un folleto promocional.

a. una comunidad latina
b. una celebración hispana
c. un lugar para el arte y la cultura latinoamericanos

- Escribe la información que consideras importante e incluye fotos.
- Presenta tu folleto a la clase. Explica por qué escogiste ese tema.

 Video

Las relaciones personales

¿No es ideal utilizar el tiempo libre para encontrarse con amigos, familiares, parejas…? Los lugares donde puedes reunirte a hablar o a comer se vuelven especiales porque forman parte del placer de compartir el tiempo con tu gente. En este episodio de **Flash Cultura**, te llevamos a visitar los lugares de encuentro de Madrid.

Vocabulario

el amor a primera vista *love at first sight*

el callejón *alley*

la campanada *tolling of the bell*

datar de *to date from*

el pasacalles *marching parade*

el pendiente *earring*

el punto de encuentro *meeting point*

la uva *grape*

1 **Preparación** Cuando tienes tiempo libre, ¿te reúnes con tus amigos? ¿Cuáles son los lugares donde te encuentras habitualmente con ellos? ¿En qué momentos del día y de la semana pueden verse? ¿Por qué?

2 **Comprensión** Indica si estas afirmaciones son ciertas o falsas. Después, en parejas, corrijan las falsas.

1. Es tradición tomar doce uvas el 31 de diciembre mientras suena el famoso reloj de la Puerta del Sol en el corazón de Madrid. Cierto.

2. La Plaza Mayor es la plaza más conocida y se encuentra en el Madrid Moderno. Falso. La Plaza Mayor se encuentra en el Madrid Antiguo.

3. En la confluencia actual de las calles Toledo y Atocha, se celebraban antiguamente partidos de fútbol. Falso. En la confluencia de las calles Toledo y Atocha, se celebraba el mercado principal de Madrid.

4. El barrio de La Latina se caracteriza por callejones estrechos, plazoletas, cafés y bares de ambiente muy dinámico. Cierto.

5. Ninguno de los entrevistados cree en el amor a primera vista. Falso. Algunos de ellos creen en el amor a primera vista.

6. En El Rastro puedes comprar ropa, pendientes, cuadros, etc. Cierto.

3 **Expansión** En parejas, contesten estas preguntas.

- Imagina que estás en Madrid. ¿Cuál de los lugares mostrados prefieres para comer algo o pasear? ¿Por qué?

- ¿Estás de acuerdo con las personas que creen en el amor a primera vista o con las que no creen? Justifica tu respuesta.

- ¿Te gustan los domingos en Madrid: levantarse tarde, comer en un bar de La Latina con amigos y pasear por El Rastro? ¿Cómo son tus domingos?

Corresponsal: Miguel Ángel Lagasca
País: España

(En la Plaza Mayor) los niños juegan, las madres conversan°, los padres hablan de fútbol y política, los jóvenes se juntan, las parejas se miran a los ojos y los turistas admiran el espectáculo°.

La Latina, así como la Plaza Mayor y Puerta del Sol, pertenecen al llamado Madrid Antiguo.

Siempre los celos son una parte importante de la relación, sobre todo cuando se está empezando.

conversan *chat* **espectáculo** *show*

 Practice more at vhlcentral.com.

INSTRUCTIONAL RESOURCES

Supersite: Audioscripts, SAM AK, Lab MP3s
SAM/WebSAM: WB, LM

Point out that all active verbs from **Sueña** are listed on **pp. 290–291.**

1.1

TALLER DE CONSULTA

These grammar topics are covered in the **Manual de gramática, Lección 1**.

1.4 Nouns and articles, p. 238
1.5 Adjectives, p. 240

For more stem-changing verbs, see the **Verb conjugation tables, pp. 290–291**.

Review the difference between verb stems and verb endings.

¡ATENCIÓN!

Subject pronouns are normally omitted in Spanish. They are used to emphasize or clarify the subject.

—**¿Viven en California?**
Do they live in California?

—**Sí, ella vive en Los Ángeles, y él vive en San Francisco.**
Yes, she lives in Los Angeles, and he lives in San Francisco.

¡ATENCIÓN!

Jugar changes its stem vowel from **u** to **ue**. **Construir, destruir, incluir,** and **influir** add a **y** before the personal endings. As with other stem-changing verbs, the **nosotros/as** and **vosotros/as** forms do not change.

jugar

*ju**e**go, ju**e**gas, ju**e**ga, jugamos, jugáis, ju**e**gan*

incluir

*inclu**y**o, inclu**y**es, inclu**y**e, incluimos, incluís, inclu**y**en*

Presentation   comparisons

The present tense

Regular *–ar, –er, –ir* verbs

- The present tense (**el presente**) of regular verbs is formed by dropping the infinitive ending **–ar, –er,** or **–ir** and adding personal endings.

The present tense of regular verbs			
	habl**ar**	beb**er**	viv**ir**
yo	habl**o**	beb**o**	viv**o**
tú	habl**as**	beb**es**	viv**es**
Ud./él/ella	habl**a**	beb**e**	viv**e**
nosotros/as	habl**amos**	beb**emos**	viv**imos**
vosotros/as	habl**áis**	beb**éis**	viv**ís**
Uds./ellos/ellas	habl**an**	beb**en**	viv**en**

- The present tense is used to express actions or situations that are going on at the present time and to express general truths.

¿Por qué **rompes** conmigo?
Why are you breaking up with me?

Porque no te **amo**.
Because I don't love you.

- The present tense is also used to express habitual actions or actions that will take place in the near future.

Mis padres me **escriben** con frecuencia.
My parents write to me often.

Mañana les **mando** una carta larga.
Tomorrow I'm sending them a long letter.

Stem-changing verbs

- Some verbs have stem changes in the present tense. In many **–ar** and **–er** verbs, **e** changes to **ie** and **o** changes to **ue**. In some **–ir** verbs, **e** changes to **i**. The **nosotros/as** and **vosotros/as** forms never have stem changes in the present tense.

Stem-changing verbs		
e → ie	o → ue	e → i
pensar *to think*	**poder** *to be able to, can*	**pedir** *to ask for*
p**ie**nso	p**ue**do	p**i**do
p**ie**nsas	p**ue**des	p**i**des
p**ie**nsa	p**ue**de	p**i**de
pensamos	podemos	pedimos
pensáis	podéis	pedís
p**ie**nsan	p**ue**den	p**i**den

Irregular *yo* forms

- Many **–er** and **–ir** verbs have irregular **yo** forms in the present tense. Verbs ending in **–cer** or **–cir** change to **–zco** in the **yo** form; those ending in **–ger** or **–gir** change to **–jo**. Several verbs have irregular **–go** endings, and a few have individual irregularities.

Ending in –go

caer *to fall*	yo cai**go**
distinguir *to distinguish*	yo distin**go**
hacer *to do, to make*	yo ha**go**
poner *to put, to place*	yo pon**go**
salir *to leave, to go out*	yo sal**go**
traer *to bring*	yo trai**go**
valer *to be worth*	yo val**go**

Ending in –zco

conducir *to drive*	yo condu**zco**
conocer *to know*	yo cono**zco**
crecer *to grow*	yo cre**zco**
obedecer *to obey*	yo obede**zco**
parecer *to seem*	yo pare**zco**
producir *to produce*	yo produ**zco**
traducir *to translate*	yo tradu**zco**

Ending in –jo

dirigir *to direct, manage*	yo diri**jo**
escoger *to choose*	yo esco**jo**
exigir *to demand*	yo exi**jo**
proteger *to protect*	yo prote**jo**

Other verbs

caber *to fit*	yo **quepo**
saber *to know*	yo **sé**
ver *to see*	yo **veo**

- Verbs with prefixes follow the same patterns.

reconocer *to recognize*	yo recono**zco**	**oponer** *to oppose*	yo opon**go**
deshacer *to undo*	yo desha**go**	**proponer** *to propose*	yo propon**go**
rehacer *to remake, redo*	yo reha**go**	**suponer** *to suppose*	yo supon**go**
aparecer *to appear*	yo apare**zco**	**atraer** *to attract*	yo atrai**go**
desaparecer *to disappear*	yo desapare**zco**	**contraer** *to contract*	yo contrai**go**
componer *to make up*	yo compon**go**	**distraer** *to distract*	yo distrai**go**

Irregular verbs

- Other commonly used verbs in Spanish are irregular in the present tense or combine a stem-change with an irregular **yo** form or other spelling change.

dar	decir	estar	ir	oír	ser	tener	venir
to give	*to say*	*to be*	*to go*	*to hear*	*to be*	*to have*	*to come*
doy	digo	estoy	voy	oigo	soy	tengo	vengo
das	dices	estás	vas	oyes	eres	tienes	vienes
da	dice	está	va	oye	es	tiene	viene
damos	decimos	estamos	vamos	oímos	somos	tenemos	venimos
dais	decís	estáis	vais	oís	sois	tenéis	venís
dan	dicen	están	van	oyen	son	tienen	vienen

Práctica

1 **Un apartamento infernal** Beto no se siente bien en su apartamento. Completa el párrafo con las palabras de la lista.

caber	hacer	oír	tener
estar	ir	ser	ver

Mi apartamento (1) __está__ en el quinto piso. El edificio no (2) __tiene__ ascensor y, para llegar al apartamento, (3) __tengo__ que subir por la escalera. El apartamento es tan pequeño que mis cosas no (4) __caben__. Las paredes (*walls*) (5) __son__ muy delgadas. A todas horas (6) __oigo__ la radio o la televisión de algún vecino. El apartamento siempre (7) __está__ oscuro y no puedo (8) __ver__ cuando (9) __hago__ la tarea. ¡(10) __Voy__ a buscar otro apartamento!

2 **¿Qué haces?** Haz preguntas basadas en estas opciones y contéstalas con una explicación.

> **Modelo** vivir / en la residencia estudiantil
> —¿Vives en la residencia estudiantil?
> —No, vivo en un apartamento con mis dos mejores amigos, Pablo y Julián.

1. salir / con amigos todas las noches

2. decir / mentiras

3. conducir / estar cansado

4. tener / miedo de ser antipático/a con los amigos

5. dar / consejos sobre asuntos personales

6. venir / a clase tarde con frecuencia

3 **¿Qué hacen los amigos?** Escribe cinco oraciones completas usando los sujetos y los verbos de las columnas.

> **Modelo** Tú traduces el libro.

Sujetos	Verbos	
yo	compartir	exigir
tú	creer	pensar
un(a) buen(a) amigo/a	deber	poner
nosotros/as	desear	traducir
los/las malos/as amigos/as		

1. _____

2. _____

3. _____

4. _____

5. _____

Comunicación

4

En el café Carola está en el Nuyorican Poets Café con unos amigos. En parejas, escriban ocho oraciones en las que Carola describe lo que hace cada persona. Usen algunos verbos de la lista.

beber	estar	oír	ser
decir	hablar	pedir	traer

5

Sueños cumplidos Un nuevo *reality show* tiene como objetivo cumplir los sueños de los participantes.

A. En parejas, lean los sueños de algunos posibles participantes y preparen una lista de preguntas que el/la presentador(a) o el público puede hacerle a cada uno. Usen verbos en presente y el vocabulario de la lección.

María, 21 años
Sus padres la adoptaron cuando era niña. Cuando cumplió los veintiún años, sus padres le contaron que tiene una hermana melliza (*twin*). María quiere conocerla.

Pedro, 35 años
Vive en los Estados Unidos desde los cuatro años. No ve a sus abuelos desde entonces. Se acerca el cumpleaños número noventa de su abuela.

Francisco, 50 años
A los diez y ocho años, Francisco emigró a los Estados Unidos. Su hermana, Sofía, emigró a España. Se hablan por teléfono pero hace treinta y dos años que no se ven.

B. Elijan al primer participante del programa e improvisen la primera entrevista. Uno/a de ustedes es el/la presentador(a) y el/la otro/a es el/la participante.

INSTRUCTIONAL RESOURCES
Supersite: Audioscripts, SAM AK, Lab MP3s
SAM/WebSAM: WB, LM

1.2

 Presentation

Ser and *estar*

—*Sí, bueno, es que **estoy** preparando mi boda.*

—*Oh, pues sí que **es** difícil de creer, sí.*

Ask students if they remember the different uses of **ser** and **estar** before presenting the grammar explanation.

Have volunteers offer sentences using the two verbs, or ask questions that prompt the use of **ser** and **estar** in their responses. Use the students' examples to help them deduce the general uses of each verb.

Uses of *ser*

Nationality and place of origin	Mis padres **son** argentinos, pero yo **soy** de Florida.
Profession or occupation	El Sr. López **es** periodista.
Characteristics of people, animals, and things	El clima de Miami **es** caluroso.
Generalizations	Las relaciones personales **son** complejas.
Possession	La guitarra **es** del tío Guillermo.
Material of composition	El suéter **es** de pura lana.
Time, date, or season	**Son** las doce de la mañana.
Where or when an event takes place	La fiesta **es** en el apartamento de Carlos; **es** el sábado a las nueve de la noche.

Uses of *estar*

Location or spatial relationships	La clínica **está** en la próxima calle.
Health	Hoy **estoy** enfermo. ¿Cómo **estás** tú?
Physical states and conditions	Todas las ventanas **están** limpias.
Emotional states	¿**Está** Marisa contenta con Javier?
Certain weather expressions	¿**Está** nublado o **está** despejado hoy en Miami?
Ongoing actions (progressive tenses)	Paula **está** escribiendo invitaciones para su boda.
Results of actions (past participles)	La tienda **está** cerrada.

Ser and *estar* with adjectives

- **Ser** is used with adjectives to describe inherent, expected qualities. **Estar** is used to describe temporary or variable qualities, or a change in appearance or condition.

  La casa **es** muy pequeña.
  The house is very small.

  ¡**Están** tan enojados!
  They're so angry!

- With most descriptive adjectives, either **ser** or **estar** can be used, but the meaning of each statement is different.

  Julio **es alto**.
  Julio is tall. (that is, a tall person)

  ¡Ay, qué **alta estás**, Adriana!
  How tall you're getting, Adriana!

  Dolores **es alegre**.
  Dolores is cheerful. (that is, a cheerful person)

  El jefe **está alegre** hoy. ¿Qué le pasa?
  The boss is cheerful today. What's up with him?

  Juan Carlos **es** un hombre **guapo**.
  Juan Carlos is a handsome man.

  ¡Manuel, **estás** tan **guapo**!
  Manuel, you look so handsome!

- Some adjectives have two different meanings depending on whether they are used with **ser** or **estar**.

ser + [*adjective*]	estar + [*adjective*]
Laura **es aburrida**. *Laura is boring*.	Laura **está aburrida**. *Laura is bored*.
Ese chico **es listo**. *That boy is smart*.	**Estoy listo** para todo. *I'm ready for anything*.
No **soy rico**, pero vivo bien. *I'm not rich, but I live well*.	¡El pan **está** tan **rico**! *The bread is delicious*!
La actriz **es mala**. *The actress is bad*.	La actriz **está mala**. *The actress is ill*.
El coche **es seguro**. *The car is safe*.	Creo que puedo ir pero **no estoy seguro**. *I think I can go but I'm not sure*.
Los aguacates **son verdes**. *Avocados are green*.	Esta banana **está verde**. *This banana is not ripe*.
Javier **es** muy **vivo**. *Javier is very sharp*.	¿Todavía **está vivo** el autor? *Is the author still living*?
Pedro **es** un hombre **libre**. *Pedro is a free man*.	Esta noche no **estoy libre**. ¡Lo siento! *Tonight I am not available. Sorry!*

TALLER DE CONSULTA

Remember that adjectives must agree in gender and number with the person(s) or thing(s) that they modify. See **Manual de gramática, 1.4 p. 238**, and **1.5 p. 240**.

¡ATENCIÓN!

Estar, not **ser**, is used with **muerto/a**.

Bécquer, el autor de las *Rimas*, está muerto.
Bécquer, the author of Rimas, *is dead.*

To help students remember the different meanings of these adjectives, remind them that when used with **ser** they describe inherent qualities, while the meanings associated with **estar** describe temporary or variable qualities. Point out that **muerto/a** is an exception to this general rule. Also point out that the use of **estar malo/a** to mean *ill* with **estar** is restricted to Spain.

Práctica

La boda de Emilio y Jimena Completa cada oración de la primera columna con la terminación más lógica de la segunda columna.

1. La boda es ___f___
2. La iglesia está ___c___
3. El cielo está ___h___
4. La madre de Emilio está ___e___
5. El padre de Jimena está ___b___
6. Todos los invitados están ___d___
7. El mariachi que toca en la boda es ___a___
8. En mi opinión, las bodas son ___g___

a. de San Antonio, Texas.
b. deprimido por los gastos.
c. en la calle Zarzamora.
d. esperando a que entren la novia (*bride*) y su padre.
e. contenta con la novia.
f. a las tres de la tarde.
g. muy divertidas.
h. totalmente despejado.

La luna de miel Completa el párrafo con las formas apropiadas de **ser** y **estar**.

LA GLORIA CUBANA

Miami, Florida

Emilio y Jimena van a pasar su luna de miel en Miami, Florida. Miami (1) ___es___ una ciudad preciosa. (2) ___Está___ en la costa este de Florida y tiene playas muy bonitas. El clima (3) ___es___ tropical. Jimena y Emilio (4) ___están___ interesados en visitar la Pequeña Habana. Jimena (5) ___es___ fanática de la música cubana. Y Emilio (6) ___está___ muy entusiasmado por conocer el parque Máximo Gómez, donde las personas van a jugar dominó. Los dos (7) ___son___ aficionados a la comida caribeña. Quieren ir a todos los restaurantes que (8) ___están___ en la Calle Ocho. Cada día van a probar un plato diferente. Algunos de los platos que piensan probar (9) ___son___ el congrí, los tostones y el bistec palomilla. Después de pasar una semana en Miami, la pareja va a (10) ___estar___ cansada pero muy contenta.

Nota CULTURAL

En **San Antonio**, **Texas** hay una presencia mexicana muy importante. En **Market Square** se venden productos auténticos de **México** como cerámica, comida y artesanías (*handicrafts*).

Nota CULTURAL

La **Pequeña Habana** es un barrio de **Miami** donde viven muchas personas de ascendencia cubana. La **Calle Ocho** es el corazón de la zona. En ella se pueden encontrar tabaquerías, restaurantes de comida típica cubana y tiendas de productos tradicionales.

2 As a follow-up, have students write a different story about Emilio and Jimena using **ser** and **estar**.

Practice more at
vhlcentral.com.

Comunicación

3

Entrevistas

A. En parejas, usen la lista como guía para entrevistarse. Usen **ser** o **estar** en las preguntas y respuestas.

- **origen**
- **nacionalidad**
- **personalidad**
- **personalidad de los padres**
- **salud**

- **estudios actuales**
- **sentimientos actuales**
- **lugar donde vive/trabaja**
- **actividades actuales**

B. Cambien de pareja y cuéntenle a su compañero/a lo que descubrieron (*found out*) sobre el compañero/a entrevistado/a.

4

¿Dónde estamos? En parejas, elijan una ciudad en la que supuestamente están de viaje. Sus compañeros deberán adivinar de qué ciudad se trata. Pueden elegir una de las ciudades de las fotos u otra ciudad importante.

Buenos Aires, Argentina

Quito, Ecuador

Madrid, España

Lima, Perú

San José, Costa Rica

México, D.F., México

- Hagan cinco afirmaciones usando **ser** o **estar** para dar pistas (*clues*) a sus compañeros. Sean creativos.

- Si las pistas no son suficientes, sus compañeros pueden hacer preguntas con **ser** o **estar**, cuya respuesta sea **sí** o **no**.

- Algunos temas para las afirmaciones o las preguntas pueden ser: ubicación, comida, características de la ciudad, actividades, sentimientos de los viajeros, personajes representativos del lugar, etc.

INSTRUCTIONAL RESOURCES

Supersite: Audioscripts, SAM AK, Lab MP3s
SAM/WebSAM: WB, LM

To preview the material, ask volunteers to give examples of other verbs that follow the pattern of **gustar**.

TALLER DE CONSULTA

See **3.2, p. 102** for object pronouns.

Briefly review indirect object pronouns and remind students that they describe to whom or for whom an action is performed.

1.3

 Presentation

Gustar and similar verbs

—*Hombre, cuando te hacen sentir culpable por hacer lo que te **gusta**, pues...*

Using the verb *gustar*

● Though **gustar** is translated as *to like* in English, its literal meaning is *to please*. **Gustar** is preceded by an indirect object pronoun indicating *the person who is pleased*. It is followed by a noun indicating *the thing or person that pleases*.

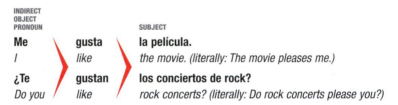

INDIRECT OBJECT PRONOUN		SUBJECT
Me	**gusta**	**la película.**
I	*like*	*the movie. (literally: The movie pleases me.)*
¿Te	**gustan**	**los conciertos de rock?**
Do you	*like*	*rock concerts? (literally: Do rock concerts please you?)*

● Because *the thing or person that pleases* is the subject, **gustar** agrees in person and number with it. Most commonly the subject is third person singular or plural.

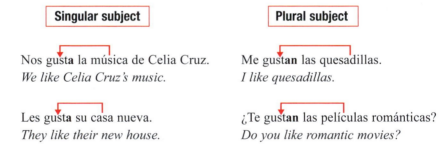

Singular subject	Plural subject

Nos gusta la música de Celia Cruz.
We like Celia Cruz's music.

Me gustan las quesadillas.
I like quesadillas.

Les gusta su casa nueva.
They like their new house.

¿Te gustan las películas románticas?
Do you like romantic movies?

● When **gustar** is followed by one or more verbs in the infinitive, the singular form of **gustar** is always used.

No nos **gusta** llegar tarde.
We don't like to arrive late.

Les **gusta** cantar y bailar.
They like to sing and dance.

● **Gustar** is often used in the conditional (**gustaría**) to soften a request.

Me **gustaría** un refresco, por favor.
I would like a soda, please.

¿Te **gustaría** ir a una cita con mi amigo?
Would you like to go on a date with my friend?

Verbs like *gustar*

- Many verbs follow the same pattern as **gustar**.

aburrir *to bore*	**hacer falta** *to miss; to need*
caer bien/mal *to (not) get along well with*	**importar** *to be important to; to matter*
disgustar *to upset*	**interesar** *to be interesting to; to interest*
doler *to hurt; to ache*	**molestar** *to bother; to annoy*
encantar *to like very much*	**preocupar** *to worry*
faltar *to lack; to need*	**quedar** *to be left over; to fit (clothing)*
fascinar *to fascinate*	**sorprender** *to surprise*

Me fascina el cine francés.
I love French movies.

¿**Te molesta** si voy contigo?
Will it bother you if I come along?

A Sandra **le disgusta** esa situación.
That situation upsets Sandra.

Me duelen sus mentiras.
Her lies hurt me.

- The construction **a** + [*prepositional pronoun*] or **a** + [*noun*] can be used to emphasize who is pleased, bothered, etc.

A ella no le gusta bailar, pero **a él** sí.
She doesn't like to dance, but he does.

A Felipe le molesta ir de compras.
Shopping bothers Felipe.

- **Faltar** expresses what someone or something lacks and **quedar** expresses what someone or something has left. **Quedar** is also used to talk about how clothing fits or looks on someone.

Le falta dinero.
He's short of money.

Le falta sal a la comida.
The food needs some salt.

A la impresora no **le queda** papel.
The printer is out of paper.

Esa falda **te queda** bien.
That skirt fits you well.

TALLER DE CONSULTA

See **3.2, p. 103,** for prepositional pronouns.

DISCOTECA
PALADIO
¿Qué te hace falta en la vida?

Práctica

1 **Completar** Completa la conversación con la forma correcta de los verbos entre paréntesis.

MIGUEL Mira, César, a mí (1) __me encanta__ (encantar) vivir contigo, pero la verdad es que (2) __me preocupan__ (preocupar) algunas cosas.

CÉSAR De acuerdo. A mí también (3) __me molestan__ (molestar) algunas cosas de ti.

MIGUEL Bueno, para empezar (4) __me disgusta__ (disgustar) que pongas la música tan alta cuando vienen tus amigos. Tus amigos (5) __me caen__ (caer) muy bien, pero a veces hacen mucho ruido y no me dejan dormir.

CÉSAR Sí, claro, lo entiendo. Pues mira, Miguel, a mí (6) __me preocupa__ (preocupar) que no laves los platos después de comer. Además, tampoco sacas la basura.

MIGUEL Es verdad. Pues... vamos a intentar cambiar estas cosas. ¿Te parece?

CÉSAR (7) __Me gusta__ (gustar) la idea. Yo bajo la música cuando vengan mis amigos y tú lavas los platos y sacas la basura más a menudo. ¿De acuerdo?

2 Call on several students to share their partner's response to items 1 and 5. Encourage them to debate each other's opinions

2 **Preguntar** En parejas, túrnense para hacerse preguntas sobre estas personas.

Modelo **fascinar / a tu padre**
—¿Qué crees que le fascina a tu padre?
—Pues, no sé. Creo que le fascina dormir.

1. preocupar / al presidente
2. encantar / a tu hermano/a
3. gustar hacer los fines de semana / a ti
4. importar / a tus padres

5. interesar / a tu profesor(a) de español
6. aburrir / a tu novio/a y a ti
7. molestar / a tu mejor amigo/a
8. faltar / a ustedes

3 Remind students that the conditional is often used with verbs like **gustar** to soften a request. Ex: **¿Te interesaría ir al gimnasio?** Would you be interested in going to the gym?

3 Compare students' weekday activities with what they would like to do. Ex: **Los lunes tienes clase. ¿Qué te gustaría hacer en vez de ir a clase?**

3 **¿Qué te gustaría hacer el fin de semana?** En parejas, pregúntense si les gustaría hacer las actividades relacionadas con las fotos. Utilicen los verbos **aburrir, disgustar, encantar, fascinar, interesar** y **molestar**. Sigan el modelo:

Modelo —¿Te molestaría ir al parque de atracciones?
—No, me encantaría.

 **Practice more at vhlcentral.com.**

Comunicación

4 **¿Te gusta?** En parejas, pregúntense si les gustan o no estas personas y actividades. Utilicen verbos similares a **gustar**.

Benicio del Toro	ir a discotecas
Sofía Vergara	las películas de misterio
los discos de Christina Aguilera	las películas extranjeras
dormir los fines de semana	practicar algún deporte
hacer bromas	salir con tus amigos

4 Take a survey of the students' answers and write the results on the board.

5 **¿Cómo son?** Elige uno de los personajes de la lista. Luego escribe cuatro oraciones usando los verbos indicados. Dile a tu compañero/a lo que escribiste sin decirle el nombre del personaje. Él/Ella tiene que adivinar de quién se trata. Túrnense para describir por lo menos seis personajes.

Modelo —Le gusta mucho cantar. Le preocupan los problemas sociales y ambientales. No le caen bien los *papparazzi*. Es muy rico.
—¡Es Bono!

- América Ferrera
- Barack Obama
- Tom Cruise
- Eva Longoria
- Jessica Alba
- David Beckham
- Usain Bolt
- Javier Bardem
- Steve Carell

aburrir	encantar	hacer falta	molestar
caer bien/mal	faltar	importar	preocupar
disgustar	fascinar	interesar	quedar

5 For a related game, divide the class into small groups and give each group member a different photograph of a famous person from current events, recent movies, or popular music. Have group members take turns trying to guess the names of the people from their teammates' descriptions.

6 **Veinte datos** Haz preguntas a por lo menos diez de tus compañeros para completar la tabla. Debes crear los últimos cinco datos de la tabla usando los verbos sugeridos. Luego, comenta con la clase las tres respuestas que más te sorprendieron.

Encuentra a alguien que/a quien...	Nombre	Encuentra a alguien que/a quien...	Nombre
le gusta el francés	▾	le molesta levantarse temprano	▾
le encanta nadar	▾	ama ir a la playa	▾
le disgusta tener mascotas (*pets*)	▾	le gusta chatear por Internet	▾
no le gusta manejar	▾	odia viajar en avión	▾
ama los helados	▾	le interesa la política	▾
le encanta la música clásica	▾	(encantar) _____	▾
no le gusta el deporte	▾	(caer bien) _____	▾
le gusta comprar cosas por Internet	▾	(molestar) _____	▾
le fascina ir a conciertos de rock	▾	(preocupar) _____	▾
no le interesa viajar	▾	(sorprender) _____	▾

Síntesis

Un consejo sentimental

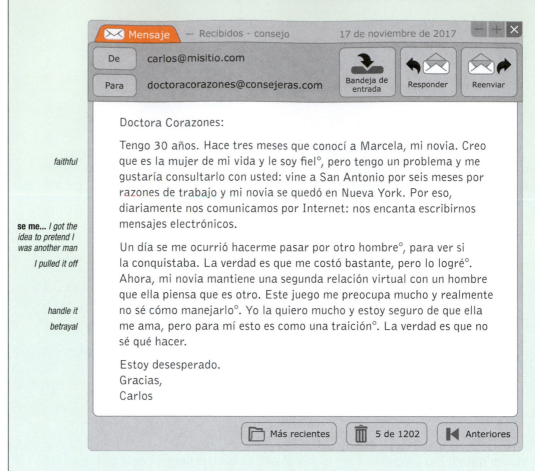

✉ Mensaje	— Recibidos - consejo	17 de noviembre de 2017	— + ✕

De carlos@misitio.com

Para doctoracorazones@consejeras.com

Bandeja de entrada | Responder | Reenviar

Doctora Corazones:

Tengo 30 años. Hace tres meses que conocí a Marcela, mi novia. Creo que es la mujer de mi vida y le soy fiel°, pero tengo un problema y me gustaría consultarlo con usted: vine a San Antonio por seis meses por razones de trabajo y mi novia se quedó en Nueva York. Por eso, diariamente nos comunicamos por Internet: nos encanta escribirnos mensajes electrónicos.

Un día se me ocurrió hacerme pasar por otro hombre°, para ver si la conquistaba. La verdad es que me costó bastante, pero lo logré°. Ahora, mi novia mantiene una segunda relación virtual con un hombre que ella piensa que es otro. Este juego me preocupa mucho y realmente no sé cómo manejarlo°. Yo la quiero mucho y estoy seguro de que ella me ama, pero para mí esto es como una traición°. La verdad es que no sé qué hacer.

Estoy desesperado.
Gracias,
Carlos

📁 Más recientes | 🗑 5 de 1202 | ⏮ Anteriores

faithful

se me... I got the idea to pretend I was another man

I pulled it off

handle it

betrayal

1 **La carta** Trabajen en grupos pequeños. Lean la carta dirigida a la doctora Corazones, consejera sentimental, y luego contesten las preguntas.

1. ¿Por qué Carlos y su novia se comunican por Internet?
2. ¿Qué hizo Carlos?
3. ¿Cuál es el resultado?
4. ¿Cómo se siente él ahora?

2 **Comentar** Con el grupo, comenten el problema de Carlos y propongan una solución. Elijan a un miembro del grupo para presentar la solución a la clase.

3 **La solución** Con toda la clase, escuchen y comenten las soluciones propuestas por los grupos, pensando en las siguientes preguntas. Entre todos, deben proponer una solución al problema de Carlos.

1. ¿Cómo reaccionan los grupos ante el problema de Carlos?
2. ¿Propone cada grupo una solución distinta?
3. ¿Cuál es la mejor solución?

Preparación

Vocabulario de la lectura	Vocabulario útil
ayudarse *to help one another*	**abandonar** *to leave*
la calidad de vida *standard of living*	**cuidar** *to take care of*
los familiares *relatives*	**emigrar** *to emigrate*
fortalecerse *to grow stronger*	**el/la inmigrante** *immigrant*
por su cuenta *on his/her own*	**el lazo** *bond, tie*
la red de apoyo *support network*	**mudarse** *to move*
la voluntad *will*	**la patria** *home country*

VARIACIÓN LÉXICA
familiares ↔ parientes
Point out that **relativo** is an adjective in Spanish, and is a false cognate with the English noun *relative(s)*.

1 Vocabulario Completa el diálogo utilizando palabras y expresiones de la lista.

abandonar	ciudad	por su cuenta
ayudarse	familiares	red de apoyo
calidad de vida	lazo	voluntad

1 To practice new vocabulary, have students work in pairs to write sentences or definitions using words from the list.

LUISA Mañana vamos a tener una gran fiesta y van a venir todos mis (1) ___familiares___: mis tíos, mis primos y mis abuelos.

CATI Pero ¿de qué fiesta estás hablando? No tenía ni idea.

LUISA Es la despedida de mi primo Carlos. Se va a vivir a Chicago. Dice que allí va a mejorar su (2) ___calidad de vida___.

CATI ¿Qué me dices? ¿Conoce a alguien en Chicago? ¿Tiene una (3) ___red de apoyo___?

LUISA Sí, tenemos allí unos primos. La familia está para (4) ___ayudarse___.

CATI Es cierto, aunque desgraciadamente hay veces en que cada uno va (5) ___por su cuenta___. Esperemos que no sea el caso.

2 La inmigración En parejas, contesten las preguntas.

1. ¿Por qué la gente decide emigrar? Comenta por lo menos tres razones.

2. ¿Alguien de tu familia inmigró a los Estados Unidos o a otro país? ¿Por qué decidió hacerlo?

3. De estar forzado/a a abandonar tu patria, ¿adónde irías? ¿Por qué?

4. ¿Cómo crees que cambiaría tu vida al vivir en otro país?

3 Encuesta Indica si estás de acuerdo con estas afirmaciones o si no lo estás. Cuando termines, comparte tu opinión sobre cada afirmación con la clase.

3 Have students conduct a poll to determine the number of students who have moved out of their parents' homes and/or to another city to attend college. Then have them debate the pros and cons of living close to family.

	Sí	No
1. Es importante vivir siempre cerca de los familiares.	☐	☐
2. Es bueno mantener las tradiciones y costumbres de nuestras familias.	☐	☐
3. Es necesario ser económicamente independiente de los padres.	☐	☐
4. Es bueno que los familiares se ayuden mutuamente.	☐	☐
5. Se aprende mucho más de la vida cuando uno se muda a otra ciudad o a otro país para estudiar o trabajar.	☐	☐

CORRIENTE
Latina

Ask students to speculate where this photo was taken (it is a swearing in ceremony for new citizens).

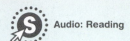
Las tendencias de la inmigración hispana han variado de manera considerable en los últimos años. El perfil del inmigrante ha cambiado y con mayor frecuencia el latino llega a los Estados Unidos con un nivel de estudios más alto y mejor preparado para ejercer° trabajos bien remunerados°.

También está cambiando el destino que elige para empezar su nueva vida. Si antes se establecía en las grandes ciudades y en los estados del suroeste°, ahora busca oportunidades en pueblos y ciudades del centro y norte del país.

La distribución de la inmigración se debe en parte a la disponibilidad° de trabajo y en parte a que los inmigrantes que llegan necesitan una red de apoyo. Muchos de ellos no pueden recurrir° a la ayuda que ofrecen los estados por su desconocimiento del inglés y de la cultura estadounidense. Los familiares y amigos son los responsables de ayudar a los miembros de su círculo y les facilitan casa y trabajo hasta que se puedan establecer por su cuenta. De esa forma, se han producido y se siguen produciendo grandes concentraciones de hispanos del mismo país de origen en áreas donde su presencia antes era escasa° o inexistente.

Un ejemplo de esto es Central Falls, en el estado de Rhode Island. Hoy, más de la mitad de sus habitantes° son de origen colombiano, específicamente del departamento° de Antioquia. Todo empezó en 1964, cuando el antioqueño° Pedro Cano llegó a Central Falls. Vino con la ilusión de tener una vida mejor y con la voluntad de trabajar duro° para cumplir sus sueños. Una vez establecido e integrado a la comunidad, fue acogiendo° a sus familiares y a personas conocidas que huían° de la difícil situación socioeconómica y política colombiana. En los Estados Unidos iban encontrando el apoyo que necesitaban y podían, de esa forma, mejorar su calidad de vida a la vez que mantenían sus tradiciones y costumbres.

El nacimiento de estos microcosmos también está cambiando el paisaje urbano. Una visita a Central Falls lleva al viajero a un mundo nuevo: las tiendas especializadas en música hispana, los restaurantes de comida colombiana y los establecimientos para realizar giros° de dinero a otros países conviven mano a mano con los símbolos de la cultura estadounidense. ■

to carry out
well-paid

southwest

availability

rely on

scarce

inhabitants

state, province
*from **Antioquia***

hard

taking in

were fleeing

remittances

> **Pedro Cano vino con la ilusión de tener una vida mejor y con la voluntad de trabajar duro para conseguir sus ideales.**

EE.UU. latino

17,4% Porcentaje de población hispana en los EE.UU.

8 Número de estados en los que viven más de 1.000.000 de hispanos.

54% Porcentaje de la población hispana de los EE.UU. que vive en los estados de California, Texas y Florida.

120.000.000 Número de hispanos en los EE.UU. proyectado para el año 2060.

Análisis

1

Comprensión Elige la opción correcta.

1. El perfil del inmigrante hispano _____.
   a. es el mismo (b.) ha cambiado c. es diferente al de otros inmigrantes

2. Existe una razón principal por la que los inmigrantes latinos no recurren a la ayuda de los estados y es _____.
   (a.) el desconocimiento del inglés y de la cultura estadounidense
   b. la búsqueda de oportunidades en el centro y en el norte del país
   c. las concentraciones de hispanos en nuevos lugares

3. Pedro Cano vino a los EE.UU. con la ilusión de _____.
   a. establecer una comunidad colombiana
   b. ahorrar para después volver a su país
   (c.) mejorar su calidad de vida

4. Muchos de los colombianos que viven en Central Falls, Rhode Island, emigraron por _____.
   (a.) la situación política y económica de su patria
   b. las oportunidades de trabajo en Central Falls
   c. la posibilidad de mantener sus tradiciones y su cultura

2

Micrófono abierto En parejas, escriban una entrevista imaginaria a un(a) hispano/a que lleva veinte años viviendo en los Estados Unidos. Uno/a de ustedes es el/la periodista y el/la otro/a es el/la inmigrante. Consideren estas preguntas y añadan otras.

- ¿Por qué decidió venir a los Estados Unidos?
- ¿Cómo es su vida aquí?
- ¿Cómo era su vida antes de venir?
- ¿Cuántos años tenía cuando llegó aquí?
- ¿Dónde está su familia?
- ¿Piensa regresar algún día a su país de origen?

3

Carta En grupos de tres, imaginen que son inmigrantes y que acaban de llegar a los Estados Unidos o Canadá. Escriban una carta a su familia incluyendo la información que responde a las preguntas. Cuando terminen, lean la carta delante de la clase.

- ¿Dónde están?
- ¿Cómo es la ciudad?
- ¿Qué les fascina de la ciudad? ¿Qué les molesta?
- ¿Están emocionados/as o disgustados/as con el nuevo lugar?

> 6 de septiembre
>
> Queridos padres:
> ¡Estamos en . . . ! ¿Pueden creerlo?
> Es una ciudad interesante, con . . .

Practice more at **vhlcentral.com**.

Preparación

Sobre el autor

Ya de muy joven, el chileno **Pablo Neruda** (1904–1973) mostraba inclinación por la poesía. En 1924, a sus veinte años, publicó el libro que lo lanzó (*launched*) a la fama: *Veinte poemas de amor y una canción desesperada*. Además de poeta, fue diplomático y político. El amor fue sólo uno de los temas de su extensa obra: también escribió poesía surrealista y poesía de temática histórica y política. Su *Canto general* lleva a los lectores a un viaje por la historia de América Latina desde los tiempos precolombinos hasta el siglo XX. En 1971, recibió el Premio Nobel de Literatura.

Vocabulario de la lectura	Vocabulario útil
el alma *soul*	**el/la amado/a** *beloved, sweetheart*
besar *to kiss*	**amar(se)** *to love (each other)*
contentarse *to be contented/satisfied (with)*	**los celos** *jealousy*
el corazón *heart*	**enamorado/a** *in love*
el olvido *forgetfulness, oblivion*	**el sentimiento** *feeling*

INSTRUCTIONAL RESOURCES
Supersite: *Literatura* Recording; Scripts; SAM AK
SAM/WebSAM: LM

1 **Vocabulario** Completa este párrafo sobre una nueva película romántica usando palabras del vocabulario.

Amor sin fronteras es más que una película de amor. En la primera escena, Francisco le dice a Fernanda que él está (1) ___enamorado___ de ella. La joven, sin embargo, no comparte el (2) ___sentimiento___, ya que ama en secreto a Javier, el hermano de Francisco, que emigró a Texas hace dos años. Francisco la (3) ___besa___ y la abraza, pero confunde su frialdad con timidez. Sin embargo, cuando Francisco le ofrece llevarla a Texas con él, Fernanda no puede contener la emoción. Es su oportunidad de volver a ver a Javier. La historia de estas dos (4) ___almas___ confundidas se complica cuando, una vez en Texas, Francisco descubre que su (5) ___amada___ en realidad ama a su hermano y lo invaden los (6) ___celos___.

2 **Preparación** En parejas, contesten las preguntas.

1. ¿Han estado enamorados/as alguna vez?
2. ¿Les gusta leer poesía?
3. ¿Han escrito alguna vez una carta o un poema de amor?
4. ¿Se consideran románticos/as?
5. ¿Comparten sus sentimientos por escrito? ¿A través de qué medio?
6. ¿Creen que el romanticismo es necesario en el amor?
7. ¿Cuál es su historia de amor favorita? ¿Por qué?
8. ¿Qué consejo le darían a alguien que tiene un amor imposible?
9. ¿Qué medio de comunicación usarían para una declaración de amor? ¿Qué palabras/imágenes/sonidos usarían? ¿Por qué?
10. ¿Han visto películas que tratan sobre hacer películas o han leído libros en los que el narrador habla sobre personajes que a su vez escriben libros? Den ejemplos.

1 As a variant, have students write a similar paragraph about a romantic movie or book they are familiar with.

2 For item 10, give students examples of metafictional films and books. Films: *Adaptation, 8 1/2, Stranger Than Fiction.* Books: *The Shining, Secret Window, Death in Venice.*

TEACHING OPTION Ask students to find another poem by Pablo Neruda and present it to the class. Ask: **¿Qué temas aparecen en esta obra de Neruda? ¿Cuál es su actitud hacia el amor, los sentimientos y la vida humana? ¿Es constante esa actitud?**

 Practice more at vhlcentral.com.

POEMA 20

Pablo Neruda

Puedo escribir los versos más tristes esta noche.

Escribir, por ejemplo: "La noche está estrellada°,   *starry*
y tiritan°, azules, los astros°, a lo lejos°".   *blink, tremble / stars / in the distance*

El viento de la noche gira° en el cielo y canta.   *turns*

5 Puedo escribir los versos más tristes esta noche.
Yo la quise, y a veces ella también me quiso.

En las noches como ésta la tuve entre mis brazos.
La besé tantas veces bajo el cielo infinito.

Ella me quiso, a veces yo también la quería.
10 Cómo no haber amado sus grandes ojos fijos°.   *fixed*

Puedo escribir los versos más tristes esta noche.
Pensar que no la tengo. Sentir que la he perdido.

Oír la noche inmensa, más inmensa sin ella.
Y el verso cae al alma como al pasto el rocío°.   **como al...** *like the dew on the grass*

15 Qué importa que mi amor no pudiera guardarla°.   *keep, protect*
La noche está estrellada y ella no está conmigo.

Eso es todo. A lo lejos alguien canta. A lo lejos.
Mi alma no se contenta con haberla perdido.

Como para acercarla° mi mirada la busca.   *to bring closer*
20 Mi corazón la busca, y ella no está conmigo.

La misma noche que hace blanquear° los mismos árboles.   *to whiten*
Nosotros, los de entonces, ya no somos los mismos.

Ya no la quiero, es cierto, pero cuánto la quise.
Mi voz° buscaba el viento para tocar su oído.   *voice*

25 De otro. Será de otro. Como antes de mis besos.
Su voz, su cuerpo claro. Sus ojos infinitos.

Ya no la quiero, es cierto, pero tal vez la quiero.
Es tan corto el amor, y es tan largo el olvido.

Porque en noches como ésta la tuve entre mis brazos,
30 mi alma no se contenta con haberla perdido.

Aunque éste sea el último dolor que ella me causa,
y éstos sean los últimos versos que yo le escribo. ■

Análisis

1 Have students write two more comprehension questions; then work in pairs to answer each other's questions.

1 **Comprensión** Contesta las preguntas con oraciones completas.

1. ¿Quién habla en este poema? Un hombre enamorado / Un poeta habla en este poema.

2. ¿De quién habla el poeta? El poeta habla de su amada / de su antigua novia.

3. ¿Cuál es el tema del poema? Possible answers: El tema del poema es el amor / son los poemas de amor.

4. ¿Sigue enamorado el poeta? Explica tu respuesta. El poeta no lo sabe. Por ejemplo, dice: "Ya no la quiero, es cierto, pero tal vez la quiero".

2 Have students discuss their answers in small groups; then have them share their responses with the class.

2 **Interpretar** Contesta las preguntas con oraciones completas.

1. ¿Cómo se siente el poeta? Da algún ejemplo del poema.

2. ¿Es importante que sea de noche? Razona tu respuesta.

3. ¿Cómo interpretas este verso: "Ya no la quiero, es cierto, pero tal vez la quiero."?

4. Explica el significado de estos versos y su importancia en el poema. ¿Por qué escribe el poeta un verso entre comillas?

3 Provide examples to expand the definition: **Por ejemplo, el narrador puede hacer referencia al proceso de escritura, puede escribir sobre un personaje que a su vez escribe, o puede hacer que sus personajes aprendan que son producto de la imaginación del autor.**

> Puedo escribir los versos más tristes esta noche.
>
> Escribir, por ejemplo: "La noche está estrellada, y tiritan, azules, los astros, a lo lejos".
>
> El viento de la noche gira en el cielo y canta.

3 **Metaficción** En grupos de tres, lean esta definición y busquen ejemplos de metaficción en el poema de Neruda. ¿Qué efecto tiene este recurso en el poema?

> **La metaficción consiste en reflexionar dentro de una obra de ficción sobre la misma obra.**

4 You may wish to introduce additional terms of endearment or affectionate expressions. Ex: **Mi corazón, Mi cielo, Abrazos, Te extraño, etc.**

4 **Escribir** Escribe una carta dirigida a un(a) amigo/a, a tu novio/a o a un(a) desconocido/a (*stranger*) expresando lo que sientes por él o ella. Sigue el **Plan de redacción**.

4 As an alternative writing assignment, have students write a poem or a diary entry reflecting on how they would write a letter to a loved one.

TEACHING OPTION Ask a few volunteers to bring in the lyrics and music to a Spanish love song. Listen with the class and discuss how the theme of love is approached by each artist and how their attitudes compare with that of *Poema 20*.

Plan de redacción

Escribir una carta

1 **Encabezamiento** Piensa a quién quieres dirigirle la carta: ¿a un(a) amigo/a? ¿a tu pareja? ¿a alguien que no te conoce? ¿a una estrella de cine? Elige un saludo apropiado: **Estimado/a**, **Querido/a**, **Amado/a, Amor mío, Vida mía**.

2 **Contenido** Organiza las ideas que quieres expresar en un esquema (*outline*) y después escribe la carta. Utiliza estas preguntas como guía.

1. ¿Sabe esta persona lo que sientes? ¿Es la primera vez que se lo dices?

2. ¿Cómo te sientes?

3. ¿Por qué te gusta esta persona?

4. ¿Crees que tus sentimientos son correspondidos?

5. ¿Cómo quieres que sea tu relación en el futuro?

3 **Firma** Termina la carta con una frase de despedida (*farewell*) adecuada. Aquí tienes unos ejemplos: **Un abrazo**, **Besos**, **Te quiero**, **Te amo**, **Tu eterno/a enamorado/a**.

Practice more at vhlcentral.com.

Las relaciones personales

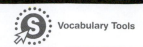
Vocabulary Tools

Las relaciones

el alma gemela *soul mate*
la amistad *friendship*
el ánimo *spirit; mood*
el chisme *gossip*
la cita (a ciegas) *(blind) date*
el compromiso *commitment; engagement*
el deseo *desire*
el divorcio *divorce*
la (in)fidelidad *(un)faithfulness*
el matrimonio *marriage*
la pareja *couple*
el riesgo *risk*

compartir *to share*
confiar (en) *to trust (in)*
contar (o:ue) con *to rely on, to count on*
coquetear *to flirt*
dejar a alguien *to leave someone*
dejar plantado/a *to stand (someone) up*
discutir *to argue*
engañar *to cheat; to deceive*
ligar *to flirt; to hook up*
merecer *to deserve*
romper (con) *to break up (with)*
salir (con) *to go out (with)*

Los sentimientos

enamorarse (de) *to fall in love (with)*
enojarse *to get angry*
estar harto/a *to be fed up (with); to be sick (of)*
llevarse bien/mal/fatal *to get along well/badly/terribly*
odiar *to hate*
ponerse pesado/a *to become annoying*
querer(se) (e:ie) *to love (each other); to want*
sentir(se) (e:ie) *to feel*
soñar (o:ue) con *to dream about*
tener celos (de) *to be jealous (of)*
tener vergüenza (de) *to be ashamed (of)*

Los estados emocionales

agobiado/a *overwhelmed*
ansioso/a *anxious*
celoso/a *jealous*
deprimido/a *depressed*
disgustado/a *upset*
emocionado/a *excited*
enojado/a *angry, mad*
pasajero/a *fleeting*
preocupado/a (por) *worried (about)*

Los estados civiles

casarse (con) *to get married (to)*
divorciarse (de) *to get a divorce (from)*

casado/a *married*
divorciado/a *divorced*
separado/a *separated*
soltero/a *single*
viudo/a *widowed*

Las personalidades

cariñoso/a *affectionate*
cuidadoso/a *careful*
falso/a *insincere*
genial *wonderful*
gracioso/a *funny*
inolvidable *unforgettable*
inseguro/a *insecure*
maduro/a *mature*
mentiroso/a *lying*
orgulloso/a *proud*
seguro/a *secure; confident*
sensible *sensitive*
tacaño/a *cheap; stingy*
tempestuoso/a *impulsive; stormy*
tímido/a *shy*
tranquilo/a *calm*

Cortometraje

la época *season*
la imprenta *printer's*
liado/a *busy*
el/la prometido/a *fiancé(e)*
un rato *a while*
la reseña *review*
el rompimiento *breakup*
el/la trotamundos *globetrotter*

arrepentirse *to regret*
echar de menos *to miss someone*

ponerte en mi (tu/su) lugar *to put yourself in my(his/her/their) place*
reprochar *to blame*
tener la culpa *to be at fault*
(tener) prisa *to be in a hurry*

café para llevar *coffee to go*
de vez en cuando *every once in a while*
enhorabuena *congratulations*
me parece una horterada *I think it's really tacky*
¡Quién lo iba a decir! *Who would have thought!*
se me da bien… *I am good at…*
te lo mereces *you deserve it*

Cultura

la calidad de vida *standard of living*
los familiares *relatives*
el/la inmigrante *immigrant*
el lazo *bond, tie*
la patria *home country*
la red de apoyo *support network*
la voluntad *will*

abandonar *to leave*
ayudarse *to help one another*
cuidar *to take care*
emigrar *to emigrate*
fortalecerse *to grow stronger*
mudarse *to move*

por su cuenta *on his/her own*

Literatura

el alma *soul*
el/la amado/a *loved one, sweetheart*
los celos *jealousy*
el corazón *heart*
el olvido *forgetfulness, oblivion*
el sentimiento *feeling*

amar(se) *to love (each other)*
besar *to kiss*
contentarse con *to be contented/satisfied with*
enamorado/a *in love*

INSTRUCTIONAL RESOURCES
Supersite: Task-based activities; Testing program

Vivir en la ciudad

Movimiento, comunicación, convivencia. Estos elementos definen la vida en la gran ciudad, donde el espacio es limitado y hay que ser flexible y tolerante. En **Madrid**, **Buenos Aires**, **Bogotá** o **Lima**, conviven culturas diversas que dan vida a esos espacios de convivencia. En esta lección te invitamos a conocer la historia y la cultura de **México**, el país hispanohablante más grande del mundo.

47

70

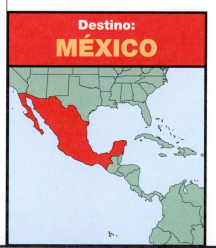

Destino:
MÉXICO

PREVIEW Ask if students have visited any cities in Spanish-speaking countries. Have them share their impressions and make comparisons to cities in the US and Canada. In groups, ask them to describe their own favorite cities.

En la ciudad

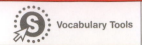 Vocabulary Tools

Lugares

las afueras *suburbs*
los alrededores *the outskirts*
el ayuntamiento *city hall*
el barrio *neighborhood*
el centro comercial *(shopping) mall*
el cine *movie theater*

la ciudad *city*
la comisaría *police station*
la discoteca *dance club*
el edificio *building*
la estación (de trenes/de autobuses) *(train/bus) station*
la estación de bomberos *fire station*
la estación de policía *police station*
el estacionamiento *parking lot*
el estadio *stadium*
el metro *subway*
el museo *museum*
la parada (de metro/de autobús) *(subway/bus) stop*
la plaza *square*
el rascacielos *skyscraper*

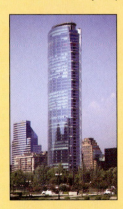

el suburbio *suburb*
la vivienda *housing; home*

INSTRUCTIONAL RESOURCES
Supersite: Audioscripts, SAM AK, Lab MP3s
SAM/WebSAM: WB, LM

Indicaciones

la acera *sidewalk*
la avenida *avenue*

la calle *street*
la cuadra *city block*
la dirección *address*
la esquina *corner*
el letrero *sign, billboard*
el puente *bridge*
el semáforo *traffic light*
el tráfico *traffic*
el transporte público *public transportation*

cruzar *to cross*
doblar *to turn*
estar perdido/a *to be lost*
indicar el camino *to give directions*
parar *to stop*
preguntar el camino *to ask for directions*

Gente

el/la alcalde(sa) *mayor*
el/la ciudadano/a *citizen*
el/la conductor(a) *driver*
la gente *people*
el/la pasajero/a *passenger*
el peatón/la peatona *pedestrian*
el policía/la (mujer) policía *policeman/woman*

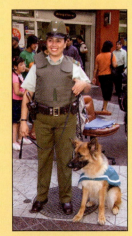

Draw students' attention to the meaning of **dirección**. Remind them to use the word **indicaciones** to talk about directions.

Actividades

la vida nocturna *nightlife*

bajar *to go down; to get off (a bus)*
construir *to build*
conversar *to talk*
convivir *to live together; to coexist*
dar un paseo *to take a stroll*
dar una vuelta *to take a walk/ride*
dar una vuelta en bicicleta/carro/motocicleta *to take a bike/car/motorcycle ride*
disfrutar (de) *to enjoy*
hacer diligencias *to run errands*
pasarlo/la bien/mal *to have a good/bad time*
poblar *to settle; to populate*
quedar *to be located; to arrange to meet*
quedarse *to stay*
recorrer *to travel (around a city)*
relajarse *to relax*
residir *to reside*
subir *to go up; to get on (a bus)*

Para describir

atrasado/a *late, behind schedule*
cotidiano/a *everyday*
inesperado/a *unexpected*
lleno/a *full*
ruidoso/a *noisy*
vacío/a *empty*

VARIACIÓN LÉXICA
el ayuntamiento ⟷ la alcaldía
cuadra ⟷ manzana
doblar ⟷ virar, girar
hacer diligencias ⟷ hacer mandados/trámites/recados

- Point out that unlike the English word *suburb*, the Spanish word **suburbio** connotes an economically depressed area on a city's outskirts. Tell students to use **las afueras** to express the concept of the U.S. suburb.

- Point out that **pasarlo** and **pasarla** can be used interchangeably in the expression **pasarlo/la bien/mal.** Usage varies regionally.

Práctica

1 **¿Qué significa?** Empareja cada palabra con su definición.

- _g_ 1. no saber cómo llegar a un lugar
- _a_ 2. construcción que conecta dos lugares
- _e_ 3. persona que toma el metro
- _f_ 4. todos los días
- _c_ 5. reducir la tensión que uno tiene
- _b_ 6. vivir (en un apartamento)
- _i_ 7. pasarlo bien
- _d_ 8. anuncio escrito

- a. puente
- b. residir
- c. relajarse
- d. letrero
- e. pasajero
- f. cotidiano
- g. estar perdido
- h. ruidoso
- i. disfrutar
- j. la cuadra

2 In groups, have students invent their own headlines using vocabulary from **Para empezar**. Then have the class vote to decide which headlines are the funniest, scariest, most/least believable, etc.

2 **Titulares** Completa estos titulares (*headlines*) con las palabras o expresiones de la lista.

alrededores	discoteca	hace diligencias
ciudadanos	estacionamientos	suburbio
construyen	está perdida	tráfico

1. Encuentran tesoro (*treasure*) escondido en un __suburbio__ de la ciudad
2. Hombre muere en un accidente de __tráfico__
3. Pareja baila sin parar 24 horas en una __discoteca__
4. Los __ciudadanos__ creen que el transporte público debe ser barato
5. __Construyen__ rascacielos de más de cien pisos
6. Una familia de turistas __está perdida__ en el metro; nadie los ayuda
7. No hay suficiente espacio en los __estacionamientos__ para tantos automóviles

3 Based on their responses to this activity, divide the class into two groups for a debate on the pros and cons of living in a city versus a small town.

3 **La ciudad** Indica si estás de acuerdo con estas afirmaciones. Después, compara tus opiniones con las de un(a) compañero/a y explica por qué piensas así. ¿Tienen las mismas preferencias?

	Sí	No
1. Vivir en el centro de la ciudad es mejor que vivir en las afueras.	☐	☐
2. Nunca se debe hablar con desconocidos (*strangers*).	☐	☐
3. Es mejor convivir con alguien que vivir solo.	☐	☐
4. Es mejor vivir en una calle pequeña que en una avenida.	☐	☐
5. Se deben eliminar los parques para construir más edificios.	☐	☐
6. En una ciudad es más cómodo manejar que tomar transporte público.	☐	☐

4 **En el ayuntamiento** Imagina que eres el/la alcalde(sa) de una ciudad. ¿Cómo puedes mejorar la vida de los ciudadanos? ¿Qué cambios quieres hacer? Compara tus ideas con las de tus compañeros/as.

Practice more at **vhlcentral.com**.

Preparación

Vocabulario del corto
- **afligirse** *to get upset*
- **borracho/a** *drunk*
- **el choque** *crash*
- **las facciones** *features*
- **parecerse** *to look like*
- **repentino/a** *sudden*

Vocabulario útil
- **el/la cajero/a** *cashier*
- **el/la desconocido/a** *stranger*
- **la fila** *line*
- **ingenuo/a** *naïve*
- **valorar** *to value*

EXPRESIONES

Pero... si sólo es/son... *But... it's only...*
¿Sabe(s)? *You know?*
¿Y a mí, qué? *What do I care?*

1 **Vocabulario** Completa el artículo con el vocabulario que acabas de aprender.

Robo en supermercado

Ayer un (1) __desconocido__ robó en el supermercado ESTRELLA. El hombre entró en la tienda a las nueve de la noche y esperó en la (2) __fila__ cinco minutos. Después, empezó a hablar del tiempo con la (3) __cajera__. De repente, las luces se apagaron (*went out*) y él se fue con el dinero de la caja. Salió del estacionamiento tan rápido que tuvo un (4) __choque__ con otro carro. Se fue corriendo, pero la policía lo encontró. Había tomado tequila y estaba (5) __borracho__. Cuando dijeron que lo iban a llevar a la cárcel (*jail*), dijo: "¿(6) __Y a mí, qué__?" y saltó al río. No se sabe si está vivo. Este hombre (7) __se parece__ mucho a Simon Cowell. Según la gente, tiene las (8) __facciones__ idénticas.

2 **Preguntas** En parejas, contesten las preguntas.

1. ¿Hablan con desconocidos en algunas ocasiones? ¿Les gusta hacerlo?
2. Den ejemplos de dos o tres lugares donde es más fácil o frecuente hablar con gente que no conocen.
3. Según el título del cortometraje, *Adiós mamá,* ¿de qué creen que va a tratar la historia?
4. ¿Les parece sencillo comenzar una conversación con un(a) desconocido(a)? ¿Tienen alguna técnica para romper el hielo?
5. ¿Alguna vez les sucedió algo interesante o divertido en un supermercado? ¿Qué sucedió?

3 **Fotogramas** En parejas, observen los fotogramas e imaginen lo que va a ocurrir en el cortometraje. Después, compartan sus ideas.

3 Ask students: ¿Dónde están estas personas? ¿Cómo se siente la mujer? ¿Y el hombre?

4 **¿Eres ingenuo?** En parejas, hagan el test de personalidad.

A. Marquen sus respuestas para saber si son ingenuos/as.

4 In pairs, have students describe a situation in which they were naïve.

TEST DE PERSONALIDAD

1. **Tu compañero/a de apartamento tiene que ir a una conferencia durante el fin de semana y te vas a quedar solo/a.**

   a. Organizas una gran fiesta. Seguro que no lo va a descubrir.

   b. Invitas a unos amigos y se lo cuentas a tu compañero/a cuando regresa.

   c. Limpias la casa. Él/Ella está trabajando y tú debes hacer lo mismo.

2. **¿Con qué afirmación te identificas?**

   a. Debes creer en la gente y pensar bien de todos.

   b. Hay que esperar a conocer a las personas para tener una opinión de ellas.

   c. Todo el mundo es muy egoísta. Hay que tener cuidado.

3. **Un(a) desconocido/a te manda un mensaje de texto y quiere verte para tomar un café por la tarde.**

   a. ¿Quién será? ¡Qué emoción! ¿Será el/la chico/a tan guapo/a de la clase?

   b. Borras el mensaje inmediatamente. ¡Qué manera de perder el tiempo!

   c. ¡Caramba, seguro que es Amalia para pedir dinero! ¡Siempre igual!

4. **¿Con qué personaje de ficción te identificas?**

   a. El Hombre Araña

   b. Darth Vader

   c. Bart Simpson

5. **Un(a) amigo/a te cuenta que el fin de semana pasado estuvo cenando con tu actor/actriz favorito/a.**

   a. No le crees y le preguntas a todo el mundo si es verdad.

   b. Estás muy contento/a y le pides que te cuente todo.

   c. Le cuentas que el fin de semana pasado tú estuviste en Buenos Aires.

6. **Si les preguntamos a tus mejores amigos/as cuál es tu mejor cualidad, ¿qué contestarán?**

   a. Sin duda, eres la mejor persona del grupo.

   b. Eres inteligente como Einstein.

   c. Eres muy divertido/a y aventurero/a.

B. Ahora, intercambien (*exchange*) sus respuestas y díganle a su compañero/a si creen que es ingenuo/a y por qué.

Video

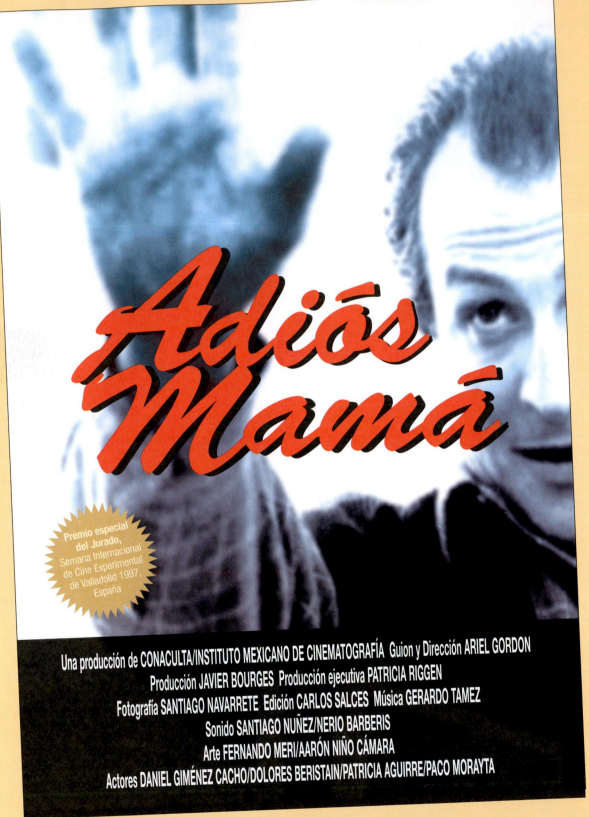

Adiós Mamá

Premio especial del Jurado, Semana Internacional de Cine Experimental de Valladolid 1997, España

Una producción de CONACULTA/INSTITUTO MEXICANO DE CINEMATOGRAFÍA Guion y Dirección ARIEL GORDON
Producción JAVIER BOURGES Producción ejecutiva PATRICIA RIGGEN
Fotografía SANTIAGO NAVARRETE Edición CARLOS SALCES Música GERARDO TAMEZ
Sonido SANTIAGO NUÑEZ/NERIO BARBERIS
Arte FERNANDO MERI/AARÓN NIÑO CÁMARA
Actores DANIEL GIMÉNEZ CACHO/DOLORES BERISTAIN/PATRICIA AGUIRRE/PACO MORAYTA

ARGUMENTO *Un hombre está en el supermercado. En la fila para pagar, la señora que está delante de él le habla.*

SEÑORA Se parece a mi hijo. Realmente es igual a él.
HOMBRE Ah pues no, no sé qué decir.

SEÑORA Murió en un choque. El otro conductor iba borracho. Si él viviera, tendría la misma edad que usted.
HOMBRE Por favor, no llore.

SEÑORA ¿Sabe? Usted es su doble. Bendito sea el Señor (*Blessed be the Good Lord*) que me ha permitido ver de nuevo a mi hijo. ¿Le puedo pedir un favor?
HOMBRE Bueno.

SEÑORA Nunca tuve oportunidad de despedirme de él. Su muerte fue tan repentina. ¿Al menos podría llamarme mamá y decirme adiós cuando me vaya?

SEÑORA ¡Adiós hijo!
HOMBRE ¡Adiós mamá!
SEÑORA ¡Adiós querido!
HOMBRE ¡Adiós mamá!

CAJERA No sé lo que pasa, la máquina desconoce el artículo. Espere un segundo a que llegue el gerente.
El gerente llega y ayuda a la cajera.

PREVIEW Read and discuss the dialogue before viewing the film. Ask: **¿Por qué no termina el cortometraje en la quinta escena? ¿Cuál será el problema en la sexta escena?**

TEACHING OPTION While viewing the film, ask students to pay close attention to the characters' facial expressions and their own reactions to the characters' emotions.

Análisis

1 **Comprensión** Lee cada párrafo y decide cuál resume mejor el cortometraje.

1. Los personajes están en un supermercado. Ellos no se conocen, pero la señora dice que el hombre se parece a un hijo del que nunca pudo despedirse porque murió en un accidente de tráfico. Por eso, la señora le pide al hombre que le diga "adiós mamá" al salir. El hombre se da cuenta de la trampa (*trap*).

2. Los personajes están en un supermercado. Ellos no se conocen y, aunque parece que el hombre no tiene ganas de hablar con la señora, ella insiste. Ella le cuenta que estuvo hace poco en un accidente de tráfico y que perdió a su hijo. Le pide al hombre que le diga "adiós mamá" al salir. La señora le cae tan bien al hombre que a él no le importa pagar por lo que ella compró.

2 **Ampliar** En parejas, háganse las preguntas.

1. ¿Qué verdaderos motivos tendría la señora para engañar (*deceive*) al hombre?

2. ¿Qué creen que aprendió el hombre con esta experiencia?

3. ¿Les pasó a ustedes o a alguien que conocen algo similar alguna vez? Expliquen.

4. Si alguien se les acerca (*approach*) en el supermercado y les pide este tipo de favor, ¿qué hacen?

3 **Detective** El hombre está contándole a un(a) detective lo que pasó en el supermercado. En parejas, uno/a de ustedes es el/la detective y el/la otro/a es el hombre. Preparen el interrogatorio y represéntenlo delante de la clase.

4 **Notas** Ahora, imagina que eres el/la detective y escribe un informe (*report*) de lo que pasó. Tiene que ser lo más completo posible. Puedes inventar los datos que tú quieras.

5 **Inventar** Primero, lean lo que dice la madre. Después, en parejas, imaginen que el hijo ficticio nunca tuvo un accidente y, por lo tanto, no murió. ¿Qué pasó con él? ¿Cómo fue su vida? ¿Visitaba a su madre con frecuencia? Escriban un párrafo de unas diez líneas.

> "Murió en un choque. El otro conductor iba borracho.
>
> Si él viviera, tendría la misma edad que usted.
>
> Se habría titulado y probablemente tendría una familia.
>
> Yo sería abuela".

6

Imaginar En parejas, imaginen la vida de uno de los personajes del corto. Escriban por lo menos cinco oraciones usando como base las preguntas.

- ¿Cómo es?
- ¿Dónde vive?
- ¿Con quién vive?
- ¿Qué le gusta?
- ¿Qué no le gusta?
- ¿Tiene dinero?

7

Sociedad En grupos, conversen sobre estas preguntas. Después, compartan sus ideas con la clase.

1. ¿Creen que se cometen más delitos (*crimes*) ahora que hace diez años? ¿Por qué?

2. ¿Son más frecuentes en pueblos pequeños o en grandes ciudades? ¿Por qué?

3. ¿Creen que la televisión y el cine son malas influencias para los jóvenes? Expliquen su respuesta.

4. ¿Cómo piensan que se puede eliminar este tipo de conducta criminal? ¿Con más justicia social? ¿Con castigos (*punishments*) más severos?

8

Directores En parejas, imaginen que tienen que hacer su propio (*own*) cortometraje. Contesten las preguntas y luego compartan sus respuestas con la clase.

- ¿De qué trata?
- ¿Por qué les interesa ese tema?
- ¿Quiénes son los protagonistas?
- ¿Qué género (*genre*) prefieren usar (comedia, drama, suspenso, etc.)? ¿Por qué?

9

¿Y tú? En parejas, elijan una de las situaciones y escriban un diálogo. Cuando terminen, represéntenlo delante de la clase.

A

Necesitan mucho dinero y están desesperados porque no saben dónde conseguirlo. ¿Qué hacen? ¿Por qué? ¿Con quién hablan?

B

Su mejor amigo/a les pidió mucho dinero el mes pasado; les dijo que se lo iba a devolver en dos días. No se lo ha devuelto todavía y saben que está comprando muchas cosas inútiles.

7 Point out that the word **el crimen** is a false cognate which implies a serious crime, usually involving murder or physical harm. Explain that **el delito** is the general word to refer to minor crimes or offenses.

7 In groups, have students stage a mock political debate to discuss the issue of crime in their own community. Then have them vote for the candidate whose ideas were most convincing.

8 As a project, have students write their own **cortometraje** scripts. If time permits, they may perform or film them for class discussion.

Practice more at **vhlcentral.com**.

INSTRUCTIONAL RESOURCES Supersite: *Flash Cultura*; Script & Translation; Teaching suggestions; SAM/WebSAM: WB

S Reading

communities
cultures connections
NATIONAL STANDARDS

SUEÑA

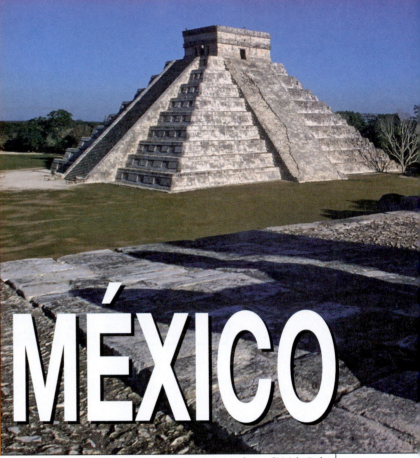

México es un país muy rico por su geografía, sus tradiciones, sus recursos y su gente. Sólo en este país se concentra más de la quinta parte de la población mundial de hispanohablantes. Sus habitantes pertenecen a numerosos grupos étnicos, entre los que hay más de sesenta pueblos indígenas autóctonos[1]. Su territorio abarca[2] áridos desiertos, densas selvas tropicales y extensas cordilleras[3]. Para el turista, México ofrece atractivos y modernos balnearios[4] en **Acapulco**, **Mazatlán**, **Cabo San Lucas** y **Cancún**; reconocidos sitios arqueológicos, como los de **Chichén Itzá**, **Teotihuacán** y **Palenque**, donde se conservan las ruinas de civilizaciones prehispánicas como los mayas y los aztecas; y grandes ciudades cuya riqueza cultural y artística se refleja[5] en su arquitectura colonial y moderna. Algunas fiestas tradicionales, como el **Día de los muertos**, han trascendido fronteras y ahora se festejan también en los Estados Unidos.

MÉXICO

Templo de Kukulcán, en Chichén Itzá

Ciudad de México: el corazón de México

La **Ciudad de México**, o **México, D.F.** (Distrito Federal), es el centro cultural, gubernamental[6] y comercial de México. Con casi nueve millones de habitantes, es una de las ciudades más pobladas del mundo. El carácter contemporáneo de Ciudad de México se entrelaza[7] día a día con las profundas tradiciones prehispánicas que conservan sus habitantes. La variedad de atractivos que ofrece es innumerable: desde la **Alameda Central**, antiguo parque que ha sido centro de actividades culturales y recreativas desde la época de los aztecas, hasta **Polanco**, una de las zonas de tiendas y restaurantes más elegantes de la ciudad.

El corazón de la Ciudad de México es la **Plaza de la Constitución**, más conocida como el **Zócalo**. Esta plaza es el punto de encuentro de diversas manifestaciones artísticas[8] y de movimientos sociales. A su alrededor se encuentran varias de las instituciones más importantes del país. En un costado[9] del Zócalo está el **Palacio Nacional**, donde el presidente mexicano tiene sus oficinas y donde **Diego Rivera** pintó algunos de sus famosos murales sobre la historia de México. En otro costado de la plaza se encuentra la **Catedral Metropolitana**, cuya construcción fue ordenada por el conquistador español **Hernán Cortés** en el siglo XVI.

Signos vitales

Con más de 122 millones de habitantes, **México** es el primer país en población del mundo hispanohablante. Sin embargo, el 6% de los mexicanos mayores de cinco años también hablan alguna lengua indígena, de las 94 que existen en el territorio. Las más habladas son el náhuatl y el maya.

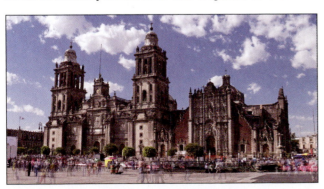

Catedral Metropolitana en el Zócalo de Ciudad de México

[1] *native* [2] *covers* [3] *mountain ranges* [4] *resorts* [5] *is reflected* [6] *governmental* [7] *intertwines itself* [8] **manifestaciones**... *artistic expressions* [9] *side*

¡Conozcamos el D.F.!

Bosque de Chapultepec Es el parque más extenso de la **Ciudad de México**, con un área de más de seis kilómetros cuadrados. En **Chapultepec** se encuentran algunos de los mejores museos de la ciudad, incluyendo el **Museo Nacional de Antropología**,

el **Museo de Arte Moderno** y el **Museo Rufino Tamayo**. La riqueza artística también se puede apreciar al aire libre gracias a la fascinante arquitectura, escultura y, por supuesto, naturaleza del bosque.

Tianguis Ya desde la época de los aztecas se organizaban los llamados **tianguis**, mercados tradicionales al aire libre. Allí se vendían e intercambiaban toda clase de productos, desde comida y animales, hasta canastas[1] y tapetes[2]. Hoy los tianguis se pueden ver por toda la ciudad.

Paseo de la Reforma Es una de las principales avenidas de la ciudad y va desde la **Alameda Central** hasta el **Bosque de Chapultepec**. Aquí encontramos, además de museos, importantes bancos y edificios históricos, así como hoteles,

almacenes y restaurantes. Cerca del corredor turístico conocido como la **Zona Rosa** se encuentra el **Monumento a la Independencia**, donde está la escultura del **Ángel de la Independencia**. Este monumento fue construido en 1910 para conmemorar el centenario de la independencia mexicana.

El Metro Es la manera más eficaz[3] y económica de moverse por toda la ciudad. Con doce líneas diferentes que cubren 226 kilómetros, aproximadamente cinco millones de personas lo utilizan todos los días.

En las horas de mayor congestión no está permitido llevar maletas o equipaje[4] por encima de cierto tamaño[5] para facilitar el movimiento de los pasajeros.

[1] *baskets* [2] *rugs* (Col.; Méx.) [3] *efficient* [4] *baggage* [5] *size*

El español de México

alberca	piscina; *pool*
aventarse	atreverse; *to dare*
botana(s)	aperitivos; *appetizers*
camión	autobús; *bus*
chacharear	comprar cosas pequeñas; *to shop for trinkets*
chavo/a	chico/a; *kid*
colonia	barrio; *neighborhood*
platicar	conversar; *to chat*
sale	de acuerdo; *OK*

Palabras derivadas de lenguas indígenas

guajolote	pavo; *turkey*
huaraches	sandalias; *sandals*
jorongo	poncho; *poncho*
papalote	cometa; *kite*

Expresiones y coloquialismos

¡Órale, pues!	*OK!, Let's do it!*
¡Es/Está padre/padrísimo!	¡Es/Está muy bueno!; *It's great!, It's cool!*
¿Qué onda?	¿Qué pasa?, ¿Qué tal?; *What's up?*

GALERÍA DE CREADORES

PINTURA Frida Kahlo

Considerada la mayor representante de la pintura introspectiva mexicana del siglo XX, Frida Kahlo es conocida principalmente por sus autorretratos (*self-portraits*), en los que expresa, a menudo con dolor, los acontecimientos y emociones de su vida personal. En 1929 se casó con el pintor y muralista Diego Rivera, con quien compartía el deseo de afirmar (*assert*) su identidad mexicana por medio del arte. Aquí aparece en su obra *Autorretrato con mono*.

Show additional paintings by Frida Kahlo and Diego Rivera, and have students compare and contrast the subjects and styles of the artists' work. For a dramatic portrayal of Kahlo's life and work, suggest the film *Frida*, starring Mexican actress Salma Hayek.

LITERATURA/PERIODISMO

Elena Poniatowska

Hija de madre mexicana y padre polaco, nació en París en 1932 y reside en México desde 1942. Escritora activa y multifacética, Elena Poniatowska es también una intelectual pública y figura política. Ha escrito para muchos periódicos y colaboró en la fundación del diario mexicano *La Jornada*. Como autora, ha escrito en casi todos los géneros: novela, cuento, poesía, ensayo, crónica y entrevista. Algunas de sus obras más conocidas son *La noche de Tlatelolco*, *Tinísima*, *La piel del cielo* y el libro *Leonora* sobre la pintora Leonora Carrington. Entre sus libros más recientes se encuentran dos antologías de cuentos titulados *Llorar en la sopa* y *Hojas de papel volando*.

CINE/DRAMA Gael García Bernal

Gael García Bernal nació en 1978 en Guadalajara, México, y actualmente es una figura del cine internacional. Hijo de actores, empezó actuando en teatro y apareció en telenovelas y cortometrajes antes de triunfar con la película *Amores perros* (2000). También ha trabajado en *Y tu mamá también* (2001), *La mala educación* (2004), *Babel* (2006), *Blindness* (2008) y *Letters to Juliet* (2010). García Bernal debutó como director con la película *Déficit* (2007), en la cual también interpreta uno de los papeles (*roles*). En el año 2016 ganó el Globo de Oro en la categoría de mejor actor de serie de televisión (comedia o musical), por su papel como Rodrigo de Souza en *Mozart in the Jungle*.

Assign one of Gael García Bernal's films for viewing outside the classroom and have students write a brief review.

PINTURA/MURALISMO Diego Rivera

Diego Rivera es uno de los pintores mexicanos más reconocidos. Sus murales y frescos relatan la historia y los problemas sociales de su país. Pintó muchas de sus composiciones en techos y paredes de edificios públicos para que la clase trabajadora también pudiera tener acceso al arte. Su obra también cuenta con acuarelas (*watercolors*) y óleos (*oil paintings*) que han sido expuestos en todo el mundo. Aquí se ve un detalle de su fresco *Cruzando la Barranca*, pintado en el Palacio de Cortés, en Cuernavaca, estado de Morelos.

¿Qué aprendiste?

1

Cierto o falso Indica si estas afirmaciones son ciertas o falsas. Corrige las falsas.

1. En México vive más de la quinta parte de los hispanohablantes del mundo. Cierto.

2. En Chichén Itzá, Teotihuacán y Palenque se conservan los restos de edificios coloniales. Falso. Se conservan restos de las civilizaciones prehispánicas de los mayas y los aztecas.

3. Elena Poniatowska es una escritora mexicana que nació en Francia. Cierto.

4. La Alameda Central es una catedral de la época azteca. Falso. La Alameda Central es un parque.

5. El Paseo de la Reforma es un mercado tradicional al aire libre medio azteca y medio maya. Falso. El Paseo de la Reforma es una de las principales avenidas de la Ciudad de México.

6. Diego Rivera se preocupó por los problemas sociales de su país, pero no los retrató en su obra. Falso. Sus murales y frescos relatan los problemas sociales de su país.

2

Preguntas Contesta las preguntas.

1. ¿Qué expresa Frida Kahlo en sus autorretratos? Expresa los acontecimientos y emociones de su vida personal.

2. ¿Cuáles son las dos lenguas indígenas más habladas en México? Son el náhuatl y el maya.

3. ¿Qué son los tianguis? Los tianguis son mercados al aire libre que se organizaban en la época de los aztecas y todavía existen.

4. ¿En qué edificio público a un costado del Zócalo se pueden ver murales de Diego Rivera? ¿Quién trabaja allí? En el Palacio Nacional se pueden ver murales de Diego Rivera. Allí es donde trabaja el presidente mexicano.

5. ¿Qué hizo Gael García Bernal por primera vez en la película *Déficit*? Actuó y trabajó como director al mismo tiempo.

6. ¿Qué artista de la Galería te interesa más? ¿Por qué? Answers will vary.

3

Confusión En parejas, busquen los lugares que no corresponden con la descripción y comenten lo que se puede hacer en ellos, según la lectura.

Lugar turístico	Descripción
El Zócalo	Avenida principal del D.F.
Paseo de la Reforma	Balneario
Acapulco	Tiendas y restaurantes
Palacio Nacional	Sede presidencial
Chichén Itzá	Parque más grande de la capital
Polanco	Sitio arqueológico
Bosque de Chapultepec	Corazón de la Ciudad de México

Practice more at vhlcentral.com.

PROYECTO

Un viaje a México

Imagina que vas a hacer un viaje a México. Investiga toda la información que necesites en Internet. Después, prepara tu viaje según los siguientes puntos:

- Selecciona los lugares que quieres visitar y recopila fotos.

- Dibuja un mapa para mostrar tu itinerario.

- Presenta tu plan de viaje a tus compañeros/as de clase. Explícales por qué escogiste los lugares adonde vas a ir.

El metro del D.F.

Ya has leído sobre Ciudad de México, una de las ciudades más grandes del mundo. Ahora mira este episodio de **Flash Cultura** para descubrir una de las mayores obras de ingeniería civil de toda Hispanoamérica: el metro del D.F.

Vocabulario

concurridos *crowded*
las exposiciones *exhibitions*
gratuito *free*
imponente *imposing*
la red *network*
repartidas *distributed*
el transbordo *transfer*

1 Preparación ¿Has visitado alguna vez una gran ciudad? ¿Había mucho tráfico? ¿Qué medio de transporte usaste para ir de un sitio a otro?

2 Comprensión Indica si estas afirmaciones son ciertas o falsas. Después, en parejas, corrijan las falsas.

1. El metro del D.F. es rápido pero demasiado caro para la gente. Falso. El boleto para el metro del D.F. sólo cuesta 18 centavos de dólar.
2. Sólo hay dos sistemas de metro en el mundo que lleven más viajeros que el metro del D.F. Cierto.
3. El metro del D.F. empezó a funcionar en 1920. Falso. El metro empezó a funcionar en 1969.
4. La plaza más importante de Ciudad de México se llama Chapultepec. Falso. La plaza más importante de Ciudad de México es el Zócalo.
5. El metro del D.F. también se conoce como Metrobús. Falso. El Metrobús es un moderno sistema de tranvías.
6. Todo el metro del D.F. es subterráneo. Falso. También hay estaciones superficiales a nivel de calle.

3 Expansión En parejas, contesten estas preguntas.

- ¿Qué ciudades de Estados Unidos tienen un sistema de transporte público comparable al de Ciudad de México?

- ¿Qué ventajas tiene el transporte público sobre el transporte privado? ¿Cuáles son los principales inconvenientes?

- Millones de personas utilizan el metro del D.F. todos los días. ¿Qué pasaría si el metro dejara de funcionar de repente?

Corresponsal: Carlos López
País: México

Nos encontramos en el Bosque de Chapultepec, en pleno centro de la ciudad, y uno de los lugares más concurridos.

Algunas de las estaciones son de una sola línea y otras se llaman de transbordo, precisamente porque sirven para cambiar de trenes para ir a diferentes puntos de la ciudad.

Para la gente de pelo blanco, de edad, mayor de sesenta años, el transporte es totalmente gratuito.

Practice more at
vhlcentral.com.

TALLER DE CONSULTA

These additional grammar topics are covered in the **Manual de gramática, Lección 2.**

2.4 Progressive forms, p. 242
2.5 Telling time, p. 244

Presentation

The preterite

- Spanish has two simple tenses to indicate actions in the past: the preterite (**el pretérito**) and the imperfect (**el imperfecto**). The preterite is used to describe actions or states that began or were completed at a definite time in the past.

The preterite of regular –ar, –er, and –ir verbs		
comprar	**vender**	**abrir**
compré	vendí	abrí
compraste	vendiste	abriste
compró	vendió	abrió
compramos	vendimos	abrimos
comprasteis	vendisteis	abristeis
compraron	vendieron	abrieron

- The preterite tense of regular verbs is formed by dropping the infinitive ending (**–ar, –er, –ir**) and adding the preterite endings. Note that the endings of regular **–er** and **–ir** verbs are identical in the preterite tense.

- The preterite of all regular and some irregular verbs requires a written accent on the endings in the **yo, usted, él,** and **ella** forms.

Ayer **empecé** un nuevo trabajo.	Mi mamá **preparó** una cena deliciosa.
Yesterday I started a new job.	*My mom prepared a delicious dinner.*

Remind students that **c** and **g** change to **qu** and **gu** to maintain the hard consonant sounds.

- Verbs that end in **–car, –gar,** and **–zar** have a spelling change in the **yo** form of the preterite. All other forms are regular.

buscar	busc–	–qu–	yo busqué
llegar	lleg–	–gu–	yo llegué
empezar	empez–	–c–	yo empecé

Explain that the combination of a strong vowel (**a, e, o**) and a weak vowel (**i, u**) usually forms a diphthong. The **i** in these verbs is stressed in order to break the diphthong.

- **Caer, creer, leer,** and **oír** change **–i–** to **–y–** in the **usted, él,** and **ella** forms and in the **ustedes, ellos,** and **ellas** forms of the preterite. They also require a written accent on the **–i–** in all other forms.

caer	caí, caíste, **cayó**, caímos, caísteis, **cayeron**
creer	creí, creíste, **creyó**, creímos, creísteis, **creyeron**
leer	leí, leíste, **leyó**, leímos, leísteis, **leyeron**
oír	oí, oíste, **oyó**, oímos, oísteis, **oyeron**

Point out that **–uir** verbs require written accents in the **yo** and **él/ella/Ud.** forms.

- Verbs with infinitives ending in **–uir** change **–i–** to **–y–** in the **usted, él,** and **ella** forms and in the **ustedes, ellos,** and **ellas** forms of the preterite.

You may want to explain that the **y** in forms such as **cayó** and **incluyeron** is a phonetic convention to avoid the three-vowel sequence that would otherwise occur in such forms.

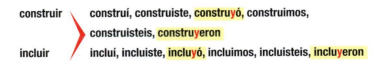

| construir | construí, construiste, **construyó**, construimos, construisteis, **construyeron** |
| incluir | incluí, incluiste, **incluyó**, incluimos, incluisteis, **incluyeron** |

- Stem-changing **–ir** verbs also have a stem change in the **usted, él,** and **ella** forms and in the **ustedes, ellos,** and **ellas** forms of the preterite.

Preterite of *–ir* stem-changing verbs			
pedir		**dormir**	
pedí	pedimos	dormí	dormimos
pediste	pedisteis	dormiste	dormisteis
p**i**dió	p**i**dieron	d**u**rmió	d**u**rmieron

- Stem-changing **–ar** and **–er** verbs do not have a stem change in the preterite.

- A number of verbs, most of them **–er** and **–ir** verbs, have irregular preterite stems. Note that none of these verbs takes a written accent on the preterite endings.

—Nunca **tuve** oportunidad de despedirme de él.

Preterite of irregular verbs

infinitive	u-stem	preterite forms
andar	and**uv**–	anduve, anduviste, anduvo, anduvimos, anduvisteis, anduvieron
estar	est**uv**–	estuve, estuviste, estuvo, estuvimos, estuvisteis, estuvieron
poder	p**ud**–	pude, pudiste, pudo, pudimos, pudisteis, pudieron
poner	p**us**–	puse, pusiste, puso, pusimos, pusisteis, pusieron
saber	s**up**–	supe, supiste, supo, supimos, supisteis, supieron
tener	t**uv**–	tuve, tuviste, tuvo, tuvimos, tuvisteis, tuvieron

infinitive	i-stem	preterite forms
hacer	h**ic**–	hice, hiciste, hizo, hicimos, hicisteis, hicieron
querer	qu**is**–	quise, quisiste, quiso, quisimos, quisisteis, quisieron
venir	v**in**–	vine, viniste, vino, vinimos, vinisteis, vinieron

infinitive	j-stem	preterite forms
conducir	condu**j**–	conduje, condujiste, condujo, condujimos, condujisteis, condujeron
decir	di**j**–	dije, dijiste, dijo, dijimos, dijisteis, dijeron
traer	tra**j**–	traje, trajiste, trajo, trajimos, trajisteis, trajeron

- Note that not only does the stem of **decir (dij–)** end in **j,** but the stem vowel **e** changes to **i.** In the **usted, él,** and **ella** form of **hacer (hizo)**, **c** changes to **z** to maintain the pronunciation. Most verbs that end in **–cir** have **j**-stems in the preterite.

Práctica

1 Have students use the preterite to describe their own vacations.

2 Remind students that **tener que** is always followed by an infinitive.

1 **Acapulco** Escribe la forma correcta del pretérito de los verbos indicados.

1. El sábado pasado, mis compañeros de apartamento y yo ___fuimos___ (ir) a Acapulco.

2. (Nosotros) ___Nos quedamos___ (quedarse) en un edificio muy alto y bonito.

3. En la playa, yo ___leí___ (leer) un libro y Carlos ___tomó___ (tomar) el sol.

4. Mariela y Felisa ___caminaron___ (caminar) mucho por la ciudad.

5. Una señora les ___indicó___ (indicar) el camino para ir a un restaurante muy conocido.

6. Por la noche, todos nosotros ___cenamos___ (cenar) en el restaurante.

7. Después, en la discoteca, Carlos y Mariela ___bailaron___ (bailar) toda la noche.

8. Y yo ___vi___ (ver) a unos amigos de Monterrey. ¡Qué casualidad!

9. (Yo) ___Hablé___ (hablar) con ellos un ratito.

10. Y (nosotros) ___llegamos___ (llegar) al hotel a las tres de la mañana. ¡Qué tarde!

Playa de Acapulco

2 **¿Qué hicieron?** Combina elementos de cada columna para narrar lo que hicieron estas personas.

anoche	yo	conversar
anteayer	mi compañero/a de cuarto	dar
ayer		decir
la semana pasada	mis amigos/as	ir
una vez	el/la profesor(a) de español	pasar
dos veces	mi novio/a	pedir
		tener que

?

3 **La última vez** En parejas, indiquen cuándo hicieron por última vez estas cosas. Incluyan detalles en sus respuestas. Answers will vary.

Modelo **llorar viendo una película**
—La última vez que lloré viendo una película fue en 2010. La película fue *Biutiful*.
—Bueno, ¡yo lloré mucho viendo *Adiós mamá*...!

1. hacer diligencias ...hice...
2. decir una mentira ...dije...
3. olvidar algo importante ...olvidé...
4. perderse en una ciudad ...me perdí...
5. indicar el camino ...indiqué...
6. oír una buena/mala noticia ...oí...
7. hablar con un(a) desconocido/a ...hablé...
8. estar enfadado con un(a) amigo/a ...estuve...
9. ver tres programas de televisión seguidos ...vi...
10. comer en un restaurante ...comí...

TEACHING OPTION Assign groups to research other popular coastal cities in Mexico. Have them write postcards using the preterite to describe imaginary vacations to these cities.

Practice more at vhlcentral.com.

Comunicación

4

La semana pasada Pasea por el salón de clase y haz preguntas a tus compañeros/as para averiguar qué hicieron la semana pasada. Anota el nombre de la primera persona que conteste que sí a las preguntas.

4 VARIACIÓN LÉXICA
conducir ↔ manejar
carro ↔ coche, auto/
automóvil

> **Modelo** **ir al cine**
> —¿Fuiste al cine la semana pasada?
> —Sí, fui al cine y vi una película muy buena./No, no fui al cine.

Actividades	Nombre
1. asistir a un partido de fútbol	_____
2. conducir tu carro a la universidad	_____
3. dar un consejo (*advice*) a un(a) amigo/a	_____
4. dormirse en clase o en el laboratorio	_____
5. estudiar toda la noche para un examen	_____
6. hablar con un policía	_____
7. hacer una tarea dos veces	_____
8. ir al centro comercial	_____
9. perder algo importante	_____
10. tomar un autobús	_____
11. viajar en transporte público	_____
12. visitar un museo	_____

5

La ciudad En parejas, túrnense para hablar de la última vez que visitaron una ciudad que no conocían.

5 Have students share their partners' answers with the class. If any students described the same city, ask the class to compare and contrast the students' experiences.

> **Modelo** —¿Y qué hiciste en Taxco?
> —Pues muchas cosas… Visité la Iglesia de Santa Prisca, una de las más bellas de México, disfruté de la arquitectura colonial, anduve y anduve, tomé miles de fotos…

- ¿Adónde fuiste?
- ¿Por qué fuiste?
- ¿Quién planeó el viaje?
- ¿Cuándo fue?

- ¿Cuánto tiempo te quedaste?
- ¿Qué hiciste allí?
- ¿Quiénes fueron y quiénes no pudieron ir?
- ¿Te gustó? ¿Por qué?

6

¿Qué haces para divertirte?

A. Haz una lista de diez actividades divertidas que hiciste el mes pasado.

B. En parejas, túrnense para preguntarse qué hicieron y averigüen si hicieron lo mismo.

C. Describan a la clase lo que hizo su compañero/a.

D. Luego, la clase decide quién es el/la más activo/a.

INSTRUCTIONAL RESOURCES
Supersite: Audioscripts, SAM AK, Lab MP3s
SAM/WebSAM: WB, LM

2.2

 Presentation

The imperfect

- The imperfect tense in Spanish is used to narrate past events without focusing on their beginning, end, or completion.

*—Mi hijo **era** tímido y de pocas palabras como usted.*

- The imperfect tense of regular verbs is formed by dropping the infinitive ending (**–ar, –er, –ir**) and adding personal endings. **–Ar** verbs take the endings **–aba, –abas, –aba, –ábamos, –abais, –aban**. **–Er** and **–ir** verbs take **–ía, –ías, –ía, –íamos, –íais, –ían**.

The imperfect of regular *–ar*, *–er*, and *–ir* verbs		
caminar	deber	abrir
caminaba	debía	abría
caminabas	debías	abrías
caminaba	debía	abría
caminábamos	debíamos	abríamos
caminabais	debíais	abríais
caminaban	debían	abrían

- **Ir, ser,** and **ver** are the only verbs that are irregular in the imperfect.

The imperfect of irregular verbs		
ir	ser	ver
iba	era	veía
ibas	eras	veías
iba	era	veía
íbamos	éramos	veíamos
ibais	erais	veíais
iban	eran	veían

- The imperfect tense indicates how things were or what was happening at certain time in the past.

Cuando yo **era** joven, **vivía** en una ciudad muy grande. Todas las semanas, mis padres y yo **visitábamos** a mis abuelos.
When I was young, I lived in a big city. Every week, my parents and I visited my grandparents.

TALLER DE CONSULTA

To express past actions in progress, the imperfect or the past progressive may be used. See **Manual de gramática 2.4, p. 242.**

¿Qué hacías ayer cuando llamé?
What were you doing yesterday when I called?
Estaba estudiando.
I was studying.

Remind students that progressive forms are less common in Spanish than in English. Ex:
I am walking to the bank.
Camino al banco.
I was walking to the bank.
Caminaba al banco.

- The imperfect of **haber** is **había**. There is no plural form.

  Había tres cajeros en el supermercado.
  There were three cashiers in the supermarket.

  Sólo **había** un mesero en el café.
  There was only one waiter in the café.

- These words and expressions, among others, are often used with the imperfect because they express habitual or repeated actions without reference to their beginning or end: **de niño/a** (*as a child*), **todos los días** (*every day*), **mientras** (*while*).

  De niño, vivía en un suburbio de la Ciudad de México.
  As a child, I lived in a suburb of Mexico City.

  Todos los días visitaba a mis primos en un pueblo cercano.
  Every day I visited my cousins in a nearby village.

Siempre dormía muy mal.
Nunca podía relajarme.
Estaba desesperado; no sabía qué hacer.
Ahora, mis problemas están resueltos con mi nueva cama.

DORMALUX
LA CAMA DE TUS SUEÑOS

Práctica

El Palacio de Cortés, Cuernavaca, México

1 Point out that the imperfect is usually used to talk about someone's age in the past.

1 Ask students: **¿De niños/as, vivían en otra ciudad? ¿Cómo era su vida diaria allá?**

1 **Cuernavaca** Escribe la forma correcta del imperfecto de los verbos indicados.

Cuando yo (1) ___tenía___ (tener) veinte años, estuve en México por seis meses. (2) ___Vivía___ (vivir) en Cuernavaca, una ciudad cerca de la capital. (3) ___Era___ (ser) estudiante en un programa de español para extranjeros. Entre semana mis amigos y yo (4) ___estudiábamos___ (estudiar) español por las mañanas. Por las tardes, (5) ___visitábamos___ (visitar) los lugares más interesantes de la ciudad para conocerla mejor. Los fines de semana, nosotros (6) ___íbamos___ (ir) de excursión. (Nosotros) (7) ___Visitábamos___ (visitar) ciudades y pueblos nuevos. ¡Los paisajes (8) ___eran___ (ser) maravillosos!

2 Remind students that the imperfect is used with expressions that signal repetition, such as **los fines de semana** and **por las tardes.**

2 **Antes** En parejas, túrnense para hacerse preguntas usando estas frases.

> **Modelo** **tomar el metro**
> —¿Tomas el metro?
> —Ahora sí, pero antes nunca lo tomaba./Ahora no, pero antes siempre lo tomaba.

1. ir a las discotecas   vas / iba
2. tomar vacaciones   tomas / tomaba
3. ir de compras al centro comercial   vas / iba
4. hacer diligencias los fines de semana   haces / hacía
5. trabajar por las tardes   trabajas / trabajaba
6. preocuparse por el futuro   te preocupas / me preocubaba

3 **Rutinas** En parejas, un(a) compañero/a comienza la narración de alguna rutina que hacía en el pasado. El/La otro/a tiene que adivinar (*to guess*) cómo termina.

> **Modelo** —Mi madre me daba dinero y me llevaba al centro comercial.
> —Tú comprabas ropa y discos. Luego, tu madre te recogía y regresaban a casa.

Practice more at
vhlcentral.com.

Comunicación

4

¿Y ustedes?

A. Pregunta a varios compañeros si hacían estas cosas cuando eran niños/as. Escribe el nombre de la primera persona que conteste afirmativamente cada pregunta.

Modelo **ir mucho al cine**
—¿Ibas mucho al cine?
—Sí, iba mucho al cine.

¿Qué hacían?	Nombre
1. tener miedo de los monstruos y fantasmas de los cuentos	_____
2. llorar todo el tiempo	_____
3. siempre hacer su cama	_____
4. ser muy travieso/a (*mischievous*)	_____
5. romper los juguetes (*toys*)	_____
6. darles muchos regalos a sus padres	_____
7. comer muchos dulces	_____
8. pasear en bicicleta	_____
9. correr en el parque	_____
10. beber limonada	_____

B. Ahora, comparte con la clase los resultados de tu búsqueda.

5

Antes y ahora En parejas, comparen cómo ha cambiado este lugar en los últimos años. ¿Cómo era antes? ¿Cómo es ahora?

Antes

Ahora

6

Entrevista Trabajen en parejas. Uno/a de ustedes es una persona famosa y el/la otro/a es un(a) reportero/a que la entrevista para saber cómo era su vida de niño/a. Después, informen a la clase sobre la celebridad. Sean creativos.

Modelo De niña, Salma Hayek viajaba todos los veranos al sureste de México. Le gustaba ir a las tiendas en el centro de Mérida...

4 Have students use the imperfect to write a paragraph about themselves as children. Ask: **¿Cómo eran? ¿Qué hacían?** Then ask them to compare their answers with a partner's. Ask: **¿Qué tenían en común? ¿En qué eran distintos/as?**

5 Have students perform the same activity as a class using old photographs of the college campus.

6 Ask students to read their summaries to the class, omitting the name of the celebrity. Classmates must try to guess who is described.

INSTRUCTIONAL RESOURCES
Supersite: Audioscripts, SAM AK, Lab MP3s
SAM/WebSAM: WB, LM

2.3

 Presentation

The preterite vs. the imperfect

- Although the preterite and imperfect both express past actions or states, the two tenses have different uses. They are not interchangeable.

Uses of the preterite

- To express actions or states viewed by the speaker as completed.

> **Viviste** en ese barrio el año pasado.
> *You lived in that neighborhood last year.*

> Mis amigas **fueron** al centro comercial ayer.
> *My girlfriends went to the mall yesterday.*

- To express the beginning or end of a past action.

> La telenovela **empezó** a las ocho.
> *The soap opera began at eight o'clock.*

> Estas dos noticias **se difundieron** la semana pasada.
> *These two news items were broadcast last week.*

—Mi hijo **murió** en un choque.

- To narrate a series of past actions.

> **Salí** de casa, **crucé** la calle y **entré** en el edificio.
> *I left the house, crossed the street, and entered the building.*

> **Llegó** al centro, le **dieron** indicaciones y **se fue**.
> *He arrived at the center, they gave him directions, and he left.*

Uses of the imperfect

- To describe an ongoing past action without reference to beginning or end.

> **No se podía** parar delante de la comisaría.
> *Stopping in front of the police station was not permitted.*

> Juan **tomaba** el transporte público frecuentemente.
> *Juan frequently took public transportation.*

- To express habitual past actions.

> **Me gustaba** jugar al fútbol los domingos.
> *I used to like to play soccer on Sundays.*

> **Solían** hacer las diligencias los fines de semana.
> *They used to run errands on weekends.*

—El otro conductor **iba** borracho.

- To describe mental, physical, and emotional states or conditions.

> **Estaba** muy nerviosa antes de la entrevista.
> *She was very nervous before the interview.*

- To tell time.

> **Eran** las ocho y media de la mañana.
> *It was eight thirty a.m.*

Remind students that **soler** means *to do something usually*. Point out that **soler** is often used in the imperfect because its meaning implies repetition. Ask personalized questions to practice the use of **soler** with infinitives.

TALLER DE CONSULTA

To review telling time, see **Manual de gramática 2.5, p. 244.**

The preterite and imperfect used together

- When narrating in the past, the imperfect describes *what was happening*, while the preterite describes the action that *interrupted* the ongoing activity. The imperfect provides background information, while the preterite indicates specific events that advance the plot.

> Mientras **estudiaba, sonó** la alarma contra incendios. Me **levanté** de un salto y **miré** el reloj. **Eran** las 11:30 de la noche. **Salí** corriendo de mi cuarto. En el pasillo **había** más estudiantes. La alarma **seguía** sonando. **Bajamos** las escaleras y, al llegar a la calle, me **di** cuenta de que **hacía** un poco de frío. No **tenía** un suéter. De repente, la alarma **dejó** de sonar. No **había** ningún incendio.

> *While I was studying, the fire alarm went off. I jumped up and looked at the clock. It was 11:30 p.m. I ran out of my room. In the hall there were more students. The alarm continued to blare. We rushed down the stairs and, when we got to the street, I realized that it was a little cold. I didn't have a sweater. Suddenly, the alarm stopped. There was no fire.*

Different meanings in the imperfect and preterite

- The verbs **querer**, **poder**, **saber**, and **conocer** have different meanings when they are used in the preterite. Notice also the meanings of **no querer** and **no poder** in the preterite.

infinitive	imperfect	preterite
querer	**Quería** acompañarte. *I **wanted** to go with you.*	**Quise** acompañarte. *I **tried** to go with you (but failed).*
		No quise acompañarte. *I **refused** to go with you.*
poder	Ana **podía** hacerlo. *Ana **could** do it.*	Ana **pudo** hacerlo. *Ana **succeeded** in doing it.*
		Ana **no pudo** hacerlo. *Ana **could not** (and did not) do it.*
saber	Ernesto **sabía** la verdad. *Ernesto **knew** the truth.*	Por fin Ernesto **supo** la verdad. *Ernesto finally **discovered** the truth.*
conocer	Yo ya **conocía** a Andrés. *I already **knew** Andrés.*	Yo **conocí** a Andrés en la fiesta. *I **met** Andrés at the party.*
	María y Andrés **se conocían.** *María and Andrés **knew** each other.*	María y Andrés **se conocieron** en Acapulco. *María and Andrés **met** in Acapulco.*

¡ATENCIÓN!

Here are some transitional words useful for clarity when narrating past events.

primero *first*

al principio *in the beginning*

antes (de) *before*

después (de) *after*

mientras *while*

entonces *then*

luego *then, next*

siempre *always*

al final *finally*

la última vez *the last time*

Stress that the imperfect of **poder** describes what a person was *capable* of, whether or not he/she tried. The preterite of **poder** describes what someone did (not) *succeed* in doing.

¡ATENCIÓN!

Saber and **conocer** are not usually interchangeable. **Saber** means *to know* (facts, information, or how to do something), while **conocer** means *to know* or *to be familiar/ acquainted with* (a person, place, or thing).

Some contexts, however, lend themselves to either verb.

La policía sabía/conocía el paradero del sospechoso.

The police knew of the suspect's whereabouts.

TEACHING OPTION Ask students to bring in Spanish newspaper or magazine articles that narrate past events. In pairs, have them highlight verbs in the preterite and imperfect, and match them to the uses described in **Estructuras 2.3, pp. 64–65.**

Práctica

1 Use item 7 to explain the difference between **hubo** and **había**. Ex. **Había veinte estudiantes en la clase. Hubo un examen ayer.**

1 Have students call out verbs and list them on the board. Use one of the verbs to begin a story in the past tense; then let students take turns adding to the story, using verbs from the list.

1 Call on students to explain why they chose the preterite or the imperfect for each blank.

1

El centro Elena y Catalina prometieron llevar a su amigo Daniel a una entrevista de trabajo. Completa las oraciones con el imperfecto o el pretérito de estos verbos.

conducir	desayunar	llamar
construir	estar	llegar
cruzar	haber	salir
dar	leer	ser
decir	levantarse	ver

Sample answers.

Eran las ocho cuando Catalina y Elena (1) _se levantaron_ para ir al centro. Elena (2) _desayunaba_ cuando Daniel la (3) _llamó_ para decir que estaba listo. Le (4) _dijo_ otra vez que la cita (5) _era_ a las diez y media. Ellas (6) _salieron_ a las nueve y media. Todavía era temprano y (7) _había_ tiempo. Elena (8) _conducía_ mientras Catalina (9) _leía_ las indicaciones para llegar. Había mucho tráfico cuando (10) _cruzaron_ el puente. No (11) _vieron_ el edificio de oficinas porque (12) _estaban_ perdidas. (13) _Dieron_ muchas vueltas y por fin (14) _llegaron_. Ya eran las once menos cuarto. ¡Pero no (15) _había_ nadie allí!

2

Interrupciones Combina palabras y frases de cada columna para contar lo que hicieron las siguientes personas. Usa el pretérito y el imperfecto.

> **Modelo** Ustedes miraban la tele cuando el médico llamó.

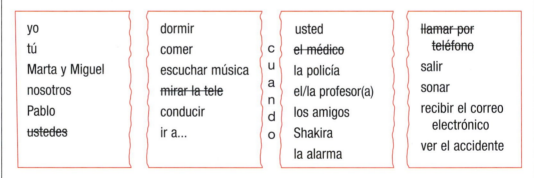

yo	dormir		usted	~~llamar por~~
tú	comer		~~el médico~~	~~teléfono~~
Marta y Miguel	escuchar música	c u a n d o	la policía	salir
nosotros	~~mirar la tele~~		el/la profesor(a)	sonar
Pablo	conducir		los amigos	recibir el correo electrónico
~~ustedes~~	ir a...		Shakira	ver el accidente
			la alarma	

3 Remind students how to write dates in Spanish.

3

Las fechas importantes

A. Escribe cuatro fechas importantes en tu vida y explica qué pasó.

Fecha	¿Qué pasó?	¿Con quién estabas?	¿Dónde estabas?	¿Qué tiempo hacía?
Modelo				
el 6 de agosto de 2017	Conocí a Dave Navarro.	Estaba con un amigo.	Estábamos en el gimnasio Vida.	Llovía mucho.

B. Intercambia tu información con tres compañeros/as. Ellos te van a hacer preguntas para conocer más detalles sobre lo que te pasó.

Practice more at **vhlcentral.com.**

Comunicación

4

La mañana de Esperanza

A. En parejas, observen los dibujos. Escriban lo que le pasó a Esperanza después de abrir la puerta de su casa. ¿Cómo fue su mañana? Utilicen el pretérito y el imperfecto en la narración. *Sample answers.*

1. Abrió la puerta. Salió a la calle. Estaba nublado. Eran las diez y media de la mañana.

2. Mientras caminaba por la calle, empezó a llover. Eran las once menos dieciséis.

3. Cuando llegó al supermercado, estaba lloviendo mucho. Eran las once.

4. Llegó a su casa a las once y media. Empezó a preparar el almuerzo.

B. Con dos parejas más, túrnense para presentar las historias que han escrito. Después, combinen sus historias para hacer una nueva.

5

Crónicas En grupos de tres, pongan estos fragmentos de oraciones en una secuencia lógica. Después, completen las oraciones y añadan otras para crear una historia. Usen el pretérito y el imperfecto.

1. Con frecuencia, mis amigos/as …

2. El sábado pasado, …

3. Regularmente, en la plaza de …

4. Anoche, un conductor …

5. Generalmente, los pasajeros …

6. Ayer en la ciudad …

6

Cambios En parejas, díganse en qué ciudad crecieron. Luego, describan los cambios actuales en esa ciudad y cómo se vivía antes. Por último, en pocas palabras, presenten a la clase la descripción de su compañero/a.

> **Modelo**   Hace cinco años, construyeron un nuevo rascacielos.
> Antes, podíamos ver las montañas desde nuestro jardín.

4 Note that the imperfect is used to tell time in the past. Refer students to **Manual de gramática 2.5**, **p. 244** to review telling time in Spanish.

5 Have each group share its story with the class. Then have students vote for the most interesting one.

TEACHING OPTION Using comic strips or series of photos, have students use the preterite and imperfect to describe what happened in the pictures.

TEACHING OPTION In pairs, have students discuss the following questions: **¿Cuándo fue la última vez que hiciste algo espontáneo? ¿Qué hiciste? ¿Cuáles fueron las consecuencias?**

Síntesis

La ciudad es mía

E sta mañana abrí la ventana de la habitación. Hacía calor. En un instante decidí no leer el periódico, es más, decidí no ir al trabajo. Salí a la calle sin desayunar y, sin dudar, me subí al primer autobús que paró. Había muchos asientos libres, elegí uno sin prisa y me senté.

El autobús avanzaba° y yo observaba escenas cotidianas. Estuve en el autobús un buen rato° y después bajé. Crucé la calle, empecé a caminar y llegué a una plaza inmensa. Había mucha gente. Hombres y mujeres de todas las edades iban y venían en todas direcciones. Me perdí entre la multitud. Estaba contento. Me gusta vagabundear° sin destino° por la ciudad. En una esquina me paré y tomé otra decisión.

Mientras caminaba, seguí a un grupo de jóvenes. Pensé que ellos iban a algún lugar interesante. ¡Y así fue! Yo no solía seguir a la gente, pero hoy era diferente; quería improvisar.

Empezaba a llover, pero las calles no estaban vacías. Yo quise terminar el día con un paseo bajo la lluvia, pero no pude. Algo inesperado° sucedió°. ■

was moving forward

a while

roam/destination

unexpected/ happened

---

1 Ask additional comprehension questions. Ex: **¿Qué tiempo hacía en la mañana? ¿Y en la tarde?**

2 Ask students to speculate about what happened the next day at work.

1 **Preguntas** Contesta las preguntas.

1. ¿Qué decisiones tomó el protagonista ("P") de la historia? Decidió no leer el periódico, no ir al trabajo y seguir a un grupo de jóvenes.

2. ¿Qué transporte público tomó? Tomó el autobús.

3. ¿A quién siguió? ¿Por qué? Siguió a un grupo de jóvenes porque pensó que iban a un lugar interesante.

2 **Detalles** En parejas, inventen las respuestas para completar el día de P por las calles de la Ciudad de México. Utilicen la imaginación y su conocimiento de esta ciudad.

1. ¿A qué plaza llegó P? ¿Qué había? ¿Cómo era?

2. ¿Adónde fueron los jóvenes? ¿Qué hicieron? ¿Qué hizo P?

3. ¿Cómo fue el día de P? ¿Lo pasó bien? ¿Por qué?

3 **Algo inesperado** P no pudo contarnos qué sucedió mientras regresaba a casa bajo la lluvia. En grupos de tres, inventen un final posible y después compártanlo con la clase.

Preparación

Vocabulario de la lectura	Vocabulario útil
acostumbrar *to do as a custom/habit*	**el bienestar** *well-being*
la costumbre *custom; habit*	**la característica** *characteristic*
el cuidado *care*	**conservar** *to preserve*
decidido/a *determined*	**cooperar** *to cooperate*
difundir (noticias) *to spread (news)*	**la influencia** *influence*
el/la habitante *inhabitant*	**justo/a** *just, fair*
el matriarcado *matriarchy*	**significar** *to mean*
el mito *myth*	
permitir *to allow*	

Explain that, like **soler**, the verb **acostumbrar** often translates as *usually* or *typically*.

1

Vocabulario Completa cada oración con la palabra más adecuada.

1. Me caí dando una vuelta en bicicleta. Iba rápido y no tuve suficiente _____.

    a. cuidado   b. influencia   c. bienestar

2. La ley no _____ doblar cuando hay peatones en la esquina.

    a. significa   b. permite   c. coopera

3. Trata de relajarte un poco cada día. Tienes que pensar en tu _____ mental.

    a. bienestar   b. costumbre   c. mito

4. Supe del accidente porque _____ las imágenes en la televisión.

    a. significaron   b. acostumbraron   c. difundieron

5. Cada barrio es diferente y _____ sus tradiciones independientes.

    a. conserva   b. coopera   c. significa

1 Have students use verbs from the vocabulary lists to write sentences in the preterite and imperfect.

2

Las mujeres de tu vida Contesta las preguntas y explica tus respuestas. También puedes añadir anécdotas y detalles.

1. ¿Qué mujeres ocupan un papel importante en tu vida personal?

2. ¿Qué mujeres tienen papeles importantes en tu comunidad?

3. ¿A qué mujer famosa admiras?

4. ¿Qué cualidades admiras más en la personalidad de una mujer? ¿Y en la de un hombre? ¿Son las mismas?

3

Hombres y mujeres En parejas, hagan dos listas: una con cinco cosas que creen que tienen en común los hombres y las mujeres; y otra con cinco cosas en las que son diferentes. Después, compartan sus listas con la clase. ¿Pueden llegar a alguna conclusión?

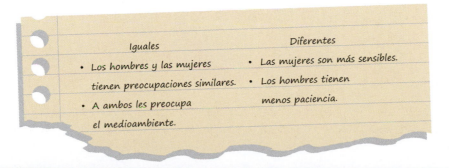

Iguales	Diferentes
• Los hombres y las mujeres tienen preocupaciones similares.	• Las mujeres son más sensibles.
• A ambos les preocupa el medioambiente.	• Los hombres tienen menos paciencia.

TEACHING OPTION To preview the reading, ask groups to describe possible characteristics of a matriarchal society.

Juchitán:
La ciudad de las
mujeres

Cultura en pantalla

Visita **vhlcentral.com** y conoce a **Las mujeres triquis de Oaxaca** y su rol en la sociedad actual.

Audio: Reading

Famosa por sus mujeres, fuertes y decididas, Juchitán es una ciudad mexicana mayoritariamente° indígena cuyos mitos y costumbres se resisten a la influencia del exterior.

Está en una zona de México llamada istmo de Tehuantepec, en el sur del estado de Oaxaca, muy cerca de la frontera con Guatemala. Sus habitantes son en su mayoría de la etnia zapoteca y, hasta hoy, todavía hablan su lengua ancestral°, el zapoteco.

Muchos afirman que en Juchitán existe un matriarcado por la presencia tan trascendental que las mujeres tienen en la economía y la sociedad en general. Además, ellas son las que toman las decisiones importantes en la familia; por ejemplo, si un hombre quiere comprar algo o salir a divertirse, tiene que pedirle dinero a la mujer de la casa.

Las mujeres juchitecas° son extrovertidas y acostumbran llevar trajes° de colores brillantes; además, se desenvuelven° con dignidad y siempre son directas al hablar. Aun las mujeres de mayor edad se visten con garbo°, confianza° y sin la intención de esconder su edad, porque ser "viejo" no tiene una connotación negativa en su cultura.

La estructura social de esta comunidad está claramente dividida. Los hombres trabajan en el sector de la producción: son campesinos°, pescadores°, artesanos° y también son los que toman las decisiones políticas. Por su parte, las mujeres manejan° la organización doméstica, la economía familiar, el comercio y el sistema festivo.

Las fiestas son parte importante de la vida en Juchitán, ya que duran varios días

mainly (line 3)
ancient (line 11)
habitantes de Juchitán (line 22)
vestidos
carry themselves
poise (line 29)
confidence (line 30)
agricultural workers / fishermen / craftsmen
handle

Frida y Juchitán

La pintora mexicana Frida Kahlo admiraba mucho a las mujeres juchitecas. Tenía muchos vestidos bordados (*embroidered*) en Juchitán y los llevaba a diario; en varios de sus autorretratos (*self-portraits*) se pintó con estos vestidos.

y requieren de una compleja preparación. Las mujeres son las anfitrionas° y, a la hora del baile, hay más mujeres que hombres en la pista° bailando al ritmo de la música tradicional.

El mercado es un punto central en Juchitán, donde las mujeres venden los productos del campo o del mar que los hombres han traído a casa. Es también ahí donde se difunden las noticias entre todos y se arreglan asuntos° sociales y familiares.

Su capacidad económica le permite a la mujer juchiteca una gran autonomía en relación con el hombre. Ésta se refleja en una sólida autoestima°, en una presencia dominante dentro del sistema social de la comunidad y en una fuerte y aceptada autoridad en la familia.

Ningún hombre juchiteco se siente mal porque el sistema económico está dirigido por las mujeres. Aquí —al contrario del modelo occidental— las prioridades son la alimentación°, el cuidado de niños y ancianos°, y los banquetes colectivos. Nadie se queda con hambre en Juchitán. ¿Cuántas ciudades pueden decir esto en el llamado "mundo desarrollado°"? ■

hostesses (line 46)
dance floor (line 48)
issues are settled (line 56)
self-esteem (line 63)
comida (line 72)
elderly people (line 74)
developed (line 77)

> ## Las mujeres juchitecas son extrovertidas y acostumbran llevar trajes de colores brillantes.

Análisis

1 Have students check their answers with a partner.

1 **Comprensión** Contesta las preguntas con oraciones completas.

1. ¿Cómo son las mujeres juchitecas? Usa por lo menos tres adjetivos de la lectura. Las mujeres juchitecas son fuertes, decididas y extrovertidas.

2. ¿Cuáles son las principales ocupaciones de los hombres juchitecos? Los hombres son campesinos, pescadores, artesanos y políticos.

3. ¿En qué trabajan las mujeres de esta ciudad? Las mujeres trabajan en la organización doméstica, la economía familiar, el comercio y el sistema festivo.

4. ¿Cómo son las fiestas en Juchitán? Las fiestas duran varios días y se baila mucho.

5. Si quieres saber lo que ha pasado últimamente (*lately*) en Juchitán, ¿adónde debes ir? Debes ir al mercado si quieres saber lo que ha pasado.

6. ¿Cuándo usaba Frida Kahlo sus vestidos bordados en Juchitán? La pintora los usaba diariamente.

7. ¿Qué logra (*achieve*) la mujer juchiteca con su capacidad económica? Logra una gran autonomía con relación al hombre.

8. ¿A qué le da más importancia el sistema económico de Juchitán? Se le da a la alimentación, al cuidado de niños y ancianos, y a los banquetes colectivos.

2 **Opiniones** En parejas, contesten las preguntas.

1. ¿Qué opinan del papel de las mujeres en Juchitán?

2. ¿Qué aspecto les pareció el más interesante de esta sociedad?

3. ¿Qué cosas son diferentes entre Juchitán y la sociedad en la que ustedes viven? Hagan una lista.

3 Write responses on the board in two columns: **Positivas** and **Negativas.** Were any qualities listed as both positive and negative? Encourage students to debate the pros and cons of their own community and defend their points of view.

3 **Tu comunidad** Escribe cuatro características positivas y cuatro negativas de la comunidad en que vives. Compártelas con la clase.

Características

Positivas	Negativas

4 **Imaginar** En grupos de cinco, imaginen que forman parte de un nuevo modelo de sociedad. ¿Cómo es? Descríbanlo usando estas preguntas como referencia y añadan otros detalles. Después, compartan sus "sociedades" con la clase.

- ¿Cómo participan las mujeres? ¿Y los hombres?

- ¿Qué trabajo hace cada uno/a de ustedes?

- ¿Cuáles son las prioridades del gobierno?

- ¿Quién(es) están en el gobierno?

TEACHING OPTION Ask students to compare the description of Juchitán to their previous ideas about what constitutes a matriarchal society. **¿Están de acuerdo en que existe un matriarcado en Juchitán? ¿Por qué?**

5 **Explicar** En parejas, lean las siguientes afirmaciones del artículo. ¿Qué filosofía tienen en común? ¿La cultura occidental valora también esa filosofía? Den al menos tres razones para explicar su opinión.

- "Nadie se queda con hambre en Juchitán".

- "... ser viejo no tiene una connotación negativa ..."

- "Ningún hombre juchiteco se siente mal porque el sistema económico está dirigido por las mujeres".

Practice more at **vhlcentral.com.**

Preparación

Sobre la autora

La escritora catalana **Mercè Sarrias** (1966–) estudió periodismo en la Universidad Autónoma de Barcelona. Su trayectoria teatral se inicia en la Sala Beckett de esa ciudad, donde estudia dramaturgia (*playwriting*) y actuación. Inició su carrera como escritora haciendo reportajes periodísticos y publicidad. Escribió guiones de televisión y obras de teatro en varios idiomas, entre las que destacan *África 30* (1998) y *Hazme una perdida* (2014). "Escribo muy cerca de la realidad", dice Sarrias. "Me apasiona la gente y observar el mundo contemporáneo, lo que tengo a mi alrededor".

Vocabulario de la lectura		Vocabulario útil
el agujero *pothole*	**el mostrador** *counter*	**impedir** *to prevent*
aparcar *to park*	**la persiana** *shutter*	**indignarse** *to be outraged*
desplazado/a *out of place*	**el principio** *principle*	**la multa** *fine*
impasible *impassively*	**rechazar** *to turn down*	**la protesta** *complaint*
manchado/a *stained*	**retroceder** *to move backward*	**la señal de tráfico** *road sign*
		sorprendido/a *surprised*
		el trato *treatment*

1 **Vocabulario** Completa las oraciones con palabras del vocabulario.

1. El ayuntamiento tiene que reparar un profundo ___agujero___ que hay en la acera.
2. El letrero era enorme, tuve que ___retroceder___ para verlo bien.
3. Había tanto tráfico que debí ___aparcar___ el auto y seguir en transporte público.
4. La dependienta me miraba sonriente al otro lado del ___mostrador___.
5. El compañero cerró ___la persiana___ de la ventana y no pude ver lo que hacía.
6. El policía lo miró ___impasible___, sin cambiar el gesto.

2 **Urbanización** En parejas, contesten las preguntas y coméntenlas.

1. ¿Qué es lo que menos te gusta de las grandes ciudades?
2. ¿Cómo describirías las interacciones con desconocidos en las grandes ciudades?
3. ¿Prefieres el trato personal en los pueblos o en las ciudades? ¿Por qué?
4. ¿Dónde crees que es más fácil llevarse bien con la gente: en un pueblo o en una ciudad? ¿Por qué?
5. ¿Cómo crees que actúa la burocracia en la ciudad? ¿Y en los pueblos?

3 **Principios** En grupos de tres, reflexionen sobre esta frase: "Es cuestión de principios"; luego, contesten las preguntas y coméntenlas. Compartan sus ideas con la clase

1. ¿Se consideran personas de principios? ¿Por qué?
2. ¿Qué son capaces de sacrificar por sus principios?
3. ¿Creen que siempre se deben obedecer las normas? ¿Por qué?
4. ¿Qué hacen si una norma o una ley los obliga a ir en contra de sus principios?

INSTRUCTIONAL RESOURCES
Supersite: Literatura recording; Scripts; SAM AK
SAM/WebSAM: LM

1 Have students practice the remaining vocabulary words in context by completing sentences. Ex: **Un hombre les *impidió* entrar en la discoteca porque estaba llena. Se me cayó el café en la camisa y está toda *manchada.* Me quedé *sorprendido* de ver la calle desierta, ¡eran las dos de la tarde!**

2 Have students contrast life in a small town and in a large city. Mention conflicting aspects of both lifestyles, and discuss issues such as anonymity vs. privacy or having a sense of community vs. feeling isolated.

3 Before assigning this activity, say: **Tener principios significa seguir siempre una serie de normas éticas, aunque sea inconveniente.** Tell students that principles will be a central theme in the play they are about to read..

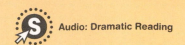

Una lucha muy personal

Mercè Sarrias

D epósito de la grúa°. Es un garaje inmenso. Hay una valla° que impide la tow truck / gate
salida de los coches y un mostrador grande, con un cristal grueso donde
hay algunos anuncios y un cartel donde se indica que no se puede fumar.
Una persiana, que en estos momentos está arriba, permite abrir y cerrar
5 el servicio de mostrador. Es donde los "damnificados°" rellenan los papeles y victims
pagan para recuperar su vehículo. Es domingo. Tras el mostrador, Sonia, una
mujer rubia, teñida, alrededor de los cuarenta, mira impasible hacia delante. Está
ausente. Entra Marta, también de cuarenta años, vestida elegantemente. Camina
poco a poco con un zapato manchado de barro en la mano. Marta atraviesa todo
10 el espacio y se dirige al mostrador. Coloca el zapato ante Sonia. Está furiosa.
Sonia no se inmuta°. Se miran. no se inmuta
does not flinch

MARTA   Vengo a buscar el coche.

SONIA   ¿Quiere hacer el favor de dejar el zapato en el suelo?

Marta no lo hace.

15 **MARTA**   Me he caído. En las obras. Hay un agujero de más de un metro. Hace
dos meses que hay un agujero de más de un metro. He retrocedido
para ver mejor el vacío° que había dejado el coche y he caído. *(Levanta* empty space
el zapato lleno de barro.) Ciento veinticinco euros.

SONIA   No debería comprar zapatos tan caros. *(Le da unos papeles.)* Son ciento
20 cincuenta euros.

Marta firma los papeles y se queda mirando a Sonia.

MARTA   No tengo el dinero.

Sonia recoge los papeles.

MARTA   No lo tendré hasta final de mes.

25 **SONIA**   Si deja el coche aquí hasta final de mes, le costará un ojo de la cara°.
Tendrá que vender todos sus zapatos.

un ojo de la cara
an arm and a leg

MARTA   ¿Por qué es tan idiota?

Suena un timbre. Sonia baja la persiana del mostrador.

MARTA   ¿Pero qué hace?

30 **SONIA**   (*Tras la persiana.*) He acabado el turno°. Ahora vendrá mi compañero y
discute con él.

shift

MARTA   ¿Pero dónde está?

SONIA   No lo sé. Siempre llega tarde. (*Pausa.*) ¿Se puede saber por qué siempre
aparca el coche en el mismo sitio si sabe que está prohibido?

35 **MARTA**   Se equivoca. No está prohibido. Es la señal la que está mal puesta. Está
desplazada hacia un lado porque hay un árbol que impide que esté en
el sitio correcto, pero donde realmente no se puede aparcar es más a la
derecha. ¿Lo entiende?

SONIA   Lo que no entiendo es cómo se ha dejado llevar el coche seis veces
40 en un mes.

MARTA   Es cuestión de principios.

SONIA   Póngase el zapato, cogerá frío.

Marta se emociona, casi llora. Sonia la oye.

SONIA   ¿Pero qué hace?

45 **MARTA**   Nada. Nada. No hago nada.

*Marta coge el zapato del mostrador y se lo pone. Sonia sale de detrás del
mostrador. Lleva el bolso, una bolsa y una mesa de camping con dos sillas
plegables°. La abre, coloca las sillas y de dentro de la bolsa saca una botella
de vino y dos copas. Marta la mira sorprendida. Sonia se sienta en una silla y
50 le hace una señal con la cabeza para que se siente en la otra. Marta lo hace.
Sonia abre la botella sin prisas y sirve el vino. Saca un paquete de cigarrillos
y le ofrece tabaco a Marta, que lo rechaza. Se enciende un cigarrillo, que fuma
lentamente, mientras bebe. Es un momento de relax después del trabajo. Marta
también bebe. Silencio.*

folding

55 **SONIA**   ¿Mejor?

Marta mueve afirmativamente la cabeza.

MARTA   ¿Dejará que me lleve el coche?

SONIA   No puedo. No está permitido. Las normas° son las normas.

rules

MARTA   Pero…

60   **SONIA**   No hay nada que hacer.

Silencio.

SONIA   Podemos tratar de conseguir el dinero.

MARTA   ¿Nosotras?

SONIA   Vamos a ver. ¿Tiene familia?

65   **MARTA**   (*Incómoda.*) Tengo una hija. Tiene quince años.

SONIA   ¿Tendrá un padre?

MARTA   No, en este sentido, no lo tiene.

SONIA   ¿Y ella, unos ahorros?

MARTA   ¿Pretende que le coja el dinero a mi hija?

70   **SONIA**   Oh, alguna solución tendremos que encontrar.

*Entra el substituto de **Sonia**. Es un hombre largo y delgado que lleva un mono° de trabajo y el periódico bajo el brazo. Saluda con la cabeza.*

        coveralls

SONIA   Tarde.

75   **HOMBRE**   Hoy prácticamente no hay servicio.

MARTA   Entonces, ¿por qué han cogido mi coche?

HOMBRE   Porque estaba provocando.

El hombre desaparece tras el mostrador, abre un poco la persiana y coge el periódico y se pone a leer.

80   **MARTA**   Cabrones.

SONIA   Debería mostrar signos de arrepentimiento°.

        remorse

MARTA   Hablaré con mi hija.

SONIA   Así me gusta.

MARTA   Quiere que le compre una moto.

85   **SONIA**   Vamos mal.

MARTA   ¿Lo ve?

SONIA   Sí, lo veo. ¿Más vino?

MARTA   Y su padre le ha dicho que le compraba.

SONIA   Cabrón.

90   **MARTA**   ¿Lo ve?

*Marta se bebe el vino de golpe. Las dos se quedan en silencio. Se hace oscuro lentamente. **Sonia** se duerme. **Marta**, quieta, despierta. Se va.*

Sobre el oscuro total, se oye de golpe un coche que arranca a toda velocidad y una valla que se rompe. Y una risa.

95   **SONIA**   (*Chillando°.*) ¡Eh! ◼

        shouting

Análisis

1

Comprensión Contesta las preguntas.

1. ¿Para qué va Marta al depósito de la grúa?
   Va al depósito de la grúa a buscar su auto.
2. ¿Quién es Sonia?
   Sonia es la encargada del depósito de la grúa.
3. ¿Por qué Marta lleva un zapato en la mano?
   Cayó en un agujero y se le rompió.
4. ¿Por qué se conocían antes Marta y Sonia?
   Marta ya había ido otras veces a recoger su auto.
5. ¿Por qué Marta no le paga a Sonia para llevarse su auto?
   Marta no le paga a Sonia porque no tiene dinero y porque dice que es cuestión de principios
6. ¿Qué sucede al final de la obra de teatro?
   Marta arranca el auto, rompe la valla y se va del depósito de la grúa sin pagar.

2

Interpretar En parejas, contesten las preguntas.

1. Sonia está tranquila y Marta está furiosa, ¿por qué?

2. ¿Por qué crees que Marta estaciona junto a la señal, sabiendo que se pueden llevar su auto?

3. ¿Qué opinión crees que tiene Sonia de Marta? ¿Y Marta de Sonia?

4. ¿Piensas que Sonia debía permitir a Marta irse en el coche sin pagar? ¿Por qué?

5. ¿A qué se refiere el hombre cuando le dice a Marta que "estaba provocando"?

3

"Es cuestión de principios" En parejas, comenten la decisión de Marta de aparcar siempre donde la grúa se lleva el coche. Usen estas preguntas para guiar su conversación.

- ¿Qué relación tiene la decisión de Marta de aparcar siempre en ese lugar con la frase "es cuestión de principios"?

- ¿Qué crees que quería demostrar Marta?

- ¿Qué consejo le darías a Marta si fueras amiga suya?

4

La fuerza de la verdad En parejas, respondan las preguntas.

1. ¿Te identificas más con Sonia o con Marta? ¿Por qué?

2. ¿Qué hubieras hecho tú en lugar de Marta?

3. ¿Por qué nos resistimos a aceptar situaciones injustas?

4. ¿Crees que la justicia debe ser lo más importante en cualquier situación?

5

Escribir En parejas, escriban otra escena de la obra. Marta acaba de volver a casa después de pagar la multa por quinta vez. Se lo dice a su hija. Escriban la conversación entre ambas y represéntenla ante la clase.

Plan de redacción

Escribir una obra de teatro

1 **Diálogo** Decidan cuál va a ser la reacción de la hija. ¿Será comprensiva?

2 **Acotaciones escénicas** Recuerden que las obras de teatro se escriben para ser representadas. Describan el escenario y las reacciones de los personajes.

3 **Ensayo** Lean el diálogo en voz alta y hagan las correcciones oportunas. Luego, ensayen la obra y represéntenla ante la clase.

---

2 Remind students that reading the stage directions is critical to understand the emotions and motivations of the characters and, ultimately, the play.

3 Remind students that Sonia claims to abide by the rules (**"Las normas son las normas"**). Then challenge them to find any details that suggest otherwise. Ask them to reread the first stage direction and then the second. Ask: **¿Se puede fumar en ese lugar? (No, hay un cartel de prohibido fumar). ¿Obedece Sonia esa norma? (No, ella enciende un cigarrillo en frente de Marta).**

4 Have students recall personal instances in which they had to confront an injustice. Ask them to use the preterite and the imperfect. **Estructuras 2.3, p. 64.**

TEACHING OPTION Have students reread the play to extract as much information about Marta's daughter as possible. Have them discuss how Marta's obstinate (and expensive) crusade may affect her life. Remind them that she wants a motorcycle.

Allow students to develop their own spinoffs from the play. You may suggest one of the following premises: Sonia is at a hospital awaiting an operation–her surgeon turns out to be Marta. After Marta breaks out of the lot with her car, Sonia has a change of heart about the whole situation and tries to keep the man from calling the police.

Practice more at vhlcentral.com.

En la ciudad

 Vocabulary Tools

Lugares

las afueras suburbs
los alrededores the outskirts
el ayuntamiento city hall
el barrio neighborhood
el centro comercial mall
el cine movie theater
la ciudad city
la comisaría police station
la discoteca dance club
el edificio building
la estación (de trenes/de autobuses) (train/bus) station
la estación de bomberos fire station
la estación de policía police station
el estacionamiento parking lot
el estadio stadium
el metro subway
el museo museum
la parada (de metro, de autobús) (subway, bus) stop
la plaza square
el rascacielos skyscraper
el suburbio suburb
la vivienda housing; home

Indicaciones

la acera sidewalk
la avenida avenue
la calle street
la cuadra city block
la dirección address
la esquina corner
el letrero sign, billboard
el puente bridge
el semáforo traffic light
el tráfico traffic
el transporte público public transportation

cruzar to cross
doblar to turn
estar perdido/a to be lost
indicar el camino to give directions
parar to stop
preguntar el camino to ask for directions

INSTRUCTIONAL RESOURCES
Supersite: Task-based activities; Testing program

Gente

el/la alcalde(sa) mayor
el/la ciudadano/a citizen
el/la conductor(a) driver
la gente people
el/la pasajero/a passenger
el/la peatón/peatona pedestrian
el policía/la mujer policía policeman/woman

Actividades

la vida nocturna nightlife

bajar to go down; to get off (a bus)
construir to build
conversar to talk
convivir to live together; to coexist
dar un paseo to take a stroll
dar una vuelta to take a walk/ride
dar una vuelta en bicicleta/carro/ motocicleta to take a bike/car/ motorcycle ride
disfrutar (de) to enjoy
hacer diligencias to run errands
pasarlo bien/mal to have a good/bad time
poblar to settle; to populate
quedar to be located
quedarse to stay
recorrer to travel (around a city)
relajarse to relax
residir to reside
subir to go up; to get on (a bus)

Para describir

atrasado/a late, behind schedule
cotidiano/a everyday
inesperado/a unexpected
lleno/a full
ruidoso/a noisy
vacío/a empty

Cortometraje

el/la cajero/a cashier
el choque crash
el/la desconocido/a stranger
las facciones features

la fila line

afligirse to get upset
parecerse to look like
valorar to value

borracho/a drunk
ingenuo/a naïve
repentino/a sudden

Cultura

el bienestar well-being
la característica characteristic
la costumbre custom; habit
el cuidado care
el/la habitante inhabitant
la influencia influence
el matriarcado matriarchy
el mito myth

acostumbrar to do as a custom/habit
conservar to preserve
cooperar to cooperate
difundir (noticias) to spread (news)
permitir to allow
significar to mean

decidido/a determined
justo/a just, fair

Literatura

el agujero pothole
el mostrador counter
la multa fine
la persiana shutter
el principio principle
la protesta complaint
la señal de tráfico road sign
el trato treatment

aparcar to park
impedir to prevent
indignarse to be outraged
rechazar to turn down
retroceder to move backward

desplazado/a out of place
impasible impassively
manchado/a stained
sorprendido/a surprised

Un mundo conectado

Los medios de comunicación tradicionales compiten hoy con las redes sociales y los blogs. La Internet brinda información e influye en la opinión pública y en nuestra interpretación de la realidad. Pero, ¿quién garantiza nuestra privacidad en un mundo donde la información está a un clic de ratón?

87

91

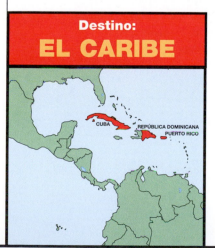

Destino:
EL CARIBE

CUBA
REPÚBLICA DOMINICANA
PUERTO RICO

PREVIEW Read the text on the previous page together as a class and have students discuss the question in small groups. Ask volunteers from each group to report back to the class; then encourage further debate about the proliferation of the media.

Los medios de comunicación Vocabulary Tools

Los medios

el acontecimiento *event*
la actualidad *current events*
el anuncio *advertisement, commercial*
la censura *censorship*
Internet *Internet*
los medios (de comunicación) *media*
la parcialidad *bias*
la publicidad *advertising*
la radio *radio*
el reportaje *news report*
el sitio web *website*

la temporada *season*

―――――

enterarse (de) *to become informed (about)*
navegar en la red *to surf the web*

opinar *to express an opinion, to think*
ser parcial *to be biased*
tener buena/mala fama *to have a good/bad reputation*

―――――

actualizado/a *up-to-date*
destacado/a *prominent*
en directo/vivo *live*
imparcial *impartial, unbiased*
influyente *influential*

Profesionales de los medios

el/la actor/actriz *actor/actress*
el/la cantante *singer*
el/la crítico/a de cine *film critic*
el/la director(a) *director*
la estrella (de cine) *(movie) star (male or female)*
el/la fotógrafo/a *photographer*
el/la locutor(a) de radio *radio announcer*

el/la oyente *listener*
el/la periodista *journalist*
el público *audience, public*
el/la redactor(a) *editor*
el/la reportero/a *reporter*
el/la televidente *television viewer*

El cine y la televisión

la banda sonora *soundtrack*
la cadena *network*
el cine *cinema, movies*
el doblaje *dubbing*
el documental *documentary*
los efectos especiales *special effects*
el estreno *premiere, new movie*
la pantalla *screen*
la película *movie*

VARIACIÓN LÉXICA
Point out that in many regions, **el radio** refers to a radio set, while **la radio** refers to the medium.

el programa de concursos *game show*
el programa de telerrealidad *reality show*
los subtítulos *subtitles*
la telenovela *soap opera*
la transmisión *broadcast*
el video musical *music video*

―――――

ensayar *to rehearse*
entretener *to entertain*
entrevistar *to interview*
grabar *to record*
rodar (o:ue) *to shoot (a movie)*
transmitir *to broadcast*

La prensa

el horóscopo *horoscope*
la libertad de prensa *freedom of the press*
las noticias locales/internacionales/nacionales *local/international/national news*
el periódico/el diario *newspaper*
la portada *front page, cover*
la prensa (sensacionalista) *(sensationalist) press*
la revista *magazine*
la sección de sociedad *lifestyle section*
la sección deportiva *sports section*
la tira cómica *comic strip*
el titular *headline*

―――――

investigar *to research; to investigate*
publicar *to publish*
suscribirse (a) *to subscribe (to)*

Práctica

1

Analogías Completa cada analogía con una palabra de la lista.

actualidad	**destacado**	**imparcial**	**radio**
censura	**entretener**	**periodista**	**sitio web**

1. reportero : reportaje = ___periodista___ : periódico
2. noticia internacional : informar = telenovela : ___entretener___
3. televidente : televisión = oyente : ___radio___
4. mentiroso : sincero = parcial : ___imparcial___
5. influyente : importante = ___destacado___ : prominente
6. escena : película = ___sitio web___ : Internet

1 In pairs, ask students to come up with two of their own analogies using the new vocabulary.

2

Completar Completa el texto con las palabras o expresiones de la lista.

acontecimiento	**crítico de cine**	**mala fama**	**sociedad**
anuncios	**entrevistó**	**pantalla**	**tira cómica**
cadena	**estrella**	**sensacionalista**	**transmitieron**

No quería perderme el (1) ___acontecimiento___ del año y al final me lo perdí. La (2) ___estrella___ de cine asistió al estreno de su última película y una periodista la (3) ___entrevistó___. Fotógrafos de buena y (4) ___mala fama___ sacaban fotos para venderlas a la prensa (5) ___sensacionalista___. Algunos reporteros hablaban con un destacado (6) ___crítico de cine___ para saber su opinión de la película. El público se entretenía mirando escenas en una (7) ___pantalla___ gigante. Varios canales de televisión (8) ___transmitieron___ el evento en directo. Al final, no sé qué pasó. ¡Cambié de canal durante los (9) ___anuncios___ y me dormí! Mañana voy a leer la sección de (10) ___sociedad___ para enterarme de lo que me perdí.

2 Have students list a few recent media events, such as awards shows, season premieres, or important news coverage. Then have them poll each other to find out who viewed each event.

3

¿Qué opinas tú? Indica si estás de acuerdo con cada afirmación. Después, comparte tus opiniones con un compañero/a.

3 Encourage students to support their opinions with specific examples.

	Sí	No
1. Hoy día es más fácil enterarse de lo que pasa en el mundo.	☐	☐
2. Gracias a los medios de comunicación, la gente tiene menos prejuicios que antes.	☐	☐
3. La libertad de prensa es un mito.	☐	☐
4. La publicidad sólo quiere entretener al público.	☐	☐
5. El objetivo de la prensa sensacionalista es informar.	☐	☐
6. Gracias a Internet, ahora podemos encontrar más información imparcial.	☐	☐
7. La imagen tiene mucho poder en el mundo de la comunicación.	☐	☐
8. Actualmente los reporteros son vendedores de opiniones.	☐	☐
9. Tenemos demasiada información. Es imposible asimilarla toda.	☐	☐
10. El mundo es mejor gracias a los medios de comunicación.	☐	☐

Practice more at vhlcentral.com.

Preparación

INSTRUCTIONAL RESOURCES
Supersite: Video, Script
& Translation

VARIACIÓN LÉXICA: Point out
that in Bolivia, the term **guagua**
means *child*, whereas in the
Dominican Republic, Cuba,
Puerto Rico, and the Canary
Islands (Spain), it means *bus*.

VARIACIÓN LÉXICA: Explain to
students that the word **chompa**
is used in Bolivia and comes
from *jumper*, the British term
for *sweater*.

Vocabulario del corto

abrigarse *to wear warm clothes*
calcular *to estimate*
charlar *to chat*
chato/a *sweetie*
la chompa *sweater*

desconsiderado/a *inconsiderate*
malcriado/a *rude*
los papeles *documents*
tibio/a *warm*

Vocabulario útil

colgar (el teléfono) *to hang up (the phone)*
(estar) disponible *(to be) available*
fijarse *to pay attention*
la guagua *child* (Bol.)
hacer caso *to obey*
no más *only*
parquear *to park*
salvar la vida *to save someone's life*

EXPRESIONES

ahorita *right away*

¡Apure! / ¡Avance! *Move!*

borrar los contactos *to delete contacts*

¡Caramba! *Good grief!*

El mundo es de los vivos. *The world belongs to the savvy people.*

---

1 **Emparejar** Elige la palabra de la columna B que corresponde a la definición de la columna A.

A	B
__j__ 1. estacionar un vehículo	a. abrigarse
__b__ 2. estimar una cantidad de forma aproximada e inexacta	b. calcular
__a__ 3. llevar puesta ropa cálida para protegerse del frío	c. charlar
__c__ 4. mantener una conversación informal	d. chompa
__i__ 5. obedecer o atender a lo que dice alguien	e. desconsiderado/a
__h__ 6. poner atención en lo que se hace	f. malcriado/a
__d__ 7. prenda de lana que se lleva sobre la camisa	g. tibia
__e__ 8. que no tiene en cuenta a los demás	h. fijarse
__f__ 9. que se comporta de manera egoísta y grosera	i. hacer caso
__g__ 10. temperatura templada o intermedia	j. parquear

2 Before assigning this activity, model the meaning of each expression. Ex: **¡Ya te lo he dicho mil veces, caramba!** Explain that the expression **el mundo es de los vivos** is used to justify a morally questionable act. You may want to reveal that this saying sums up one of the central themes of the film.

2 **Expresiones** Relaciona cada una de las situaciones con una de las **Expresiones** de la lista. Puede haber más de una expresión para casa situación.

1. Tienes mucha prisa porque tu mejor amigo ha tenido un accidente. Tomas un taxi para llegar rápido al hospital y le dices al conductor: ¡___Apure / Avance___, por favor!

2. Estás con una amiga en el centro comercial. Ves que alguien encuentra una cartera en el suelo. La mira, la abre, saca varios billetes y se los mete en el bolsillo. Le dices a tu amiga: ___el mundo es de los vivos___.

3. Estás organizando los números de teléfono de tu celular y de pronto cometes un gran error. Dices: ¡Oh, no! ¡No debí ___borrar los contactos___!

3 **Preparación** En grupos, comenten las preguntas.

1. ¿Qué harías si te encuentras en la calle algo que no te pertenece?

2. ¿Has perdido alguna vez algo valioso? ¿Conseguiste recuperarlo? ¿Cómo lo hiciste?

3. ¿Crees que debemos tratar a las personas que conocemos y a los desconocidos por igual? ¿Por qué?

3 Ask students to share their group's responses with the class. Encourage them to comment on their differences of opinion and to defend their personal beliefs.

4 **Fotogramas** Observa los fotogramas e imagina lo que va a ocurrir en el cortometraje.

1.

2.

3.

4.

4 Help students find a cause-and-effect chain of events in the images. Ask: **¿Qué objeto aparece en todos los fotogramas de la serie? (un celular) ¿Qué creen que ha pasado con ese celular?**

5 **Hacer lo correcto** En parejas, comenten qué harían en cada una de estas situaciones.

1. Vas con prisa por la calle y un anciano te pide indicaciones para ir a la biblioteca.

2. Un señor te pide un dólar que, según él, le falta para comprar un billete de autobús.

3. La señora que está delante de ti en la cola del supermercado tiene que dejar la comida de su bebé porque le faltan ochenta centavos.

4. Ves a una chica distraída que va a cruzar una calle por la que viene un auto a toda velocidad.

5. Tu hermano debe lavar los platos y te pide que los laves tú porque tiene que estudiar para un examen.

5 Challenge small groups of students to decide what they would do when faced with each of the situations. Ask them to use the present subjunctive. To guide them, use sentence frames like this one: **Si voy con prisa y me piden ayuda, es probable que _____.**

6 **Cada segundo cuenta** En parejas, improvisen un diálogo sobre ciertas situaciones en las que sea necesario ir a contrarreloj (*race against time*) para solucionar una crisis.

1. Llegas al aeropuerto para viajar a Bolivia y te das cuenta de que no tienes el pasaporte.

2. Vas en transporte público a hacer un examen y tomas el autobús equivocado.

3. De camino a tu primera cita con tu novio/a, te das cuenta de que tu camisa está sucia.

6 Encourage students to use object pronouns in their conversations. Refer them to **Estructuras 3.2, pp. 102–103.** Ex: **Le dije al empleado: "No tengo el pasaporte. Me lo dejé en la otra maleta."**

Video

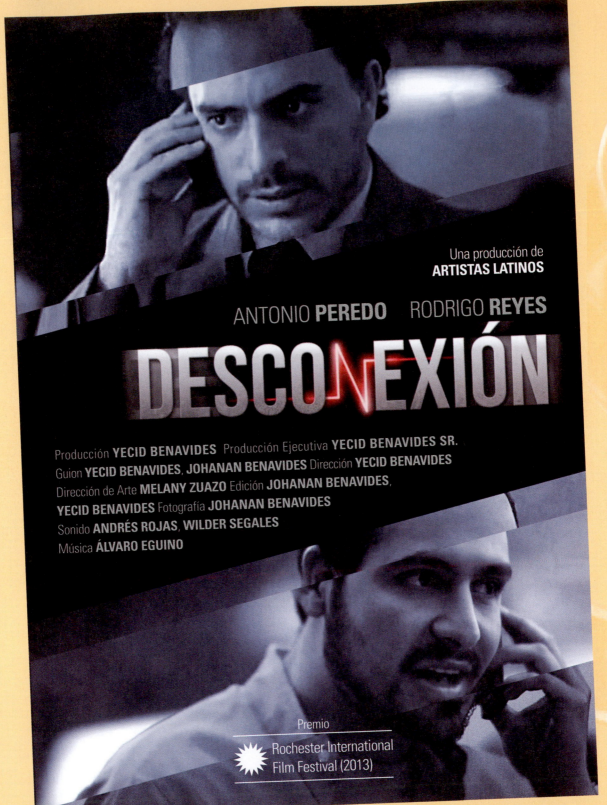

ARGUMENTO *Fóster López trata de evitar una tragedia. ¿Lo conseguirá?*

ARIEL MALDONADO Sin esa información no podemos hacer absolutamente nada. La situación es crítica.
FÓSTER LÓPEZ Lo llamo con la información necesaria.

FÓSTER LÓPEZ ¡Apure, por favor!

ARIEL MALDONADO ¿Dónde he puesto...?
(Fóster López se da cuenta de que perdió su celular.)

LUCAS ¡Apure!
(Lucas toma el taxi donde viajaba Fóster López.)

FÓSTER LÓPEZ Quédate con el celular, pero, por favor, sólo dame un número, el de Ariel Maldonado.

TEACHING OPTION After showing the first five minutes of the short film, pause to clearly establish the challenge Fóster is facing. Then ask students to predict whether he will succeed or not. Pause a second time right after Lucas gets out of the taxi with Fóster's cell phone. Ask students to make a new set of predictions based on what they know about Lucas. Ex: **¿Ayudará Lucas a Fóster?** Discuss as a class.

(Fóster López corre hacia el hospital.)

Nota CULTURAL

Los bombines de las aimaras

Los aimaras son la población indígena predominante de Bolivia. Las mujeres aimaras llevan unos sombreros en forma de hongo°. ¿Cuál es su origen? Hay varias teorías. La más extendida es que los trabajadores británicos que construyeron el ferrocarril de Bolivia a principios del siglo XX recibieron un cargamento° de sombreros desde Londres. Como eran demasiado pequeños se los regalaron a las mujeres locales. Con el tiempo, este sombrero se convirtió en un símbolo de estatus social y de sabiduría° entre los aimaras.

sombreros en forma de hongo *bowler hats*
cargamento *shipment* **sabiduría** *wisdom*

PREVIEW Ask students to study the video stills carefully and to speculate how the images may be connected. Allow them to go back to page 85 and examine the images in Activity 4, **Fotogramas**. Encourage students to make inferences about the plot and the conflict by asking them questions. Ex: **¿Qué creen que está pasando?**

TEACHING OPTION Since the names of the characters are not clearly established in the short, clarify that Fóster is the protagonist and Lucas is the young man who finds Fóster's cell phone.

Análisis

1

Comprensión Contesta las oraciones.

1. ¿Quién es Ariel Maldonado?
   Es un médico que trata de salvar la vida del hijo de Fóster.
2. ¿Por qué tiene tanta prisa Fóster López al principio del cortometraje?
   Tiene que conseguir una información importante para salvar la vida de su hijo.
3. ¿Qué evento importante cambia el curso de esta historia cuando Fóster va en taxi?
   A Fóster se le sale el celular del bolsillo.
4. ¿A qué número de teléfono llama Fóster al llegar a su casa?
   Llama a su propio teléfono celular.
5. ¿Qué le pide Fóster a Lucas la segunda vez que llama?
   Le pide el número de teléfono de Ariel Maldonado.
6. ¿Por qué corre Fóster hacia el hospital después de hablar con Lucas?
   Tiene que entregarle los papeles a Ariel Maldonado.
7. ¿Consigue Fóster llegar a tiempo al hospital? ¿Cuáles son las consecuencias?
   No, su hijo muere.

2

Interpretar En parejas, contesten las preguntas.

1. ¿En qué piensa Fóster cuando va en el taxi hacia su casa?

2. ¿Qué detalles sobre el comportamiento de Lucas te indican qué tipo de persona es?

3. ¿Por qué Lucas cuelga el teléfono cuando Fóster lo llama?

4. ¿Por qué Lucas borra todos los contactos del teléfono?

5. ¿Por qué dice Lucas que se ha comprado un celular a tres pesos?

6. ¿Por qué Fóster le dice a Lucas que se quede con el teléfono celular?

7. ¿Por qué creen que en *Desconexión* no aparece la madre del niño enfermo?

8. Mientras Fóster corre hacia el hospital, vemos que a un niño se le escapa un globo. ¿Qué significado podría tener esta escena?

3 Tell students that the mysterious background voices heard during Fóster's taxi ride may offer some clues as to what happened to his son. Have students make conjectures about the possible causes of the boy's death. Possible answers may include the following:

• Fue atropellado por un auto a la salida de la escuela.

• Su padre le puso en el almuerzo para la escuela un alimento al que era alérgico.

• El niño se despertó con fiebre por la mañana y su padre lo envió a la escuela de todas formas.

• El muchacho fue víctima de un crimen.

3

Ayuden a Fóster ¿Qué alternativas creen que tenía Fóster al descubrir que perdió el celular en el taxi? Usen el imperativo y pronombres de objeto directo para decirle a Fóster cómo enviarle la información a Ariel Maldonado.

> **Modelo** Fóster, llama al hospital y pregunta por el doctor Maldonado.

4

Una tragedia En grupos, comenten qué pudo haberle pasado al hijo de Fóster.

4 Have students review the lesson vocabulary before discussing the multiple alternatives possibly available to Foster to convey the information to the doctor: **redes sociales, Internet, sitio web, correo electrónico**. Ask them to make conjectures about the communications infrastructure in Bolivia.

5 **El mundo es de los vivos** En parejas, vuelvan a ver el cortometraje e identifiquen situaciones en las que se muestran comportamientos poco éticos. Coméntenlas.

> **Modelo** Ellos aprovecharon que se le cayeron las naranjas a la mujer para robárselas.

6 **Hacer lo correcto** Algunos personajes secundarios del cortometraje hablan sobre acciones cometidas por otras personas. En parejas, escriban un diálogo a partir de una de las conversaciones. Sigan los pasos. Cuando terminen, interpreten el diálogo ante la clase.

"Cómo no pues... estás feliz, has hecho lo correcto".

"Mi vida, no hagas eso. Imagina que eso te pase a ti".

"Sí, he decidido devolvérselo, hermano".

1. Determinen con quién habla el personaje elegido.
2. Expliquen de qué conflicto están hablando.
3. Elijan, cada uno, uno de los dos personajes de la conversación.
4. Traten de convencer al otro de que su punto de vista es el correcto.

7 **Diálogo** En parejas, elijan una de las situaciones e improvisen un diálogo. Utilicen, por lo menos, cuatro palabras o expresiones de la lista. Después, represéntenlo delante de la clase.

¡Avance!	charlar	hacer caso
ahorita	desconsiderado	guagua
borrar los contactos	El mundo es de los vivos.	malcriado
calcular		papeles
caramba	fijarte	riesgo

A
Pierdes tu celular y llamas a tu número para recuperarlo. La persona que lo encontró dice que no va a devolverlo. Días después, reconoces en un ascensor la voz de la persona que lo tiene.

B
El mejor amigo de tu hermano quiere venderte un celular que se encontró en un taxi. Cuando te lo muestra, te das cuenta de que se trata del celular que perdiste días atrás.

TEACHING OPTION As an additional cultural note, tell students that the main purpose of the film is to denounce the so-called **viveza criolla**. Tell them that this idea relates to the belief that opportunism, rather than ethics, is the right way to get by and make progress in society.

5 As students comment, ask them to give each other advice on the right thing to do, using the list of verbs and expressions on p. 97.

6 After students have chosen their character and the imaginary antagonist, tell them that the goal of one of the characters is to persuade the other to act, or refrain from acting, in a certain way. Ex:

—**Sí, he decidido devolvérselo, hermano.**

—**Pero, ¿por qué? No fue culpa tuya que perdiera su dinero.**

—**Ya lo sé, pero me dio lástima. Imagina que tú pierdes toda esa plata.**

TEACHING OPTION Tell students that in some Spanish-speaking countries, like Bolivia and Costa Rica, the strong **r** sound is not rolled like elsewhere. Say that in these countries, the strong **r** is pronounced softly, like most people in the United States would. Show a few examples of this peculiar pronunciation in the short: **3:14 "Has hecho lo correcto"; 11:15 "¿Y me lo vas a regalar?"; 11:21 "¿Rudy quería celular?"**

Reading

SUEÑA

¡Ecos de piratas y bucaneros!

Septiembre de 1564. Unos pasos que provienen del acantilado[1] se dirigen al corazón de la ciudad amurallada[2]. Las sombras[3], apenas perceptibles en la oscuridad, se comunican sin necesidad de hablar: acaban de encontrar la casa que buscaban. Los habitantes de la gran mansión no van a entender lo que ocurre, sólo hasta darse cuenta de que alguien les está apuntando con sus armas. Los piratas han entrado de nuevo en **San Juan**.

Esta escena, que parece extraída de una novela de aventuras, era, sin embargo, la realidad para los habitantes de las islas caribeñas de la época. Desde principios del siglo XVI hasta la mitad del siglo XVIII, el **Caribe** español sufrió continuos ataques piratas. Los barcos, llenos del oro[4] y la plata[5] que se extraían de las tierras colonizadas, seguían esta ruta. Esto convirtió la zona en el principal blanco[6] de piratas, corsarios, bucaneros, filibusteros[7] y contrabandistas[8].

El **mar Caribe** era el escenario donde se desarrollaba la política internacional de la época. **España** controlaba la mayor parte de las aguas y de las tierras en el mar Caribe, conocidas como las **Indias Occidentales**, una hegemonía que países

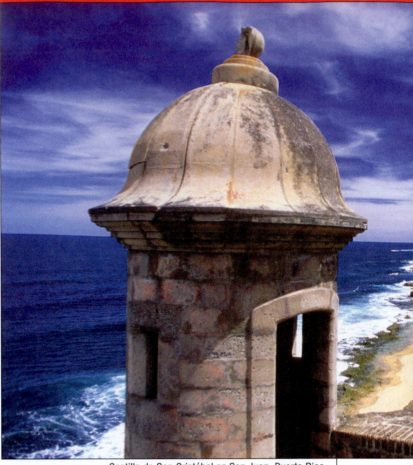
Castillo de San Cristóbal en San Juan, Puerto Rico

como **Francia** e **Inglaterra** querían arrebatarle[9] a toda costa. Para ello, los gobiernos de estos países financiaban ataques piratas a las ciudades y barcos españoles.

Los colonizadores españoles, con el fin de proteger las enormes riquezas en oro, plata y piedras preciosas, construyeron fuertes en todo el Caribe: en **La Habana**, en **Santo Domingo** y en **San Juan**. Estas ciudades-fortaleza[10] fueron el corazón de las Indias Occidentales por casi cuatro siglos. Sus iglesias y ayuntamientos ya llevaban más de cien años de construidos antes de que llegaran los primeros colonos ingleses a tierras norteamericanas. Sus calles vieron pasar a muchos de los aventureros, conquistadores, forajidos[11] y comerciantes de esclavos[12] que vivían en esa época.

Estas tres capitales del Caribe se cuentan entre las ciudades más antiguas del continente americano fundadas por los europeos. Los centros históricos de **La Habana Vieja**, **Ciudad Colonial** y el **Viejo San Juan** han sido declarados Patrimonio Mundial[13] de la Humanidad por la **UNESCO** por su valor cultural y arquitectónico.

[1] *cliff* [2] *walled* [3] *shadows* [4] *gold* [5] *silver* [6] *target* [7] *plunderers* [8] *smugglers*
[9] *snatch from it* [10] *fortified cities* [11] *outlaws* [12] *slave traders* [13] *World Heritage*

INSTRUCTIONAL RESOURCES Supersite: *Flash Cultura*; Script & Translation; Teaching suggestions; **SAM/WebSAM:** WB

EL CARIBE

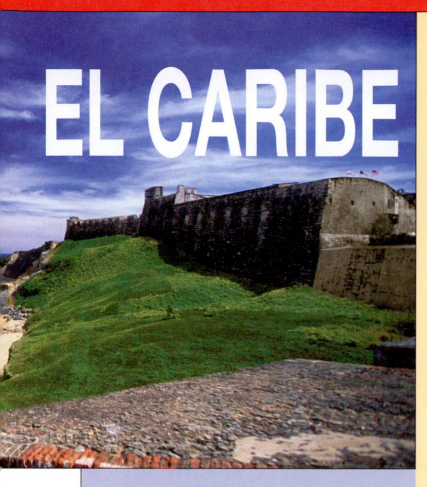

El español del Caribe

ahorita	dentro de poco; *soon* (Cu., P.R., R.D.)
amarillo	plátano maduro; *ripe banana* (R.D., P.R.)
boricua	puertorriqueño/a; *Puerto Rican* (P.R.)
chavos	dinero; *money* (P.R.)
china	naranja; *orange* (P.R.)
embullar	animar; *encourage* (Cu.)
enfogonado/a	enojado/a; *angry* (P.R.)
espejuelos	gafas; *glasses* (Cu.)
guagua	autobús; *bus* (Cu., P.R., R.D.)
guapo/a	valiente; *brave* (Cu., R.D.)
guiar	manejar; *to drive* (P.R.)
halar	tirar; *to pull* (Cu.)
jaba	bolsa; *bag* (Cu.)
juaniquiqui	dinero; *money* (Cu.)
lechosa	papaya; *papaya* (R.D.)
mahones	pantalón vaquero; *jeans* (P.R.)
mata	planta; *plant* (Cu., R.D.)
¿Qué volá?	¿Qué pasa?; *What's up?* (Cu.)
radio bemba	chismoso/a; *gossipy* (Cu.)
socio/a	amigo/a; *friend, buddy* (Cu.)
timón	volante; *steering wheel* (Cu.)

¡Visitemos las ciudades coloniales!

La Bodeguita del Medio
Cerca de la **Catedral de La Habana**, en **La Habana Vieja**, está este famoso restaurante frecuentado por turistas de todo el mundo. Es célebre por su comida cubana típica y por sus mojitos, la popular bebida de la isla. Este lugar ha recibido a personalidades como **Pablo Neruda**, **Gabriela Mistral**, **Julio Cortázar**, **Nat King Cole** y **Gabriel García Márquez**, entre otros. También era el sitio favorito de **Ernest Hemingway**, quien pasaba horas allí bebiendo café y conversando con sus amigos.

Mercado Modelo En plena **Ciudad Colonial** en **Santo Domingo**, este tradicional mercado es conocido por la simpatía de sus vendedores, quienes ofrecen su mercancía[1] en voz muy alta. La variedad de productos convierten al **Mercado Modelo** en una muestra  viviente de la cultura dominicana. Aquí se pueden conseguir desde perfumes y flores hasta amuletos e imágenes de santos.

Calle San Sebastián El **Viejo San Juan** cobra vida[2] durante la noche como pocos lugares en **Puerto Rico**, y muestra sus encantos culturales en una combinación de música en vivo, excelentes restaurantes e innumerables sitios para bailar. La zona más famosa es la **calle San Sebastián**. Cientos de jóvenes y adultos acuden a sus tabernas y cantinas hasta altas horas de la madrugada.

La Mallorquina es el restaurante más antiguo y famoso del **Viejo San Juan**. Fue fundado en 1848 y desde 1936 funciona como negocio familiar. Desde entonces, su menú sigue contando con múltiples platos típicos de la cocina tradicional española,  como la paella y el gazpacho. Este restaurante ha servido sus deliciosos platos a personalidades del mundo de las artes y la cultura como **Brooke Shields**, **Nick Nolte**, **Orson Welles** y **Marc Anthony**.

[1] *merchandise* [2] *comes to life*

GALERÍA DE CREADORES

TEACHING OPTION Pass out José Martí's famous poem *Yo soy un hombre sincero*, from *Versos sencillos*. Discuss the significance of the first two lines, the poet's attitude toward art, and his importance in Cuba's political history.

LITERATURA **Rosario Ferré**

Esta reconocida puertorriqueña escribió cuentos, novelas, poemas, ensayos, biografías y artículos periodísticos. Uno de los temas centrales de sus obras es la lucha de la mujer en un mundo dominado y definido por los hombres. Su primer libro, la colección de cuentos *Papeles de Pandora* (1976), recibió premios nacionales e internacionales. Ferré publicó obras tanto en español como en inglés. Es autora de *Maldito amor*, *La casa de la laguna*, *Las dos Venecias* y *Eccentric Neighborhoods*, entre otras obras.

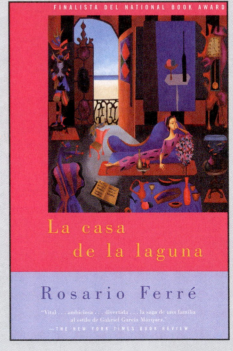

FINALISTA DEL NATIONAL BOOK AWARD

La casa de la laguna

Rosario Ferré

"Vital... ambiciosa... divertida... la saga de una familia al estilo de Gabriel García Márquez."
—THE NEW YORK TIMES BOOK REVIEW

PINTURA **Wifredo Lam**

El arte del pintor cubano Wifredo Lam es, como él, fruto de un sincretismo (*fusion*) de culturas. De padre chino y madre de descendencia europea, africana e india, Lam fue influyente en el arte del siglo XX. El arte africano y el arte primitivo fueron especialmente importantes en sus creaciones surrealistas. Trabajó varios años con Pablo Picasso en París y fue amigo de los mexicanos Frida Kahlo y Diego Rivera. Aquí vemos una pieza que se titula *Vegetación tropical*.

LITERATURA Julia de Burgos

Aunque vivió sólo 39 años, Julia de Burgos se destacó (*stood out*) como poeta ilustre no sólo en Puerto Rico, sino también en el resto de Latinoamérica. Sus poemas incluyen elementos caribeños, apasionados temas amorosos y fuertes cuestionamientos feministas. Sus obras incluyen *Poema en veinte surcos*, *Canción de la verdad sencilla* y *El mar y tú*, entre otras.

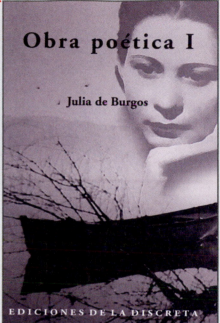

Obra poética I

Julia de Burgos

EDICIONES DE LA DISCRETA

TEACHING OPTION Pass out poems by Julia de Burgos and Rosario Ferré, and ask students to compare these poets' approaches to feminist themes.

DISEÑO Y MODA Óscar de la Renta

Cuando las primeras damas de los Estados Unidos, como Nancy Reagan, Hillary Clinton y Laura Bush, necesitaban un vestido para una ocasión especial, llamaban a Óscar de la Renta. En Hollywood, actrices como Penélope Cruz, Sandra Bullock y Tina Fey visten sus creaciones. Desde los años sesenta, este diseñador dominicano ha sido una verdadera institución en el mundo de la moda. Sin embargo, aunque trabajó principalmente en su elegante estudio en Nueva York, de la Renta nunca olvidó sus orígenes. En la República Dominicana creó fundaciones para la enseñanza, la alimentación y el cuidado de niños de escasos recursos, y también participó en progamas de promoción del turismo, especialmente para la localidad de Punta Cana, lugar donde construyó su casa y donde pasaba temporadas enteras.

TEACHING OPTION Have a volunteer bring in photos from Óscar de la Renta's and Narciso Rodríguez's most recent collections. In small groups, ask students to compare De la Renta's style to that of Narciso Rodríguez (Lección 1, p. 14).

¿Qué aprendiste?

1

Cierto o falso Indica si estas afirmaciones son ciertas o falsas. Corrige las falsas.

1. Los piratas atacaban las ciudades y los barcos en el Caribe para robar joyas traídas de España. Falso. Lo hacían para robar oro y plata de las tierras colonizadas.

2. Los gobiernos locales financiaban los ataques piratas. Falso. Los gobiernos de países como Francia e Inglaterra financiaban los ataques piratas.

3. El Caribe contaba con ciudades establecidas muchos años antes de la llegada de los ingleses a Norteamérica. Cierto.

4. Óscar de la Renta creó fundaciones para ofrecer alimentación y enseñanza a niños pobres en la República Dominicana. Cierto.

5. Célebres personalidades han visitado el restaurante La Bodeguita del Medio en La Habana Vieja. Cierto.

6. Wifredo Lam no quiso conocer a otros artistas de su época. Falso. Trabajó con Pablo Picasso y fue amigo de Frida Kahlo y Diego Rivera.

2

Preguntas Contesta las preguntas.

1. ¿Qué buscaban los piratas ingleses y franceses en el Caribe? Buscaban el oro y la plata que los españoles transportaban por barco desde los territorios colonizados.

2. ¿Qué elementos y temas se encuentran en la poesía de Julia de Burgos? Se encuentran elementos caribeños y temas amorosos y feministas.

3. ¿Cuáles son las dos características que convierten al Mercado Modelo en una muestra de la cultura dominicana? La simpatía de sus vendedores y la variedad de sus productos.

4. ¿De qué país son los platos típicos que ofrece La Mallorquina? ¿Cuáles son dos de estos platos? Son de España. La paella y el gazpacho son dos de estos platos.

5. ¿Qué artista de la Galería te interesa más? ¿Por qué? Answers will vary.

3

Caracterizaciones Haz una lista de los personajes de la **Galería de creadores** y al frente de cada uno escribe una palabra que lo defina. Después, en parejas, intercambien definiciones y respondan estas preguntas: ¿Conocían a los personajes antes de estudiarlos en la Galería? ¿Qué aspectos destacó tu compañero/a? ¿Estás de acuerdo con él/ella? ¿Les faltó alguna otra característica para definir a algún personaje? ¿Cuál?

4

Ciudades del Caribe En grupos de tres, cada uno escoja una de las ciudades de la sección **Sueña**, hablen con sus compañeros sobre el lugar elegido e intenten convencerlos de ir. Usen estas preguntas para conversar: ¿Por qué quieren ir ahí? ¿Cuáles son sus atractivos, comodidades, ventajas? ¿Cómo imaginan ese lugar? ¿Qué esperan encontrar ahí? Después, presenten los resultados a la clase.

Practice more at
vhlcentral.com.

PROYECTO

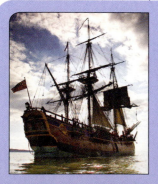

Aventuras en el Caribe

Imagina que eres un(a) explorador(a) o pirata en el Caribe del siglo XVI. Investiga la información que necesites en Internet para escribir una entrada en tu diario explicando lo que sucedió durante el pasado mes.

- Inventa tu aventura y añade todos los detalles: ¿qué lugares visitaste?, ¿qué problemas tuviste?, ¿qué personas/peligros encontraste?, etc.

- Dibuja un mapa con las rutas de ese mes.

- Escribe la entrada en tu diario y preséntala a la clase.

El cine mexicano

Aunque hoy en día sólo sea una forma de entretenimiento, el cine es el primer gran medio de comunicación de masas de la historia. Este episodio de **Flash Cultura** trata sobre los orígenes del cine mexicano y sobre el gran desarrollo que ha experimentado durante los últimos años.

Vocabulario

el auge *boom, peak*
el ciclo *series*
difundir *to spread*
fomentar *to promote*
el guion *script*
la muestra *festival*
la sala *movie theater*
tener un papel *to play a role*

1

Preparación ¿Te gusta ir al cine? ¿Qué clase de películas prefieres ver? ¿Eres aficionado/a a algún género en especial?

2

Comprensión Indica si estas afirmaciones son ciertas o falsas. Después, corrige las falsas.

1. A los mexicanos no les gustan las películas nacionales, sino solamente las norteamericanas. Falso. A los mexicanos les gustan las películas nacionales y también las norteamericanas.
2. La Cineteca es una cadena de cines con salas en todo el país. Falso. La Cineteca es una espacio específico para los amantes del Séptimo Arte.
3. Cuando van al cine, los mexicanos comen palomitas. Cierto.
4. En los ciclos, se presentan películas de un solo tema o un solo director. Cierto.
5. El Instituto Mexicano de Cinematografía tiene como objetivo hacer famosos a los actores mexicanos. Falso. Tiene como objetivo fomentar la producción de películas mexicanas, realizar coproducciones con otros países y apoyar la promoción del cine de México en todo el mundo.
6. En el año 1989, el cine mexicano no tenía salas ni público en México. Cierto.

3

Expansión En parejas, contesten estas preguntas.

- ¿Te molesta tener que leer subtítulos en la pantalla cuando miras películas extranjeras?

- ¿Te sorprende que una película pueda ser un "hijo creativo", como dice la actriz Vanesa Bauche? Justifica tu respuesta.

- ¿Es importante para el cine de un país tener identidad propia? ¿Cómo se logra eso? Piensen en películas estadounidenses que cumplan con esas características y hagan una lista.

Corresponsal: Carlos López
País: México

En la Muestra Internacional de Cine que se lleva a cabo° en otoño se presentan películas de todo el mundo.

La Cineteca cuenta con° el Centro de Documentación e Investigación, donde puedes encontrar nueve mil libros, cinco mil guiones inéditos° y veinte años de notas de prensa.

Babel (2006)
dir. Alejandro Gonzáles Iñárritu

Las películas de este país se han vuelto realmente importantes gracias al trabajo de… actores y actrices como Salma Hayek, Gael García Bernal y Diego Luna, entre muchos otros.

se lleva a cabo *takes place* **cuenta con** *has*
guiones inéditos *unpublished scripts*

Practice more at
vhlcentral.com.

TALLER DE CONSULTA

These grammar topics are covered in the **Manual de gramática, Lección 3.**

3.4 Possessive adjectives and pronouns, p. 246
3.5 Demonstrative adjectives and pronouns, p. 248

¡ATENCIÓN!

The *indicative* is used to express actions, states, or facts the speaker considers to be certain. The *subjunctive* expresses the speaker's attitude toward events, as well as actions or states that the speaker views as uncertain.

INSTRUCTIONAL RESOURCES
Supersite: Audioscripts, SAM AK, Lab MP3s
SAM/WebSAM: WB, LM

¡ATENCIÓN!

Verbs that end in **–car, –gar,** and **–zar** undergo spelling changes in the present subjunctive.

sacar: saque

jugar: juegue

almorzar: almuerce

To preview the material, write three sentences on the board that take the subjunctive. (Use regular **–ar, –er,** and **–ir** verbs.) Have volunteers identify the verb forms. Ask how the endings differ from indicative endings. (The **yo** form is the same as the **Ud./él/ella** form; the vowels in the verb endings switch roles: **a** marks the subjunctive in **–er/–ir** verbs and **e** marks it in the **–ar** group).

 Presentation

The subjunctive in noun clauses

Forms of the present subjunctive

- The subjunctive (**el subjuntivo**) is used mainly in the subordinate clause of multiple-clause sentences to express will, influence, emotion, doubt, or denial. The present subjunctive is formed by dropping the **–o** from the **yo** form of the present indicative and adding these endings:

The present subjunctive		
hablar	**comer**	**escribir**
hable	coma	escriba
hables	comas	escribas
hable	coma	escriba
hablemos	comamos	escribamos
habléis	comáis	escribáis
hablen	coman	escriban

- Verbs with irregular **yo** forms show that same irregularity in all forms of the present subjunctive.

conocer	conozca	seguir	siga
decir	diga	tener	tenga
hacer	haga	traer	traiga
oír	oiga	venir	venga
poner	ponga	ver	vea

- Verbs with stem changes in the present indicative show the same changes in the present subjunctive. Stem-changing **–ir** verbs also undergo a stem change in the **nosotros/as** and **vosotros/as** forms of the present subjunctive.

pensar (e:ie)	piense, pienses, piense, pensemos, penséis, piensen
jugar (u:ue)	juegue, juegues, juegue, juguemos, juguéis, jueguen
mostrar (o:ue)	muestre, muestres, muestre, mostremos, mostréis, muestren
entender (e:ie)	entienda, entiendas, entienda, entendamos, entendáis, entiendan
resolver (o:ue)	resuelva, resuelvas, resuelva, resolvamos, resolváis, resuelvan
pedir (e:i/i)	pida, pidas, pida, pidamos, pidáis, pidan
sentir (e:ie/i)	sienta, sientas, sienta, sintamos, sintáis, sientan
dormir (o:ue/u)	duerma, duermas, duerma, durmamos, durmáis, duerman

- The following five verbs are irregular in the present subjunctive.

dar	dé, des, dé, demos, deis, den
estar	esté, estés, esté, estemos, estéis, estén
ir	vaya, vayas, vaya, vayamos, vayáis, vayan
saber	sepa, sepas, sepa, sepamos, sepáis, sepan
ser	sea, seas, sea, seamos, seáis, sean

Verbs of will and influence

- A clause is a sequence of words that contains both a conjugated verb and a subject (expressed or implied). In a subordinate (dependent) noun clause (**oración subordinada sustantiva**), the words in the sequence function together as a noun.

*El médico le pide a Fóster **que se apure**.*

- When the subject of a sentence's main (independent) clause exerts influence or will on the subject of the subordinate clause, the verb in the subordinate clause takes the subjunctive.

MAIN CLAUSE	CONNECTOR	SUBORDINATE CLAUSE
Yo **quiero**	que	tú **vayas** al cine conmigo.

Verbs and expressions of will and influence

aconsejar *to advise*	**hacer** *to make*	**prohibir** *to prohibit*
desear *to desire, to wish*	**importar** *to be important*	**proponer** *to propose*
es importante *it's important*	**insistir (en)** *to insist (on)*	**querer (e:ie)** *to want; to wish*
es necesario *it's necessary*	**mandar** *to order*	**recomendar (e:ie)** *to recommend*
es urgente *it's urgent*	**necesitar** *to need*	
exigir *to demand*	**oponerse a** *to oppose; to object to*	**rogar (o:ue)** *to beg; to plead*
gustar *to like; to be pleasing*	**pedir (e:i/i)** *to ask for; to request*	**sugerir (e:ie/i)** *to suggest*
	preferir (e:ie/i) *to prefer*	

Martín quiere que **grabemos** este anuncio para el viernes.
Martín wants us to record this ad by Friday.

Es necesario que **lleguen** al estreno antes de la una.
It's necessary that they arrive at the premiere before one o'clock.

El abogado recomienda que **lea** el contrato antes de firmar.
The lawyer recommends that I read the contract before signing.

Tus padres se oponen a que **salgas** tan tarde por la noche.
Your parents object to your going out so late at night.

- The infinitive, not the subjunctive, is used with verbs and expressions of will and influence if there is no change of subject in the sentence. The **que** is unnecessary in this case.

Infinitive	Subjunctive
Quiero **ir** al Caribe en enero.	Prefiero que **vayas** en marzo.
I want to go to the Caribbean in January.	*I prefer that you go in March.*

¡ATENCIÓN!

Pedir is used with the subjunctive to ask someone to do something.

Preguntar is used to ask questions, and is not followed by the subjunctive.

No te pido que lo hagas ahora.
I'm not asking you to do it now.

No te pregunto si lo haces ahora.
I'm not asking you if you're doing it now.

Verbs of emotion

- When the main clause expresses an emotion like hope, fear, joy, pity, or surprise, the verb in the subordinate clause must be in the subjunctive if its subject is different from that of the main clause.

Espero que la película **tenga** subtítulos.
I hope the movie will have subtitles.

Es una lástima que no **puedas** ir a la fiesta.
It's a shame you can't go to the party.

Verbs and expressions of emotion

alegrarse (de) *to be happy (about)*	**es terrible** *it's terrible*	**molestar** *to bother*
es bueno *it's good*	**es una lástima** *it's a shame*	**sentir (e:ie/i)** *to be sorry; to regret*
es extraño *it's strange*	**es una pena** *it's a pity*	**sorprender** *to surprise*
es malo *it's bad*	**esperar** *to hope; to wish*	**temer** *to fear*
es mejor *it's better*	**gustar** *to like; to be pleasing*	**tener (e:ie) miedo (de)** *to be afraid (of)*
es ridículo *it's ridiculous*		

- The infinitive, not the subjunctive, is used with verbs and expressions of emotion if there is no change of subject in the sentence. The **que** is unnecessary in this case.

Infinitive	Subjunctive
No me gusta llegar tarde.	**Me molesta que la clase no termine a tiempo.**
I don't like to arrive late.	*It bothers me that the class doesn't end on time.*

Verbs of doubt or denial

- When the main clause implies doubt, uncertainty, or denial, the verb in the subordinate clause must be in the subjunctive if its subject is different from that of the main clause.

No creo que ella nos **quiera** engañar.
I don't think that she wants to deceive us.

Dudan que la novela **tenga** éxito.
They doubt that the novel will be successful.

Verbs and expressions of doubt and denial

dudar *to doubt*	**negar (e:ie)** *to deny*
es imposible *it's impossible*	**no creer** *not to believe*
es improbable *it's improbable*	**no es evidente** *it's not evident*
es poco cierto/seguro *it's uncertain*	**no es cierto/seguro** *it's not certain*
(no) es posible *it's (not) possible*	**no es verdad** *it's not true*
(no) es probable *it's (not) probable*	**no estar seguro (de)** *not to be sure (of)*

- The infinitive, not the subjunctive, is used with verbs and expressions of doubt or denial if there is no change in the subject of the sentence. The **que** is unnecessary in this case.

Es imposible **rodar** sin los permisos.
It's impossible to shoot the movie without the permits.

Es improbable que **rueden** sin los permisos.
It's unlikely that they'll shoot the movie without the permits.

¡ATENCIÓN!

The subjunctive is also used with expressions of emotion that begin with **¡Qué...** (*What a...!/ It's so...!*)

¡Qué pena que él no vaya!
What a shame he's not going!

The subjunctive is also used in sentences that begin with **que** when the main clause is inferred or implied. Ex: **(Espero) Que te vaya bien.**

Point out that the subjunctive exists in English, though only rarely does it differ in form from the indicative. Ex: *I wish I knew.../If I had a million dollars.../If I were you...*

¡ATENCIÓN!

The expression **ojalá** (*I hope; I wish*) is always followed by the subjunctive. The use of **que** with **ojalá** is optional.

Ojalá (que) no llueva.
I hope it doesn't rain.

Ojalá (que) no te enfermes.
I hope you don't get sick.

The subjunctive is also used after **quizás** and **tal vez** (*maybe, perhaps*) when they signal uncertainty.

Quizás vengan a la fiesta.
Maybe they'll come to the party.

Práctica

1 **Seleccionar** Escoge el infinitivo, el indicativo o el subjuntivo para completar las oraciones.

1. Me gusta (escuchar / escuche) merengue y salsa.

2. Quiero que me (compras / compres) un DVD de Juan Luis Guerra.

3. Es una pena que no (hay / haya) más conciertos de merengue en nuestra ciudad.

4. No dudo que en el futuro (van / vayan) a tocar merengue en las discotecas locales.

5. Espero que mis amigos y yo (viajamos / viajemos) a Santo Domingo este verano.

2 **Terco** Usa el subjuntivo o el indicativo para completar el diálogo.

DIRECTOR Mira, yo sé que (1) ___estás___ (estar) muy ocupado, pero es muy importante que mañana (2) ___vayas___ (ir) al estreno de la película.

VICENTE Ya te he dicho que no quiero que (3) ___insistas___ (insistir). Prefiero que me (4) ___desees___ (desear) un buen viaje. Me voy este fin de semana a Santo Domingo.

DIRECTOR Pero Vicente, necesitamos que (5) ___hables___ (hablar) con los periodistas y que (6) ___saludes___ (saludar) al público.

VICENTE No creo que los periodistas (7) ___quieran___ (querer) entrevistarme.

DIRECTOR Pues sí. Ellos desean que tú (8) ___seas___ (ser) más cooperativo.

VICENTE Honestamente, me molesta que nosotros (9) ___sigamos___ (seguir) hablando de esto. ¡Adiós!

3 **Opuestas** Escribe la oración que expresa lo opuesto en cada ocasión.

Modelo **Es poco seguro que este actor sepa actuar bien.**
Es seguro que este actor sabe actuar bien.

1. El director cree que los periodistas van a hablar con el presidente. El director no cree que los periodistas vayan a hablar con el presidente.

2. Niegas que el director les dé buenas instrucciones a sus actores. No niegas que el director les da buenas instrucciones a sus actores.

3. Estamos seguros de que la mayoría del público lee la noticia. No estamos seguros de que la mayoría del público lea la noticia.

4. Es verdad que la banda sonora es de los años ochenta. No es verdad que la banda sonora sea de los años ochenta.

5. No es evidente que esa actriz escuche música en español. Es evidente que esa actriz escucha música en español.

Nota CULTURAL

Aunque el **merengue** se baila en la **República Dominicana** desde mediados del siglo XIX, su origen es, aún hoy día, un enigma. Según una de las muchas explicaciones que existen, el merengue deriva de la **upa**, ritmo cubano con una parte llamada precisamente "merengue". De lo que no hay duda es de sus raíces africanas y de su legendaria unión con la cultura dominicana. Actualmente, el merengue es muy popular en muchos países y **Juan Luis Guerra** es uno de sus máximos representantes.

2 In pairs, have students decide if the actor went to the premiere. Then have them write either his interview with the press or a brief tabloid article speculating about his absence.

TEACHING OPTION Play the song *Ojalá que llueva café,* by Juan Luis Guerra (available on his CD **Grandes Éxitos**). Pass out lyrics with blank lines for students to fill in the subjunctive verb forms, or have them listen and jot down examples as they hear them.

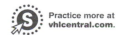 Practice more at vhlcentral.com.

Comunicación

4 To preview the activity, have students write a personal ad as though they were Maricarmen or Juan Pablo. Encourage them to be creative.

4 **Juan Pablo enamorado** Juan Pablo está enamorado de Maricarmen y para impresionarla quiere convertirse en su hombre ideal. Usa las palabras y expresiones de la lista para darle consejos.

Modelo Es importante que te peines bien.

aconsejar	es mejor	recomendar
es importante	es necesario	rogar
es malo	insistir en	sugerir

Juan Pablo antes

Juan Pablo después

5 Have volunteers read their conversations aloud to the class.

5 **¡Despedido!** En parejas, usen las frases para improvisar una conversación en la que un(a) actor/actriz de televisión es despedido/a (*fired*) por el/la director(a) del programa. Usen el indicativo y el subjuntivo.

Modelo ¿No es extraño que los televidentes estén pidiendo otro actor para ese papel?

creo que	los anuncios
es extraño	el canal
es necesario	los chismes
es verdad	el comportamiento (*behavior*)
espero que	los críticos
necesito que	la escena
te ruego que	los televidentes

6 Ask students to provide real-life examples for each item; then encourage debate. Ex:
—**Es obvio que Jennifer López es antipática.**
—**Yo no creo que sea antipática…**

6 **¿Cómo son? ¿Qué hacen?** En parejas, usen el subjuntivo para inventar e intercambiar descripciones de estas personas.

Modelo La estrella de cine es tacaña.
Dudo que gaste mucho dinero. Prefiere que sus amigos le compren todo.

1. La actriz es antipática.
2. El periodista es muy generoso.
3. El cantante es extraño.
4. La crítica de cine es insegura.

7 **Opiniones** En parejas, combinen las expresiones de las columnas para formar opiniones. Luego, improvisen tres conversaciones breves basadas en las oraciones.

7 Ask students to share their partners' opinions with the class. Write several on the board and ask who disagrees with each opinion and why.

Modelo —No creo que los futbolistas lean sólo la sección deportiva. Seguramente también leen las noticias locales.

—No estoy de acuerdo. Es imposible que tengan tiempo para leer las noticias porque pasan mucho tiempo jugando al fútbol.

Creo		los medios de comunicación publican la verdad.
No creo		los futbolistas lean sólo la crónica deportiva.
Dudo		ese actor vive en una casa elegante.
No dudo		se graben muchas telenovelas en México.
No es cierto	que	se transmiten telenovelas españolas.
Es evidente		la televisión sea entretenida (*entertaining*).
Es imposible		hay censura en los medios de comunicación.
Me opongo a		los videos musicales se rueden en el extranjero.

8 **Hermanas** Leticia es una cantante famosa y su hermana Mercedes quiere seguir sus pasos como artista. En parejas, lean el correo electrónico de Mercedes. Luego, escriban la respuesta de Leticia, usando el subjuntivo con los verbos y expresiones que acaban de aprender.

8 Have pairs read their replies aloud. Tell the class to jot down all the subjunctive forms they hear. After each pair is done, ask students to call out the forms they heard while you list them on the board. Name winning pairs based on who used the greatest number of verbs, the most irregular forms, etc.

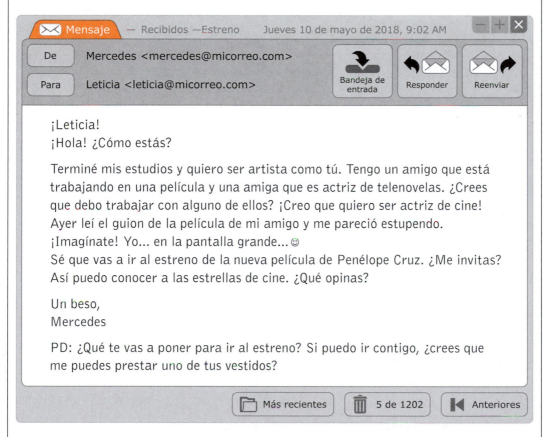

✉ Mensaje — Recibidos —Estreno   Jueves 10 de mayo de 2018, 9:02 AM

De   Mercedes <mercedes@micorreo.com>

Para   Leticia <leticia@micorreo.com>

Bandeja de entrada   Responder   Reenviar

¡Leticia!
¡Hola! ¿Cómo estás?

Terminé mis estudios y quiero ser artista como tú. Tengo un amigo que está trabajando en una película y una amiga que es actriz de telenovelas. ¿Crees que debo trabajar con alguno de ellos? ¡Creo que quiero ser actriz de cine! Ayer leí el guion de la película de mi amigo y me pareció estupendo. ¡Imagínate! Yo... en la pantalla grande...☺
Sé que vas a ir al estreno de la nueva película de Penélope Cruz. ¿Me invitas? Así puedo conocer a las estrellas de cine. ¿Qué opinas?

Un beso,
Mercedes

PD: ¿Qué te vas a poner para ir al estreno? Si puedo ir contigo, ¿crees que me puedes prestar uno de tus vestidos?

🗀 Más recientes   🗑 5 de 1202   ◀ Anteriores

INSTRUCTIONAL RESOURCES
Supersite: Audioscripts, SAM AK, Lab MP3s
SAM/WebSAM: WB, LM

3.2

Presentation

Object pronouns

- Pronouns are words that take the place of nouns. Direct object pronouns directly receive the action of the verb. Indirect object pronouns identify *to whom* or *for whom* an action is done.

*Juan **le** da el dinero.*

Indirect object pronouns		Direct object pronouns	
me	nos	me	nos
te	os	te	os
le	les	lo/la	los/las

Position of object pronouns

- Direct and indirect object pronouns (**los pronombres de complemento directo e indirecto**) precede the conjugated verb.

Indirect object	**Direct object**
Carla siempre **me** da boletos para el cine. *Carla always gives me movie tickets.*	Ella **los** consigue gratis. *She gets them for free.*
No **le** guardé la sección deportiva. *I didn't save the sports section for him.*	Nunca **la** quiere leer. *He never wants to read it.*

- When the verb is an infinitive construction, object pronouns may be either attached to the infinitive or placed before the conjugated verb.

Indirect object	**Direct object**
Debes pedir**le** el dinero de la apuesta. **Le** debes pedir el dinero de la apuesta.	Voy a hacer**lo** enseguida. **Lo** voy a hacer enseguida.
Tienes que presentar**me** a los actores. **Me** tienes que presentar a los actores.	Vamos a rodar**la** en Kenia. **La** vamos a rodar en Kenia.

- When the verb is in the progressive, object pronouns may be either attached to the present participle or placed before the conjugated verb.

Indirect object	**Direct object**
Está mandándo**les** el guion. **Les** está mandando el guion.	Estuvimos buscándo**las** por todos lados. **Las** estuvimos buscando por todos lados.

Double object pronouns

- The indirect object pronoun precedes the direct object pronoun when they are used together in a sentence.

Me mandaron **los boletos** por correo. ⟩ **Me los** mandaron por correo.

Te exijo **una respuesta** ahora mismo. ⟩ **Te la** exijo ahora mismo.

- **Le** and **les** change to **se** when they are used with **lo, la, los,** or **las**.

Le damos **las revistas** a Ricardo. ⟩ **Se las** damos.

Les enseña **el periódico** a las reporteras. ⟩ **Se lo** enseña.

Prepositional pronouns

Prepositional pronouns			
mí *me, myself*	**él** *him, it*	**nosotros/as** *us, ourselves*	**ellos** *them*
ti *you, yourself*	**ella** *her, it*		**ellas** *them*
Ud. *you, yourself*	**sí** *himself, herself, itself*	**vosotros/as** *you, yourselves*	**sí** *themselves*
		Uds. *you, yourselves*	

- Prepositional pronouns function as the objects of prepositions. Except for **mí, ti,** and **sí,** they are identical to their corresponding subject pronouns.

¿Qué opinas de **ella**?   ¿Lo compraron para **mí** o para Javier?

Ay, mi amor, sólo pienso en **ti**.   Lo compramos para **él**.

- **A** + *[prepositional pronoun]* is often used for clarity or emphasis.

¿Te gusta aquel actor?   ¿Se lo dieron a Héctor o a Verónica?

¡**A mí** me fascina!   Se lo dieron **a ella**.

- The pronoun **sí** (*himself, herself, itself, themselves*) is the prepositional pronoun used to refer back to the same third person subject. In this case, the adjective **mismo/a(s)** is usually added for clarification.

José se lo regaló a **él**.   José se lo regaló a **sí mismo**.
José gave it to him (someone else).   *José gave it to himself.*

- When **mí, ti,** and **sí** are used with **con,** they become **conmigo, contigo,** and **consigo**.

¿Quieres ir **conmigo** al museo?
Do you want to go to the museum with me?

Laura y Salvador siempre traen sus computadoras portátiles **consigo**.
Laura and Salvador always bring their laptops with them.

- These prepositions are used with **tú** and **yo** instead of **mí** and **ti**: **entre, excepto, incluso, menos, salvo, según**.

Todos están de acuerdo **menos tú** y **yo**.

¡ATENCIÓN!

When object pronouns are attached to infinitives, participles, or commands, a written accent is often required to maintain proper word stress.

Infinitive
cantármela

Present participle
escribiéndole

Command
acompáñeme

For more information on using object pronouns with commands, see **3.3, p. 107**.

TALLER DE CONSULTA

See **Manual de gramática, 3.4, p. 246** and **3.5, p. 248** for information on possessive and demonstrative pronouns.

Stress that, unlike in English, the construction **a** + *[prepositional pronoun]* does not take the place of the indirect object pronoun. Rather, it is added for clarity or emphasis.

Point out that **mismo/a(s)** may be used with any prepositional pronoun, not just with those of the third person.
Ex: **Hablo de mí misma.**

Práctica

1 Dos amigas Berta y Susi están hablando del cantante Chayanne. Selecciona las personas de la lista que corresponden a los pronombres subrayados (*underlined*).

a Chayanne	a Claudia	a mí
a Chayanne y a la muchacha	a la muchacha	a nosotras
		a ti

BERTA Como (1) <u>te</u> digo. (2) <u>Lo</u> vi caminando por la calle junto a una muchacha.

SUSI ¿De verdad? ¿(3) <u>Los</u> viste tomados de la mano?

BERTA No. Creo que él sólo (4) <u>la</u> estaba ayudando a cargar algunas bolsas de la tienda.

SUSI ¿Será su esposa?

BERTA No creo. Iban juntos pero casi no hablaban. (5) <u>Me</u> parece que no son ni novios.

SUSI Y tú, ¿qué hiciste? ¿No (6) <u>le</u> dijiste que (7) <u>nos</u> parece el hombre más guapo del planeta y que (8) <u>lo</u> amamos?

BERTA No pude hacer nada, estaba paralizada por la emoción.

SUSI Voy a llamar a Claudia inmediatamente. ¡(9) <u>Le</u> tengo que contar todo!

1. _____a ti_____
2. _____a Chayanne_____
3. _____a Chayanne y a la muchacha_____
4. _____a la muchacha_____
5. _____a mí_____
6. _____a Chayanne_____
7. _____a nosotras_____
8. _____a Chayanne_____
9. _____a Claudia_____

2 For items 2–6, have students practice both options for pronoun placement. Ex: **2. No pueden contratarlo.../No lo pueden contratar...**

2 Un concierto Reescribe las oraciones cambiando las palabras subrayadas por pronombres de complemento directo e indirecto.

1. Tienes que tratar amablemente <u>a los policías</u>. *Tienes que tratarlos amablemente./Los tienes que tratar amablemente.*

2. No pueden contratar <u>al grupo musical</u> sin permiso. *No pueden contratarlo sin permiso./No lo pueden contratar sin permiso.*

3. Hay que poner <u>la música</u> a volumen moderado. *Hay que ponerla a volumen moderado.*

4. Tienen que darme <u>la lista de periodistas y fotógrafos</u>. *Tienen que dármela./Me la tienen que dar.*

5. Deben respetar <u>a los vecinos</u>. *Deben respetarlos./Los deben respetar.*

6. Me dicen que van a transmitir <u>el concierto</u> por la radio. *Me dicen que van a transmitirlo por la radio./Me dicen que lo van a transmitir por la radio.*

3 For item 2, point out the use of the neuter **lo**.

3 Entrevista Completa la entrevista con el pronombre correcto.

REPORTERO (1) __Te__ digo que pareces muy contento con el éxito de tu sitio web.

JOAQUÍN Sí, (2) __lo__ estoy. Este sitio es muy importante para (3) __mí__.

REPORTERO ¿Con quién trabajas?

JOAQUÍN Con mi hermano. (4) __Le__ doy la mitad del trabajo. (5) __Me__ ayuda mucho en los momentos de estrés.

REPORTERO ¿Cuáles son tus proyectos ahora?

JOAQUÍN (6) __Me__ gustaría presentar cortometrajes y documentales en el sitio web. A mi hermano y a mí (7) __nos__ encantan las películas.

REPORTERO ¿(8) __Te__ preocupa mucho la censura? Por ejemplo, ¿editas los guiones?

JOAQUÍN A veces, sí. Porque si (9) __los__ editamos, luego no tenemos problemas.

Comunicación

4 **¿En qué piensas?** Piensa en algunos de los objetos típicos que ves en la clase o en tu casa (un cuadro, una maleta, un mapa, etc.). Tu compañero/a debe adivinar el objeto que tienes en mente, haciéndote preguntas con pronombres.

> **Modelo** **Tú piensas en: un libro**
>
> —Estoy pensando en algo que uso para estudiar.
> —¿Lo usas mucho?
> —Sí, lo uso para aprender español.
> —¿Lo compraste?
> —Sí, lo compré en la librería.

5 **A conversar** En parejas, túrnense para contestar las preguntas usando pronombres de complemento directo o indirecto, según sea necesario.

1. ¿Te gusta organizar fiestas? ¿Cuándo fue la última vez que organizaste una? ¿Por qué la organizaste?

2. ¿Invitaste a muchas personas? ¿A quiénes invitaste? ¿Cómo lo decidiste?

3. ¿Qué actividades les sugeriste a los invitados? ¿Las hicieron? Explica.

4. ¿Qué les ofreciste de comer a los invitados en tu fiesta? ¿Qué opinaron de la comida?

6 **Fama** La actriz Pamela de la Torre debe encontrarse con sus fans pero no recuerda a qué hora. En grupos de cuatro, miren la ilustración e inventen una historia inspirándose en ella. Utilicen por lo menos cinco pronombres de complemento directo o indirecto.

7 **Una persona famosa** En parejas, escriban una entrevista con una persona famosa. Utilicen estas preguntas y escriban cuatro más. Utilicen pronombres en las respuestas. Después, representen la entrevista delante de la clase.

> **Modelo** —¿Quién prepara la comida en su casa?
> —Mi cocinero la prepara.

1. ¿Visita frecuentemente a sus amigos/as?
2. ¿Mira mucho la televisión?
3. ¿Quién conduce su auto?
4. ¿Prepara usted mismo/a sus maletas cuando viaja?
5. ¿Qué hace en su tiempo libre?
6. ¿Le gusta viajar?

4 As a variant, divide the class into two teams and play the same game. You may wish to have them draw from a bag of names to ensure that a variety of masculine, feminine, singular and plural object pronouns are used.

5 Call on students to summarize their partners' responses.

6 Alternatively, have pairs write a list of sentences about Pamela using object pronouns but without disclosing the nouns to which they refer. Next, pairs should hand their sentences to another pair, who will flesh out the story by inserting sentences that reveal the missing nouns. Later, take a class vote to determine which pair has the funniest, most realistic, strangest, etc. story.

INSTRUCTIONAL RESOURCES
Supersite: Audioscripts, SAM AK, Lab MP3s
SAM/WebSAM: WB, LM

Point out that while **usted** and **ustedes** may be omitted after polite commands, using them is more courteous.

3.3

 Presentation

Commands

Formal (*usted* and *ustedes*) commands

- Formal commands (**mandatos**) are used to give orders or advice to people you address as **usted** or **ustedes**. Their forms are identical to the present subjunctive forms for **usted** and **ustedes**.

Formal commands

Infinitive	Affirmative command	Negative command
tomar	**tome** (usted) **tomen** (ustedes)	**no tome** (usted) **no tomen** (ustedes)
volver	**vuelva** (usted) **vuelvan** (ustedes)	**no vuelva** (usted) **no vuelvan** (ustedes)
salir	**salga** (usted) **salgan** (ustedes)	**no salga** (usted) **no salgan** (ustedes)

Familiar (*tú*) commands

- Familar commands are used with people you address as **tú**. Affirmative **tú** commands have the same form as the **él, ella,** and **usted** form of the present indicative. Negative **tú** commands have the same form as the **tú** form of the present subjunctive.

Familiar commands

Infinitive	Affirmative command	Negative command
viajar	viaja	no viajes
empezar	empieza	no empieces
pedir	pide	no pidas

No está bien que seas así, **cambia**...

- Eight verbs have irregular affirmative **tú** commands. Their negative forms are still the same as the **tú** form of the present subjunctive.

decir	di		salir	sal
hacer	haz		ser	sé
ir	ve		tener	ten
poner	pon		venir	ven

¡ATENCIÓN!

***Vosotros/as* commands**
In Latin America, **ustedes** commands serve as the plural of familiar (**tú**) commands. The familiar plural **vosotros/as** command is used in Spain. The affirmative command is formed by changing the **–r** of the infinitive to **–d**. The negative command is identical to the **vosotros/as** form of the present subjunctive.

bailar: bailad/no bailéis

For reflexive verbs, affirmative commands are formed by dropping the **–r** and adding the reflexive pronoun **–os**. In negative commands, the pronoun precedes the verb.

levantarse: levantaos/no os levantéis

Irse is irregular: **idos/no os vayáis**

Nosotros/as commands

- **Nosotros/as** commands are used to give orders or suggestions that include yourself as well as others. They correspond to the English *let's* + [*verb*]. Affirmative *and* negative **nosotros/as** commands are generally identical to the **nosotros/as** forms of the present subjunctive.

Nosotros/as commands		
Infinitive	**Affirmative command**	**Negative command**
bailar	bailemos	no bailemos
beber	bebamos	no bebamos
abrir	abramos	no abramos

- The verb **ir** has two possible affirmative **nosotros/as** commands: **vayamos**, the form identical to that of the present subjunctive, and the more common **vamos**. In the negative, however, use only **no vayamos**.

Using pronouns with commands

- When object and reflexive pronouns are used with affirmative commands, they are always attached to the verb. When used with negative commands, the pronouns appear between **no** and the verb.

Levántense temprano.
Wake up early.

No **se** levanten temprano.
Don't wake up early.

Dí**melo** todo.
Tell me everything.

No **me lo** digas.
Don't tell it to me.

- When the pronouns **nos** or **se** are attached to an affirmative **nosotros/as** command, the final **s** of the command form is dropped.

Senté**monos** aquí.
Let's sit here.

No nos **sentemos** aquí.
Let's not sit here.

Dé**moselo** mañana.
Let's give it to him tomorrow.

No se lo **demos** mañana.
Let's not give it to him tomorrow.

Indirect (*él, ella, ellos, ellas*) commands

- The construction **que** + [*subjunctive*] can be used with a third person form to express indirect commands that correspond to the English *let someone do something*. If the subject of the indirect command is expressed, it usually follows the verb.

Que pase el siguiente.
Let the next person pass.

Que lo **haga** ella.
Let her do it.

- Unlike with direct commands, pronouns are never attached to the conjugated verb.

Que se lo den los otros.

Que lo vuelvan a hacer.

Que no **se lo den.**

Que no **lo vuelvan** a hacer.

Indicate that **nosotros/as** commands can also be expressed with **vamos**. Ex: **¡Vamos a comer!** *Let's eat!*

¡ATENCIÓN!

When one or more pronouns are attached to an affirmative command, an accent mark may be necessary to maintain the command form's original stress. This usually happens when the combined verb form has three or more syllables.

decir:

di, dile, dímelo

diga, dígale, dígaselo

digamos, digámosle, digámoselo

TALLER DE CONSULTA

See **3.2, p. 102** for object pronouns.

See **4.2, p. 140** for reflexive pronouns.

TEACHING OPTION
The short film from **Cortometraje, Lección 3** may be used to preview or reinforce regular and irregular command forms, as well as pronoun placement. Play the film and have students write down the commands they hear.

Práctica

1 Call on students to give commands to: another student (**tú**), the professor (**usted**), or the rest of the class (**ustedes**). Model the activity by giving a few commands to individual students and to the class. Within reason, everyone should act out the commands they are given.

1 Cambiar Cambia estas oraciones para que sean mandatos. Usa el imperativo.

1. Te conviene buscarlo en Internet. Búscalo en Internet.

2. ¿Por qué no leemos el horóscopo? Leamos el horóscopo.

3. Te pido que mires la película con subtítulos. Mira la película con subtítulos.

4. ¿Quiere hacer la entrevista? Haga la entrevista.

5. ¿Podrían ustedes grabar mi telenovela favorita hoy? Graben (ustedes) mi telenovela favorita hoy.

6. ¿Y si vamos al estreno? Vayamos/Vamos al estreno.

7. Traten de darme el guion antes de las tres. Denme (ustedes) el guion antes de las tres.

8. Debes escuchar esta banda sonora. Es muy buena. Escucha esta banda sonora. Es muy buena.

2 Recién famoso El actor Mateo Domínguez va al estreno de su primera película. Usa mandatos informales para darle consejos sobre lo que debe y no debe hacer.

besar a la gente	firmar (*to sign*) autógrafos
contar el final de la película	gritarle al público
darle una entrevista a la prensa sensacionalista	hablar durante la película
explicar los efectos especiales	llegar tarde/temprano
	vestirse bien/mal

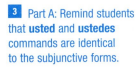

3 Part A: Remind students that **usted** and **ustedes** commands are identical to the subjunctive forms.

3 Un director difícil

A. Agustín Álvarez es un director de teatro muy exigente (*demanding*). Usa mandatos formales afirmativos y negativos para escribir los consejos que les dio a sus actores antes del estreno.

1. No olvidar llegar temprano. No olviden (ustedes) llegar temprano.

2. Comer dos horas y media antes. Coman (ustedes) dos horas y media antes.

3. Venir con los diálogos memorizados. Vengan (ustedes) con los diálogos memorizados.

4. Evitar los medios de comunicación 24 horas antes del estreno. Eviten (ustedes) los medios de comunicación 24 horas antes del estreno.

5. Hacer ejercicios de respiración y de voz. Hagan (ustedes) ejercicios de respiración y de voz.

6. No fumar ni tomar bebidas frías. No fumen ni tomen (ustedes) bebidas frías.

3 Part B: Have each pair read one of their sentences while you write the commands on the board in two columns: **mandatos afirmativos** and **mandatos negativos**.

B. El estreno de la obra de teatro fue un éxito. Sin embargo, el señor Álvarez no estuvo contento con el actor principal. En parejas, usen mandatos informales afirmativos y negativos para escribir siete nuevos consejos que le dio a este actor. Usen pronombres y sean creativos.

Modelo No empieces a ensayar tu papel en el último minuto.
Ensáyalo con tiempo.

Practice more at **vhlcentral.com**.

Comunicación

4 **Internet** ¿Qué le dirían a un(a) amigo/a para que esté mejor informado/a sobre la actualidad? En parejas, escojan verbos de la lista y otros para hacerle ocho recomendaciones utilizando mandatos informales afirmativos y negativos. Sean creativos.

Modelo Navega en la red. Hay sitios web que ofrecen noticias de todo tipo.

enterarse	hacer	leer
escuchar	investigar	navegar
hablar	ir	ver

5 **Escenas** En parejas, escojan por lo menos dos de estos personajes y escriban una escena para una película. Usen mandatos afirmativos y negativos de las formas **tú**, **usted(es)** y **nosotros/as**. Usen pronombres cuando sea posible.

Modelo
OLGA ¡Sal de aquí! No quiero verte más.
RODOLFO No quiero irme. ¡Quedémonos aquí! Hablemos del viaje a San Juan.

Rodolfo   Olga   Tomasito   doña Filomena

6 **Anuncio** En grupos de tres, elijan cuatro de estos productos y escriban un anuncio de televisión para promocionar cada uno de ellos. Utilicen mandatos formales y pronombres para convencer al público de que lo compre.

Modelo El nuevo perfume "Enamorar" de Carolina Ferrero le va a encantar. Cómprelo en cualquier perfumería de su ciudad. Pruébelo y...

- Perfume "Enamorar" de Carolina Ferrero
- Chocolate sin calorías "Deliz"
- Raqueta de tenis "Rayo"
- Pasta de dientes "Sonrisa Sana"
- Computadora portátil "Digitex"
- Crema hidratante "Suavidad"
- Todo terreno "4 × 4"
- Cámara fotográfica "Flimp"

4 Call on students to write one of their commands on the board.

4 As a variant, have students convert their sentences into **ustedes** commands for the entire class. Then have them brainstorm recommendations for different people for accomplishing other goals. Ex: **para saber qué ocurre en nuestra escuela, para ser voluntario/a en una organización, para enterarse de los últimos éxitos literarios, para reparar su computadora,** etc.

5 After writing the scenes, have pairs peer-edit each other's work. Then have volunteers perform their scenes for the class.

6 Ask groups to read their advertisements aloud; then have the class vote on whether they were convinced to buy the product.

TEACHING OPTION To review **Estructuras, Lección 3**, have pairs write five suggestions they would make to future students of your class. They should include at least one example each of the subjunctive, object pronouns, and command forms. Ex: **Les recomiendo que no lleguen tarde. Díganle que es el/la mejor profesor(a) del mundo.** Ask volunteers to read their suggestions aloud.

Preview the reading by asking students to describe their own favorite source for news.

As a follow-up activity, work with students to create a class survey about their own habits, preferences, and opinions about the news. Ex: **¿Cuántas veces por día/semana miras un noticiero de televisión? ¿Cuáles son tus fuentes de noticias: las cadenas locales, los programas internacionales, Internet, la radio?** Compare results to determine who is the biggest "news junkie."

sources

Síntesis

Noticias: ¿Mucho, poco o nada?

Los noticieros de la televisión tienen la misión de informar al público. Sin embargo, hay distintas opiniones sobre estos programas de noticias. Algunas personas están satisfechas con mirar solamente un noticiero para informarse. Generalmente estas personas miran el mismo programa todos los días o todas las semanas. Otras personas creen que deben obtener información de diferentes fuentes°, por ejemplo de otros canales de televisión.

Estas personas generalmente miran más de un programa de noticias, en diferentes cadenas de televisión. Y hay incluso otro tipo de televidente que simplemente no cree en los programas de noticias y, por lo tanto, no mira las noticias. Estas personas buscan información en medios de comunicación alternativos, como la radio o Internet, o simplemente no buscan ninguna información y sólo miran la televisión para entretenerse y evadirse de la realidad. ■

1

Consejos ¿Qué consejos le darían a un(a) amigo/a que mira la televisión sólo como entretenimiento y nunca mira las noticias? En parejas, escríbanle un párrafo con recomendaciones. Deben utilizar el subjuntivo y el infinitivo. También deben utilizar por lo menos dos mandatos afirmativos y dos negativos.

> **Modelo** Compra el periódico y léelo. Te recomiendo también que consideres opciones en Internet.

2

Anuncio En grupos pequeños, imaginen que en la historia de la universidad nunca hubo tan pocos nuevos estudiantes inscritos como en este semestre. Escriban un anuncio para la radio para atraer un mayor número de estudiantes el año que viene. Usen tres mandatos informales afirmativos y tres negativos.

> **Modelo** ¿Todavía no sabes dónde vas a estudiar el semestre que viene? Considera la universidad de...

3

Debate En parejas, imaginen un diálogo entre una persona que nunca utiliza Internet y otra que está todo el día frente a la computadora. Representen el diálogo ante la clase, utilizando la mayor cantidad de pronombres posible.

Preparación

Vocabulario de la lectura		**Vocabulario útil**
controvertido/a *controversial*	**golpear** *to beat (a drum)*	**el bajo** *bass*
el crecimiento *growth*	**la letra** *lyrics*	**la flauta** *flute*
el estilo *style*	**la pista de baile** *dance floor*	**el tambor** *drum*
el éxito *success*	**el ritmo** *rhythm*	**tocar** *to play (an instrument)*
la fama *fame*	**salir a la venta** *to go on sale*	
el género *genre*	**el violonchelo** *cello*	

Point out that both **la letra** and **la lírica** act as false cognates in certain contexts. **la letra** → *letter (of the alphabet); song lyrics; **not** letter written to someone* **la lírica** → *lyric poem; lyric poetry; female lyric poet; **not** song lyrics*

1 **Vocabulario** Completa las oraciones con el vocabulario de la lista.

controvertido	fama	pista de baile
estilo	géneros	ritmo
éxito	golpear	salir a la venta

1. La nueva novela de Rosario Ferré va a __salir a la venta__ en mayo.
2. La diseñadora de moda (*fashion designer*) Carolina Herrera tiene un __estilo__ único.
3. Para tener __éxito__ en la vida, hay que trabajar y estudiar mucho.
4. El origen de la vida es un tema muy __controvertido__.
5. La salsa, la rumba y el tango son diferentes __géneros__ musicales.
6. Algunos actores que viven en Hollywood tienen dinero y mucha __fama__.
7. En una discoteca, se puede bailar en la __pista de baile__.

1 Point out that **salir a la venta** usually refers to the release of a new product for sale, whereas **estar en venta** means *to be for sale.*

2 **La música** En parejas, contesten las preguntas y expliquen sus respuestas.

1. ¿Les gusta la música latina? ¿Por qué?
2. ¿Qué cantantes latinos/as conocen?
3. ¿De qué países son esos/as cantantes?
4. ¿En qué situaciones escuchan música en español?
5. ¿Les gusta bailar música latina? ¿Por qué?
6. ¿Toman clases de baile? ¿De qué tipo?

2 Have volunteers bring in music in Spanish from their personal collections, or bring some of your own, if necessary. Listen to excerpts from several artists and discuss the genre of each song and the instruments used.

3 **Completar** En grupos de cuatro, completen las oraciones de acuerdo con sus opiniones.

1. Me identifico con la música de... porque...
2. La música (no) es importante en mi vida porque...
3. Me gusta que mi cantante favorito/a... porque...
4. Pienso que las bandas y los cantantes que tienen éxito son aquéllos que… porque...
5. Saber bailar es importante/necesario... porque...
6. Las personas que saben bailar... porque...

Ritmos del Caribe

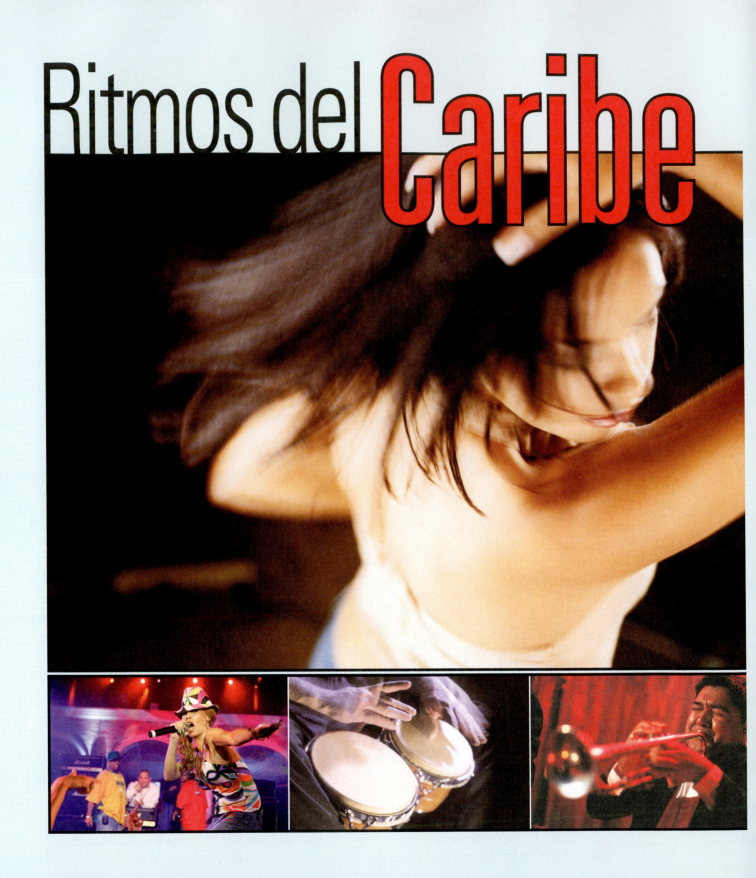

▶ **Cultura en pantalla**

Visita **vhlcentral.com** y encuentra más información sobre los ritmos más representativos del Caribe.

CULTURA

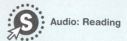
Audio: Reading

experiencing

Durante los últimos años, en los Estados Unidos se está viviendo° una explosión en las ventas de discos en español. Las estaciones de radio especializadas en música latina son las de mayor crecimiento y los cantantes y grupos musicales hispanos programan conciertos por todo el territorio norteamericano. Este fenómeno resulta de los cambios socioculturales que se están viviendo en el país. En primer lugar, se debe al crecimiento de la población latina que mantiene sus tradiciones y con ello el consumo de su música. En segundo lugar, se debe al nuevo interés por la música en español por parte de un público que antes se limitaba a oírla sólo en inglés.

distribution

Cuban musical style

Los estilos musicales de origen caribeño, mezclas de ritmos africanos, españoles e indígenas, gozan de la mayor proyección° internacional. Algunos de los ritmos caribeños más populares son la salsa, el son° cubano y el reggaetón.

La salsa

La salsa, que nació como una versión modernizada del son cubano, se extendió en el mercado latinoamericano en 1975. El ritmo salsero se hizo compañero indispensable en el día a día hispano. A partir de entonces, se empezó a oír en los comercios, en las oficinas, en los bares, en las fiestas, en el hogar° y en las calles. Sus letras hablan de los sufrimientos y las alegrías de la vida cotidiana°. El gran número de inmigrantes latinos que vivían en Nueva York hizo que esta ciudad se convirtiera en puerto de entrada° de los ritmos caribeños en los Estados Unidos. Entre sus representantes más famosos se cuentan El Gran Combo de Puerto Rico y Óscar de León.

home

daily, everyday

entryway

El son cubano

moved to the top

El son cubano se apoderó° de las listas de los discos más vendidos en 1997, cuando salió a la venta el álbum titulado *Buena Vista Social Club,* interpretado por un grupo de importantes músicos de Cuba. Una película que documenta la grabación del disco fue un éxito de taquilla°

box office

Instrumentos del Caribe

El bongó y las maracas son algunos de los instrumentos más utilizados en la música caribeña. El bongó tiene forma de barril y posee dos parches de cuero (*leather skin*) muy tensos que vibran al golpearlos. Las maracas son de origen indígena y están hechas de un recipiente que tiene forma redondeada. En su interior se ponen pequeños objetos como semillas o piedrecillas que al agitarse producen su sonido típico.

en todo el mundo. La fama del documental ayudó a que el son cubano llegara a un público que nunca antes había tenido interés en este género musical. De hecho, durante décadas, la fama de los artistas de *Buena Vista* se limitaba sólo a la isla. Personas de todas las edades ahora bailan al ritmo de la música de este fascinante grupo que se convirtió en un fenómeno mediático° internacional.

created by the media

El reggaetón

dance

depicts

El reggaetón ha sido una de las últimas formas musicales en desarrollarse como estilo distintivo. Esta música bailable° nació en Puerto Rico en los años noventa. Se deriva del *reggae* jamaicano, del *hip-hop* norteamericano y de diferentes ritmos puertorriqueños. Recientemente se ha convertido en la música en español con más proyección internacional. El contenido de sus letras, en su mayoría controvertido, no es muy diferente al del *hip-hop* norteamericano y retrata° con frecuencia la violencia en las calles. Don Omar y Ivy Queen son dos de los creadores de reggaetón cuyas canciones dominan las pistas de baile.

Las melodías del Caribe están cada vez más presentes en el panorama musical del momento. Con la introducción en el mercado internacional de los ritmos caribeños, se está acostumbrando al público a escuchar con mayor atención lo que, en muchas ocasiones, es la bandera de esa cultura: su música. ■

Análisis

1

Comprensión Decide si cada afirmación es cierta o falsa. Corrige las falsas.

1. La música latina es popular en los Estados Unidos, pero todavía no en el resto del mundo. Falso. Es un fenómeno internacional.

2. El consumo de la música latina entre hispanos es en parte debido a que esta población mantiene sus tradiciones. Cierto.

3. Las letras de la salsa hablan de los sufrimientos y las alegrías de la vida cotidiana. Cierto.

4. Los músicos del *Buena Vista Social Club* ya eran conocidos internacionalmente antes de que saliera este álbum. Falso. Su fama se limitaba a Cuba.

5. El reggaetón tiene sus raíces en la música indígena del Caribe. Falso. Proviene del *reggae* jamaicano, del *hip-hop* norteamericano y de diferentes ritmos puertorriqueños.

6. El contenido de las letras del reggaetón es tan controvertido como el de las letras del *hip-hop*. Cierto.

2

Ampliar En parejas, contesten las preguntas y expliquen sus respuestas.

1. ¿Por qué crees que la música es tan importante para los latinos de los Estados Unidos?

2. ¿Has visto el fenómeno de la música latina donde tú vives? ¿Cómo se manifiesta?

3. ¿Cuál es el tipo de música sin el cual no puedes vivir?

4. ¿Escuchas música local cuando viajas? ¿La compras? ¿Por qué?

3

Aviso En grupos de cuatro, han decidido formar un grupo de música caribeña, pero todavía están buscando los músicos adecuados. Escriban un aviso para buscar candidatos con al menos tres características esenciales. Luego, presenten el aviso a la clase.

> **Modelo** El grupo Los Salseros Boricuas busca persona entusiasta que sepa tocar el bongó. Si te encanta la música caribeña, hacer amigos y viajar, llama al 431-237-1003 y pregunta por Lucio.

4

Su música En grupos de cuatro, piensen en un estilo de música típico de los Estados Unidos y luego comparen sus características con las de un estilo de música latina. Usen este cuadro como guía. Luego, comparen sus respuestas con las de otros grupos.

	Música latina	Música norteamericana
Instrumentos típicos		
Ocasiones en que se escucha o se baila		
Origen e influencias		
Público típico		
Temas de las letras		
Intérpretes más conocidos en el mundo		

 Practice more at vhlcentral.com.

Preparación

Sobre el autor

Ginés S. Cutillas nació en Valencia, España, en 1973. En su obra prevalece el microcuento, para el que tiene un ingenio especial. Su talento fue premiado (*rewarded*) al ganar en 2006 la V edición del concurso de microcuentos de la Feria del libro de Granada. Cutillas también ha sido ganador de otros concursos internacionales de relatos. Ha publicado un libro de cuentos llamado *La biblioteca de la vida* (2007) y una novela, *La sociedad del duelo* (2008), así como su primera colección de microcuentos, titulada *Un koala en el armario* (2009). Ha contribuido a varias antologías de nuevos autores y es además crítico literario para el periódico *La Opinión* de Granada. Cutillas también colabora en revistas literarias como *El oteador de los nuevos tiempos* y *Prometheus*.

INSTRUCTIONAL RESOURCES
Supersite: Literatura recording; Scripts; SAM AK
SAM/WebSAM: LM

Vocabulario de la lectura		Vocabulario útil
el castigo *punishment*	**el suelo** *ground*	**la desaparición** *disappearance*
la desesperación *desperation*	**tras** *after*	**el hallazgo** *discovery*
la estantería *bookcase*	**vigilar** *to watch, to keep an eye on*	**la sospecha** *suspicion*
el rasgo *trait, feature*		

1 **Vocabulario** Completa el párrafo con palabras de la lista.

castigo	estantería	sospechas
desaparición	hallazgo	tras
desesperación	rasgos	vigilar

Los noticieros informaron hoy sobre un nuevo asesinato (*murder*) del "carnicero del campo de golf", y provocaron una reacción de (1) ___desesperación___ en la ciudad. La (2) ___desaparición___ de un hombre de negocios había sido denunciada (*reported*) días antes por sus compañeros de golf, (3) ___tras___ perderlo de vista de manera extraña durante una práctica. El (4) ___hallazgo___ de la víctima confirmó las (5) ___sospechas___ por la presencia de (6) ___rasgos___ comunes a todos los asesinatos del "carnicero". La policía ha prometido (7) ___vigilar___ los campos de golf de toda la ciudad para capturar al culpable y darle el (8) ___castigo___ que se merece.

1 Have small groups write a brief mystery with the new vocabulary. Tell them to include the essential characters of a police story: **la víctima, el crimen, el culpable, el detective.**

2 **Responder** En grupos de tres, contesten estas preguntas.

1. Cuando no puedes salir de tu casa por algún motivo, ¿prefieres leer un libro o mirar televisión? ¿Por qué?

2. ¿Enciendes el televisor sólo para mirar programas que te interesan o miras cualquier cosa que estén transmitiendo? Explica.

3. ¿Cuántas horas por semana miras la televisión? ¿Crees que es tiempo bien utilizado o es una pérdida de tiempo? ¿Por qué?

4. ¿Qué opinas de esta afirmación: "La televisión duerme a la gente y los libros la despiertan"?

2 Ask students if they would root for television or for books in a "Books vs. TV" debate. Then count the votes and write them on the board. Have volunteers share why they voted the way they did.

La Desesperación de las Letras

Ginés S. Cutillas

crashing noise
surprised
to check
was in the throes of death

Estaba viendo la tele cuando oí un fuerte estruendo° detrás de mí. Justo en la biblioteca. Me levanté extrañado° y fui a comprobar° qué era. Una masa inconsistente de papel agonizaba° a los pies de la estantería. La cogí entre mis manos y desmembrando sus partes pude adivinar que aquello había sido un libro, *Crimen y castigo* para ser exactos. No supe encontrar una explicación lógica a tan extraño incidente. A la noche siguiente, otra vez delante de la televisión, oí de nuevo ese ruido. Esta vez, irónicamente, había sido *Anna Karenina* quien se había convertido en un manojo° de papel deforme que yacía° a los pies de sus compañeros. Tras varias noches repitiéndose los hechos°, me di cuenta de lo que estaba ocurriendo: los libros se estaban suicidando. Al principio fueron los clásicos, cuanto más clásico era, más probabilidad tenía de estamparse°contra el suelo. Más tarde comenzaron los de filosofía, un día moría Platón y al otro Sócrates. Luego les siguieron autores más contemporáneos como Hemingway, Dos Passos, Nabokov… Mi biblioteca estaba desapareciendo a pasos agigantados°. Había noches de suicidios colectivos y yo, por más que me esforzaba°, no conseguía encontrar un rasgo común entre las obras kamikazes que me permitiera saber cuál iba a ser la siguiente. Una noche decidí no encender la televisión para vigilar atentamente los libros. Aquella noche no se suicidó ninguno. ■

bunch / was lying 10

events

of crashing 15

by leaps and bounds

por... no matter how hard I tried 20

1 Have students scan the text for vocabulary typical of the detective novel, such as **incidente, agonizar, desmembrar, hechos,** etc.

2 Have students explain the importance of the falling books' titles and authors. Ask if they have read any of the classics mentioned in Cutillas's story, or other classics. Have students research any unfamiliar titles or authors mentioned in the story and share what they learn with the class.

4 Organize a class debate on the pros and cons of television viewing by young children. Encourage students to use the subjunctive in their arguments.

TEACHING OPTION As an alternate writing assignment for pro-television students, ask them to write a brief newspaper article stating the need for children and adults to spend more time watching TV rather than reading books. Encourage them to invent a fatal disease that results from exposure to paper and ink, and to stress the benefits of television on intellectual development.

Practice more at **vhlcentral.com**.

Análisis

1 **Comprensión** Contesta las preguntas con oraciones completas.

1. ¿A qué hora transcurren los acontecimientos del relato y dónde está el narrador? Transcurren por la noche cuando el narrador está delante del televisor.

2. ¿Cómo se da cuenta el narrador de que los libros se caen? Oye un estruendo cada vez que uno se cae.

3. ¿Cómo quedan los libros tras caerse? Los libros quedan convertidos en una masa inconsistente de papel.

4. ¿Qué están haciendo los libros, según el narrador? Los libros se están suicidando.

5. ¿Cuándo paran los suicidios colectivos? Paran cuando el narrador no enciende el televisor.

2 **Interpretar** Contesta estas preguntas.

1. ¿Cómo es la personalidad del narrador? ¿Qué opina de la televisión y por qué?

2. ¿Hay relación entre el título del primer libro que cae y lo que sucede? ¿Cuál?

3. ¿Qué significa que los libros clásicos tengan más probabilidad de caer?

4. ¿Por qué crees que los libros se suicidan? ¿Logran algún objetivo? Explica.

3 **Juzgar** En grupos pequeños, organicen un juicio (*trial*) en el que los libros demandan a (*sue*) la televisión por provocar suicidios colectivos, y la televisión se defiende. Distribuyan los papeles de abogados, testigos (*witnesses*), jurado (*jury*) y juez. Debatan hasta llegar a un veredicto.

4 **Opinar** En parejas, lean estas afirmaciones y digan si están de acuerdo y por qué. Después, compartan su opinión con la clase.

- La televisión ayuda a los padres a educar a sus hijos.

- Gracias a los programas infantiles, los padres tienen más tiempo libre.

- La televisión hace compañía a los enfermos y a los ancianos.

- La TV es buena para niños y ancianos; para los demás, es una pérdida de tiempo.

5 **Escribir** Escribe un correo electrónico a un periódico local como si fueras el narrador del cuento y denuncia la muerte de los libros por culpa de la televisión.

Plan de redacción

Escribir un correo electrónico

1 **Título** Inventa un título para tu mensaje de correo electrónico.

2 **Contenido** Organiza tus ideas para que no se te olvide nada.

1. Explica lo que sucede con los libros. Indica cómo te sientes utilizando expresiones como: **Es terrible que, Tengo miedo de que, Es una pena que**, etc.

2. Acusa a los programas de televisión. Cita algunos que te parecen de peor calidad y expresa tu opinión sobre ellos. Usa el subjuntivo.

3. Sugiere un castigo para la televisión por la muerte de los libros o indica cómo podría solucionarse el problema. Incluye mandatos.

3 **Conclusión** Elige una de estas frases o escribe otra para concluir: **El tiempo corre, Es hora de actuar, La cultura está en peligro, Basta de telebasura.**

Los medios de comunicación

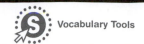 Vocabulary Tools

Los medios

el acontecimiento *event*
la actualidad *current events*
el anuncio *advertisement, commercial*
la censura *censorship*
Internet *Internet*
los medios (de comunicación) *media*
la parcialidad *bias*
la publicidad *advertising*
la radio *radio*
el reportaje *news report*
el sitio web *website*
la temporada *season*

enterarse (de) *to become informed (about)*
navegar en la red *to surf the web*
opinar *to express an opinion, to think*
ser parcial *to be biased*
tener buena/mala fama *to have a good/bad reputation*

actualizado/a *up-to-date*
destacado/a *prominent*
en directo/vivo *live*
imparcial *impartial, unbiased*
influyente *influential*

Profesionales de los medios

el/la actor/actriz *actor/actress*
el/la cantante *singer*
el/la crítico/a de cine *film critic*
el/la director(a) *director*
la estrella (de cine) *(movie) star*
el/la fotógrafo/a *photographer*
el/la locutor(a) de radio *radio announcer*
el/la oyente *listener*
el/la periodista *journalist*
el público *audience, public*
el/la redactor(a) *editor*
el/la reportero/a *reporter*
el/la televidente *television viewer*

El cine y la televisión

la banda sonora *soundtrack*
la cadena *network*
el cine *cinema, movies*
el doblaje *dubbing*
el documental *documentary*

los efectos especiales *special effects*
el estreno *premiere, new movie*
la pantalla *screen*
la película *movie*
el programa de concursos *game show*
el programa de telerrealidad *reality show*
los subtítulos *subtitles*
la telenovela *soap opera*
la transmisión *broadcast*
el video musical *music video*

ensayar *to rehearse*
entretener *to entertain*
entrevistar *to interview*
grabar *to record*
rodar (o:ue) *to shoot (a movie)*
transmitir *to broadcast*

La prensa

el horóscopo *horoscope*
la libertad de prensa *freedom of the press*
las noticias locales/internacionales/ nacionales *local/international/ national news*
el periódico/el diario *newspaper*
la portada *front page, cover*
la prensa (sensacionalista) *(sensationalist) press*
la revista *magazine*
la sección de sociedad *lifestyle section*
la sección deportiva *sports section*
la tira cómica *comic strip*
el titular *headline*

investigar *to research; to investigate*
publicar *to publish*
suscribirse (a) *to subscribe (to)*

Cortometraje

la chompa *sweater*
la guagua *child*
los papeles *documents*

abrigarse *to wear warm clothes*
calcular *to estimate*
charlar *to chat*
colgar (el teléfono) *to hang up (the phone)*
(estar) disponible *(to be) available*
fijarse *to pay attention*

hacer caso *to obey*
parquear *to park*
salvar la vida *to save someone's life*

chato/a *sweetie*
desconsiderado/a *inconsiderate*
malcriado/a *rude*
tibio/a *warm*

no más *only*

Cultura

el bajo *bass*
el crecimiento *growth*
el estilo *style*
el éxito *success*
la fama *fame*
la flauta *flute*
el género *genre*
la letra *lyrics*
la pista de baile *dance floor*
el ritmo *rhythm*
el tambor *drum*
el violonchelo *cello*

golpear *to beat (a drum)*
salir a la venta *to go on sale*
tocar *to play (an instrument)*

controvertido/a *controversial*

Literatura

el castigo *punishment*
la desaparición *disappearance*
la desesperación *desperation*
la estantería *bookcase*
el hallazgo *discovery*
el rasgo *trait, feature*
el suelo *ground*
la sospecha *suspicion*

vigilar *to watch, to keep an eye on*

tras *after*

Generaciones en movimiento

El paso del tiempo es una realidad inevitable que nos afecta a todos. La evolución de las culturas y la sucesión de nuevas generaciones dependen de ese constante proceso de renovación. Las nuevas ideas de los jóvenes dan fuerza a la tradición y a la cultura que nos transmiten nuestros padres.

127

133

Destino:
CENTROAMÉRICA

HONDURAS
GUATEMALA
EL SALVADOR NICARAGUA
COSTA RICA
PANAMÁ

PREVIEW Have students analyze both literal and figurative meanings of the lesson title. In pairs, have them trace the geographical movement of their families over several generations. Then discuss how beliefs, priorities, culture, and traditions have evolved in their families over time. Ask: **¿Qué brechas generacionales y culturales han surgido dentro de tu familia? ¿Qué significa *movimiento* para tu generación?**

En familia

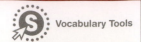
Vocabulary Tools

Los parientes

el/la antepasado/a *ancestor*
el/la bisabuelo/a *great-grandfather/ grandmother*

el/la cuñado/a *brother/sister-in-law*
el/la esposo/a *husband/wife*
el/la (hermano/a) gemelo/a *twin (brother/sister)*
el/la hermanastro/a *stepbrother/stepsister*
el/la hijo/a único/a *only child*
la madrastra *stepmother*
el/la medio/a hermano/a *half brother/sister*
el/la nieto/a *grandson/granddaughter*
la nuera *daughter-in-law*
el padrastro *stepfather*
el/la pariente *relative*
el/la primo/a *cousin*
el/la sobrino/a *nephew/niece*
el/la suegro/a *father/mother-in-law*
el/la tío/a (abuelo/a) *(great) uncle/aunt*
el yerno *son-in-law*

La vida familiar

agradecer *to thank*
apoyar(se) *to support (each other)*
criar *to raise (children)*
independizarse *to become independent*
lamentar *to regret, to be sorry about*
malcriar *to spoil*
mimar *to pamper*

mudarse *to move*
pelear(se) *to fight (with one another)*
quejarse (de) *to complain (about)*
regañar *to scold*

respetar *to respect*
superar *to overcome*

La personalidad

el apodo *nickname*
la autoestima *self-esteem*
el carácter *character, personality*
la comprensión *understanding*
———
(bien) educado/a *well-mannered*
egoísta *selfish*
estricto/a *strict*
exigente *demanding*
honrado/a *honest*
insoportable *unbearable*
maleducado/a *ill-mannered*
mandón/mandona *bossy*

rebelde *rebellious*
sumiso/a *submissive*
unido/a *close-knit*

Las etapas de la vida

la adolescencia *adolescence*
el/la adolescente *adolescent*
el/la adulto/a *adult*
la edad adulta *adulthood*
la juventud *youth*
la muerte *death*
el nacimiento *birth*
la niñez *childhood*
el/la niño/a *child*
la vejez *old age*

Las generaciones

la ascendencia *heritage*
la brecha generacional *generation gap*
la patria *homeland*
el prejuicio social *social prejudice*
la raíz *root*
el sexo *gender*

———
heredar *to inherit*
parecerse *to look alike*
realizarse *to fulfill*
sobrevivir *to survive*

VARIACIÓN LÉXICA
esposo ↔ marido
esposa ↔ mujer; señora
yerno ↔ hijo político
nuera ↔ hija política
apodo ↔ sobrenombre
edad adulta ↔ madurez

Point out that the adjective **político/a** may be used to describe *in-laws*. Ex: **Pasamos la Navidad con mi familia política.** *We spent Christmas with my in-laws.*
Explain that **gemelo/a** refers to identical twins, while **mellizo/a** refers to fraternal twins.

INSTRUCTIONAL RESOURCES
Supersite: Audioscripts, SAM AK, Lab MP3s **SAM/WebSAM:** WB, LM

Práctica

1 **Completar** Completa las oraciones con la opción correcta.

1. Los rostros (*faces*) de mi hermana y de mi madre _____ mucho. Ellas son casi idénticas.
   a. se pelean   b. se quejan   c. se parecen

2. Yo, en cambio, soy físicamente igual a mi padre y también tenemos el mismo _____.
   a. niñez   b. carácter   c. tío

3. Durante su _____, mis padres estaban muy enamorados.
   a. nacimiento   b. apodo   c. juventud

4. Ellos se divorciaron el año pasado y yo lo _____ mucho.
   a. mimo   b. lamento   c. mudo

5. Estoy disgustada, sí, pero no me _____, porque nos quieren igual.
   a. quejo   b. apoyo   c. realizo

6. A pesar de la distancia seguimos siendo una familia _____. ¡Siempre lo fuimos!
   a. sumisa   b. unida   c. exigente

2 **Crucigrama** Completa el crucigrama.

Horizontales
1. el hijo de mi hermano
4. dar las gracias
6. que no se puede tolerar
8. etapa de vida de una persona de 80 años
9. tratar a algo o a alguien con cortesía, atención y obediencia
10. opinión negativa sobre algo o alguien antes de conocerlo

Verticales
2. irse de la casa de los padres; emanciparse
3. valoración positiva de uno mismo
5. severo; riguroso
7. recibir bienes (*possessions*) que un familiar deja al morir

Crossword solution:
- 1 Horizontal: SOBRINO
- 2 Vertical: INDEPENDIZARSE
- 3 Vertical: AUTOESTIMA
- 4 Horizontal: AGRADECER
- 5 Vertical: ESTRICTO
- 6 Horizontal: INSOPORTABLE
- 7 Vertical: HEREDAR
- 8 Horizontal: VEJEZ
- 9 Horizontal: RESPETAR
- 10 Horizontal: PREJUICIO

3 **La familia Rodríguez** En parejas, túrnense para elegir a un miembro de la familia de la foto y decir quién y cómo es. Inventen detalles y utilicen palabras del vocabulario.

Modelo
El abuelo, don José Luis, se crio en un pueblo de Costa Rica y se mudó a San José cuando se casó. Ahora disfruta de su vejez con su esposa. Tiene un carácter muy agradable y se lleva muy bien con toda su familia.

1 To check comprehension, have students compose their own sentences with the unused vocabulary words from each item. Ex: **Álex debe romper con su novia porque se pelean constantemente./Mis padres se quejan porque no los llamo todas las semanas.**

2 Have students work in pairs to complete the activity.

2 Write the Spanish words for various relatives on small pieces of paper and place them in a bag. Then have students take turns drawing from the bag and using circumlocution to get their teammates to guess the word. Ex: **Es la esposa de mi padre, pero no es mi madre. (madrastra)**

3 Have students prepare oral presentations about their own families, using photographs or other audiovisual aids.

Practice more at vhlcentral.com.

INSTRUCTIONAL RESOURCES
Supersite: Video, Script & Translation

VARIACIÓN LÉXICA
el ordenador ↔
 la computadora
el chaval ↔ el muchacho
las movidas ↔
 los rollos ↔
 los problemas personales

1 After they have completed the activity, ask students to form their own sentences with the adjectives in the left column.

TEACHING OPTION
Tell students that the synonyms **el rollo** and **la movida** have a negative connotation and are used in Spain to describe another person's issues one would rather not get involved in. Tell students that when used between people of the same age, **chaval** means *dude*, but when said by an older person it could be translated as *kiddo*.

Preparación

Vocabulario del corto	
apetecer *to be in the mood for*	**escribir a máquina** *to type*
chillar *to scream*	**el/la niñato/a** *spoiled brat* (Esp.)
el/la colega *buddy*	**pulsar** *to press*
desagradecido/a *ungrateful*	**el recogedor** *dustpan*
el/la enclenque *weakling*	

Vocabulario útil
el ajedrez *chess*
antipático/a *unfriendly*
hiriente *hurtful*
huraño/a *unsociable*
tembloroso/a *trembling*
torpe *clumsy*

EXPRESIONES

de mala educación *rude*

de tal palo, tal astilla *the apple doesn't fall far from the tree*

largarse *to leave*

No me metas en vuestras movidas/rollos.
Don't drag me into your problems.

1 **Adjetivos útiles** El joven de la derecha está describiendo al hombre de la izquierda. Empareja cada descripción con el adjetivo correcto.

1. antipático ___e___
2. huraño ___b___
3. torpe ___c___
4. hiriente ___a___
5. tembloroso ___d___

a. "Hace daño con sus comentarios sarcásticos."
b. "Está siempre solo, no se relaciona."
c. "Con el ordenador es un absoluto inútil."
d. "Se mueven demasiado sus manos."
e. "¿Simpático? ¡Es lo contrario de simpático!"

2 **Vocabulario** Completa las oraciones con palabras del vocabulario del cortometraje.

1. No te va a ___apetecer___ cenar después de comer tanto dulce.
2. Él era un ___enclenque___ en su juventud, pero ahora es fuerte y atlético.
3. Cuando no existían las computadoras los escritores debían ___escribir a máquina___.
4. Estuve jugando al fútbol con mi ___colega___ de la oficina y luego fuimos al centro comercial.
5. Juan Carlos es un ___niñato___ inmaduro e irresponsable.
6. La ayudé todo el año y ahora ni me responde el teléfono, ¡qué ___desagradecida/ antipática___!
7. ¡Me quiero ___largar___ de esta ciudad! Hace un calor insoportable.
8. Cuando el cantante salió al escenario, todos nos pusimos a ___chillar___ de la emoción.

3 **Generaciones y medios** Determina si estás de acuerdo o en desacuerdo con estas afirmaciones. Después, trabaja con un(a) compañero/a para comparar y discutir tus respuestas.

1. Las personas de mi generación leen libros y periódicos en papel.

2. A la generación de mis abuelos le gusta hacerse *selfies*.

3. Mi generación usa el teléfono para comunicarse a distancia.

4. Las personas de mi generación publican fotos, vídeos y textos sobre experiencias personales.

5. La generación de mis abuelos visita sus redes sociales obsesivamente.

4 **Preguntas** En parejas, respondan las preguntas.

1. ¿Cómo te mantienes en contacto con tu familia y con tus amigos/as?

2. ¿Cómo te enteras de las noticias nacionales e internacionales?

3. ¿Has utilizado una máquina de escribir? ¿Qué ventajas crees que tiene esta herramienta?

5 **Fotogramas** En parejas, imaginen quiénes son los personajes y cómo es su relación. Respondan a las preguntas.

- ¿Quiénes son estos dos personajes?
- ¿Dónde viven?
- ¿Cómo es su relación?
- ¿Qué clase de conflicto hay entre ellos?

6 **Brecha generacional** En parejas, respondan las preguntas.

1. ¿Qué sorprende más a tus padres sobre tu generación?

2. ¿Cuáles son las cosas que más te sorprenden a ti de la generación de tus padres?

3. ¿Cómo crees que vivieron tus padres en su adolescencia?

4. ¿Es difícil para tus padres entender tu forma de divertirte y de relacionarte? ¿Por qué?

5. ¿Cómo crees que sería tu generación si no existieran ni Internet ni las redes sociales?

3 Use this activity to discuss the role technology plays in the generation gap between students and their parents and grandparents. Ask students to use vocabulary from **Lección 3, Un mundo conectado, p. 82,** to support their answers.

6 Ask students to practice using the subjunctive in adjective clauses as described in **Estructuras 4.1, p. 136.** Provide some examples: **No creo que mi padre tenga ninguna cuenta en Instagram / En mi familia no hay nadie que use Facebook.**

Video

Mejor cortometraje
award young jury Côte Bleue, France (2011)

Mejor cortometraje internacional
Cusco, Perú (2011)

sin
palabras

Dirigido por Bel Armenteros

MIGUEL RELLÁN | **ADRIÁN LAMANA**

Producción **LUIS VIDAL** Guion **ÁNGELA TRIGUEROS** Jefe de producción
MIGUEL ROCA Ayudante de dirección **PATRICIA GIL** Montaje **ANTÍA OTERO**
Sonido **QUIQUE ESPEJO** Dirección artística **VÍCTOR GUERRA**
Dirección de fotografía **JUDIT MARIJUAN MARÍN** Música **IVAN CAPILLAS**

ARGUMENTO *David tiene que pasar dos semanas con un hombre realmente insoportable: su abuelo.*

ABUELO ¿Y tu madre?
DAVID Tenía prisa, perdía el avión.
ABUELO Tu habitación está al final del pasillo.

DAVID Hola, papá, soy yo. Te quería hacer una pregunta. Era por si me podía quedar un par de semanas en tu casa. Es que yo prefiero estar contigo.

(Las manos temblorosas del abuelo sobre el teclado de una máquina de escribir.)

DAVID Oye, ¿quieres que te ayude?
ABUELO No sabes escribir a máquina.
DAVID Sé escribir en ordenador, no creo que sea tan distinto.

ABUELO Este es el que te ha partido la cara, ¿no? Pero si es un enclenque.
JOVEN Cállate, viejo, anda, no molestes, ¿vale?
ABUELO ¿Que me calle? ¿Cómo que me calle?

ABUELO ¿Tantas ganas tienes de marcharte que ya estás haciendo la maleta?
DAVID Mamá viene mañana temprano.
ABUELO ¿Mañana ya?

PREVIEW Ask students to study the photos carefully and to speculate how the images might be connected. Tell them to read the textual clues on the page and to pay special attention to how the mood progresses as the story evolves. As they come up with plausible story lines, ask them which of the images might be a key to the plot and why.

TEACHING OPTION After they watch the short film, discuss with students why its title is *Sin palabras*. Discuss how the characters feel about each other and how a feeling of fondness starts to grow between them. Have students check the script to see if David and his grandfather express those feelings verbally.

Análisis

1 Before they view the film, have students read these questions as a comprehension guide. After they watch it, ask them to answer the questions in pairs.

1

Comprensión Contesta las preguntas con oraciones completas.

1. ¿Por qué va David a casa de su abuelo? Porque su madre tiene que irse de viaje.

2. ¿A quién llama David desde su habitación? David llama a su padre.

3. ¿Por qué desayuna David café por las mañanas? Porque su abuelo no tiene leche.

4. ¿Qué trabajo tiene el abuelo de David? El abuelo de David es escritor.

5. ¿Cómo ayuda David a su abuelo? David ayuda a su abuelo a escribir a máquina.

6. ¿Quién es el joven que David y su abuelo se encuentran en el parque? Es un colega de David.

7. ¿Cómo cambia la relación de David con su abuelo después del incidente en el parque? ¿Cómo lo sabes? Se empiezan a llevar mejor. Los vemos reírse y jugar al ajedrez.

8. Al final de la película David y su abuelo se despiden. ¿Cuándo volverán a verse? Al día siguiente, a las nueve.

2 Before assigning this activity, discuss what a normal day in David's life might look like. Students should conclude that his parents are **separados** or **divorciados**. Ask how this situation might affect David's relationship with his grandfather. Ex: **¿Piensan que esta situación afecta la relación de David con su abuelo? ¿Por qué?**

2

Interpretar En parejas, contesten las preguntas.

1. ¿Por qué crees que la madre de David no quiere dejarlo solo en su casa?

2. ¿Cómo crees que es la vida familiar de David? ¿Por qué?

3. ¿Qué hace David para hacerse respetar de su abuelo?

4. ¿Cuáles pueden ser las razones del comportamiento del abuelo?

5. ¿Qué siente David por su abuelo? ¿Cómo lo sabes?

6. ¿Qué crees que siente el abuelo por su nieto? ¿Cómo lo demuestra?

7. ¿Cómo describirías la relación de David con su padre?

8. ¿Qué conflicto crees que hay entre la madre de David y el abuelo?

9. ¿Cómo cambia la vida del abuelo después de vivir dos semanas con David?

3 Before assigning this activity, establish that the items are not actual lines from the short, but rather things the characters might say based on what we know about them. Encourage students to write the lines on a separate piece of paper and cut out the lines to then organize the conversation into a logical sequence. Tell students that Facebook's *Likes* are called **"Me gusta."**

3

Redes sociales En parejas, y con base en lo que saben de los personajes, asignen cada texto a David o a su abuelo. Luego, ordénenlos y formen una conversación.

a. Mira, abuelo, esto es Facebook. Es muy divertido. Puedes ver los posts de tus amigos, y puedes dar "Me gusta". _____ / __1__

b. ¿Tienes 457 amigos? __4__ / _____

c. ¿Cómo que "Me gusta"? ¿Y no hay una opción que diga "Me parece una estupidez"? __2__ / _____

d. ¿En otro Facebook? ¿Qués es? ¿Un Facebook para viejos? _____ / __9__

e. No seas irrespetuoso con tu abuelo. __10__ / _____

f. Más social que tú, desde luego. ¿Cuántos amigos tienes? _____ / __7__

g. Muchísimos, pero están en otro Facebook, o como se llame. __8__ / _____

h. Pero abuelo, sería de mala educación. Recuerda que las personas que hay aquí son tus amigos. _____ / __3__

i. Sí, pero no los conozco personalmente a todos. Sólo a tres. _____ / __5__

j. ¡Ah, tres amigos en total! ¡Qué chico más social! __6__ / _____

4 **Nuevas tecnologías** En parejas, comenten cómo reacciona el abuelo de David ante las nuevas tecnologías. Respondan las preguntas.

1. ¿Cómo se comporta el abuelo de David con la computadora al inicio y al final del cortometraje?

2. ¿Qué semejanzas y diferencias encuentras entre las máquinas de escribir y las computadoras? ¿Qué crees que pensaba el abuelo de David sobre esto?

3. ¿Crees que algún día la tecnología será demasiado avanzada para ti? ¿Por qué?

5 **Hombres solitarios** En parejas, hablen del abuelo de David. Respondan las preguntas.

1. ¿Creen que el abuelo de David es mala persona? ¿Por qué?

2. ¿Por qué creen que el abuelo de David tiene esa personalidad?

3. ¿Es consciente el abuelo de David de lo antipático que es? ¿Por qué creen?

4. ¿Qué hace el abuelo de David por ser más agradable?

6 **Crítica** Escriban una reseña de *Sin palabras* basada en las siguientes escenas. Usen las preguntas como guía de escritura.

1. ¿Cómo describirías la situación en que se encuentran David y su abuelo?

2. ¿Crees que la forma en que David le habla a su abuelo es correcta? ¿Por qué?

3. ¿Cómo expresan su afecto mutuo David y su abuelo?

7 **Con palabras** En parejas, elijan una de estas situaciones e improvisen un diálogo. Utilicen seis palabras o expresiones de la lista. Después, represéntenlo delante de la clase.

ajedrez	enclenque	niñato/a
antipático/a	escribir a máquina	pulsar
apetecer	hiriente	tembloroso/a
chillar	huraño/a	torpe
colega	largarse	de mala educación
desagradecido/a	movida	de tal palo, tal astilla

A

Tu madre y tu abuelo no se llevan bien así que decides ayudarlos a mejorar su relación. Tu madre está sentada en un sofá leyendo un libro. Te acercas y le preguntas: "Mamá, ¿por qué no vas nunca a ver al abuelo?"

B

Tienes setenta años y usas tu ordenador con frecuencia para hablar con tu nieto por Skype. Estás muy emocionado y agradecido por todo lo que él te ha enseñado sobre computadoras e Internet y decides hablar con él para expresarle lo que sientes.

TEACHING OPTION
Replay the scene in which David's grandfather struggles to use the computer. Then say this sentence out loud: **¿Cómo que *control zeta*?** Explain to students that **cómo** is often used to express surprise or to request clarification. Ask students to use this structure during their conversation to clarify the meaning of words or phrases. Ex: **¿Cómo que huraño? ¿Cómo que es hiriente? ¿Cómo que brecha generacional?**

5 Before assigning this activity, replay the scenes in which David's grandfather seems to become reflective after being unfair to his grandson.

TEACHING OPTION
As they write their answers, ask students to use some of the verbs featured in **Estructuras 4.2,** such as **arrepentirse (de), darse cuenta (de), enterarse (de), preocuparse (por), quejarse (de),** and **sorprenderse (de).** Ex: **El abuelo de David se arrepiente de gritar a su nieto. / El abuelo de David se da cuenta de que tiene que ser más amable.**

6 Ask students to divide their review in two sections—a summary and a personal response. Encourage them to give their opinions on the acting, the plot, and other elements of the short.

Practice more at vhlcentral.com.

Reading

SUEÑA

La Panamericana

Imagina un viaje en automóvil por **Centroamérica**. Comenzarías en **Panamá** y terminarías en **Guatemala**, al sur de México. Al final de tu viaje habrás recorrido unos 2.500 kilómetros (1.553 millas), visitado seis países hispanohablantes y conocido sus capitales: **Ciudad de Panamá** (Panamá), **San José** (Costa Rica), **Managua** (Nicaragua), **Tegucigalpa** (Honduras), **San Salvador** (El Salvador) y **Ciudad de Guatemala** (Guatemala). También habrás admirado volcanes humeantes[1], como el **Volcán Poás** en Costa Rica, y las ruinas mayas de **Tikal** y **Copán** en Guatemala y Honduras, respectivamente.

La ruta ideal para realizar esta odisea es la **carretera**[2] **Panamericana**, o simplemente **la Panamericana**. En principio, esta carretera conectaría todo el continente americano, desde la Patagonia hasta Alaska. Sin embargo, fenómenos naturales como sismos, inundaciones, deslizamientos o erupciones volcánicas han destruido algunos tramos[3] y existe uno que aún no está construido. Entre Panamá y Colombia, en el **Tapón del Darién**, unos 90 kilómetros (56 millas) de densa selva montañosa interrumpen la continuidad de la ruta[4] intercontinental.

¡Arranquemos! Nuestra primera parada es el **canal de Panamá**, uno de los proyectos de transporte más

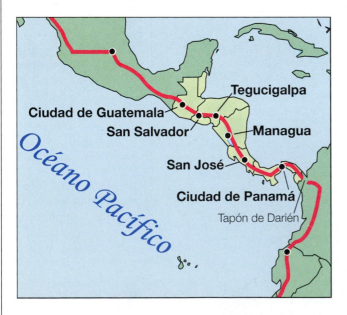

CENTRO

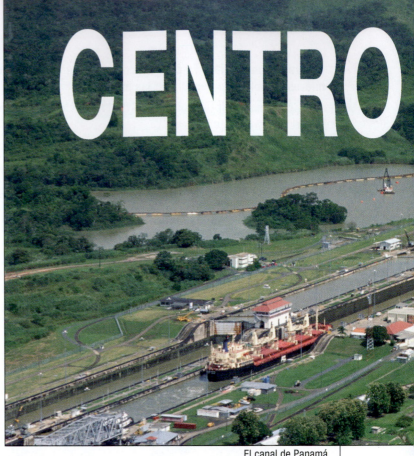

El canal de Panamá

ambiciosos del siglo XX. Fue propiedad de los Estados Unidos hasta 1999.

En la actualidad, alrededor de 14.000 buques[5] pasan cada año de un océano a otro a través del canal.

De Panamá nos dirigimos a Costa Rica, a visitar el **Parque Nacional Chirripó**. Subimos al cerro Chirripó, palabra indígena que significa "tierra de aguas eternas", de unos 3.800 metros (12.467 pies) de altura. En el camino[6] vemos una gran variedad de animales, como jaguares, tapires y quetzales.

Pasamos a Managua, capital de **Nicaragua**, donde hacemos una excursión al **lago de Nicaragua**. Es el único lago donde subsisten tiburones[7] que se adaptaron al agua dulce[8] hasta poder reproducirse en ella.

Continuamos hacia el segundo arrecife[9] de coral más grande del mundo: las **Islas de la Bahía**, en la costa norte de Honduras. El 95% de las especies de coral del **Caribe** se encuentran en esta región. Las tres islas de **Roatán**, **Guanaja** y **Utila** son algunas de las atracciones turísticas más populares.

Seguimos por **El Salvador**, donde probamos las famosas **pupusas**. Por todas partes encontrarás *pupuserías* que preparan estas delicias, similares a una tortilla gruesa[10] y blanda, rellenas de queso, pollo o cerdo.

AMÉRICA

Finalmente, en Guatemala visitamos las ruinas de **Tikal**, una de las ciudades más importantes de la civilización **maya**. Miles de turistas las visitan anualmente, pero también millones de personas las han visto porque este lugar sirvió de locación al filmar una base rebelde en la película *La guerra de las galaxias: Episodio IV, Una nueva esperanza*[11].

[1] *smoldering* [2] *highway* [3] *stretches* [4] *road* [5] *ships* [6] **En el...** *Along the way* [7] *sharks* [8] **agua...** *fresh water* [9] *reef* [10] *thick* [11] *Star Wars: Episode IV, A New Hope*

El español de Centroamérica

los abarrotes	provisiones; *groceries* (Guat., Pan.)
el agua	refresco; *soda, soft drink* (Guat.)
el cartucho	bolsa; *(plastic) bag* (Pan.)
chivísimo	fantástico; *great, cool* (E.S.)
el fresco	refresco; *soft drink* (C.R., Hond.)
fulear	poner gasolina; *to get gas* (Nic.)
la pulpería	bodega; *grocery store* (C.R., Hond., Nic.)

Expresiones

hacer gallo	acompañar; *to accompany* (E.S.)
¡Pura vida!	¡Muy bien!; *Great!* (C.R.)
ser de alante	ser valiente; *to be brave* (Pan.)

¡Celebremos las tradiciones!

Semana Santa La celebración de **Semana Santa** en **Antigua, Guatemala,** es una tradición viva. Cientos de personas participan  en las procesiones y ayudan a cargar las tarimas[1], llamadas **andas**, que pesan 3,5 toneladas[2]. La gente decora las ventanas y las iglesias para la procesión, pero lo más extraordinario son las alfombras[3] que cada año se hacen a mano con aserrín[4] teñido[5] de colores vivos y con pétalos de flores sobre las calles por donde pasa la procesión.

Día de la independencia **Costa Rica** tiene una de las más antiguas democracias del continente americano. A diferencia de los países de Suramérica, su independencia de España se firmó de manera pacífica y se celebra cada 15 de septiembre, como en los demás países centroamericanos,  excepto Panamá. Se festeja con desfiles[6] patrióticos y música. Los niños llevan linternas hechas a mano a estas fiestas llenas de color. Uno de sus expresidentes, Óscar Arias Sánchez (1986–1990 y 2006–2010), recibió el **Premio Nobel de la Paz**[7] en 1987.

Carnavales La popularidad de los carnavales en **Panamá** es comparable con la de los famosos carnavales brasileños. Celebradas en **Panamá** desde principios del siglo XX, estas  grandiosas fiestas duran cuatro días y cinco noches. Los panameños disfrutan de desfiles magníficos, carrozas espectaculares, máscaras[8], disfraces[9] de todo tipo y comida variada. Las celebraciones más grandes tienen lugar en la **Ciudad de Panamá** y en **Las Tablas**.

San Jerónimo El pueblo de **Masaya** en **Nicaragua** es conocido por el festival que celebra al santo patrón, **San Jerónimo**. La fiesta, de unos 80 días, comienza el 20 de septiembre con **"el Día de la Bajada"**[10] de la imagen de San Jerónimo, y no termina hasta la primera semana de diciembre. Con bailes folklóricos, música, flores y rica comida, esta fiesta colorida integra tradiciones indígenas con el catolicismo.

[1] *wooden floats* [2] *tons* [3] *carpets* [4] *sawdust* [5] *dyed* [6] *parades* [7] **Premio...** *Nobel Peace Prize* [8] *masks* [9] *costumes* [10] **Día de...** *Day when the saint is brought down*

GALERÍA DE CREADORES

PINTURA Armando Morales

El nicaragüense Armando Morales, nacido en 1927, es un pintor contemporáneo que disfruta de fama internacional. Sus creaciones artísticas incluyen desnudos femeninos, escenas cotidianas, naturalezas muertas (*still lifes*) y representaciones de hechos históricos que nacen de las imágenes de sus recuerdos. En 1959 recibió el Premio Ernest Wolf al Mejor Artista Latinoamericano, en la V Bienal de Arte Moderno de São Paulo (Brasil). *Desnudo sentado* (1971); *Bodegón, ciruela y peras* (1981); *Bañistas en la tarde y coche* (1984); *Adiós a Sandino* (1985) y *Selva* (1987) son cinco de sus obras más conocidas. Aquí vemos el cuadro titulado *Dos peras en un paisaje* (1973).

LITERATURA Gioconda Belli

El compromiso sociopolítico y la lucha por la liberación de la mujer son las líneas temáticas que marcan la obra de la poeta, novelista y bloguera nicaragüense Gioconda Belli. *Línea de fuego,* libro de poemas con el que obtuvo el prestigioso Premio Casa de las Américas en 1978 y *La mujer habitada* (1988) sobresalen (*stand out*) entre sus obras más leídas. En 2010, *El país de las mujeres* ganó el Premio Hispanoamericano de Novela *La Otra Orilla*. En 2013 publicó el poemario *En la avanzada juventud*, y en el año 2014, la novela *El intenso calor de la luna*. Además en ese año fue reconocida con el Premio al Mérito Literario Internacional Andrés Sabella, en el marco de (*as part of*) la Feria Internacional del Libro de Antofagasta (Chile). En su blog escribe sobre sus experiencias de vida, sus viajes y también ofrece pequeños fragmentos de sus obras a sus seguidores.

ARTESANÍA La mola

En las islas panameñas del archipiélago de San Blas viven los kunas. Esta tribu indígena es conocida por la mola, su más creativa expresión artística que realizan casi exclusivamente las mujeres. La mola es un tipo de bordado (*embroidery*) intrincado que adorna las blusas de las mujeres kuna y que forma parte de su vestido tradicional. Además de blusas, las molas pueden adornar cualquier objeto que se desee. Aunque los motivos (*motifs*) más populares son los diseños geométricos y elementos del mundo natural, también son frecuentes los diseños modernos. Las molas no son sólo atractivas para los turistas; muchas son consideradas verdaderas piezas de arte muy preciadas (*valued*) entre los coleccionistas.

PINTURA Mauricio Puente

Nació en El Salvador en 1918 y actualmente reside en los Estados Unidos, donde continúa dictando cursos de pintura al óleo. Pintor autodidacta, empezó a pintar a los siete años y siempre ha explorado su pasión por la pintura. A lo largo de los años ha cultivado un estilo muy personal que se puede admirar en sus cuadros en galerías de arte de todo el mundo. Su especialidad son las acuarelas (*watercolors*) y los óleos; domina a la perfección la técnica de la espátula (*palette knives*) y su talento para dibujar es admirable. La obra *Caserío* muestra un paisaje salvadoreño y es un ejemplo representativo de su estilo.

¿Qué aprendiste?

1 **Cierto o falso** Indica si estas afirmaciones son ciertas o falsas. Corrige las falsas.

1. La Panamericana pasa por tres países de Centroamérica. *Falso. Pasa por seis países de Centroamérica.*

2. En el lago de Nicaragua hay tiburones. *Cierto.*

3. Armando Morales y Mauricio Puente son pintores nicaragüenses. *Falso. Armando Morales es nicaragüense, pero Mauricio Puente es salvadoreño.*

4. El 20 de septiembre Costa Rica celebra su día de la independencia de España. *Falso. El 15 de septiembre Costa Rica celebra su día de la independencia de España.*

5. El festival de San Jerónimo en Masaya, Nicaragua, dura aproximadamente ochenta días. *Cierto.*

6. La mola es una expresión artística de los mayas. *Falso. La mola es una expresión artística que realizan los kunas.*

2 **Preguntas** Contesta las preguntas.

1. ¿En qué estilos se especializa el pintor salvadoreño Mauricio Puente? *Se especializa en acuarelas y óleos.*

2. ¿De qué se rellenan las pupusas? *Las pupusas se rellenan de queso, pollo o cerdo.*

3. ¿De qué están hechas las alfombras en la celebración de Semana Santa en Antigua, Guatemala? *Las alfombras están hechas de aserrín teñido de colores vivos y de pétalos de flores.*

4. ¿De cuáles ciudades son los carnavales más grandes de Panamá? *Los carnavales más grandes de Panamá son los de Ciudad de Panamá y Las Tablas.*

5. ¿Qué líneas temáticas caracterizan la obra de Gioconda Belli? *El compromiso sociopolítico y la lucha por la liberación de la mujer marcan su obra.*

6. ¿Qué artista de la Galería te interesa más? ¿Por qué? *Answers will vary.*

3 **Centroamérica** En parejas, comenten lo que aprendieron de Centroamérica y la carretera Panamericana. Luego, complementen sus conocimientos haciéndose preguntas sobre los aspectos de la lista.

> **Modelo** —¿Cuál es el único país centroamericano que no celebra su independencia el 15 de septiembre?
>
> —Panamá es el único país que no la celebra el 15 de septiembre.

- La celebración de la independencia el 15 de septiembre

- Escenarios naturales en el recorrido de la Panamericana

- Los animales que se ven camino al cerro Chirripó en Costa Rica

- Las tradiciones de San Jerónimo en Masaya, Nicaragua

- Los ingredientes de las pupusas

Practice more at
vhlcentral.com.

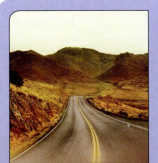

PROYECTO

Odisea por Centroamérica

Organiza una travesía por las seis capitales centroamericanas que se mencionan en el artículo. Antes de empezar el viaje investiga información adicional en Internet.

- Explora una atracción importante por su valor histórico, cultural o natural en cada capital.

- Escribe una entrada para tu blog o para tu diario sobre la atracción que explores en cada capital.

- Explica tu aventura a tus compañeros/as de clase. Cuéntales lo que viste y aprendiste, léeles tus impresiones y muéstrales fotos de los lugares que visitaste.

De compras en Barcelona

Hacer las compras tal vez te parezca una actividad aburrida y poco glamorosa, pero ¡te equivocas! En este episodio de **Flash Cultura** podrás pasear por el antiguo y popular mercado de La Boquería en Barcelona y descubrir una manera distinta de elegir los mejores productos en tiendas especializadas.

Vocabulario

amplio/a *broad, wide*

el buñuelo *fritter*

el carrito *shopping cart*

la charcutería *delicatessen*

la gamba *(Esp.) shrimp*

los mariscos *seafood*

las patas traseras *hind legs*

el puesto *market stand*

1

Preparación ¿Qué productos españoles típicos conoces? ¿Cuál te gustaría más probar?

2

Comprensión Indica si estas afirmaciones son ciertas o falsas. Después, en parejas, corrijan las falsas.

1. Las Ramblas de Barcelona son amplias avenidas. Cierto.

2. En La Boquería debes elegir un carrito a la entrada y pagar toda la compra al final. Falso. En La Boquería no hay carritos y en cada parada se debe pagar la compra.

3. Hay distintos tipos de jamón serrano según la curación y la región. Cierto.

4. Barcelona ofrece una gran variedad de mariscos y pescados frescos porque es un puerto marítimo. Cierto.

5. En España, la mayoría de las tiendas cierra al mediodía durante media hora. Falso. Las tiendas cierran durante tres horas.

6. Las panaderías abren todos los días menos los domingos. Falso. Las panaderías están abiertas también los domingos.

3

Expansión En parejas, contesten estas preguntas.

- ¿Prefieres hacer las compras en tiendas pequeñas y mercados tradicionales o en un supermercado normal? ¿Por qué?

- ¿Te levantas temprano para comprar el pan o algún otro producto los domingos? ¿Qué producto es tan esencial para la gente de tu país como el pan para los españoles?

- ¿Te parece bien que las tiendas cierren a la hora de la siesta? ¿Para qué usarías tú todo ese tiempo?

Corresponsal: Mari Carmen Ortiz
País: España

La Boquería es un paraíso para los sentidos: olores de comida, el bullicio° de la gente, colores vivos se abren a tu paso mientras haces tus compras.

Hay tiendas que nunca cierran a la hora de comer: las tiendas de moda y los grandes almacenes°. Pero aún éstas tienen que cerrar tres domingos al mes.

El jamón serrano es una comida típica española y es servido con frecuencia en los bares de tapas°.

bullicio *hubbub* **almacenes** *department stores* **tapas** *Spanish appetizers*

Practice more at vhlcentral.com.

ESTRUCTURAS

TALLER DE CONSULTA

This additional grammar topic is covered in the **Manual de gramática, Lección 4.**

4.4 *To become:* **hacerse, ponerse,** and **volverse, p. 250**

¡ATENCIÓN!

An adjective clause (**oración subordinada adjetiva**) is a subordinate clause that describes a noun or pronoun, called the antecedent, in the main clause.

INSTRUCTIONAL RESOURCES
Supersite: Audioscripts, SAM AK, Lab MP3s
SAM/WebSAM: WB, LM

Point out that while **que** is the most common connector, conjunctions like **donde** and **en que** can also be used before adjective clauses. Ex: **¿Hay algún restaurante donde se sirva comida guatemalteca?**

Remind students that one of the main characteristics of the subjunctive is the idea of uncertainty.

 **Presentation**

4.1 The subjunctive in adjective clauses

- When an adjective clause describes an antecedent that is known to exist, use the indicative. When the antecedent is unknown or uncertain, use the subjunctive.

MAIN CLAUSE: ANTECEDENT UNCERTAIN	CONNECTOR	SUBORDINATE CLAUSE: SUBJUNCTIVE
Busco un trabajo	**que**	**pague** bien.

Antecedent certain → Indicative	Antecedent uncertain → Subjunctive
Necesito el libro que **tiene** información sobre los prejuicios sociales. *I need the book that has information about social prejudices.*	Necesito un libro que **tenga** información sobre los prejuicios sociales. *I need a book that has information about social prejudices.*
Buscamos los documentos que **describen** el patrimonio de nuestros antepasados. *We're looking for the documents that describe our ancestors' heritage.*	Buscamos documentos que **describan** el patrimonio de nuestros antepasados. *We're looking for (any) documents that (may) describe our ancestors' heritage.*
Tiene un esposo que la **trata** con respeto y comprensión. *She has a husband who treats her with respect and understanding.*	Quiere un esposo que la **trate** con respeto y comprensión. *She wants a husband who will treat her with respect and understanding.*

*Muchos prefieren un café que no **tenga** azúcar.*

- When the antecedent of an adjective clause is a negative pronoun (**nadie, ninguno/a**), the subjunctive is used.

Antecedent certain → Indicative	Antecedent uncertain → Subjunctive
Elena tiene tres parientes que **viven** en San José. *Elena has three relatives who live in San José.*	Elena no tiene **ningún** pariente que **viva** en Limón. *Elena doesn't have any relatives who live in Limón.*
De los cinco nietos, hay dos que **se parecen** a la abuela. *Of the five grandchildren, there are two who resemble their grandmother.*	De todos mis nietos, no hay **ninguno** que **se parezca** a mí. *Of all my grandchildren, there's not one who looks like me.*
En mi patria, hay muchos que **apoyan** al candidato conservador. *In my homeland, there are many who support the conservative candidate.*	En mi familia, no hay **nadie** que **apoye** al candidato conservador. *In my family, there is nobody who supports the conservative candidate.*

- Do not use the personal **a** with direct objects that represent hypothetical persons.

Antecedent uncertain → Subjunctive	Antecedent certain → Indicative
Busco un abogado que **sea** honrado. *I'm looking for a lawyer who is honest.*	Conozco **a** un abogado que **es** honrado, justo e inteligente. *I know a lawyer who is honest, fair, and smart.*

- Use the personal **a** before **nadie** and **alguien**, even when their existence is uncertain.

Antecedent uncertain → Subjunctive	Antecedent certain → Indicative
No conozco **a nadie** que **se queje** tanto como mi suegra. *I don't know anyone who complains as much as my mother-in-law.*	Yo conozco **a alguien** que **se queja** aún más... ¡la mía! *I know someone who complains even more... mine!*

- The subjunctive is commonly used in questions with adjective clauses when the speaker is trying to find out information about which he or she is uncertain. If the person who responds knows the information, the indicative is used.

Antecedent uncertain → Subjunctive	Antecedent certain → Indicative
¿Me recomienda usted un buen restaurante que **esté** cerca de aquí? *Can you recommend a good restaurant that is nearby?*	Sí, el restaurante de mi yerno **está** muy cerca y **es** excelente. *Yes, my son-in-law's restaurant is nearby, and it's excellent.*
Oigan, ¿no me pueden poner algún apodo que me **quede** mejor? *Hey guys, can't you give me a nickname that fits me better?*	Bueno, si tú insistes, pero Flaco es el apodo que te **queda** mejor. *OK, if you insist, but Skinny is the nickname that suits you best.*

Remind students that the personal **a** is not used after the verbs **haber** and **tener**, regardless of whether or not the person is hypothetical. Ex: **No hay nadie que.../ Hay una mujer que.../ Tengo un novio que.../No tengo ningún amigo que...**

Si leyó en **Gente** algo con lo que no está de acuerdo, discútalo con alguien que le preste atención. Con **Gente**.

Nos gusta saber lo que piensa. Envíe sus mensajes electrónicos al buzón de **Gente**.

Revista Gente
Correo-e:
suscriptores@revistagente.com
México, D.F.

Práctica

1 Have pairs of students check each other's work. Then have them rephrase each sentence as a personal statement, inventing their own endings. Ex: **Tengo un(a) compañero/a de cuarto que.../No conozco a nadie que...**

1 **Combinar** Combina las frases de las dos columnas para formar oraciones lógicas. Decide qué oraciones necesitan el subjuntivo y cuáles el indicativo.

  c 1. Mario tiene un hermano que

  d 2. Tengo dos cuñados que

  e/a 3. No conozco a nadie que

  e/a 4. Pedro busca una novia que

  b 5. Quiero tener nietos que

a. sea alta y artística.

b. sean respetuosos y estudiosos.

c. canta cuando se ducha.

d. hablan alemán.

e. entienda más de dos idiomas.

2 **El agente de viajes** Gabriela va a ir de vacaciones a Montelimar, Nicaragua, y le escribe un correo electrónico a su agente de viajes explicándole sus planes. Completa el correo con el subjuntivo o el indicativo.

Nota CULTURAL

Nicaragua es el país más grande de **Centroamérica** y posee una variada geografía compuesta por lagos, ríos, volcanes, bosques y playas. **Montelimar**, en particular, es uno de los centros turísticos más completos de Centroamérica por sus playas de arena fina, paisajes exóticos y hoteles lujosos.

✉ Mensaje — Recibidos —Viaje a Montelimar   21 de julio de 2018, 10:09 AM

De   Gabriela <gabriela@micorreo.com>

Para   Santiago <santiago@micorreo.com>

Bandeja de entrada | Responder | Reenviar

Querido Santiago:

Estoy muy contenta porque el mes que viene voy a viajar a Montelimar para tomar unas vacaciones. He estado pensando en el viaje y quiero decirte qué me gustaría hacer. Quiero ir a un hotel que (1) ___sea___ (ser) de cinco estrellas y que (2) ___tenga___ (tener) vista al mar. Me gustaría hacer una excursión que (3) ___dure___ (durar) varios días y que me (4) ___permita___ (permitir) ver el famoso Lago de Nicaragua. ¿Qué te parece?

Mi hermano me dice que en la principal agencia de viajes de Montelimar hay un guía turístico llamado Luis Eduardo que (5) ___conoce___ (conocer) algunos lugares exóticos y que me (6) ___puede___ (poder) llevar a verlos. Al parecer, Luis Eduardo es muy conocido en la zona porque (7) ___tiene___ (tener) mucha clientela. La gente dice que (8) ___es___ (ser) un guía muy simpático y divertido. ¡Tal como a mí me gusta! ¿Crees que lo puedes localizar?

Espero tu respuesta,

Gabriela

📁 Más recientes | 🗑 5 de 1202 | ◀ Anteriores

2 As a project, have students research Nicaragua and prepare a complete itinerary for Gabriela, complete with photographs and detailed descriptions of the areas she will visit.

3 **Reunión familiar** Completa las oraciones con las opciones de la lista. Haz los cambios necesarios.

> gustarle a tío Alberto
> hacer cortes de pelo modernos
> dedicarse a organizar
>
> ser festivo/a
> venir a limpiar
> tocar merengue

3 Provide true-or-false statements about each item to help students decide whether each noun is certain or uncertain. Ex: **Ana Paola ya ha decidido cuál de las bandas de merengue prefiere para la fiesta. (cierto)**

1. Ana Paola piensa reservar la banda Son y Sabor, que ___toca merengue___.

2. Sebastián busca un peluquero que ___haga cortes de pelo modernos___.

3. Ana Paola prepara para la fiesta el plato que ___le gusta a tío Alberto___.

4. Sebastián quiere comprar decoraciones que ___sean festivas___.

5. Al final, Ana Paola va a contratar una compañía que ___venga a limpiar___.

6. Ana Paola lo hará todo porque no conoce a ningún pariente que ___se dedique a organizar___ eventos familiares.

Comunicación

4 **Sueños y realidad** En parejas, hablen sobre lo que estos personajes tienen y lo que desean tener. Utilicen el subjuntivo y el indicativo según corresponda, y las palabras de la lista.

> **Modelo** María Teresa tiene un novio que enseña Historia en la universidad y que es muy responsable, pero ella sueña con tener un novio que toque la guitarra eléctrica y que sea muy rebelde.

buscar	apartamento
conocer	computadora
necesitar	hermano/a
querer	mascota (*pet*)
tener	vecino/a

4 Have each pair add two more words to the list and create their own statements. Call on students to share their partners' responses.

5 **Anuncios** En grupos de cuatro, describan detalladamente lo que buscan la familia Pérez y los hermanos Silva usando el indicativo o el subjuntivo. Después, escriban dos anuncios más para enseñárselos a la clase.

Mascotas

La familia Pérez busca a su perro Tomás, que se perdió en el parque. Aquí tienen una foto de él.

Se busca

Miguel y Carlos Silva buscan un guía turístico para su viaje a los volcanes de Nicaragua.

5 Ask students to bring in samples from the classifieds section of a Spanish-language newspaper. Read and discuss several examples as a class.

6 **El ideal** En parejas, imaginen cómo es el/la compañero/a ideal en cada una de estas situaciones. Utilicen el subjuntivo o el indicativo de acuerdo a la situación.

> **Modelo** Lo ideal es vivir con alguien que no se queje demasiado.

Alguien con quien...

- vivir
- trabajar
- ver películas de amor o de aventuras
- dar un paseo
- comprar ropa
- estudiar
- viajar por el Sahara
- cocinar

6 For each situation listed, call on students and ask specific questions. Ex: **¿Cómo es tu compañero/a de cuarto? ¿Qué buscas en un(a) buen(a) compañero/a?**

INSTRUCTIONAL RESOURCES
Supersite: Audioscripts, SAM AK, Lab MP3s
SAM/WebSAM: WB, LM

Remind students that the English equivalents of most Spanish reflexive verbs do not require reflexive pronouns (*myself, yourself,* etc.). Ex: **Jaime se despertó.** *Jaime woke up.* Unlike English, Spanish does not make frequent use of possessive adjectives. Ex: **Me pongo los zapatos.** *I'm putting on my shoes.*

4.2

Presentation

Reflexive verbs

- In a reflexive construction, the subject of the verb both performs and receives the action. Reflexive verbs (**verbos reflexivos**) always use reflexive pronouns (**me, te, se, nos, os, se**).

Reflexive verb

Elena **se lava** la cara.

Non-reflexive verb

Elena **lava** los platos.

Reflexive verbs	
lavarse *to wash (oneself)*	
yo	**me lavo**
tú	**te lavas**
Ud./él/ella	**se lava**
nosotros/as	**nos lavamos**
vosotros/as	**os laváis**
Uds./ellos/ellas	**se lavan**

- Many of the verbs used to describe daily routines and personal care are reflexive.

acostarse *to go to bed*	**dormirse** *to fall asleep*	**peinarse** *to comb (one's hair)*
afeitarse *to shave*	**ducharse** *to take a shower*	**ponerse** *to put on (clothing)*
arreglarse *to dress up*	**lavarse** *to wash (oneself)*	**secarse** *to dry off*
bañarse *to take a bath*	**levantarse** *to get up*	**quitarse** *to take off (clothing)*
cepillarse *to brush (one's hair, teeth)*	**maquillarse** *to put on makeup*	**vestirse** *to get dressed*
despertarse *to wake up*		

¡ATENCIÓN!

A transitive verb takes an object. An intransitive verb does not take an object.

Transitive:

Mariela compró <u>dos boletos</u>. *Mariela bought two tickets.*

Intransitive:

Johnny nació en México. *Johnny was born in Mexico.*

- In Spanish, most transitive verbs can also be used as reflexive verbs to indicate that the subject performs the action to or for himself or herself.

Félix **divirtió** a los invitados con sus chistes.
Félix amused the guests with his jokes.

Félix **se divirtió** en la fiesta.
Félix had fun at the party.

Ana **acostó** a los gemelos antes de las nueve.
Ana put the twins to bed before nine.

Ana **se acostó** muy tarde.
Ana went to bed very late.

- Many verbs change meaning when they are used reflexively.

aburrir *to bore*	**aburrirse** *to become bored*
acordar *to agree*	**acordarse (de)** *to remember*
comer *to eat*	**comerse** *to eat up*
dormir *to sleep*	**dormirse** *to fall asleep*
ir *to go*	**irse (de)** *to leave*
llevar *to carry*	**llevarse** *to carry away*
mudar *to change*	**mudarse** *to move (change residence)*
parecer *to seem*	**parecerse (a)** *to resemble, to look like*
poner *to put*	**ponerse** *to put on (clothing)*
quitar *to take away*	**quitarse** *to take off (clothing)*

Write several sentence pairs on the board to illustrate the differences in meaning. Ex: **Pareces cansado.** *You seem tired.* **Te pareces a tu media hermana.** *You look like your half sister.*

- Some Spanish verbs and expressions are reflexive even though their English equivalents may not be. Many of these are followed by the prepositions **a, de,** and **en**.

acercarse (a) *to approach, to get close*	**fijarse (en)** *to take notice (of)*
arrepentirse (de) *to regret*	**morirse (de)** *to die (of)*
atreverse (a) *to dare (to)*	**olvidarse (de)** *to forget (about)*
convertirse (en) *to become*	**preocuparse (por)** *to worry (about)*
darse cuenta (de) *to realize*	**quejarse (de)** *to complain (about)*
enterarse (de) *to find out (about)*	**sorprenderse (de)** *to be surprised (about)*

Have the class play charades using the reflexive verbs listed on **pp. 140–141**. Then have students take turns giving each other commands to pantomime.

- *To get* or *become* is frequently expressed in Spanish by the reflexive verb **ponerse** + [*adjective*].

Mi hijo **se pone feliz** cuando nos visitan los abuelos.
My son gets happy when our grandparents visit us.

Si no duermo bien, **me pongo insoportable**.
If I don't sleep well, I become unbearable.

- In the plural, reflexive verbs can express reciprocal actions done *to one another*.

¡Mi esposa y yo **nos peleamos** demasiado!
My wife and I fight too much!

¿Será porque ustedes no **se respetan**?
Could it be because you don't respect each other?

- The reflexive pronoun precedes the direct object pronoun when they are used together in a sentence.

¿Te comiste el pastel?
Did you eat the whole cake?

Sí, **me lo** comí todo.
Yes, I ate it all up.

TALLER DE CONSULTA

Hacerse and **volverse** also mean *to become*. See **Manual de gramática, 4.4, p. 250.**

When used with infinitives and present participles, reflexive pronouns follow the same rules of placement as object pronouns. See **3.2, pp. 102–103.**

The use of **se** with indirect object pronouns to express unplanned events is covered in **7.3, p. 257.** Ex: **Se me perdieron las llaves.**

Práctica

1 As a warm-up, ask students about their own schedules. Ex: **¿A qué hora te levantas?**

1 Have students work in pairs to describe what they did last night and this morning.

2 Imagine that Eduardo's grandfather is 103 years old. Have students describe his Saturday schedule.

1 **Reflexivos** Completa las oraciones conjugando cada verbo de forma reflexiva, si es el caso. Agrega el pronombre cuando sea necesario.

1. Yo siempre ___duermo___ (dormir/dormirse) bien cuando estoy en mi casa de verano.

2. Pablo, ¿___te acuerdas___ (acordar/acordarse) de cuando fuimos de vacaciones a Cancún hace dos años?

3. Víctor es ese bebé de allí que ___se parece___ (parecer/parecerse) tanto a su padre.

4. No me gusta esta fiesta. Quiero ___irme___ (ir/irse) cuanto antes.

5. Carolina y Miguel ___llevan___ (llevar/llevarse) a los niños a esa escuela.

6. Eduardo va a ___ponerse___ (poner/ponerse) una camisa nueva.

2 **Todos los sábados**

A. En parejas, describan la rutina que siguen Eduardo y sus amigos todos los sábados.

Eduardo — Se despierta/levanta.

Marcos — Se ducha.

Nicolás — Se afeita.

Sandra — Se cepilla los dientes.

Carlos — Se viste.

Mónica — Se maquilla.

B. ¿Qué hacen los sábados por la mañana otros cuatro amigos de Eduardo? Describan sus rutinas. Utilicen verbos reflexivos y sean creativos.

Comunicación

3 Call on students to report their results.

3

¿Y tú? En parejas, túrnense para hacerse estas preguntas. Contesten con oraciones completas y expliquen sus respuestas.

1. ¿A qué hora te despiertas regularmente los lunes por la mañana? ¿Por qué?
2. ¿Te duermes en las clases?
3. ¿A qué hora te acuestas normalmente los fines de semana?
4. ¿A qué hora te duchas durante la semana?
5. ¿Te levantas siempre a la misma hora que te despiertas? ¿Por qué?

6. ¿Qué te pones para salir los fines de semana? ¿Y tus amigos?
7. ¿Cuándo te vistes elegantemente?
8. ¿Te diviertes cuando vas a una discoteca? ¿Y cuando vas a una reunión familiar?
9. ¿Te fijas en la ropa que lleva la gente?
10. ¿Te preocupas por tu imagen?

11. ¿De qué se quejan tus amigos regularmente? ¿Y tus padres u otros miembros de la familia?
12. ¿Conoces a alguien que se preocupe constantemente por todo?
13. ¿Te arrepientes a menudo de las cosas que haces?
14. ¿Te peleas con tus amigos? ¿Y con tus familiares?
15. ¿Te sorprendes de una costumbre o un hábito de alguna persona mayor que conoces?

4

En un café Imagina que estás en un café y ves a tu exnovio/a besándose con alguien. ¿Qué haces? En grupos de tres, representen la escena. Utilicen por lo menos cinco verbos de la lista.

4 As a follow-up writing assignment, have students write an e-mail to their ex.

acercarse	atreverse	enterarse	ponerse
acordarse	convertirse	fijarse	preocuparse
alegrarse	darse cuenta	irse	quejarse
arrepentirse	enojarse	olvidarse	sorprenderse

INSTRUCTIONAL RESOURCES
Supersite: Audioscripts, SAM AK, Lab MP3s
SAM/WebSAM: WB, LM

4.3

 **Presentation**

Por and *para*

- **Por** and **para** are both translated as *for*, but they are not interchangeable.

*Para **borrar** tienes que pulsar control y zeta.*

*Es sólo **por** un par de semanas.*

Explain that **para** is often used with adverbs to indicate *"in the direction of."* Ex: **para arriba** *upwards* **para atrás** *backwards*

VARIACIÓN LÉXICA Point out that in spoken Spanish many native speakers often drop the second syllable of **para**. Ex: **p'arriba, p'abajo**

Uses of *para*

Destination (toward, in the direction of)	David sale **para** España pronto. *David is leaving for Spain soon.*
Deadline or a specific time in the future (by, for)	El libro debe estar listo **para** las 12. *The book should by ready by 12.*
Goal (**para** + [*infinitive*]) (in order to)	**Para** terminar el libro a tiempo, David trabaja día y noche. *In order to finish the book on time, David works day and night.*
Purpose (**para** + [*noun*]) (for, used for)	David compró la comida **para** la semana. *David bought food for the week.*
Recipient (for)	Él ahorró dinero **para** David. *He saved money for David.*
Comparison with others or opinion (for, considering)	**Para** ser tan joven, él ha leído mucho. *For being so young, he has read a lot.*
	Para el abuelo, su nieto es muy inteligente. *For the grandfather, his grandson is very intelligent.*
Employment (for)	David trabaja **para** su abuelo. *David works for his grandfather.*

Additional expressions with **para**:
para que *so that*
¿para qué? *what for?*

Expressions with *para*

no estar para bromas *to be in no mood for jokes*	**para colmo** *to top it all off*
	para que sepas *just so you know*
no ser para tanto *to not be so important*	**para siempre** *forever*

Remember to use the infinitive, not the subjunctive, after **para** if there is no change of subject.

Me despierto a las cinco para llegar temprano.
I wake up at five in order to arrive early.

- Note that the expression **para que** is followed by the subjunctive.

David usa la máquina de escribir **para que** su abuelo **termine** el libro.
David uses the typewriter so that his grandfather will finish the book.

*Te he comprado leche **para** el desayuno.*

Uses of *por*

Motion or a general location (along, through, around, by)	David entró **por** la puerta y lo saludó. *David entered through the door and greeted him.*
Duration of an action (for, during, in)	El muchacho quiere quedarse **por** varios días. *The boy wants to stay for a few days.*
Reason or motive for an action (because of, on account of, on behalf of)	Él ayuda a su abuelo **por** razones personales. *He is helping his grandfather for personal reasons.*
Object of a search (for, in search of)	David fue a la cocina **por** el café. *David went to the kitchen for coffee.*
Means by which (by, by way of, by means of)	Su madre lo llamó **por** teléfono. *His mother called him on the phone.*
Exchange or substitution (for, in exchange for)	Cambió la máquina de escribir **por** una computadora. *He exchanged the typewriter for a computer.*
Unit of measure (per, by)	El metro puede ir a 50 km **por** hora. *The subway can go 50 km per hour.*
Agent (passive voice) (by)	El libro fue escrito **por** su abuelo. *The book was written by his grandfather.*

Expressions with *por*

por allí/aquí *around there/here*	**por lo tanto** *therefore*
por casualidad *by chance/accident*	**por lo visto** *apparently*
por ejemplo *for example*	**por más/mucho que** *no matter how much*
por eso *therefore, for that reason*	**por otro lado/otra parte** *on the other hand*
por fin *finally*	**por primera vez** *for the first time*
por lo general *in general*	**por si acaso** *just in case*
por lo menos *at least*	**por supuesto** *of course*

¡ATENCIÓN!

In many cases it is grammatically correct to use either **por** or **para** in a sentence. The meaning of each sentence, however, is different.

Trabajó por Alberto.
He worked for (in place of) Alberto.

Trabajó para Alberto.
He worked for (in the employment of) Alberto.

TALLER DE CONSULTA

The passive voice is discussed in detail in **Manual de gramática, p. 268.**

Point out that **por** is always used with **gracias**. Ex: **Gracias por la cena.** Additional expressions with **por**:
por ahora *for the time being*
por cierto *by the way*
¡por Dios! *for God's sake!*
por escrito *in writing*

Práctica

1 As an oral project, have students research Costa Rica's national parks and biological reserves and present their findings.

2 Have students write a second letter to José's grandmother at the end of the month, describing his time in Panama. Ask students to use **por** and **para** at least three times.

3 Set a time limit for pairs to come up with sentences. Later, have the class vote for the funniest or strangest story.

1 **Otra manera** Lee la primera oración y completa la segunda versión usando **por** o **para**.

1. Cuando voy a Costa Rica, siempre visito Puntarenas.
   Paso ___por___ Puntarenas cuando voy a Costa Rica.

2. El hotel era muy barato. Pagué sólo cien dólares.
   Conseguí la habitación ___por___ sólo cien dólares.

3. Fui porque quería visitar a mis suegros.
   Yo quería ir ___para___ visitar a mis suegros.

4. Mi familia les envió muchos regalos a ellos.
   Mi familia envió muchos regalos ___para___ ellos.

5. Mis suegros se alegraron mucho de nuestra visita.
   Mis suegros se pusieron muy felices ___por___ nuestra visita.

Playa de Puntarenas, Costa Rica

2 **Completar** Completa la carta con **por** y **para**.

> Querida abuela:
>
> (1) ___Por___ fin llegué a esta tierra. La Ciudad de Panamá es hermosa. Todavía no he pasado (2) ___por___ el canal de Panamá porque debo ir con un guía. Puedo contratar uno (3) ___por___ pocos dólares. En los tres meses del viaje por Centroamérica pensé en ti y en el abuelo (4) ___por___ lo mucho que esta tierra representa para ustedes.
>
> Sé que (5) ___para___ conocer mejor este país y su cultura tendré que quedarme (6) ___por___ lo menos un mes. (7) ___Por___ eso, no volveré hasta finales de mayo. (8) ___Para___ que sepas, voy a quedarme en el hotel "Panameño". (9) ___Para___ mí es un hotel muy cómodo (10) ___por___ estar tan cerca del centro de la ciudad.
>
> ¡Muchos saludos al abuelo!
>
> José

3 **Oraciones** En parejas, escriban oraciones lógicas utilizando una palabra de cada columna. Luego, inventen una historia incorporando las oraciones que escribieron.

Modelo Mi hermana preparó una cena especial para mi mamá.

caminar	jugar		él	mi mamá
comprar	preparar	para	la fiesta	su edad
hacer	trabajar	por	el parque	su hermana

Practice more at
vhlcentral.com.

Comunicación

4 **Soluciones** En parejas, comenten la mejor manera de lograr los objetivos de la lista. Sigan el modelo y utilicen **por** y **para**.

Modelo Para ser saludable, lo mejor es comer cinco frutas o verduras por día porque tienen muchas vitaminas.

concentrarse al estudiar	relajarse
divertirse	ser famoso/a
hacer muchos amigos	ser organizado/a
mantener tradiciones familiares	ser saludable (*healthy*)

5 **Una familia** Los miembros de una familia no siempre se llevan bien. En parejas, miren la foto y escriban un párrafo sobre estas personas. ¿Por qué se pelean? Usen por lo menos cinco de estas expresiones en su relato.

Modelo Para empezar, Sofía llegó a casa muy tarde y por eso...

no fue para tanto	por casualidad	por lo menos
para colmo	por eso	por lo tanto
para siempre	por fin	por supuesto

6 **Conversación** En parejas, elijan una de las situaciones e improvisen una conversación. Utilicen **por** y **para,** y algunas de las expresiones de la actividad 5.

A
Abelardo, tu vecino millonario, está escribiendo su testamento (*will*). Él no tiene herederos y quiere dejarle toda su fortuna a una sola persona. Está pensando en ti y en el alcalde del pueblo. Convence a Abelardo de que te deje toda su fortuna a ti.

B
Hace un año que trabajas en una librería y nunca has tenido vacaciones. Dile a tu jefe/a que quieres tomarte unas vacaciones de dos semanas en el Caribe. Tu jefe/a dice que no y te da sus razones. Explícale las tuyas y dile que si vas de vacaciones vas a ser un(a) mejor empleado/a.

4 Have students share their responses with the class. Refer students to **pp. 144–145** and have them identify the uses of **por** and **para** in each other's sentences.

5 Have pairs relate their story to the class without consulting their papers. Ask the rest of the class to jot down the uses they hear of **por** and **para**. Then have volunteers write on the board the sentences or phrases they heard.

6 Have pairs act out their conversations for situations A and B in front of the class. Then have volunteers offer alternative ways to convince the **vecino** or **jefe/a.**

Síntesis

CLASIFICADOS

Busco compañera de habitación

que sea responsable, limpia y ordenada para compartir apartamento céntrico de dos habitaciones. El apartamento es grande y luminoso, pero es muy caro para una sola persona. Llamar por la tarde a Ana Lucía al teléfono (555) 333-4455.

Gatito perdido

Mi gato *Manchita* se perdió el sábado pasado por la tarde en la Plaza de la Independencia. Es un gato blanco con manchas (*spots*) negras en la cara. A la persona que lo encuentre le pagaré una recompensa de $50. Por favor, comunicarse con Adriana al (555) 123-4567 tan pronto como vean a mi gatito.

Traductor de español

se ofrece para traducciones inglés-español. Estoy trabajando desde casa hasta que encuentre trabajo fijo. Soy profesional, honrado y muy serio en el trabajo. Escribir a Miguel Ángel a *traductor86@mail.org*.

Intercambio español-francés

Busco hablante nativo/a de francés para hacer un intercambio. Puedo enseñar español en todos los niveles. Tengo cinco años de experiencia como maestra y mucha paciencia con mis estudiantes. Busco una persona que tenga experiencia en la enseñanza para que me ayude a perfeccionar el francés. Si te interesa, podemos hacer una hora semanal de español y otra de francés. Por favor, escribir a mónica_intercambio@mail.com.

Have students compare the style of the ads and ask these questions:
¿Cuál de los avisos es más formal?
¿Cuál es más divertido?
¿Qué información cambiarían en los tres primeros para hacerlos más graciosos (*funny*)?

1 To preview the activity, have students read the sample ads and underline examples of **por** and **para,** and the subjunctive or indicative.

2 For listening comprehension, ask students to write down the reflexive verbs they hear as classmates perform each skit.

1 Avisos En parejas, inventen dos avisos como éstos para el periódico de la escuela. Usen el indicativo o el subjuntivo, según sea necesario. También deben usar **por** y **para**. Después, intercambien sus avisos con otra pareja y escriban un correo electrónico para contestarlos.

2 Escenas En parejas, representen una de estas escenas. Usen la mayor cantidad posible de verbos reflexivos. También deben usar **por** y **para**.

Situación A: dos estudiantes se acaban de conocer; uno/a es nuevo/a en la ciudad y el/la otro/a hace mucho que vive en esta ciudad.

Situación B: dos miembros de la misma familia hablan por teléfono. Uno es estudiante y le cuenta al otro su rutina diaria.

Situación C: dos amigos/as se encuentran y uno/a le cuenta al/a la otro/a cómo fue el concierto de la noche anterior.

Preparación

Vocabulario de la lectura

el cargo *position*
la cima *height*
convertirse (e:ie) en *to become*
en contra *against*
propio/a *own*

rechazar *to turn down*
sabio/a *wise*
el sueño *dream*
superar *to exceed*
tomar en cuenta *to take into consideration*

Vocabulario útil

el/la abogado/a *lawyer*
el/la asistente *assistant*
controvertido/a *controversial*
la encarnación *personification*
el/la juez(a) *judge*

1

Oraciones incompletas Completa este párrafo con las palabras del vocabulario.

El (1) _____sueño_____ de muchas jóvenes es encontrar a su príncipe azul y (2) _____convertirse_____ en heroínas de historias románticas. Otras mujeres buscan una profesión y un (3) _____cargo_____ que les permitan beneficiar a toda la sociedad. Lo importante es no (4) _tomar en cuenta_ las opiniones y las circunstancias (5) _____en contra_____ de ese proyecto. Tal vez, un día, ninguna mujer tendrá que sacrificar su vida personal para llegar a la (6) _____cima_____ de su carrera.

2

Sueños Contesta las preguntas.

1. ¿Con qué soñabas cuando eras pequeño/a?
2. ¿Tienes todavía las mismas metas que tenías de niño/a o has cambiado?
3. ¿Crees que vas a alcanzar tus metas?
4. ¿Fue tu familia influyente en la elección de tus metas? ¿De qué forma? ¿Quién influyó más en tu elección?

3

Contexto cultural Lean el párrafo sobre Sonia Sotomayor. Después, en parejas, contesten las preguntas.

Esta frase pronunciada por Sonia Sotomayor en 2001 causó revuelo (*commotion*) y despertó posiciones en contra y a favor: "Quiero pensar que una sabia mujer latina, con su riqueza de experiencias, puede tomar mejores decisiones que un sabio hombre blanco que no ha vivido esa vida". Sotomayor después se excusó diciendo que se había expresado mal. Aunque estas palabras generaron incertidumbre en relación con su nominación a la Corte Suprema, paralelamente, la frase fue utilizada en grupos de Facebook, en camisetas y en carteles como una reafirmación de la identidad femenina latina.

1. ¿Influyen nuestro origen, género y experiencias en las decisiones que tomamos?
2. ¿Crees que es posible dejar de lado los sentimientos y el pasado para tomar en cuenta solamente la ley?
3. ¿Crees que la subjetividad puede tener lugar en la justicia?

Ask students whether they have had a bad experience due to something they said backfiring or being misinterpreted. Did they stand by their words and try to explain them better, or did they back down? Why?

As a follow-up you might write this saying on the board and ask the class to discuss its meaning. **"Las palabras están vivas. Si las cortas, sangran".** Ralph Waldo Emerson

Preview Ask the class to discuss political correctness, and whether it might make us more hesitant to express ourselves.

Sonia Sotomayor:
la niña que soñaba

Sonia Sotomayor era una niña que soñaba. Y, según cuenta, lo que soñaba era convertirse en detective, igual que su heroína favorita, Nancy Drew. Sin embargo, a los ocho años, tras un diagnóstico de diabetes, sus médicos le recomendaron que pensara en una carrera menos agitada. Entonces, sin recortar ₅ sus aspiraciones ni resignarse a menos, encontró un nuevo modelo en otro héroe de ficción: Perry Mason, el abogado encarnado° en televisión   *played by* por Raymond Burr. "Iba a ir a la universidad e iba a convertirme en abogada: y supe esto cuando tenía diez años. Y no es una broma", declaró ella en 1998.

amazing

peers

janitors

10   Robin Kar, secretario de Sonia Sotomayor entre 1988 y 1989, afirma que la jueza no sólo tiene una historia asombrosa°, sino que además es una persona asombrosa. Y cuenta que, en la 15 corte, ella no solamente conocía a sus pares°, como los otros jueces y políticos, sino que también se preocupaba por conocer a todos los porteros, a los empleados de la cafetería y a los conserjes°, y todos la apreciaban mucho.

20   En su discurso de aceptación de la nominación a la Corte Suprema, Sonia Sotomayor explicó su propia visión de sí misma: "Soy una persona nada extraordinaria que ha tenido la dicha 25 de tener oportunidades y experiencias extraordinarias". Pero ni siquiera sus sueños más descabellados° podían prepararla para lo que ocurrió en mayo de 2009, cuando Barack Obama la nominó como candidata a 30 la Corte Suprema de Justicia de los Estados Unidos. En su discurso, el presidente destacó el "viaje extraordinario" de la jueza, desde sus modestos comienzos hasta la cima del sistema judicial. Para él, los sueños son 35 importantes y Sonia Sotomayor es la encarnación del sueño americano.

wildest

housing project

raise them

     Nació en el Bronx, en Nueva York, el 25 de junio de 1954 y creció en un barrio de viviendas subsidiadas°. Sus padres, 40 puertorriqueños, habían llegado a los Estados Unidos durante la Segunda Guerra Mundial. Su padre, que había estudiado sólo hasta tercer grado y no hablaba inglés, murió cuando Sonia tenía nueve años, y 45 su madre, Celina, tuvo que trabajar seis días a la semana como enfermera para criarlos° a ella y a su hermano menor. Como la señora Sotomayor consideraba que una buena educación era fundamental, les compró a 50 sus hijos la Enciclopedia Británica y los envió a una escuela católica para que recibieran la mejor instrucción posible. Seguramente los resultados superaron también sus expectativas: 55 Sonia estudió en las universidades de Princeton y Yale, y su hermano Juan estudió en la Universidad de Nueva York, y es médico y profesor en la Universidad de Siracusa.

     Sonia Sotomayor trabajó durante cinco 60 años como asistente del fiscal de Manhattan, Robert Morgenthau (quien inspiró el personaje del fiscal del distrito Adam Schiff en la serie de televisión *Law and Order*). Luego se dedicó al derecho corporativo y más tarde 65 fue jueza de primera instancia de la Corte Federal de Distrito antes de ser nombrada jueza de Distrito de la Corte Federal de Apelaciones. En 2009 se convirtió en la primera hispana —y la tercera mujer en toda 70 la historia— en llegar a la Corte Suprema de Justicia de los Estados Unidos, donde suelen tratarse cuestiones tan controvertidas como el aborto, la pena de muerte, el derecho a la posesión de armas, etc. 75

front row

     Cuando el presidente Obama nominó a la jueza Sotomayor para su nuevo cargo, Celina Sotomayor escuchaba desde la primera fila° con los ojos llenos de lágrimas. En su discurso de aceptación, Sonia la 80 señaló como "la inspiración de toda mi vida". Tal vez, en el fondo, lo que soñaba realmente la niña del Bronx era ser, como su madre, una "sabia mujer latina". ∎

Cómo Sotomayor salvó al béisbol

En 1994, de manera unilateral, los propietarios de los equipos de las Grandes Ligas de béisbol implantaron un tope (*limit*) salarial; esto fue rechazado por los jugadores y su sindicato, que declararon una huelga (*strike*). El caso llegó a Sonia Sotomayor, en ese entonces la jueza más joven del Distrito Sur de Nueva York, en 1995. Ella escuchó los argumentos de las dos partes y anunció su dictamen (*ruling*) a favor de los jugadores. Logró acabar así con la huelga que llevaba 232 días y, además, ganarse el título de "salvadora del béisbol".

Análisis

1 **Comprensión** Indica si las oraciones son ciertas o falsas. Luego, en parejas, corrijan las falsas.

1. Sonia Sotomayor se considera una persona extraordinaria. Falso. Sonia Sotomayor se considera una persona nada extraordinaria que tuvo oportunidades y experiencias extraordinarias.

2. Ella conocía a todos los empleados de la corte, desde los jueces hasta los conserjes. Cierto.

3. De pequeña, Sonia quería ser detective como Nancy Drew. Cierto.

4. Sus padres eran neoyorquinos. Falso. Sus padres eran puertorriqueños.

5. Celina Sotomayor trabajaba como vendedora de enciclopedias para mantener a sus hijos. Falso. Celina Sotomayor trabajaba como enfermera.

6. Sotomayor fue la inspiración de un personaje de la serie de televisión *Law and Order*. Falso. Su jefe, Robert Morgenthau, inspiró un personaje de la serie *Law and Order*.

2 **Interpretación** En parejas, contesten las preguntas con oraciones completas y justifiquen sus respuestas.

1. ¿Les parece que la historia de Sonia Sotomayor es extraordinaria? ¿Por qué?

2. ¿En qué sentido piensan que su madre es "la inspiración de su vida"?

3. ¿Creen que su carrera es una prueba de que el sueño americano existe?

4. ¿Piensan que ella, como mujer y como hispana, y con la historia de su vida, puede asegurar un mejor debate en la Corte Suprema? ¿Por qué?

5. ¿Les parece que la experiencia de vida es más importante, menos importante o igualmente importante para las personas que los estudios que tengan? ¿Por qué?

3 **Retrato**

A. Algunos candidatos presidenciales en los Estados Unidos han señalado a sus madres como una inspiración fundamental de sus vidas. En parejas, lean y comenten las citas.

> "Sé que (mi madre) fue el espíritu más bondadoso y generoso que jamás he conocido y que lo mejor de mí se lo debo a ella". Barack Obama, *Los sueños de mi padre*

> "Roberta McCain nos inculcó su amor a la vida, su profundo interés en el mundo, su fortaleza y su creencia de que todos tenemos que usar nuestras oportunidades para hacernos útiles a nuestro país. No estaría esta noche aquí si no fuera por la fortaleza de su carácter". John McCain, Discurso de aceptación en la Convención Republicana

B. Escriban cuatro oraciones sobre cómo imaginan a Celina Sotomayor, la madre de Sonia Sotomayor. ¿Qué dirían de ella sus hijos? Luego, compartan sus oraciones con la clase y comparen sus descripciones.

> **Modelo** Celina es una mujer trabajadora. Ella no está de acuerdo con perder el tiempo y quiere que sus hijos estudien y mejoren. Es paciente, pero está llena de energía…

4 **Modelos de vida** Escribe una entrada de blog en la que hablas sobre un miembro de tu familia al que admiras. Describe su personalidad y su historia y explica por qué es importante para ti.

Practice more at vhlcentral.com.

Preparación

Sobre el autor

Augusto Monterroso (1921–2003) nació en Honduras, pero pasó su niñez y juventud en Guatemala. En 1944 se radicó (*settled*) en México tras dejar Guatemala por motivos políticos. Sin importar su origen y el hecho de haber vivido su vida adulta en México, siempre se consideró guatemalteco. Monterroso tuvo acceso desde pequeño al mundo intelectual de los adultos. Fue prácticamente autodidacta (*self-taught*): abandonó la escuela a los 11 años y a los 15 fundó una asociación de artistas y escritores. Considerado padre y maestro del microcuento latinoamericano, Monterroso recurre (*resorts to*) en su prosa al humor inteligente, con el que presenta su visión de la realidad. Entre sus obras se destacan *La oveja negra y demás fábulas* (1969) y la novela *Lo demás es silencio* (1978). Recibió numerosos premios, entre ellos el Premio Príncipe de Asturias en 2000.

Vocabulario de la lectura		Vocabulario útil	
aislado/a *isolated*	**poderoso/a** *powerful*	**la civilización** *civilization*	**la opresión** *oppression*
el conocimiento *knowledge*	**rodear** *to surround*	**la conquista** *conquest*	
el desdén *disdain*	**sacrificar** *to sacrifice*	**despreciar** *to look down on*	**la religión** *religion*
digno/a *worthy*	**salvar** *to save*	**el fraile (fray)** *friar, monk (Brother)*	**sí mismo/a** *himself/herself*

1

Vocabulario Marca la palabra que no corresponde al grupo.

1. a. esperanza b. conquista c. opresión
2. a. sobrevivir b. salvar c. despreciar
3. a. conocimiento b. civilización c. desdén
4. a. niñez b. fraile c. religión
5. a. antepasado b. castigar c. sacrificar

2

Astros Contesta las preguntas y comenta tus respuestas con un(a) compañero/a.

1. ¿Has visto alguna vez un eclipse? Descríbelo. Si nunca has visto uno, ¿cómo lo imaginas?
2. ¿Qué porcentaje de tu personalidad crees que está marcado por el día en que naciste? ¿Por qué?
3. ¿Crees que la posición de los astros afecta nuestra vida personal? Explica.
4. ¿Tienes alguna superstición? ¿Cuál?

3

América En parejas, hagan un pequeño resumen con todo lo que sepan sobre la conquista de América por los europeos.

- ¿En qué año llegaron?
- ¿De qué país eran? ¿Quién financió la expedición?
- ¿Qué religión practicaban?
- ¿Qué culturas o etnias se perdieron o fueron afectadas por la conquista?

INSTRUCTIONAL RESOURCES
Supersite: *Literatura* recording; Scripts; SAM AK
SAM/WebSAM: LM

2 Have students search online or in print media for Spanish horoscopes. Later, have them read and discuss the horoscopes in groups and whether they agree with the assertions.

TEACHING OPTION Have students describe the setting (**el ambiente**) of previous readings in **Sueña** and comment on its importance. Ask students to consider the following aspects of the setting as they read *El eclipse:* **el lugar geográfico, la época histórica, la estación del año y la hora del día.**

3 Encourage students to draw on examples from North American colonization.

EL ECLIPSE

Augusto Monterroso

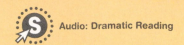

Cuando fray Bartolomé Arrazola se sintió perdido, aceptó que ya nada podría salvarlo. La selva poderosa de Guatemala lo había apresado°, implacable y definitiva. Ante su ignorancia topográfica se sentó con tranquilidad a esperar la muerte. Quiso morir allí, sin ninguna esperanza, aislado, con el pensamiento fijo en la España distante, particularmente en

captured 5

10

Al despertar se encontró rodeado por un grupo de indígenas de rostro impasible que se disponían a sacrificarlo ante un altar…

el convento de Los Abrojos, donde Carlos Quinto condescendiera° una vez a bajar de su eminencia para decirle que confiaba en el celo° religioso de su labor redentora°.

Al despertar se encontró rodeado por un grupo de indígenas de rostro° impasible que se disponían° a sacrificarlo ante un altar, un altar que a Bartolomé le pareció como el lecho° en que descansaría,

had deigned

zeal

redemptive 15

face

se… were preparing

bed 20

al fin, de sus temores°, de su destino, de sí mismo.

Tres años en el país le habían conferido un mediano dominio° de las lenguas nativas. Intentó algo. Dijo algunas palabras que fueron comprendidas.

Entonces floreció° en él una idea que tuvo por digna de su talento y de su cultura universal y de su arduo conocimiento de Aristóteles. Recordó que para ese día se esperaba un eclipse total de sol. Y dispuso, en lo más íntimo°, valerse de° aquel conocimiento para engañar a sus opresores y salvar la vida.

—Si me matáis —les dijo— puedo hacer que el sol se oscurezca en su altura.

Los indígenas lo miraron fijamente y Bartolomé sorprendió la incredulidad en sus ojos. Vio que se produjo un pequeño consejo°, y esperó confiado, no sin cierto desdén.

Dos horas después el corazón de fray Bartolomé Arrazola chorreaba° su sangre vehemente sobre la piedra de los sacrificios (brillante bajo la opaca luz de un sol eclipsado), mientras uno de los indígenas recitaba sin ninguna inflexión de voz, sin prisa, una por una, las infinitas fechas en que se producirían eclipses solares y lunares, que los astrónomos de la comunidad maya habían previsto y anotado en sus códices sin la valiosa ayuda de Aristóteles. ■

fears

command (of a language) 25

blossomed

30

deepest recesses / **valerse…** *to take advantage of*

35

counsel 40

was gushing

45

50

Análisis

1 **Comprensión** Contesta las siguientes preguntas con oraciones completas.

1. ¿Dónde estaba fray Bartolomé? Fray Bartolomé estaba en la selva de Guatemala.

2. ¿Qué pensaba fray Bartolomé que le iba a ocurrir a él? Pensaba que iba a morir.

3. ¿De dónde era fray Bartolomé? Fray Bartolomé era de España.

4. ¿Por qué conocía el protagonista la lengua de los indígenas? Porque hacía tres años que vivía en Guatemala.

5. ¿Qué querían hacer los indígenas con fray Bartolomé? Querían sacrificarlo ante un altar.

6. ¿De qué se acordó el fraile? Se acordó de que para ese día se esperaba un eclipse total de Sol.

7. ¿Qué les dijo fray Bartolomé a los indígenas? Les dijo que si lo mataban, haría oscurecer el Sol.

8. ¿Qué hicieron los indígenas con fray Bartolomé? Los indígenas lo sacrificaron.

9. ¿Qué recitaba un indígena al final del cuento? Recitaba todas las fechas en que se producirían eclipses solares y lunares.

2 Have groups of students discuss their opinions about missionary ideology, both past and present. Have them present and defend their opinions in a class debate.

2 **Interpretar** Contesta las preguntas.

1. ¿Cuál había sido la misión de fray Bartolomé en Guatemala?

2. ¿Quién lo había enviado a esa misión?

3. A pesar de los conocimientos sobre la obra de Aristóteles, ¿por qué el protagonista no consiguió salvarse?

3 **Culturas** En parejas, expliquen qué ideología representa fray Bartolomé y comenten si conocen algún acontecimiento histórico en el que se haya infravalorado (*undervalued*) la cultura indígena. Compartan sus conclusiones con la clase.

4 As a pre-writing exercise, have students brainstorm ideas with a partner and give feedback about which titles are the most compelling. After they have written a draft of the article, have them check each other's work with the same partner.

4 **Escribir** Un periódico te ha pedido que escribas un artículo sobre alguna historia que le ocurrió a un(a) antepasado/a tuyo/a. Escribe el artículo y trata de incluir algunos verbos reflexivos y las preposiciones **por** y **para**.

Plan de redacción

Narrar una historia familiar

1 **Organización de los hechos** Piensa en un acontecimiento que haya ocurrido en tu familia que te interese especialmente. Sigue las preguntas para organizar tu artículo:

1. ¿Quién o quiénes fueron los protagonistas de la historia?

2. ¿Qué antecedentes puedes dar sobre lo que sucedió?

3. ¿Cómo y dónde ocurrieron los hechos?

4. ¿Cómo terminó?

5. ¿Cuál es la conclusión de la historia?

2 **Título** Después de saber con exactitud sobre qué vas a escribir, es muy importante darle al artículo un título atractivo y conciso que atraiga al lector. Ponle un título y comienza a escribir.

3 **Explicar y concluir** Una vez que hayas contado lo que ocurrió, explica por qué has escrito sobre esta historia y si ha tenido consecuencias en tu familia.

Practice more at vhlcentral.com.

En familia

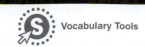
Vocabulary Tools

Los parientes

el/la antepasado/a *ancestor*
el/la bisabuelo/a *great-grandfather/ grandmother*
el/la cuñado/a *brother/sister-in-law*
el/la esposo/a *husband/wife*
el/la (hermano/a) gemelo/a *twin (brother/sister)*
el/la hermanastro/a *stepbrother/stepsister*
el/la hijo/a único/a *only child*
la madrastra *stepmother*
el/la medio/a hermano/a *half brother/sister*
el/la nieto/a *grandson/granddaughter*
la nuera *daughter-in-law*
el padrastro *stepfather*
el/la pariente *relative*
el/la primo/a *cousin*
el/la sobrino/a *nephew/niece*
el/la suegro/a *father/mother-in-law*
el/la tío/a (abuelo/a) *(great) uncle/aunt*
el yerno *son-in-law*

La vida familiar

agradecer *to thank*
apoyar(se) *to support (each other)*
criar *to raise (children)*
independizarse *to become independent*
lamentar *to regret, to be sorry about*
malcriar *to spoil*
mimar *to pamper*
mudarse *to move*
pelear(se) *to fight (with one another)*
quejarse (de) *to complain (about)*
regañar *to scold*
respetar *to respect*
superar *to overcome*

La personalidad

el apodo *nickname*
la autoestima *self-esteem*
el carácter *character, personality*
la comprensión *understanding*

(bien) educado/a *well-mannered*

egoísta *selfish*
estricto/a *strict*
exigente *demanding*
honrado/a *honest*
insoportable *unbearable*
maleducado/a *ill-mannered*
mandón/mandona *bossy*
rebelde *rebellious*
sumiso/a *submissive*
unido/a *close-knit*

Las etapas de la vida

la adolescencia *adolescence*
el/la adolescente *adolescent*
el/la adulto/a *adult*
la edad adulta *adulthood*
la juventud *youth*
la muerte *death*
el nacimiento *birth*
la niñez *childhood*
el/la niño/a *child*
la vejez *old age*

Las generaciones

la ascendencia *heritage*
la brecha generacional *generation gap*
la patria *homeland*
el prejuicio social *social prejudice*
la raíz *root*
el sexo *gender*

heredar *to inherit*
parecerse *to look alike*
realizarse *to fulfill*
sobrevivir *to survive*

Cortometraje

el ajedrez *chess*
el/la colega *buddy*
el/la enclenque *weakling*
el/la niñato/a *spoiled brat* (Esp.)
el recogedor *dustpan*

antipático/a *unfriendly*
desagradecido/a *ungrateful*

hiriente *hurtful*
huraño/a *unsociable*
tembloroso/a *trembling*
torpe *clumsy*

apetecer *to feel like*
chillar *to scream*
escribir a máquina *to type*
pulsar *to press*

Cultura

el/la abogado/a *lawyer*
el/la asistente *assistant*
el cargo *position*
la cima *height*
la encarnación *personification*
el/la juez(a) *judge*
el sueño *dream*

convertirse (e:ie) en *to become*
rechazar *to turn down*
superar *to exceed*
tomar en cuenta *to take into consideration*

controvertido/a *controversial*
propio/a *own*
sabio/a *wise*

en contra *against*

Literatura

la civilización *civilization*
el conocimiento *knowledge*
la conquista *conquest*
el desdén *disdain*
el fraile (fray) *friar, monk (Brother)*
la opresión *oppression*
la religión *religion*

despreciar *to look down on*
rodear *to surround*
sacrificar *to sacrifice*
salvar *to save*

aislado/a *isolated*
digno/a *worthy*
poderoso/a *powerful*
sí mismo/a *himself/herself*

Las riquezas naturales

L a vida humana depende de que la naturaleza
esté en equilibrio. La destrucción de los
recursos naturales nos afecta a todos,
independientemente de nuestra situación
geográfica, económica, política o social. ¿Por qué
hay quienes viven al margen de esta realidad
e ignoran las consecuencias? ¿Cómo debe
enfrentar la especie humana el peligro de su
propia extinción?

164

170

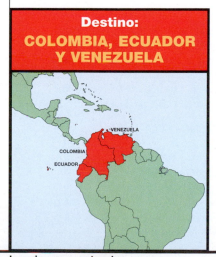

Destino:
COLOMBIA, ECUADOR Y VENEZUELA

VENEZUELA
COLOMBIA
ECUADOR

PREVIEW Have students discuss the questions on **p. 158** in small groups and defend their opinions. Ask follow-up questions to preview the vocabulary on **p. 160**. Ex: **¿Qué problema medioambiental te preocupa más? ¿La deforestación? ¿La contaminación? ¿Qué hacemos para prevenir la destrucción de los recursos naturales? ¿Qué más podemos hacer?**

Nuestro mundo

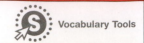 Vocabulary Tools

La naturaleza

el árbol *tree*
el bosque *forest*
la cordillera *mountain range*
la costa *coast*
el desierto *desert*
la luna *moon*
el mar *sea*
el paisaje *landscape, scenery*
el río *river*
la selva (tropical) *(tropical) rainforest*
el sol *sun*
la tierra *land, earth*

al aire libre *outdoors*
escaso/a *scant, scarce*
potable *drinkable*
protegido/a *protected*
puro/a *pure, clean*
seco/a *dry*

Los animales

el águila (f.) *eagle*
el ave, el pájaro *bird*
la ballena *whale*
la especie en peligro (de extinción) *endangered species*
la foca *seal*
el lagarto *lizard*
el león *lion*
el lobo *wolf*
el mono *monkey*
el oso *bear*
el pez *fish*
la serpiente *snake*
el tigre *tiger*

la tortuga (marina) *(sea) turtle*

Los fenómenos naturales

el calentamiento *warming*
la erosión *erosion*
el huracán *hurricane*
el incendio *fire*
la inundación *flood*
la lluvia *rain*
la sequía *drought*
el terremoto *earthquake*

La ecología

la basura *trash*
la capa de ozono *ozone layer*
el combustible *fuel*
el consumo de energía *energy consumption*
la contaminación *pollution*
la deforestación *deforestation*
el desarrollo *development*
la energía (eólica, nuclear, renovable, solar) *(wind, nuclear, renewable, solar) energy*
la fuente *source*
el medio ambiente *environment*
el peligro *danger*
el petróleo *oil*
el porvenir *future*
los recursos *resources*
el smog *smog*

agotar *to use up*
aguantar *to put up with, to tolerate*
amenazar *to threaten*
cazar *to hunt*
conservar *to preserve*
contagiar *to infect, to be contagious*
contaminar *to pollute*
desaparecer *to disappear*
destruir *to destroy*

INSTRUCTIONAL RESOURCES
Supersite: Audioscripts, SAM AK, Lab MP3s
SAM/WebSAM: WB, LM

echar *to throw away*
empeorar *to get worse*
extinguirse *to become extinct*
malgastar *to waste*
mejorar *to improve*
prevenir (e:ie) *to prevent*
proteger *to protect*

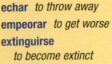

resolver (o:ue) *to solve, to resolve*
respirar *to breathe*
urbanizar *to urbanize*

dañino/a *harmful*
desechable *disposable*
híbrido/a *hybrid*
renovable *renewable*
tóxico/a *toxic*

Explain that the verb **aguantar** can also mean *to hold*.

Explain to students that the noun **águila**, like a few other nouns that begin with stressed **a**, takes the articles **el** and **un** in the singular, though its gender is feminine. Explain that such words take feminine adjectives. Ex: **el agua limpia.**

VARIACIÓN LÉXICA
echar ↔ tirar
resolver ↔ solucionar
serpiente ↔ culebra, víbora

Explain that whereas a **culebra** is not poisonous, a **víbora** is. **Serpiente** is a generic term for *snake*.

Práctica

1 **Cierto o falso** Indica si las afirmaciones son ciertas. Corrige las falsas.

1. La energía eólica da mejores resultados donde hace mucho sol. Falso. Da mejores resultados donde hay mucho viento.

2. Un recurso es escaso cuando es insuficiente y puede agotarse. Cierto.

3. El porvenir es el tiempo pasado. Falso. Es el futuro.

4. Una planta, animal o persona desaparece cuando deja de existir. Cierto.

5. La sequía es un largo período con lluvias. Falso. Es un largo período sin lluvias.

6. Una situación empeora cuando pasa a un estado mejor. Falso. Empeora cuando pasa a un estado peor.

7. El agua potable no debe beberse porque es dañina para la salud. Falso. El agua potable puede beberse.

8. Dicen que el oso es el rey de la selva. Falso. El león es el rey de la selva.

2 **Saludos desde Venezuela** Completa el correo electrónico que Álvaro le envió a su amigo Carlos.

aire libre	desarrollo	medio ambiente	resolver
conservar	desechable	pájaros	río
contaminación	extinguirse	peligro	urbanizar

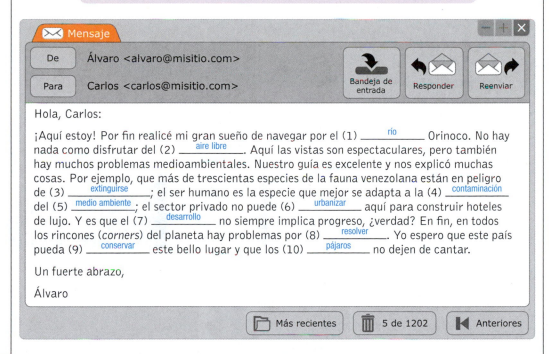

De Álvaro <alvaro@misitio.com>
Para Carlos <carlos@misitio.com>

Bandeja de entrada · Responder · Reenviar

Hola, Carlos:

¡Aquí estoy! Por fin realicé mi gran sueño de navegar por el (1) __río__ Orinoco. No hay nada como disfrutar del (2) __aire libre__. Aquí las vistas son espectaculares, pero también hay muchos problemas medioambientales. Nuestro guía es excelente y nos explicó muchas cosas. Por ejemplo, que más de trescientas especies de la fauna venezolana están en peligro de (3) __extinguirse__; el ser humano es la especie que mejor se adapta a la (4) __contaminación__ del (5) __medio ambiente__; el sector privado no puede (6) __urbanizar__ aquí para construir hoteles de lujo. Y es que el (7) __desarrollo__ no siempre implica progreso, ¿verdad? En fin, en todos los rincones (*corners*) del planeta hay problemas por (8) __resolver__. Yo espero que este país pueda (9) __conservar__ este bello lugar y que los (10) __pájaros__ no dejen de cantar.

Un fuerte abrazo,

Álvaro

Más recientes · 5 de 1202 · Anteriores

3 **Asociaciones** En parejas, contesten estas preguntas: ¿con cuáles de estos animales, elementos y fuerzas naturales te identificas? ¿Con cuáles crees que se identifica tu compañero/a? Expliquen y comparen sus respuestas.

árbol	energía eólica	mar	sol
bosque	huracán	pájaro	terremoto
cordillera	león	río	tierra
desierto	luna	serpiente	tortuga

1 Have students write two more true or false statements using the new vocabulary. Call on them to read their statements aloud and have classmates answer **cierto** or **falso**.

2 Have pairs write e-mails similar to the one in the activity. Encourage them to use words from **Para empezar**.

3 Encourage students to use additional words from **Para empezar**. Have volunteers share their partners' responses.

3 Ask students to make these additional associations: **1. tu novio/a 2. tu mejor amigo/a 3. un pariente**

Practice more at **vhlcentral.com**.

INSTRUCTIONAL RESOURCES
Supersite: Video,
Script & Translation

VARIACIÓN LÉXICA
aparcamiento ↔
  estacionamiento, parqueo
aparcar ↔ estacionar,
  parquear
coche ↔ carro, auto,
  automóvil

Point out that it is a common
error to use **sembrar** (*to sow*)
as a synonym of **plantar**
(*to plant*). Say: **Sembrar
significa poner semillas en
la tierra y plantar significa
poner plantas o árboles en
la tierra.** Explain that only in
Venezuela do both terms mean
to plant.

Preparación

EXPRESIONES

No me extraña. *It doesn't surprise me.*

No te pongas así. *Don't get like that.*

Siempre tan (liado) *Always so (busy)* (Esp.)

Vale, vale. *Okay, okay.* (Esp.)

¡Vaya faena! *What a drag/pain!* (Esp.)

1

Vocabulario Completa cada oración con palabras y expresiones que aprendiste en esta página.

1. Hoy voy a ___aparcar___ mi ___coche___ en el aparcamiento de la calle Buen Camino.

2. —No quiero ir solo a la fiesta. Nunca encuentro con quien hablar.
   —¡___Siempre tan___ tímido!

3. Este fin de semana trabajaré en mi jardín. Voy a ___plantar___ unas flores que compré ayer.

4. ¿Cómo que no puedes venir? ¡Qué ___decepción___! Tenía tantas ganas de verte.

5. No debes ___desatender___ a tu tía. Visítala de vez en cuando.

6. Voy a ___podar___ estos árboles. Sus ramas (*branches*) han crecido demasiado.

7. ¡Qué ___tronco___ tan grande tiene este árbol! ¿Cuántos años tendrá?

8. Durante años han cazado al leopardo. ___No me extraña___ que la especie se extinga.

2 Have pairs compare
their answers to the
second item and decide
whose circumstances better
justify cutting down a tree.

2

Fotograma Observa el fotograma y escribe las respuestas a las preguntas.

- ¿Por qué crees que este hombre está cortando el árbol?
- ¿Piensas que a veces tiene sentido cortar un árbol? ¿En qué circunstancias?

3 **Preparación** En parejas, miren esta lista de las posibles funciones de un árbol. Elijan cuatro de estas funciones y den un ejemplo específico de cómo los seres humanos usan los árboles. Luego, añadan dos funciones más y den un ejemplo de cada una.

- alimento (*food*)
- materiales para la construcción
- refugio
- belleza
- medicina
- sombra (*shade*)

3 Ask students to make a similar list of functions regarding animals and explain how humans benefit from each one.

4 **Cambios** En parejas, hablen sobre los cambios que se han producido en los últimos cincuenta años. ¿Cómo era la vida antes y cómo es ahora? Completen la tabla y compartan sus opiniones con la clase.

	Hace 50 años	Hoy día
1. trabajos		
2. ciudades		
3. contaminación del aire		
4. contaminación del agua		
5. relaciones familiares		
6. extinción de especies		
7. consumo de energía		
8. medios de comunicación		
9. expansión descontrolada		

4 Remind students that the imperfect describes how things *used to be*.

4 As a follow-up activity, have students predict what changes will occur during the next fifty years. Ex: **En el futuro, todos escucharemos la radio satelital.**

5 **Familias** En parejas, háganse las preguntas y amplíen sus respuestas con anécdotas.

1. ¿Cómo es la forma de ser de cada uno de tus padres? ¿Y la de otros parientes?
2. ¿Qué rasgos de personalidad tienes en común con algunos de ellos?
3. ¿Qué importancia tiene tu familia en tu vida? ¿Cómo se la demuestras?

5 Call on students to summarize their partners' answers.

6 **Tus padres** Contesta las preguntas. Después, en parejas, expliquen sus respuestas.

1. ¿Tienes los mismos problemas que tenían tus padres a tu edad? ¿Cuáles sí y cuáles no?
2. ¿Cómo ha mejorado o empeorado el mundo desde que tus padres tenían tu edad?
3. ¿Cómo se divertían tus padres? ¿Cómo te diviertes tú?
4. ¿Qué planes tenían tus padres para el futuro? ¿Qué planes tienes tú?
5. Si un día tienes hijos, ¿cómo crees que será el mundo en el que vivirán? ¿Cómo prefieres que sea?

7 **Plantar un árbol** En grupos de tres, contesten las preguntas. Después, compartan sus opiniones con la clase.

1. ¿Por qué creen que se dice que, antes de morir, hay que tener un hijo, escribir un libro y plantar un árbol?
2. ¿Creen que estas tres acciones siguen siendo válidas en el siglo XXI? ¿Por qué?
3. ¿Qué otras tres acciones "más contemporáneas" podrían sustituir a las clásicas? ¿En alguna de ellas se debe considerar a la naturaleza?

7 Turn these items into debate topics by restating them as affirmations. Ex: **1. Se puede vivir una vida larga y feliz sin jamás haber ni plantado un árbol ni tenido un hijo ni escrito un libro.**

Video

RAIZ

Plantar un árbol
Escribir un libro
Tener un hijo

Premio Majuel 2003 al Mejor Cortometraje,
Muestra Internacional de Cortometrajes
de Almuñécar, España

Una producción de IMVAL/TAIKO/MATEO MATEO COMUNICACIÓN Director y Guion GAIZKA URRESTI
Productores GAIZKA URRESTI/LUIS ÁNGEL RAMÍREZ Productores Asociados PATRICIA MATEO/ÁNGEL ENFEDAQUE
Fotografía ESTEBAN RAMOS Música ÁNGEL ENFEDAQUE Montaje GAIZKA URRESTI Sonido SONORA ESTUDIOS
Directora Producción ALEJANDRA BALSA Dirección Artística YON GIJÓN Peluquería NEREA FRAILE Vestuario EVA URQUIZA
Maquillaje NURIA TEJEDOR Actores MANUEL DE BLAS/PETRA MARTÍNEZ/MIKEL ALBISU/JAVIER MAÑÓN/ROSA MARÍA
FERNÁNDEZ DE VALDERRAMA/VÍCTOR CLAVIJO

ARGUMENTO *Una pareja mayor espera con ilusión la visita de su hijo. Arcadio piensa en cortar un árbol para que su hijo pueda aparcar su coche.*

HIJO Este verano sí voy a poder ir a pasar unos días a casa.
CLARA Y, ¿cuándo te irás?
HIJO ¡Mamá, por favor, si todavía ni siquiera he ido! No sé, yo creo que me podré quedar toda la semana.

ARCADIO Tu hijo siempre se ha movido por el interés. No le importa su familia, ni su pueblo, ni nada de nada.
CLARA Ya estamos como siempre. Él tiene que vivir su vida.
ARCADIO Su vida, su vida.

ARCADIO Si tu hijo va a venir con el coche le va a resultar un poco difícil aparcarlo. Estaba pensado que si le hago un poco de sitio lo puede dejar aquí junto al mío.
CLARA ¿Quitar el árbol? ¿Tú eres tonto?

VECINO Pues como le iba diciendo, el tronco tiene que estar seco[1] para que salga con más fuerza.
ARCADIO ¡Que no lo estoy podando, que lo estoy quitando! ¿No ve que le he dado un tajo[2] por la mitad?

ARCADIO El viernes viene mi hijo a pasar unos cuantos días con su madre y conmigo y le estaba haciendo un hueco[3] para que pueda aparcar su coche sin problema.

ARCADIO ¿Qué coche tiene ahora Pedro?
CLARA No lo sé.
ARCADIO Supongo que tendrá un coche alemán. Ésos sí que son buenos, para toda la vida.

[1] **seco** *dry* [2] **tajo** *cut* [3] **hueco** *room*

Nota CULTURAL

La vida en el campo y en la ciudad

En la segunda mitad del siglo XX, España vivió un rápido proceso de desarrollo°. Se convirtió en un país industrializado y la mayor parte de la población, que antes vivía y trabajaba en el campo, se trasladó a las ciudades y cambió de ocupación. En algunos casos llegaron a desaparecer pueblos enteros. Hoy en día, sin embargo, algunos valores de la vida rural se están recuperando en España. Las personas que se van de las ciudades huyen° de problemas como la contaminación, el ruido, la inseguridad° o los altos precios. A cambio, la vida del campo ofrece tranquilidad, aire puro, contacto con la naturaleza y una mayor comunicación entre sus habitantes.

desarrollo *development* **huyen** *flee*
inseguridad *lack of safety*

PREVIEW In groups of five, have students read the scenes aloud, each student playing a different role. Ask: **Basándote en los fotogramas y en el texto, ¿cuál es el tono del cortometraje? ¿Trágico? ¿Chistoso? ¿Triste?** Write a list of film genres on the board and ask students to predict the genre of *Raíz*. Then ask one of the groups to read the scenes aloud for the class, keeping in mind their predictions about tone and genre.

Análisis

1 **Comprensión** Contesta las preguntas con oraciones completas.

1. ¿Quién llama por teléfono? Pedro/El hijo llama por teléfono.

2. ¿Qué le dice a Clara? Le dice que va a visitarlos.

3. ¿Qué piensa Clara de la idea de su esposo de cortar el árbol? Piensa que es una idea tonta.

4. ¿Cuánto tiempo se va a quedar Pedro con sus padres? Pedro se va a quedar una semana.

5. ¿Para qué quiere quitar el árbol Arcadio? Quiere quitar el árbol para que su hijo pueda aparcar su coche.

6. Según el vecino de Arcadio, ¿cómo debe estar el tronco del árbol para poder usar la madera? El tronco debe estar seco para poder usar la madera.

7. ¿Qué le dice el capataz de la obra (*foreman*) a Arcadio sobre los aparcamientos de los edificios que están construyendo? Le dice que tienen muchas plazas libres y que su hijo puede aparcar su coche ahí.

8. ¿Qué coches le gustaban a Arcadio cuando era joven? A Arcadio le gustaban los Mercedes.

9. ¿Qué dice Pedro sobre su visita la segunda vez que llama por teléfono? Dice que todavía está en Milán y no podrá ir a verlos.

2 **Interpretar** Contesta las preguntas.

1. ¿Crees que Pedro visita regularmente a sus padres? ¿Cómo lo sabes?

2. ¿Qué opinión tiene Arcadio de su hijo?

3. ¿Cómo piensas que es la vida diaria de Clara y Arcadio?

4. ¿Qué opciones da Clara para que su hijo pueda aparcar su coche?

5. ¿Por qué Arcadio planta un nuevo árbol?

3 **La visita** En parejas, imaginen que Pedro regresa a vivir al pueblo porque se cansó de la ciudad. Escriban un párrafo contestando las preguntas de la lista. Añadan todos los detalles que crean necesarios.

• ¿Qué aspectos de la vida urbana le disgustan?

• ¿Qué aspectos de la vida del campo le atraen?

• ¿Cómo reaccionan sus padres ante la noticia?

• ¿Cómo mejora la vida de Pedro tras mudarse al pueblo? ¿Cómo empeora?

4 **El pueblo** En grupos de tres, imaginen cómo era el pueblo de Arcadio y Clara cuando Pedro era niño. ¿Cómo ha cambiado desde entonces? Hagan dos listas y compartan sus ideas con la clase.

Modelo En el pasado había muchas plazas. Hoy en día, queda una plaza solamente.

5 **Temas** En parejas, escriban un párrafo para explicar el tema principal del cortometraje. Después, sugieran al menos dos temas secundarios y analicen el título *Raíz*. Compartan sus temas y opiniones con la clase. ¿Escogieron temas parecidos? Expliquen si están de acuerdo con sus compañeros/as.

5 Ask students to explain both literal and figurative meanings of the word **raíz**. Have them justify their choices of secondary themes.

6 **Árbol, familia y sociedad** En parejas, comenten estas citas. ¿Están de acuerdo con ellas? Después, compartan sus opiniones con la clase.

> "Por muy alto que sea un árbol, sus hojas siempre caen hacia la raíz". *Anónimo*

> "El que es bueno en la familia es también un buen ciudadano". *Sófocles*

> "El progreso consiste en el cambio". *Miguel de Unamuno*

> "Lo mejor que se les puede dar a los hijos, además de buenos hábitos, son buenos recuerdos". *Sydney Harris*

> "Que nuestro ejército sean los árboles, las rocas y los pájaros del cielo". *Alejandro Magno*

6 Ask students to submit a quote that captures their own ideas about family, and have them comment on each other's quotes.

7 **Situaciones** En parejas, elijan una de las situaciones y escriban una conversación basada en ella. Cuando la terminen, represéntenla delante de la clase.

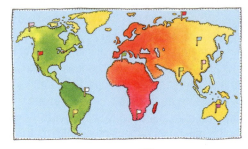

A

Uno/a de ustedes tiene la oportunidad de trabajar para *Greenpeace* en otro país por un año. Lo malo es que no podrá ver a su familia durante todo ese tiempo. Debe explicarle la situación a su madre o padre.

B

A uno/a de ustedes le gusta cazar e invita a un(a) compañero/a de clase a cazar el fin de semana próximo. El/La compañero/a no está de acuerdo con esta actividad y le explica por qué no puede aceptar la invitación.

7 Have volunteers imagine a discussion between a parent and a son/daughter on a particular topic. Have the class offer opinions on how to overcome the disagreement.

TEACHING OPTION Discuss the tone and genre of the film and compare them to the predictions students made before viewing it.

 Practice more at **vhlcentral.com**.

INSTRUCTIONAL RESOURCES Supersite: *Flash Cultura*; Script & Translation; Teaching suggestions; **SAM/WebSAM:** WB

Reading

SUEÑA

La cordillera de los Andes

Imagina una cadena de montañas[1] de más de 7.500 kilómetros (4.660 millas) con picos nevados[2] que se elevan a más de 6.900 metros (22.638 pies), numerosos volcanes activos, enormes glaciares y lagunas escondidas en la niebla[3]. Ésta es la **cordillera de los Andes**, que atraviesa el oeste de Suramérica desde su extremo sur hasta su extremo norte. Esta geografía contribuye al carácter distintivo de países como **Ecuador**, **Colombia** y **Venezuela**. Los Andes son la cadena montañosa más extensa del planeta y la segunda de mayor altura[4] después del Himalaya. Hagamos un recorrido por la región para conocer algunas de sus maravillas naturales.

Comencemos en Ecuador. ¿Sabías que este país, con una superficie un poco menor que la del estado de Nevada, tiene la densidad de volcanes más alta del mundo? Existen más de treinta volcanes en Ecuador. El **Sangay**, el más activo del país, y el **Guagua Pichincha**, situado en las afueras de la capital, **Quito**, expulsan gases y cenizas de forma constante.

Muy cerca de Quito, encontramos el **Parque Nacional Cotopaxi**, cuyo atractivo principal es el **volcán Cotopaxi**, el segundo más alto del país y tal vez el más popular entre los turistas. El Cotopaxi asciende a 5.897 metros (19.347 pies) y su pico nevado puede verse a cientos de kilómetros de distancia. Su última erupción mayor fue en 1904, pero desde

Volcán Cotopaxi, Ecuador

entonces ha producido erupciones menores, emisiones de vapor y cenizas, y pequeños temblores[5], lo que indica que puede haber más erupciones en el futuro.

Ahora pasemos a Colombia. Su **cordillera Oriental** es una de las subcordilleras[6] de los Andes. Aquí encontramos el **Parque Nacional Natural El Cocuy**, una de las reservas naturales más extensas del país. El Cocuy se encuentra a unos 200 kilómetros (124 millas) al noreste de la capital, **Bogotá**, y contiene un ecosistema con más de veinte picos nevados, entre ellos el **Pan de Azúcar** y el **Púlpito del Diablo**. También hay lagunas de origen glaciar y páramos[7] con flora y fauna característicos de los bosques andinos.

Terminemos nuestro recorrido en Venezuela. Aquí, en las montañas al sureste de **Caracas**, está el **Parque Nacional Canaima**. Su principal atractivo es el **Salto Ángel**, la catarata[8] más alta del mundo. Compara sus 980 metros (3.215 pies) de altura con los 50 metros (164 pies) de las del Niágara. Se pueden hacer excursiones entre **Caracas** y el salto. Ya sea en avión o en lancha[9] por el **río Churún**, se puede disfrutar de la belleza de esta catarata.

Después de unos días en esta región, regresamos a casa con recuerdos de nuestras aventuras en los Andes del norte. ¡Y sólo visitamos una pequeña parte de estos tres países!

[1] **cadena...** *mountain range* [2] **picos**... *snow-capped peaks* [3] *fog* [4] *height* [5] *tremors* [6] *subranges* [7] *high-altitude grasslands* [8] *waterfall* [9] *motorboat*

Bogotá, Colombia

LOS ANDES

COLOMBIA | ECUADOR | VENEZUELA

El español de los Andes del norte

Colombia

bacano/a	que gusta, fabuloso; *great!*
culebra	deuda; *debt*
mecato	golosina; *snacks*
pelado/a	adolescente; *teenager, kid*
tinto	café; *coffee*
trancón	embotellamiento; *traffic jam*

Ecuador

caleta	casa; *house*
chiva	bicicleta; *bicycle*
guagua	niño/a, hijo/a; *kid; son/daughter*
guambra	joven, muchacho/a; *youngster*
leche	suerte; *luck*

Venezuela

bonche	fiesta; *party*
burda	mucho/a; *a lot of*
cambur	plátano; *banana*
chamo/a	chico/a; *boy/girl; dude*
pana	amigo/a, compañero/a; *partner*

Animales de los Andes

El cóndor Es el ave más grande de **Suramérica**. Con las alas[1] extendidas mide hasta tres metros (unos diez pies) de ancho y pesa hasta 14 kg (30 libras). Los **cóndores** pueden vivir hasta cincuenta años y por lo general forman parejas que duran toda la vida. Tanto las hembras[2] como los machos[3] comparten las responsabilidades en la crianza[4] de los polluelos[5]. El cóndor puede recorrer unos 325 km (202 millas) por día y volar a una altura de 5.500 metros (18.045 pies) en busca de comida. En vez de matar a otros animales, el cóndor prefiere comer los restos[6] de animales muertos. De este animal sólo existen dos especies en el mundo: el cóndor de los Andes y el cóndor de California.

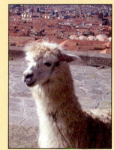

La alpaca Pertenece a la misma familia que los camellos y está relacionada también con la **llama** y la **vicuña,** que también habitan en la cordillera andina. Pesa entre 60 y 70 kg (132 y 154 libras) y mide aproximadamente un metro (3 pies). **La alpaca** es muy valorada por su lana[7], que puede tener más de veinte matices[8]. Hoy día, se utiliza la lana de alpaca para hacer distintos productos, como suéteres, gorros[9], chaquetas y alfombras[10]. Esta lana es considerada una de las más finas y suaves del mundo.

El puma Es natural de **América** y es uno de los felinos más representativos de la región andina. Puede vivir en ecosistemas muy diversos, desde el nivel del mar hasta los 4.500 metros (14.764 pies) de altura. El **puma** es el segundo felino más grande de América. Los machos, que son de mayor tamaño que las hembras, miden de 1 a 2,75 metros (9 pies) de longitud. El puma puede trepar[11], saltar[12] y nadar con gran agilidad, aunque no se ve en el agua con frecuencia. Se alimenta de mamíferos[13] de todos los tamaños, desde roedores[14] hasta venados[15] grandes. También ataca animales domésticos como caballos y ovejas, razón por la cual ha sido cazado[16] hasta el punto de estar en peligro de extinción.

[1] wings [2] females [3] males [4] rearing [5] chicks [6] carcasses [7] wool [8] shades [9] caps, hats [10] rugs [11] climb [12] jump [13] mammals [14] rodents [15] deer [16] hunted

GALERÍA DE CREADORES

LITERATURA
Gabriel García Márquez
Cien años de soledad y *El amor en los tiempos del cólera* no son sólo títulos. Forman parte del imaginario colectivo de cualquier hispanohablante. Las obras del colombiano han marcado el mundo literario del siglo XX y le merecieron el Premio Nobel de Literatura en 1982. En sus cuentos y novelas, García Márquez configura el mundo del realismo mágico, un género en que lo fantástico es verosímil (*credible*) y lo común parece fantástico.

DISEÑO Y MODA Carolina Herrera
En la década de 1980 presentó su primera colección de moda, sus primeros trajes de novia y su primer perfume. Desde entonces, su influencia en el mundo de la moda fue inmediata y continúa hasta el día de hoy. Llegó a ser amiga cercana y modelo de Andy Warhol. Reconocidas artistas como Taylor Swift, Lucy Liu, Amy Adams y Sofía Vergara han lucido sus trajes en galas y presentaciones. Sus diseños son reconocidos por sus líneas limpias y elegantes, por el uso de telas de la mejor calidad y por la búsqueda de la comodidad. Esta diseñadora venezolana, nacida en 1939, ha recibido importantes reconocimientos, como el Couture Council Award for Artistry of Fashion en el año 2014 y el Portrait of a Nation Prize en 2015.

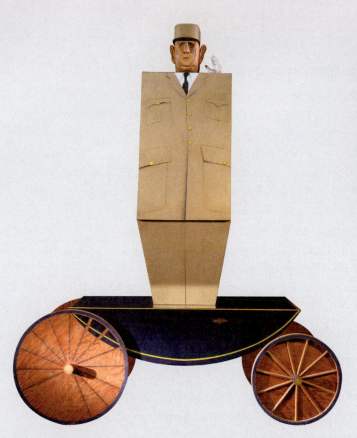

ESCULTURA Marisol Escobar

De adolescente en Venezuela, Marisol Escobar pasó por una etapa en la que imitaba a santos, vírgenes y mártires. Hacía penitencias como caminar de rodillas hasta sangrar y permanecer en silencio por largos períodos. Estas experiencias, y la influencia del catolicismo en general, le han dado a su arte un fuerte componente espiritual, lleno de elementos naturales y sobrenaturales. Lo natural es evidente en su uso frecuente de la madera y la terracota, y lo sobrenatural se expresa en sus creaciones abstractas, hechas con diferentes combinaciones de pinturas, grabados, dibujos y esculturas. Aquí vemos su obra *Presidente Charles de Gaulle* (1967).

PINTURA/MURALISMO

Oswaldo Guayasamín

Cuando un turista llega al aeropuerto de Barajas en Madrid o visita la UNESCO en París, puede admirar uno de los murales de Oswaldo Guayasamín. El pintor y muralista ecuatoriano de fama mundial colaboró con dos de los gigantes del muralismo mexicano: José Clemente Orozco y David Alfaro Siqueiros. Mantuvo también fuertes lazos de amistad con Gabriel García Márquez y Pablo Neruda. Al morir, Guayasamín dejó toda su colección artística al pueblo de Ecuador, ya que en vida éste fue una de sus principales fuentes de inspiración. Aquí observamos al artista dando unas últimas pinceladas (*brushstrokes*) a su obra *El grito*.

¿Qué aprendiste?

1

Cierto o falso Indica si estas afirmaciones son ciertas o falsas. Corrige las falsas.

1. La cordillera de los Andes tiene picos nevados y glaciares. Cierto.
2. El Parque Nacional Natural El Cocuy es la principal zona volcánica de Colombia. Falso. Es una de las reservas naturales más extensas del país.
3. Ecuador es el país con mayor densidad de volcanes. Cierto.
4. Hace más de un siglo que los volcanes Sangay y Guagua Pichincha no hacen erupción. Falso. Han hecho erupciones recientes.
5. El Salto Ángel es la catarata más alta del mundo. Cierto.
6. Los cóndores forman parejas temporales para reproducirse. Falso. Forman parejas que duran toda la vida.
7. Al morir, Oswaldo Guayasamín dejó su colección artística al presidente de Ecuador. Falso. Se la dejó al pueblo de Ecuador.
8. Carolina Herrera empezó a trabajar como diseñadora cuando superaba los cuarenta años. Cierto.

2

Preguntas Contesta las preguntas.

1. ¿Cómo se llama el género literario que caracteriza las obras de Gabriel García Márquez? Se llama realismo mágico.
2. ¿Cuál es el atractivo principal del Parque Nacional Cotopaxi? El volcán Cotopaxi es el atractivo principal.
3. ¿En qué país está el Parque Nacional Canaima? El Parque Nacional Canaima está en Venezuela.
4. ¿Qué animales pertenecen a la familia de la alpaca? Los camellos, las llamas y las vicuñas son de la misma familia.
5. ¿Qué hacía Marisol Escobar para imitar a los mártires? Hacía penitencias y permanecía en silencio.
6. ¿Cuáles especies de cóndores se conocen en la actualidad? Existen únicamente dos especies: el cóndor de los Andes y el cóndor de California.
7. ¿Por qué razón el puma se encuentra en peligro de extinción? Porque los humanos lo han cazado por atacar animales domésticos.
8. ¿Qué artista de la Galería te interesa más? ¿Por qué? Answers will vary.

3 Suggest these possible reasons to students:
Razones para ir observación de animales en vía de extinción; flora y fauna únicas de los bosques andinos; lugar recomendado por otros turistas; relieve lleno de montañas y nevados; zona cercana a ciudades capitales
Razones para no ir área demasiado fría, con páramos y glaciares; difícil acceso por aire/tierra/agua; erupciones volcánicas, emisiones de vapor y cenizas; lugares muy altos y con poco oxígeno; temblores de tierra

3

Los Andes En parejas, pregúntense uno a otro si les gustaría viajar a los lugares de la lista. Mencionen las razones por las que se animarían a ir a estos lugares o si encuentran algún motivo para no visitarlos.

Lugares

1. Lagunas glaciares cerca del pico nevado Púlpito del Diablo, en Colombia
2. El Parque Nacional Cotopaxi cerca de Quito, en Ecuador
3. El Salto Ángel al sureste de Caracas, en Venezuela
4. El Parque Nacional Natural el Cocuy, en Colombia
5. El volcán Sangay en las afueras de Quito, en Ecuador

Practice more at vhlcentral.com.

PROYECTO

Fotografías descriptivas

Imagina que eres fotógrafo/a y quieres solicitar empleo en una revista turística. Te han pedido que saques fotos para un reportaje sobre la cordillera de los **Andes** en **Colombia**, **Ecuador** y **Venezuela**.

Busca la información que necesites en Internet.

- Investiga sobre tres maravillas naturales o animales de los Andes.
- Escoge fotografías que reflejen su magnitud y belleza.
- Describe cada foto a la clase y explica por qué la escogiste.

Un bosque tropical

 Video

Ahora que ya has leído sobre las maravillas que esconde la cordillera de los Andes, mira este episodio de **Flash Cultura** para conocer la riqueza del bosque tropical lluvioso de Puerto Rico, con su sorprendente variedad de árboles milenarios.

Corresponsal: Diego Palacios
País: Puerto Rico

En el Yunque hay más especies de árboles que en ningún otro de los bosques nacionales, muchos de los cuales son cientos de veces más grandes, como el Parque Yellowstone o el Yosemite.

Vocabulario

la **brújula** *compass*	**estar en forma** *to be fit*
la **caminata** *hike*	la **lupa** *magnifying glass*
la **cascada** *waterfall*	el/la **nene/a** *kid*
el **chapuzón** *dip*	**subir** *to climb*
la **cima** *peak*	la **torre** *tower*

1

Preparación ¿Te gusta estar en contacto con la naturaleza? ¿De qué manera? ¿Has visitado alguno de los bosques nacionales de tu país? ¿Cuál(es)?

2

Comprensión Indica si estas afirmaciones son ciertas o falsas. Después, en parejas, corrijan las falsas.

1. El nombre *Yunque* proviene del español y significa "dios de la montaña". Falso. El nombre proviene de la palabra indígena Yuque, que significa "tierras blancas".

2. El Yunque es la reserva forestal más antigua del hemisferio occidental. Cierto.

3. El símbolo de Puerto Rico es el arroz con gandules. Falso. El símbolo de Puerto Rico es el coquí.

4. Para llegar a la cima es necesario estar en forma y llevar brújula, agua, mapa, etc. Cierto.

5. Una caminata hasta la cima puede llevar hasta dos días. Falso. Las caminatas hasta la cima pueden llevar hasta medio día.

6. Como la cima está rodeada de nubes, los árboles no pueden crecer mucho. Cierto.

Nadar en los ríos del Yunque es uno de los pasatiempos favoritos de los puertorriqueños, como lo es meterse debajo de las cascadas.

3

Expansión En parejas, contesten estas preguntas.

- Imagina que sólo puedes llevar tres de los objetos del equipo para llegar a la cima del Yunque. ¿Cuáles llevarías? ¿Por qué?

- ¿Alguno de los atractivos del Yunque te anima (*encourages you*) a visitar este bosque en tus próximas vacaciones? ¿Cuál? ¿Por qué?

- ¿Qué tipo de comida llevas cuando vas de excursión? ¿Qué otras cosas llevas en la mochila?

El Yunque es el único Bosque Tropical Lluvioso del Sistema Nacional de Bosques de los Estados Unidos.

Point out that a **cuerda**, the unit of measurement used in the episode, is very close to an *acre*. Currently it is used only in Puerto Rico. Other Spanish-speaking countries use square kilometers (**kilómetros cuadrados**) or hectares (**hectáreas**) to refer to the area of a national park.

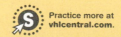 Practice more at vhlcentral.com.

5.1

 Presentation

The future

Forms of the future tense

*Y, ¿cuándo te **irás**?*

TALLER DE CONSULTA

These grammar topics are covered in the **Manual de gramática, Lección 5.**

5.4 *Qué* vs. *cuál*, p. 252

5.5 The neuter *lo*, p. 254

INSTRUCTIONAL RESOURCES
Supersite: Audioscripts, SAM AK, Lab MP3s
SAM/WebSAM: WB, LM

¡ATENCIÓN!

Note that all of the future tense endings carry a written accent except in the **nosotros** form.

- The future tense (**el futuro**) takes the same endings for all **–ar, –er,** and **–ir** verbs. For regular verbs, the endings are added to the infinitive.

The future tense		
hablar	**deber**	**abrir**
hablar**é**	deber**é**	abrir**é**
hablar**ás**	deber**ás**	abrir**ás**
hablar**á**	deber**á**	abrir**á**
hablar**emos**	deber**emos**	abrir**emos**
hablar**éis**	deber**éis**	abrir**éis**
hablar**án**	deber**án**	abrir**án**

- For verbs with irregular future stems, the same endings are added to the irregular stem.

infinitive	stem	future
caber	cabr–	cabré, cabrás, cabrá, cabremos, cabréis, cabrán
haber	habr–	habré, habrás, habrá, habremos, habréis, habrán
poder	podr–	podré, podrás, podrá, podremos, podréis, podrán
querer	querr–	querré, querrás, querrá, querremos, querréis, querrán
saber	sabr–	sabré, sabrás, sabrá, sabremos, sabréis, sabrán
poner	pondr–	pondré, pondrás, pondrá, pondremos, pondréis, pondrán
salir	saldr–	saldré, saldrás, saldrá, saldremos, saldréis, saldrán
tener	tendr–	tendré, tendrás, tendrá, tendremos, tendréis, tendrán
valer	valdr–	valdré, valdrás, valdrá, valdremos, valdréis, valdrán
venir	vendr–	vendré, vendrás, vendrá, vendremos, vendréis, vendrán
decir	dir–	diré, dirás, dirá, diremos, diréis, dirán
hacer	har–	haré, harás, hará, haremos, haréis, harán

Point out that some irregular verbs drop the **e** of the infinitive ending (**caber → cabr–**), while others replace the **e** or **i** of the infinitive ending with **d** (**poner → pondr–**). **Decir** and **hacer** have individual irregularities. Emphasize that in the future tense, while some verb stems are irregular, the verb endings never change.

Remind students that the impersonal form of **haber** is the same for singular and plural. Ex: **Habrá un examen al final del semestre. Habrá cinco exámenes en total.**

Uses of the future tense

- In Spanish, as in English, the future tense is one of many ways to express actions or conditions that will happen in the future.

Present indicative	Present subjunctive
Llegan a Caracas mañana.	**Prefiero que lleguen** a Caracas mañana.
They arrive in Caracas tomorrow.	*I prefer that they arrive in Caracas tomorrow.*
(conveys a sense of certainty that the action will occur)	**(refers to an action that has yet to occur)**

ir a + [*infinitive*]	Future tense
Van a llegar a Caracas mañana.	**Llegarán** a Caracas mañana.
They are going to arrive in Caracas tomorrow.	*They will arrive in Caracas tomorrow.*
(expresses the near future; is commonly used in everyday speech)	**(expresses an action that will occur; often implies more certainty than ir a + [*infinitive*])**

- The English word *will* can refer either to future time or to someone's willingness to do something. To express willingness, Spanish uses the verb **querer** + [*infinitive*], not the future tense.

¿Quieres contribuir a la protección del medio ambiente?
Will you contribute to the protection of the environment?

Quiero ayudar, pero no sé por dónde empezar.
I'll help, but I don't know where to begin.

- In Spanish, the future tense may be used to express conjecture or probability, even about present events. English expresses this in various ways, using words and expressions such as *wonder, bet, must be, may, might,* and *probably.*

¿Qué hora **será**?
I wonder what time it is.

Ya **serán** las dos de la mañana.
It must be 2 a.m. by now.

¿**Estará** lloviendo en Medellín?
Do you think it's raining in Medellín?

Hará un poco de sol y un poco de viento.
It's probably a bit sunny and windy.

- When the present subjunctive follows a conjunction of time like **cuando, después (de) que, en cuanto, hasta que,** and **tan pronto como,** the future tense is often used in the main clause of the sentence.

Nos **quedaremos** lejos de la costa **hasta que pase** el huracán.
We'll stay far from the coast until the hurricane passes.

En cuanto termine de llover, **regresaremos** a casa.
As soon as it stops raining, we'll go back home.

Tan pronto como salga el sol, **iré** a la playa a tomar fotos.
As soon as the sun comes up, I'll go to the beach to take photos.

Práctica

1

Horóscopo chino En el horóscopo chino cada signo está representado por un animal. Completa las predicciones para la serpiente, conjugando los verbos entre paréntesis en el futuro.

TRABAJO Esta semana tú (1) ___tendrás___ (tener) que trabajar duro. (2) ___Saldrás___ (salir) poco y no (3) ___podrás___ (poder) divertirte. Pero (4) ___valdrá___ (valer) la pena. Muy pronto (5) ___conseguirás___ (conseguir) el puesto que esperas.

DINERO (6) ___Vendrán___ (venir) dificultades económicas. No malgastes tus ahorros.

SALUD El médico (7) ___resolverá___ (resolver) tus problemas respiratorios, pero tú (8) ___deberás___ (deber) cuidarte la garganta.

AMOR (9) ___Recibirás___ (recibir) una noticia muy buena. Una persona especial te (10) ___dirá___ (decir) que te ama. (11) ___Vendrán___ (venir) días felices.

2 **Predicciones** En parejas, escriban el horóscopo de su compañero/a. Utilicen verbos en futuro y las frases de la lista. Luego, compartan sus predicciones con la clase.

decir secretos	**haber una sorpresa**	**recibir una visita**
empezar una relación	**hacer daño**	**tener suerte**
festejar	**hacer un viaje**	**venir amigos**
ganar/perder dinero	**poder solucionar problemas**	**viajar al extranjero**

Dragón:
1940-1952-1964-
1976-1988-2000

Serpiente:
1941-1953-1965-
1977-1989-2001

Caballo:
1942-1954-1966-
1978-1990-2002

Cabra:
1943-1955-1967-
1979-1991-2003

Mono:
1944-1956-1968-
1980-1992-2004

Gallo:
1945-1957-1969-
1981-1993-2005

Perro:
1946-1958-1970-
1982-1994-2006

Cerdo:
1947-1959-1971-
1983-1995-2007

Rata:
1948-1960-1972-
1984-1996-2008

Búfalo:
1949-1961-1973-
1985-1997-2009

Tigre:
1950-1962-1974-
1986-1998-2010

Gato:
1951-1963-1975-
1987-1999-2011

3 **Tus planes** En parejas, pregúntense qué planes tienen para el próximo verano. Pueden hacerse preguntas que no estén en la lista. Después, compartan la información con la clase.

1. ¿Trabajarás? ¿En qué?
2. ¿Tomarás clases? ¿De qué?
3. ¿Te irás de viaje? ¿Adónde?
4. ¿Saldrás por las noches? ¿Con quién?
5. ¿Harás algo extraordinario? ¿Qué?
6. ¿Protegerás el medio ambiente? ¿Cómo?
7. ¿Harás ejercicio al aire libre? ¿Dónde?
8. ¿Mejorarás tu vida? ¿Cómo?

Practice more at
vhlcentral.com.

Comunicación

4 **Viaje de aventura** Tú y tu compañero/a están planeando un viaje de dos semanas. Decidan cuándo y a cuál de estos países irán y qué harán allí, usando el anuncio como guía. Conjuguen los verbos en el futuro.

E C O T U R I S M O

Colombia	Ecuador	Venezuela
• acampar en la costa	• montar a caballo en las montañas	• explorar un tramo de los Andes
• hacer *rafting* por el río Tobia	• bucear en el mar	• ascender un tepuy (*flat-topped mountain*)
• visitar la región amazónica colombiana	• ir en bicicleta de montaña	• hacer una expedición por un río
• disfrutar de la naturaleza y las playas en el Parque Nacional Tayrona	• viajar en kayak por las islas Galápagos con las tortugas marinas, las focas y los delfines	• explorar las islas del Parque Nacional Mochima en kayak

5 **¿Qué será de...?** Todo cambia con el tiempo. En parejas, conversen sobre el futuro de cada lugar, producto o animal.

- las ballenas
- Venecia
- el libro impreso (*printed*)
- la televisión
- Internet
- las hamburguesas
- el hielo (*ice*) en los polos norte y sur
- la selva amazónica
- Los Ángeles
- el petróleo

6 **¿Dónde estarán en veinte años?** En grupos de tres, hagan una lista de cinco personas famosas y anticipen lo que será de ellas dentro de veinte años.

7 **Situaciones** En parejas, seleccionen uno de estos temas e inventen un diálogo usando el tiempo futuro.

1. Dos jóvenes han terminado sus estudios y hablan sobre lo que harán para convertirse en millonarios.

2. Dos ladrones/as acaban de robar todo el dinero de un banco internacional y lo han escondido en el congelador (*freezer*) de un(a) amigo/a. Ahora se preguntan cómo escaparán de la policía.

3. Dos hermanas han decidido convertir su granja (*farm*) en un centro de ecoturismo. Deben desarrollar atracciones para los turistas.

4. Dos inventores/as se reúnen para participar en un intercambio (*exchange*) de ideas. El objetivo es controlar, reducir y eliminar la contaminación del aire en las ciudades. Cada uno/a dice lo que inventará para conseguirlo.

5 Ask pairs to come up with their own predictions about events that will happen 25, 50, and 100 years from now.

6 Model the activity by talking about one celebrity first as a class.

7 Have volunteers perform their dialogues for the class. For listening comprehension, ask students to jot down all future tense verb forms they hear.

5.2

 Presentation

The conditional

INSTRUCTIONAL RESOURCES
Supersite: Audioscripts, SAM AK, Lab MP3s
SAM/WebSAM: WB, LM

Point out that, like *will*, the auxiliary *would* does not have a Spanish equivalent.
yo iría → *I would go*
ella hablaría → *she would speak*

¡ATENCIÓN!

Note that all of the conditional endings carry a written accent mark.

To help students remember the written accent, compare the pronunciation of **María** and **farmacia**.

Remind students that the conditional endings are identical to those of the imperfect tense forms of **–er** and **–ir** verbs.

*¿Te dijo en qué coche **vendría**?*

- The conditional tense (**el condicional**) takes the same endings for all **–ar, –er,** and **–ir** verbs. For regular verbs, the endings are added to the infinitive.

The conditional		
dar	**ser**	**vivir**
daría	sería	viviría
darías	serías	vivirías
daría	sería	viviría
daríamos	seríamos	viviríamos
daríais	seríais	viviríais
darían	serían	vivirían

- Verbs with irregular future stems have the same irregular stem in the conditional.

infinitive	stem	conditional
caber	cabr–	cabría, cabrías, cabría, cabríamos, cabríais, cabrían
haber	habr–	habría, habrías, habría, habríamos, habríais, habrían
poder	podr–	podría, podrías, podría, podríamos, podríais, podrían
querer	querr–	querría, querrías, querría, querríamos, querríais, querrían
saber	sabr–	sabría, sabrías, sabría, sabríamos, sabríais, sabrían
poner	pondr–	pondría, pondrías, pondría, pondríamos, pondríais, pondrían
salir	saldr–	saldría, saldrías, saldría, saldríamos, saldríais, saldrían
tener	tendr–	tendría, tendrías, tendría, tendríamos, tendríais, tendrían
valer	valdr–	valdría, valdrías, valdría, valdríamos, valdríais, valdrían
venir	vendr–	vendría, vendrías, vendría, vendríamos, vendríais, vendrían
decir	dir–	diría, dirías, diría, diríamos, diríais, dirían
hacer	har–	haría, harías, haría, haríamos, haríais, harían

Uses of the conditional

- The conditional is used to express what *would* occur under certain circumstances.

  ¿Qué ciudad de Ecuador **visitarías** primero?
  Which city in Ecuador would you visit first?

  Iría primero a Quito y después a Guayaquil.
  First I would go to Quito and then to Guayaquil.

- The conditional is also used to make polite requests.

  ¿**Podrías** pasarme ese mapa, por favor?
  Could you pass me that map, please?

  ¿Le **importaría** (a usted) cuidar mis plantas?
  Would you mind taking care of my plants?

- Just as the future tense is one of several ways of expressing a future action, the conditional is one of several ways of expressing a future action as perceived in the past. In this case, the conditional expresses what someone said or thought *would* happen.

  Dicen que mañana **hará** viento.
  They say it will be windy tomorrow.

  Creía que hoy **haría** viento.
  I thought it would be windy today.

  Dicen que mañana **va a hacer** viento.
  They say it's going to be windy tomorrow.

  Creía que hoy **iba a hacer** viento.
  I thought it was going to be windy today.

- In Spanish, the conditional may be used to express conjecture or probability about a past event. English expresses this in various ways using words and expressions such as *wondered, must have been,* and *was probably.*

  ¿A qué hora **regresaría**?
  I wonder what time he returned.

  Serían las ocho.
  It must have been eight o'clock.

¿No sería ahora el momento justo para ir de vacaciones a San Andrés?

Práctica

1 Have students change the dialogue into a narrative.

1 Ambición Completa el diálogo con el condicional de los verbos entre paréntesis.

DARÍO Si yo pudiera formar parte de esta organización, (1) ___estaría___ (estar) dispuesto (*ready*) a ayudar en todo lo posible.

CONSUELO Sí, lo sé, pero tú no (2) ___podrías___ (poder) hacer mucho. No tienes la preparación necesaria. Tú (3) ___necesitarías___ (necesitar) estudios de biología.

DARÍO Bueno, yo (4) ___ayudaría___ (ayudar) con las cosas menos difíciles. Por ejemplo, (5) ___haría___ (hacer) el café para las reuniones.

CONSUELO Estoy segura de que todos (6) ___agradecerían___ (agradecer) tu colaboración. Les preguntaré si necesitan ayuda.

DARÍO Eres muy amable, Consuelo. (7) ___Daría___ (dar) cualquier cosa por trabajar con ustedes. Y (8) ___consideraría___ (considerar) la posibilidad de volver a la universidad para estudiar biología. (9) ___Tendría___ (tener) que trabajar duro, pero lo (10) ___haría___ (hacer) porque no (11) ___sabría___ (saber) qué hacer sin un buen trabajo. Por eso sé que el esfuerzo (12) ___valdría___ (valer) la pena.

2 Model these additional polite expressions: **¿Serías tan amable de...? / ¿Me harías el favor de...? / ¿Te importaría...?**

2 Repeat the activity using **usted(es)** and **nosotros/as** commands. Then practice the corresponding indirect commands with the conditional.

2 Cortesía Cambia estos mandatos por mandatos indirectos que usen el condicional. Answers will vary.

Mandatos directos	Mandatos indirectos
1. Dale de comer al perro.	¿Podrías darle de comer al perro, por favor?
2. No malgastes el agua.	¿Te importaría no malgastar el agua, por favor?
3. Compra un carro híbrido.	¿Podrías comprar un carro híbrido, por favor?
4. Planta un árbol.	¿Serías tan amable de plantar un árbol, por favor?
5. Deja de molestar al gato.	¿Serías tan amable de dejar de molestar al gato, por favor?
6. Usa sólo papel reciclado.	¿Te importaría usar sólo papel reciclado, por favor?
7. No tires basura en la calle.	¿Podrías no tirar basura en la calle, por favor?

3 Students may also complete the activity with a partner. Have volunteers share their answers with the class.

3 Lo que hizo Irma Utilizamos el condicional para expresar el futuro en el contexto de una acción pasada. Explica lo que quiso hacer Irma e inventa lo que al final pudo hacer.

Modelo pensar / desayunar

Irma pensó que desayunaría con su amiga Gabi, pero Gabi no tenía hambre.

1. pensar / comer   Irma pensó que comería…

2. decir / poner   Irma dijo que pondría…

3. imaginar / tener   Irma imaginó que tendría…

4. escribir / venir   Irma escribió que vendría…

5. contarme / querer   Irma me contó que querría…

6. suponer / hacer   Irma supuso que haría…

7. explicar / salir   Irma explicó que saldría…

8. calcular / valer   Irma calculó que valdría…

Practice more at
vhlcentral.com.

Comunicación

4 **De vacaciones** Tu tío Ignacio y su familia van a Ciudad Bolívar en Venezuela. Ellos te han llamado para pedirte consejos sobre lo que deben hacer. En grupos de cuatro, háganles sugerencias de acuerdo a sus gustos y a la información de la Nota cultural. Usen el condicional.

Modelo Tía Rosa y Eduardito podrían visitar el Ecomuseo.

Tía Rosa: No le gusta estar al aire libre. Odia los mosquitos.

Tío Ignacio: Le encanta acampar.

María Fernanda: Le encantan los animales salvajes.

Eduardito: Le gusta jugar con la computadora y leer.

5 **¿Qué harías?** Piensa en lo que harías en estas situaciones. Luego, en parejas, compartan sus reacciones usando el condicional.

1.

2.

3.

4.

5.

4 Encourage students to use additional verbs (**deberían, tendrían que,** etc.) and to add their own ideas.

5 Initiate a discussion about the illustrations before assigning the activity. Ex: **¿Cómo se siente la mujer? ¿Qué quieren los pajaritos?**

5.3

 Presentation

Relative pronouns

The relative pronoun *que*

TALLER DE CONSULTA

See **Manual de gramática 5.4, p. 252** to review the uses of **qué** and **cuál** in asking questions.

INSTRUCTIONAL RESOURCES
Supersite: Audioscripts, SAM AK, Lab MP3s
SAM/WebSAM: WB, LM

¡ATENCIÓN!

Relative pronouns are used to connect short sentences or clauses to create longer, more fluid sentences. Unlike the interrogative words **qué, quién(es),** and **cuál(es),** relative pronouns never carry accent marks.

If necessary, briefly review the difference between *who* and *whom* before presenting relative pronouns in Spanish.

Echa unas monedas en esas maquinitas que ha puesto el ayuntamiento y lo deja aquí al lado.

● **Que** (*that, which, who*) is the most frequently used relative pronoun (**pronombre relativo**). It can refer to people or things, subjects or objects, and can be used in restrictive clauses (without commas) or nonrestrictive clauses (with commas). Note that while some relative pronouns may be omitted in English, they must always be used in Spanish.

El incendio **que** vimos ayer destruyó la tercera parte del bosque.
The fire (that) we saw yesterday destroyed a third of the forest.

Los ciudadanos **que** van a la manifestación exigen respuestas del gobierno.
The citizens who are going to the protest demand answers from the government.

La inundación fue causada por la lluvia, **que** ha durado más de dos semanas.
The flood was caused by the rain, which has lasted over two weeks.

● In a restrictive (without commas) clause where no preposition or personal **a** precedes the relative pronoun, always use **que**.

Las ballenas **que** encontraron en la playa estaban vivas.
The whales they found on the beach were alive.

El que/La que

● After prepositions, **que** follows the definite article: **el que, la que, los que,** or **las que**. The article must agree in gender and number with the antecedent (the noun or pronoun to which it refers). When referring to *things* (but not *people*), the article may be omitted after short prepositions, such as **en, de,** and **con**.

La mujer **para la que** trabajo llegará a las seis.
The woman (whom) I work for will arrive at six.

El edificio **en (el) que** viven es viejo.
The building (that) they live in is old.

● **El que, la que, los que,** and **las que** are also used for clarification to refer to a previously mentioned person or thing.

Hablé con los vecinos que tienen perros pero no con **los que** tienen gatos.
I talked to the neighbors who have dogs but not to the ones who have cats.

Si puedes optar entre dos compañías, elige **la que** paga más.
If you can choose between two companies, pick the one that pays more.

El cual/La cual

- **El cual, la cual, los cuales,** and **las cuales** are generally interchangeable with **el que, la que, los que,** and **las que** after prepositions. They are often used in more formal speech or writing. Note that when **el cual** and its forms are used, the definite article is never omitted.

    El edificio **en el cual** viven es viejo.
    The building in which they live is old.

Quien/Quienes

- **Quien** (sing.) and **quienes** (pl.) only refer to people. **Quien(es)** can therefore generally be replaced by forms of **el que** and **el cual**, although the reverse is not always true.

    Los investigadores, **quienes (los que/los cuales)** estudian la erosión, son de Ecuador.
    The researchers, who are studying erosion, are from Ecuador.

    El investigador **de quien (del que/del cual)** hablaron era mi profesor.
    The researcher (whom) they spoke about was my professor.

- Although **que** and **quien(es)** may both refer to people, their use depends on the structure of the sentence. In restrictive clauses (without commas), only **que** is used if no preposition or personal **a** is necessary. If a preposition or personal **a** is necessary, **quien** (or a form of **el que/el cual**) is used instead.

    La gente **que** vive en la capital está harta del smog.
    The people who live in the capital are tired of the smog.

    Esperamos una respuesta de los biólogos **a quienes (a los que/a los cuales)** llamamos.
    We're waiting for a response from the biologists (whom) we called.

- In nonrestrictive clauses (with commas) that refer to people, **que** is more common in spoken Spanish, but **quien(es)** (or a form of **el que/el cual**) is preferred in written speech.

    Juan y María, **que** viven conmigo, me regañan si dejo las luces prendidas.
    Juan and María, who live with me, scold me if I leave the lights on.

    Las expertas, **quienes** por fin concedieron la entrevista, no mencionaron la sequía.
    The experts, who finally granted the interview, didn't mention the drought.

The relative adjective *cuyo*

- The relative adjective **cuyo (cuya, cuyos, cuyas)** means *whose* and agrees in number and gender with the noun it precedes. When asking to whom something belongs, use **¿de quién(es)?**, not a form of **cuyo**.

    El equipo, **cuyo** proyecto aprobaron, viajará a las islas Galápagos en febrero.
    The team, whose project they approved, will travel to the Galapagos Islands in February.

    La colega, **cuyas** ideas mejoraron el plan, no tiene tiempo para realizar el proyecto.
    The colleague, whose ideas improved the plan, doesn't have time to do the project.

    ¿De quién es este mapa de Venezuela?
    Whose map of Venezuela is this?

    Es mío, pero no es un mapa. Es un atlas **cuyos** autores son venezolanos.
    It's mine, but it's not a map. It's an atlas whose authors are Venezuelan.

TALLER DE CONSULTA

The neuter forms **lo que** and **lo cual** are used when referring to situations or abstract concepts that have no gender. See **Manual de gramática 5.5, p. 254.**

¿Qué es lo que te molesta?
What is it that's bothering you?

Ella habla sin parar, lo cual me enoja mucho.
She won't stop talking, which is making me really angry.

¡ATENCIÓN!

When used with **a** or **de**, the contractions **al que/al cual** and **del que/del cual** are formed.

You may wish to explain to students that in spoken Spanish, as in spoken English, the use of relative pronouns allows for greater flexibility than the prescriptive rules do. Ex: **La señora que conocí ayer...** for **La señora a quien conocí ayer...**

Práctica

Nota CULTURAL

El **Parque Natural Chicaque** en **Colombia** es una reserva natural de 300 hectáreas de selva montañosa que permanece cubierta de niebla la mayor parte del tiempo.

1 **Relativos** Selecciona la palabra o frase adecuada para completar cada oración.

1. El señor Gómez, _____ empresa se dedica al ecoturismo, está en una reunión.
   a. cuya   b. cuyo   c. cuyos

2. Hay muchos tóxicos _____ se contamina el agua.
   a. con la que   b. con los que   c. con quienes

3. El científico, _____ busca una solución para el consumo de energía, hace estudios en Chicaque.
   a. del cual   b. quien   c. quienes

4. Los amigos _____ me viste quieren visitar el Parque Natural Chicaque.
   a. en quien   b. de quien   c. con quienes

2 Remind students to pay attention to gender and number as they complete the activity.

2 **El ozono** Completa el siguiente artículo de una revista científica con los pronombres relativos de la lista. Algunos pronombres pueden repetirse.

LA CAPA DE OZONO

con quien

cuyas

cuyo

de las cuales

de que

del que

el cual

en que

las cuales

que

quien

La capa de ozono está formada por un gas, (1) _el cual/que_ se encuentra en la estratosfera. Este gas (2) _que_ nos protege de la radiación ultravioleta ha empezado a desaparecer en algunas regiones del planeta, (3) _de las cuales_ la Antártida es la zona (4) _que_ está en mayor peligro.

Los seres humanos y la naturaleza causan este daño a la capa de ozono. La gente lo hace con los gases (5) _que_ se usan en aerosoles y refrigeradores. La naturaleza lo hace con las erupciones volcánicas, (6) _las cuales/que_ emiten un gas llamado cloro, (7) _cuyas_ propiedades dañan el ozono. Este problema del ozono, sobre (8) _el cual_ muchos científicos hablan, puede tener consecuencias negativas para la salud de las personas.

3 Note that some items have more than one correct answer.

3 To help students visualize how a relative pronoun fuses two sentences together, first underline the common element. Then strike through the second instance, replacing it with the relative pronoun. Ex:
Limpiaron la costa.
  Visitamos la costa. →
Limpiaron la costa.
  Visitamos ~~la costa~~. →
Limpiaron la costa
  que visitamos.

3 **Seamos concisos** Combina estas oraciones usando un pronombre o adjetivo relativo apropiado. Sample answers. Some answers will vary.

> **Modelo** **El consumo de energía es un problema. El gobierno habla del consumo de energía.**
> El consumo de energía es un problema del cual el gobierno habla.

1. Los jóvenes son estudiantes universitarios. Los jóvenes luchan contra la deforestación. Los jóvenes, quienes luchan contra la deforestación, son estudiantes universitarios.

2. La manifestación será mañana en la plaza. Te hablé de la manifestación. La manifestación de la que te hablé será mañana en la plaza.

3. El gobierno aprobó una ley. El contenido de la ley apoya el reciclaje. El gobierno aprobó una ley cuyo contenido apoya el reciclaje.

4. La gente no puede bañarse en el río. Las aguas del río están contaminadas. La gente no puede bañarse en el río cuyas aguas están contaminadas.

5. La empresa tiene proyectos de urbanización. La empresa está en crisis. La empresa que está en crisis tiene proyectos de urbanización.

Practice more at vhlcentral.com.

Comunicación

4 Tus prioridades

A. Completa el recuadro de acuerdo con tus hábitos y opiniones.

	Sí	No	Depende
1. No uso mi carro. Siempre viajo en autobús o en bicicleta.	☐	☐	☐
2. Como frutas y verduras orgánicas.	☐	☐	☐
3. Reciclo latas, productos de plástico y de papel.	☐	☐	☐
4. Apago las luces de los cuartos donde no hay nadie.	☐	☐	☐
5. En invierno me pongo un abrigo en casa en vez de subir la calefacción.	☐	☐	☐
6. En verano no uso el aire acondicionado, sólo abro las ventanas.	☐	☐	☐
7. Quiero tener una casa con paneles solares o una turbina de viento.	☐	☐	☐
8. Participo en organizaciones que protegen el medio ambiente.	☐	☐	☐
9. Sólo el gobierno debe preocuparse por el medio ambiente.	☐	☐	☐
10. Conducir mi carro no perjudica al medio ambiente.	☐	☐	☐
11. Sólo las grandes empresas son responsables de la contaminación.	☐	☐	☐
12. Es imposible proteger todas las especies en peligro de extinción.	☐	☐	☐

B. En parejas, compartan la información del recuadro. Después, usando pronombres relativos, informen a la clase de lo que hayan aprendido sobre su compañero/a.

Modelo Rafael come verduras y frutas orgánicas que compra en el mercado al aire libre. Es una persona a quien no le gusta la contaminación causada por pesticidas y herbicidas.

5 ¿Quién es quién?

La clase se divide en dos equipos. Un(a) integrante del equipo A piensa en un(a) compañero/a y da tres pistas. El equipo B tiene que adivinar de quién se trata. Si adivina con la primera pista, obtiene 3 puntos; con la segunda, obtiene 2 puntos; con la tercera, obtiene 1 punto.

Modelo Estoy pensando en alguien con quien almorzamos.
Estoy pensando en alguien cuyos ojos son marrones.
Estoy pensando en alguien que lleva pantalones azules.

6 Evolución de ideas

En parejas, hagan una lista de cinco creencias (*beliefs*) erróneas que los humanos hemos tenido en los últimos cien años acerca de estos temas. Escriban oraciones y usen por lo menos tres pronombres relativos distintos.

Modelo Los árboles que crecen en la selva amazónica aportan menos oxígeno a la atmósfera de lo que pensábamos.

- la salud
- el medio ambiente
- la familia
- la guerra
- el universo

4 Have students explain their answers to items where they responded with **Depende**.

4 Survey the class to find an item for which student answers were evenly divided. Have students work in groups of four, each consisting of one pair that answered **Sí** and one that answered **No**. Ask the two pairs in each group to debate the issue and then present the two sides to the class, who must vote for the most convincing argument.

5 Write a list of relative pronouns on the board and tell students they must use a different one for each of the three clues.

6 Have pairs exchange papers for peer-editing. Ask students to read aloud any sentences from the other pair that surprised them.

TEACHING OPTION If time permits, have groups research different national parks in Venezuela, Colombia, and Ecuador; then create informational brochures for the class. Remind them to use relative pronouns in their descriptions.

TEACHING OPTION Students might find these verbs useful for completing the activities on this page: **destruir, inundar, mojar, quemar, soplar, temblar.**

1 Briefly review weather expressions before assigning the activity.

3 Encourage students to draw from personal experience. Ask follow-up questions to incorporate vocabulary from **Lección 5**. Ex: **¿Cuáles de los parques están en el desierto? ¿Y en la costa? ¿Qué animales se pueden ver dentro del parque?**

Síntesis

Pronóstico del tiempo

	Hoy	Mañana	Pasado mañana
Buenos Aires	Máx. / Mín. 15º C / 9 ºC	Máx. / Mín. 19 ºC / 9 ºC	Máx. / Mín. 12 ºC / 8 ºC
Caracas	Máx. / Mín. 34 ºC / 26 ºC	Máx. / Mín. 34 ºC / 26 ºC	Máx. / Mín. 36 ºC / 25 ºC
Ciudad de México	Máx. / Mín. 24 ºC / 14 ºC	Máx. / Mín. 22 ºC / 13 ºC	Máx. / Mín. 22 ºC / 12 ºC
Quito	Máx. / Mín. 18 ºC / 10 ºC	Máx. / Mín. 22 ºC / 9 ºC	Máx. / Mín. 23 ºC / 10 ºC
Santo Domingo	Máx. / Mín. 32 ºC / 24 ºC	Máx. / Mín. 32 ºC / 23 ºC	Máx. / Mín. 32 ºC / 23 ºC

1 **El pronóstico** En parejas, seleccionen dos de las ciudades incluidas en el informe del tiempo y describan el pronóstico de esos lugares para los tres días. Utilicen los usos del futuro presentados en la lección.

2 **La isla** Imagina que tú y tu compañero/a han naufragado (*shipwrecked*) en una isla desierta. Piensa en los problemas a los que se podrían enfrentar (*be faced with*). Coméntalos con tu compañero/a para ver qué haría él/ella en cada situación.

> **Modelo** —No hay agua potable.
> —Bebería agua de coco.

3 **El parque** En grupos pequeños, elijan un parque nacional de su país e imaginen que van a visitarlo. Escriban una breve descripción del parque y su medio ambiente usando el vocabulario de esta lección y algunos de los pronombres relativos que han aprendido.

Preparación

Vocabulario de la lectura		Vocabulario útil
el chamán *shaman (religious figure believed to have magical or supernatural powers)*	**el medicamento** *medication*	**la dolencia** *ailment*
el/la curandero/a *folk healer*	**el pulmón** *lung*	**el efecto invernadero** *greenhouse effect*
el/la encargado/a *person in charge*	**la semilla** *seed*	**el reciclaje** *recycling*
el hecho *fact*	**la Tierra** *Earth*	**reciclar** *to recycle*
la madera *wood*	**la utilidad** *usefulness*	**el reto** *challenge*

1 **Emparejar** Une cada palabra con su definición.

1. curandero ___c___   a. órgano donde ocurre la respiración

2. medicamento ___f___   b. el planeta donde vivimos

3. pulmón ___a___   c. persona que cura con remedios naturales

4. madera ___e___   d. parte dura de una fruta o vegetal de la cual crecen nuevas frutas y vegetales

5. semilla ___d___   e. material sólido de un árbol que tiene múltiples usos

6. Tierra ___b___   f. sustancia que se consume para curar una enfermedad

1 Read each of the remaining words from the **Vocabulario** box aloud. Have pairs write definitions for a few of them. Then have volunteers share their definitions with the class.

2 **La madre naturaleza** En parejas, túrnense para contestar las preguntas y expliquen sus respuestas.

1. ¿Cómo te gusta disfrutar de la naturaleza? ¿Qué experiencia al aire libre recuerdas?

2. ¿Has estado en una selva o en un bosque muy grande? ¿Cómo te sentiste?

3. ¿Tomas medicamentos naturales cuando te sientes enfermo/a? ¿Por qué?

4. ¿Te preocupa el destino de las culturas indígenas de América? ¿Por qué? ¿Cómo se deben proteger?

5. ¿Crees que la tecnología resolverá todos los problemas medioambientales? ¿Qué papel juega la tecnología? ¿Cuáles son sus límites?

6. ¿Alguna vez has tomado un curso de educación ambiental? Si contestaste que sí, ¿qué aprendiste? Si contestaste que no, ¿te gustaría tomar uno? ¿Qué aprenderías?

3 **Recursos y destino** Trabajen en grupos de tres y sigan estos pasos.

A. Escriban una lista de todos los productos que ustedes han utilizado en las últimas 24 horas. Al lado de cada uno, enumeren los recursos naturales que se utilizaron para producirlo.

B. Expliquen el papel de la biodiversidad en la producción de las comodidades (*comforts*) de la vida moderna. ¿Cómo nos beneficiamos de las plantas y los animales?

C. ¿Por qué es paradójica la explotación humana de la biodiversidad? Expliquen y luego compartan sus impresiones con la clase.

TEACHING OPTION To preview, ask students to share what they already know about the Amazon.

La selva amazónica:
biodiversidad curativa

▶ **Cultura en pantalla**

Explora **vhlcentral.com** y y mira el videoclip sobre las **Plantas medicinales** y su uso en Paraguay.

Ⓢ **Audio: Reading**

Sólo se conoce una fracción de los millones de especies de plantas y animales que viven en las selvas tropicales de la Tierra. Con una superficie de 5.500.000 km², la selva amazónica es el hábitat de millones de estos organismos. Esta selva es el ecosistema más diverso del planeta, hecho que se refleja especialmente en los árboles, de los que se reconocen más de 60.000 especies diferentes.

La gran riqueza de su vegetación ha sido durante siglos de gran utilidad para los habitantes de la cuenca° amazónica. Frutas poco conocidas en nuestra cultura occidental, como el túpiro, el copoazú o el temare, les sirven de alimento. Los árboles, algunos de los cuales llegan a medir cien metros, les proveen de maderas de gran calidad. Y sus bosques, aparte de ser la morada° natural de los espíritus de sus religiones, también les proporcionan un enorme surtido° de plantas medicinales.

Este uso de las plantas como medicinas se remonta° a épocas precolombinas en que las culturas indígenas descubrieron las propiedades curativas de la vegetación que las rodeaba. Los chamanes y curanderos eran, y todavía son, los encargados de recoger las plantas y las muestras° de los árboles. La tradición indica que tenían que entrar a las zonas más apartadas° e impenetrables de la selva para buscarlas, pues se creía que cuanto más difícil era el acceso a los remedios, más poderosos eran sus efectos curativos.

Hoy, las plantas son el origen de más del 25% de los medicamentos que se encuentran en las farmacias del mundo. Muchas de ellas provienen de° la selva en la cuenca del río Amazonas. La mayor presencia en el mercado de este tipo de medicinas se debe al creciente interés de la industria farmacéutica por métodos de

basin (14)
dwelling (21)
assortment (23)
dates back (26)
samples (31)
isolated (33)
originate from (41)

Desaparecen las culturas amazónicas

Se estima que hace más de quinientos años vivían cerca de diez millones de indígenas en la región amazónica. Hoy día hay menos de 200.000. Tan sólo en Brasil unas noventa tribus indígenas han desaparecido desde comienzos del siglo XX. Y en países como Perú, Colombia, Ecuador y Venezuela cada año se reduce aún más la población indígena de la región amazónica.

curación que han sido usados con éxito durante miles de años.

En el noroeste de la selva amazónica, por ejemplo, los indígenas usan más de 1.300 plantas medicinales. Una de ellas es el curare, una sustancia que los indígenas suramericanos ponían en la punta° de sus flechas° para paralizar a los animales que cazaban para comer. Actualmente, la tubocurarina, derivada del curare, se utiliza en todo el mundo como anestesia. Otro remedio que se está haciendo muy popular es la semilla de guaraná, que favorece al corazón y a la memoria, y es más poderosa que el ginseng.

Desafortunadamente, la deforestación de esta zona está reduciendo su área aceleradamente. Esto afecta a todos los seres que habitan allí, y pone en peligro de extinción a cientos de especies animales y vegetales. Es por esto que tanto gobiernos locales como organizaciones de todo el mundo están luchando° para proteger sus extraordinarios recursos naturales y preservar las culturas de sus habitantes. ■

tip (52)
arrows (53)
fighting (68)

Análisis

1

Comprensión Contesta las preguntas con oraciones completas.

1. ¿Por qué crees que se dice que la selva amazónica es "el pulmón de la Tierra"? Su vegetación es muy abundante.

2. ¿Por qué es considerada como el ecosistema más variado del planeta? Tiene millones de especies de plantas y animales.

3. ¿Qué tareas realizan los chamanes y los curanderos? Son los encargados de recoger las plantas o las muestras de los árboles.

4. ¿Por qué entran a zonas muy apartadas para conseguir medicinas? Creen que cuanto más difícil es el acceso a las plantas, más poderosos serán sus efectos curativos.

5. ¿Qué porcentaje de los medicamentos que se venden en las farmacias del mundo proviene de las plantas? Un 25% proviene de las plantas.

6. ¿A qué se debe el uso de tantas medicinas de origen vegetal? Se debe al interés de la industria farmacéutica en métodos usados durante miles de años.

7. ¿Cuáles son las consecuencias de la deforestación de la selva amazónica? Pone en peligro de extinción a cientos de especies animales y vegetales.

8. ¿Cuántos indígenas vivían en la región amazónica hace más de quinientos años? ¿Y ahora? Antes, cerca de 10 millones vivían allí y ahora viven menos de 200.000.

2

Informe Tú y tu compañero/a participan en un concurso (*contest*) para desarrollar un nuevo medicamento hecho con ingredientes vegetales provenientes de la selva amazónica. Escriban un informe para su página web sobre la importancia de cuidar de la biodiversidad y de las culturas indígenas de la selva amazónica. Expliquen los problemas que existen y las soluciones.

PROTEGER LA SELVA AMAZÓNICA

La selva amazónica es la más extensa del mundo. Su biodiversidad guarda un número infinito de secretos que pueden ayudar a curar muchas enfermedades. Por lo tanto, es esencial que...

3

En peligro de extinción: ¿Sí o no? En grupos de cuatro, hablen de las causas, los efectos, las posibles soluciones y el futuro de estos problemas medioambientales. Después, dividan la clase en optimistas y pesimistas, y discutan sobre el porvenir del planeta. ¿Está en peligro de extinción?

- La destrucción de selvas tropicales
- El efecto invernadero
- La contaminación del aire
- La extinción de culturas indígenas
- La contaminación de océanos, ríos y mares
- El calentamiento global

Practice more at vhlcentral.com.

Preparación

Sobre el autor

Jaime Sabines (1926–1999) fue uno de los más grandes poetas mexicanos. Licenciado en Lengua y Literatura Española por la Universidad Nacional Autónoma de México (UNAM), estuvo muy involucrado en la política de su país. Su poesía se distingue por su lenguaje coloquial que nos habla de la realidad de todos los días. En 1972, obtuvo el Premio Villaurrutia y, en 1983, le concedieron el Premio Nacional de Literatura.

Vocabulario de la lectura		Vocabulario útil
a cucharadas *in spoonfuls*	**intoxicar** *to poison*	**el antídoto** *antidote*
ahogarse *to suffocate, to drown*	**la pata de conejo** *rabbit's foot*	**la felicidad** *happiness*
aliviar *to relieve, to soothe*	**el pedazo** *piece*	**la rutina diaria** *daily routine*
el frasquito *little bottle*	**el/la preso/a** *prisoner*	**el símbolo** *symbol*
la hoja *leaf*		

INSTRUCTIONAL
RESOURCES
Supersite: *Literatura*
recording; Scripts; SAM AK
SAM/WebSAM: LM

VARIACIÓN LÉXICA
intoxicar ↔ envenenar

1

Vocabulario Escoge la mejor opción para completar las oraciones.

1. Armando fue al médico porque por las noches sentía que se _____.
   a. ahogaba   b. aliviaba

2. El médico le dio _____ con medicina.
   a. un pedazo   b. un frasquito

3. Él le preguntó al médico cómo debía tomarse la medicina. El médico le respondió que dos _____ al día.
   a. cucharadas   b. hojas

4. También quería saber cuándo se iba a _____ de sus síntomas.
   a. aliviar   b. intoxicar

5. El médico le dijo que necesitaba descansar más y simplificar su _____.
   a. pata de conejo   b. rutina diaria

2

La felicidad En el poema que van a leer, Jaime Sabines habla de la esperanza e ilusión que hay que tener en la vida. En parejas, contesten las preguntas.

1. ¿Son felices a pesar de los problemas cotidianos? ¿Cómo lo logran?

2. Cuando tienen problemas que no pueden solucionar, ¿qué hacen para sentirse mejor?

3. ¿Es posible ser feliz siempre? Expliquen.

4. Hagan una lista de cinco cosas bellas que piensan que tiene la vida. Compártanla después con la clase.

3

La luna En parejas, hagan una lista de ideas, situaciones y/o personas relacionadas con la luna. Sean creativos. Después, compartan su lista con la clase.

2 For item 4, have students write down their partners' responses and then organize them into categories. Ex: **la naturaleza, la familia, las emociones,** etc.

3 Write items from the students' lists on the board. After reading the poem, ask: **¿Cuáles de sus ideas se encuentran en el poema? ¿Qué ideas del poeta les sorprendieron?**

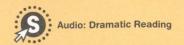
Audio: Dramatic Reading

LA LUNA

Jaime Sabines

La luna se puede tomar a cucharadas
o como una cápsula cada dos horas.
Es buena como hipnótico y sedante
y también alivia
5 a los que se han intoxicado de filosofía.
Un pedazo de luna en el bolsillo°,   *pocket*
es mejor amuleto° que la pata de conejo: *charm, amulet*
sirve para encontrar a quien sc ama,
para ser rico sin que lo sepa nadie
10 y para alejar° a los médicos y a las clínicas.   *keep away*
Se puede dar de postre a los niños
cuando no se han dormido,
y unas gotas° de luna en los ojos de los ancianos°   *drops / elderly*
ayudan a bien morir.

15 Pon una hoja tierna° de la luna   *tender*
debajo de tu almohada°   *pillow*
y mirarás lo que quieras ver.
Lleva siempre un frasquito del aire de la luna
para cuando te ahogues,
20 y dales la llave de la luna
a los presos y a los desencantados°.   *disenchanted*
Para los condenados° a muerte   *condemned*
y para los condenados a vida
no hay mejor estimulante que la luna
25 en dosis precisas y controladas.

Análisis

TEACHING OPTION In pairs or small groups, ask students to consider the poet's "prescription" (**receta**) in relation to what they learned in **Cultura (pp. 188–189)** about traditional medicinal practices. Ask: **¿Qué versos o imágenes nos revelan el vínculo entre la naturaleza y sus efectos curativos?**

1

Comprensión Elige el párrafo que mejor resume lo que expresa el poema.

1. Las responsabilidades de la vida moderna traen estrés y dificultan las relaciones personales. La luna, con su influencia negativa, intoxica a las personas y es causa de conflictos.

2. El poema les recomienda la luna a niños y adultos contra una variedad de problemas y para tener mejor suerte. Un postre de luna ayuda a los niños a dormirse. Una dosis de luna alivia cuando uno se ahoga.

2

Interpretar Contesta las preguntas. Luego, explícale tus respuestas a la clase.

1. ¿Cuál es el tema principal del poema? ¿Cuáles son los temas secundarios?

2. Lee estos versos. ¿Qué crees que quiere expresar el poeta?

> Un pedazo de luna en el bolsillo
> es mejor amuleto que la pata de conejo:
> sirve para encontrar a quien se ama,
> para ser rico sin que lo sepa nadie
> y para alejar a los médicos y a las clínicas.

3. ¿Qué relación hay entre llaves y presos? ¿Qué quiere decir el poeta con esa imagen?

4. En tu opinión, ¿qué simboliza la luna? Sustituye la luna con otro símbolo que represente las mismas ideas. ¿Funciona? ¿Por qué?

5. ¿Qué efecto causa el poeta cuando recomienda la luna en "dosis precisas y controladas"?

3 Write several words on the board from the **Vocabulario** on the next page. Ex: **sol, mar, desierto, cordillera**. Ask pairs to discuss these words as symbols. As an alternative to the writing assignment below, have students write a poem in the style of *La luna,* using another image from nature as a symbol. Have them recite their poems to the class.

3

Símbolos Los símbolos están en nuestro día a día. En parejas, mencionen cinco símbolos conocidos por todos y expliquen lo que simbolizan.

Modelo Un corazón simboliza el amor.

4

¿Y tú? El poeta hace recomendaciones para que seamos más felices. ¿Qué les dirías a estas personas si te preguntaran qué hacer para solucionar sus problemas?

- un(a) enamorado/a que no es correspondido/a
- alguien que acaba de perder su empleo/a
- un(a) preso/a que es inocente
- una pareja que está muy enamorada pero que se pelea constantemente

4 Model one or two items from the list and encourage students to play the role of poet. Ex: **Mezcla tus lágrimas con gotas de lluvia y dáselas a tu amada en un frasquito.**

5 For step 3, have students read *La luna* again, underlining examples of the subjunctive, commands, and relative pronouns.

5

Escribir Escribe diez consejos para que todos seamos felices. Sigue el **Plan de redacción**.

Plan de redacción

Consejos para ser feliz

1 Esquema Prepara un esquema con las diez actitudes hacia la vida que crees necesarias para ser feliz. Organiza tus ideas para no repetir ni olvidar nada.

2 Título Elige un título simbólico para tu decálogo.

3 Contenido Escribe los diez consejos. Utiliza el subjuntivo, el condicional, mandatos y pronombres relativos.

 Practice more at vhlcentral.com.

Nuestro mundo

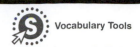
Vocabulary Tools

La naturaleza

el árbol *tree*
el bosque *forest*
la cordillera *mountain range*
la costa *coast*
el desierto *desert*
la luna *moon*
el mar *sea*
el paisaje *landscape, scenery*
el río *river*
la selva (tropical) *(tropical) rainforest*
el sol *sun*
la tierra *land, earth*

al aire libre *outdoors*
escaso/a *scant, scarce*
potable *drinkable*
protegido/a *protected*
puro/a *pure, clean*
seco/a *dry*

Los animales

el águila (f.) *eagle*
el ave, el pájaro *bird*
la ballena *whale*
la especie en peligro (de extinción) *endangered species*
la foca *seal*
el lagarto *lizard*
el león *lion*
el lobo *wolf*
el mono *monkey*
el oso *bear*
el pez *fish*
la serpiente *snake*
el tigre *tiger*
la tortuga (marina) *(sea) turtle*

Los fenómenos naturales

el calentamiento *warming*
la erosión *erosion*
el huracán *hurricane*
el incendio *fire*
la inundación *flood*
la lluvia *rain*
la sequía *drought*
el terremoto *earthquake*

La ecología

la basura *trash*
la capa de ozono *ozone layer*
el combustible *fuel*
el consumo de energía *energy consumption*
la contaminación *pollution*
la deforestación *deforestation*
el desarrollo *development*
la energía (eólica, nuclear, renovable, solar) *(wind, nuclear, renewable, solar) energy*
la fuente *source*
el medio ambiente *environment*
el peligro *danger*
el petróleo *oil*
el porvenir *future*
los recursos *resources*
el smog *smog*

agotar *to use up*
aguantar *to put up with, to tolerate*
amenazar *to threaten*
cazar *to hunt*
conservar *to preserve*
contagiar *to infect; to be contagious*
contaminar *to pollute*
desaparecer *to disappear*
destruir *to destroy*
echar *to throw away*
empeorar *to get worse*
extinguirse *to become extinct*
malgastar *to waste*
mejorar *to improve*
prevenir (e:ie) *to prevent*
proteger *to protect*
resolver (o:ue) *to solve, to resolve*
respirar *to breathe*
urbanizar *to urbanize*

dañino/a *harmful*
desechable *disposable*
híbrido/a *hybrid*
renovable *renewable*
tóxico/a *toxic*

Cortometraje

el aparcamiento *parking space*
el coche *car*
la decepción *disappointment*

el desinterés *lack of interest*
la expansión (urbana) *(urban) sprawl*
el tronco *trunk*

aparcar *to park*
cortar *to cut*
desatender (e:ie) *to neglect*
hacer falta *to be necessary*
plantar *to plant*
podar *to prune*
quitar *to remove*
serrar *to saw*
soportar *to put up with*

descontrolado/a *out of control*

Cultura

el chamán *shaman*
el/la curandero/a *folk healer*
la dolencia *ailment*
el efecto invernadero *greenhouse effect*
el/la encargado/a *person in charge*
el hecho *fact*
la madera *wood*
el medicamento *medication*
el pulmón *lung*
el reciclaje *recycling*
el reto *challenge*
la semilla *seed*
la Tierra *Earth*
la utilidad *usefulness*

reciclar *to recycle*

Literatura

el antídoto *antidote*
la felicidad *happiness*
el frasquito *little bottle*
la hoja *leaf*
la pata de conejo *rabbit's foot*
el pedazo *piece*
el/la preso/a *prisoner*
la rutina diaria *daily routine*
el símbolo *symbol*

ahogarse *to suffocate, to drown*
aliviar *to relieve, to soothe*
intoxicar *to poison*

a cucharadas *in spoonfuls*

INSTRUCTIONAL RESOURCES Supersite: Task-based activities; Testing program

El valor de las ideas

Las épocas más difíciles de la historia, como las de guerra y dictadura, muestran a la vez lo peor y lo mejor de la humanidad. La solidaridad y la protección de los derechos humanos, así como la denuncia de la opresión, de la intolerancia y de la falta de libertad, han caracterizado la literatura y el cine de habla hispana contemporáneos. Sin embargo, ¿qué estamos consiguiendo con nuestras reivindicaciones? ¿Cómo asegurarnos de que los gobiernos respeten la libertad y los derechos humanos? ¿Qué más debemos hacer?

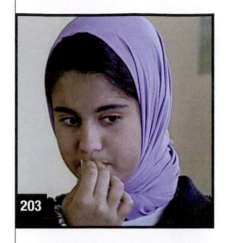

203

208

Destino:

CHILE

PREVIEW Discuss the questions and assertions on **p. 196** as a class. Then divide the class into small groups to debate current international conflicts and political controversies. Ask: **¿Cuáles son las causas del conflicto? ¿Quién tiene la razón? ¿Cómo se puede resolver el problema?**

Creencias e ideologías

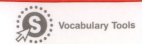 Vocabulary Tools

Las leyes y los derechos

los derechos humanos *human rights*
la desobediencia civil *civil disobedience*
la (des)igualdad *(in)equality*
el/la juez(a) *judge*
la (in)justicia *(in)justice*
la libertad *freedom*
la lucha *struggle, fight*
el tribunal *court*

abusar *to abuse*
aprobar (o:ue) una ley *to pass a law*
convocar *to summon*
defender (e:ie) *to defend*
derogar *to abolish, to repeal*
encarcelar *to imprison*
juzgar *to judge*

analfabeto/a *illiterate*
(des)igual *(un)equal*
(in)justo/a *(un)fair*
oprimido/a *oppressed*

La política

el abuso *abuse*
la armada *navy*
la bandera *flag*

la creencia *belief*
la crueldad *cruelty*
la democracia *democracy*

la dictadura *dictatorship*
el ejército *army*

el gobierno *government*
la guerra (civil) *(civil) war*
el partido político *political party*
la paz *peace*

el poder *power*
la política *politics*
las relaciones exteriores *foreign relations*
la victoria *victory*

dedicarse a *to devote oneself to*
elegir (e:i) *to elect*
ganar/perder (e:ie) las elecciones *to win/to lose an election*
gobernar (e:ie) *to govern*
influir *to influence*
votar *to vote*

conservador(a) *conservative*
liberal *liberal*
pacífico/a *peaceful*
pacifista *pacifist*

La gente

el/la abogado/a *lawyer*
el/la activista *activist*
el ladrón/la ladrona *thief*

el/la manifestante *demonstrator*
el/la político/a *politician*

el/la presidente/a *president*
el/la terrorista *terrorist*
la víctima *victim*

La seguridad y la amenaza

la amenaza *threat*
el arma (f.) *weapon*
el escándalo *scandal*
la (in)seguridad *(in)security; (lack of) safety*
el temor *fear*
el terrorismo *terrorism*
la violencia *violence*

chantajear *to blackmail*
destrozar *to destroy, to ruin*
espiar *to spy*
huir *to flee*
pelear *to fight, to quarrel*
secuestrar *to kidnap, to hijack*

Tell students to use the expression **Corte Suprema** to say *Supreme Court*.

INSTRUCTIONAL RESOURCES
Supersite: Audioscripts, SAM AK, Lab MP3s
SAM/WebSAM: WB, LM

Give students this additional vocabulary:
la Fuerza Aérea *Air Force*
las fuerzas armadas *armed forces*
influir ⟷ influenciar
Point out: **el arma (f.) → las armas**

Práctica

1 **Antónimos** Selecciona de la lista el antónimo de cada palabra.

bandera	escándalo	perder
derogar	liberal	temor
dictadura	paz	víctima

1. aprobar _____derogar_____
2. democracia _____dictadura_____
3. ganar _____perder_____
4. terrorista _____víctima_____
5. guerra _____paz_____
6. conservador _____liberal_____

1 Have students provide synonyms for these words: **convicción (creencia), escoger (elegir), conflicto armado (guerra), evaluar (juzgar).**

2 **¿Cuál es?** Indica a qué palabra de la lista se refiere cada descripción.

abogada	ladrona	político
armada	manifestante	secuestrar
crueldad	oprimido	tribunal
desobediencia	poder	votar

_____abogada_____ 1. Mujer que defiende a un(a) acusado/a

_____secuestrar_____ 2. Retener a una persona contra su voluntad para pedir dinero a cambio de su libertad

_____oprimido_____ 3. Estado de la persona que es víctima de una tiranía

_____político_____ 4. Hombre cuyo empleo es un cargo público en el gobierno

_____armada_____ 5. Fuerzas navales de un país

_____desobediencia_____ 6. Conducta que ignora intencionalmente las reglas o leyes establecidas por una autoridad

_____manifestante_____ 7. Persona que toma parte en una protesta a favor de un cambio social

_____crueldad_____ 8. Trato despiadado (*merciless*) e inhumano hacia otra persona o ser vivo

_____ladrona_____ 9. Mujer que roba

_____votar_____ 10. Ejercer (*exercise*) el derecho de elegir un(a) candidato/a en las urnas (*ballot box*)

2 Have students choose additional vocabulary words and come up with descriptions like the ones in the activity. Ask the class to guess each word.

3 **Titulares** En parejas, hablen de noticias recientes sobre la política o la sociedad. Expliquen cada una, usando como mínimo dos palabras de la lista u otras del vocabulario nuevo.

Modelo El partido liberal declaró ayer que pelearía por los derechos de los indígenas.

chantajear	huir	pacifista
destrozar	igualdad	pelear
escándalo	ladrón	político
espiar	liberal	seguridad

3 Ask volunteers from each group to share their news stories with the class. Have students vote for the most unique or surprising story.

Practice more at vhlcentral.com.

Nota
CULTURAL

El hiyab

Muchas mujeres musulmanas utilizan un hiyab (*hijab*). Se trata de una especie de pañuelo para cubrirse la cabeza y el cuello, dejando descubierto el rostro.

VARIACIÓN LÉXICA
Explain to students that the noun **culto** is the equivalent of the English noun *worship*, as in the phrase **libertad de culto** (*freedom of worship*). It is also the equivalent of the English *cult*. **Culto/a** is also used in Spanish as an adjective to describe a learned, or *cultivated*, person.

TEACHING OPTION Ask students to explain the difference between a secular custom or institution and a religious one. How do the secular and religious worlds compete in their lives? What specific kinds of behavior does each impose or rule out?

2. Have students discuss the importance society places on the way people look. Ask if they think outward appearance speaks louder than words. Have students explain their opinions.

Preparación

Vocabulario del corto	
el/la alumno/a *pupil, student*	**musulmán/musulmana** *Muslim*
el/la chaval(a) *kid, youngster*	**el pañuelo** *headscarf*
confiar *to trust*	**pegar** *to hit*
el instituto *high school*	**raro/a** *weird*
laico/a *secular, lay*	**el rato** *a while*
	la regla *rule*

Vocabulario útil
la autoridad *authority*
ceder *to give up*
la confianza *trust*
disentir *to dissent, to disagree*
la doble moral *double standard*
la hipocresía *hypocrisy*

EXPRESIONES

¿A que no? *I bet not.*

cómo van las otras *how the others dress*

Nos da igual. *It makes no difference to us.*

¿Eso qué tiene que ver? *What does that have to do with it?*

Venga. *Come on.*

1 **Vocabulario** Empareja cada palabra de la columna B con la definición correspondiente de la columna A. Después, escribe tres oraciones usando cuatro de las palabras.

A	**B**
_f_ 1. Que no pertenece a una orden religiosa	a. ceder
_c_ 2. Tener fe en la discreción e intenciones de alguien	b. chaval
_g_ 3. Darle golpes a una persona para lastimarla	c. confiar
_h_ 4. Extraño	d. disentir
_d_ 5. Tener una opinión distinta	e. hiyab
_e_ 6. Muchas musulmanas lo llevan en la cabeza	f. laico
_a_ 7. Abandonar, renunciar	g. pegar
_b_ 8. Niño o joven	h. raro

2 **Preparación** En parejas, contesten estas preguntas.

1. ¿Piensan que debemos vestirnos de acuerdo con cada situación? Den ejemplos.

2. Consideren este dicho: "La primera impresión es la que cuenta". ¿Les parece que es verdad? ¿Por qué?

3. ¿Alguna vez se formaron una impresión equivocada de una persona a partir de su aspecto físico? Expliquen.

4. ¿Cómo deciden cada día qué ropa se van a poner? ¿Qué factores influyen en la selección?

5. ¿Qué aspectos de la apariencia física de ustedes le parecerían curiosos a una persona de otra cultura?

3 **Fotogramas** En parejas, observen los fotogramas y contesten las preguntas.

1. ¿De dónde es la joven? ¿En qué país vive?
2. ¿Cuál es su estado de ánimo (*state of mind*)? ¿Qué está pensando?
3. ¿Quién es la mujer? ¿Qué relación tiene con la joven?
4. ¿En qué lugar se encuentran? ¿De qué hablan?

4 **Comunidades**

A. En grupos de tres, miren las fotos y consideren cada uno de estos puntos. Intercambien sus reacciones y compartan sus opiniones con la clase.

- quién es la persona / quiénes son las personas
- sus marcas de identidad
- por qué se viste(n) así
- qué impresión quiere(n) dar
- la reacción de ustedes si la(s) vieran en la calle

1.   2.   3.   4.

B. ¿Pertenecen ustedes o alguien que conocen a alguna comunidad o grupo con el que se identifican? ¿A cuál?

5 **Encuesta** En parejas, lean cada oración y elijan una opción. Justifiquen su elección. Si consideran que las dos son posibles, expliquen por qué y bajo qué circunstancias. Comparen sus opiniones con otra pareja.

1. Si uso símbolos religiosos y culturales, ...
   a. me destaco (*stand out*) en la multitud.   b. soy "uno/a más".
2. Las marcas de identidad sirven para...
   a. aislar.   b. incluir.
3. "Comunidad" equivale a...
   a. separación.   b. unión.
4. "Libertad" quiere decir que...
   a. todos somos iguales.   b. las diferencias no importan.

3 As a follow-up, have students write an ad promoting the film based on their conversations. Have them come back to the ads after they have viewed and discussed the film. Ask how their predictions compare to the real story.

4 Have students discuss the importance of identity. Ask: **¿Es esencial para todo ser humano buscar su identidad? ¿Por qué? ¿Se trata de una búsqueda colectiva o individual? Expliquen.**

Video

Guion, dirección y producción ejecutiva **XAVI SALA**   Jefa de producción **NAGORE OLCOZ AYTE**
Director de fotografía **IGNACIO GIMÉNEZ-RICO**   Montaje **NINO MARTÍNEZ SOSA**   Director de arte **LUIS E. PARÉS**
Sonido **ALEX F. CAPILLA**   Asistente de dirección **TOMÁS SILBERMAN**   Música **COKE RIOBÓO**
Peluquería, maquillaje **ÁFRICA DE LA LLAVE**   Vestuario **SOUMIA DADI**   Diseño gráfico **MIREILLE AZNAR**
Actores **ANA WAGENER, LORENA ROSADO, JOSÉ LUIS TORRIJO**

ARGUMENTO *La directora de un instituto intenta convencer a una nueva alumna de que se quite el hiyab. La joven se resiste.*

BELÉN Fátima, lo que intento explicarte es que ésta es una escuela laica y todos somos iguales. No queremos diferencias entre los alumnos, ¿entiendes?

BELÉN El pañuelo está bien para la calle, para tu casa, pero para aquí no.
FÁTIMA Pero en casa me lo quito...
BELÉN Y aquí también tienes que hacerlo.

BELÉN ¿Qué pasa, que tus padres te pegan si no lo llevas?
FÁTIMA Ellos también quieren que me lo quite.

BELÉN Estarías muy guapa si te lo quitas.
FÁTIMA Pero a mí me gusta llevarlo.
BELÉN Y me parece muy bien, cariño[1], pero para cuando salgas del instituto.

BELÉN ¿Tú has visto a alguien aquí que lo lleve? Pues por eso. Venga, Fátima, confía en mí.

PROFESOR Ésta es Fátima, es nueva y quiero que la tratéis como a una más de la clase. ¿Está claro?

[1] *sweetheart*

Nota **CULTURAL**

Símbolos religiosos

La costumbre de cubrir la cabeza de las mujeres no es exclusiva del Islam. También se practica en la religión cristiana y en la judía, y está relacionada con la modestia y la pureza. Algunos países europeos han limitado el uso de "símbolos ostensibles°" como el hiyab, la kipá° y los crucifijos en las escuelas públicas. Sin embargo, se permiten "símbolos discretos" como medallas, cruces pequeñas, estrellas de David y manos de Fátima. Aunque la razón de estas restricciones ("vivir en común en una sociedad diversa") tiene que ver con el orden público y no se trata de una limitación de la libertad de conciencia, las restricciones han sido objeto de controversia.

ostensibles *conspicuous* **kipá** *yarmulke (skullcap worn by many male Jews)*

PREVIEW Have students imagine what happens after Fátima meets her new classmates. What does she think during the rest of her first day? What does she think after several months at the school?

TEACHING OPTION Have students look up the words for the clothes that women of Islamic faith might wear (*hijab, niqab, chador, burka, shayla*) and note the differences and the areas where they are worn.

Análisis

1 **Comprensión** Contesta las preguntas con oraciones completas. Some answers will vary.

1. ¿Quiénes son Fátima y Belén? Fátima es una nueva alumna y Belén es directora/profesora del instituto.

2. ¿De qué hablan la joven y la directora? Hablan del hiyab que lleva Fátima.

3. ¿Qué quiere la directora que haga Fátima? Quiere que se quite el hiyab.

4. ¿Qué piensan los padres de Fátima del hiyab? Ellos también quieren que se lo quite.

5. ¿Por qué lleva Fátima hiyab? Es musulmana y le gusta llevarlo.

6. ¿Qué argumentos utiliza Belén para convencer a Fátima? Menciona dos. Las reglas no permiten el hiyab; estaría más guapa sin él; nadie en la escuela lo lleva; en cuanto se lo quite un rato lo olvidará; va a ser la rara de la clase.

7. ¿Qué les dice el profesor a sus alumnos cuando les presenta a Fátima? Quiere que la traten como a una más de la clase.

8. ¿Cómo se visten los compañeros de clase? Llevan diferentes estilos y ropa.

2 **Interpretación** En parejas, contesten las preguntas y expliquen sus respuestas.

1. Belén le pregunta a Fátima si quiere ser "la rara de la clase". ¿Qué significa esa expresión? ¿Qué consecuencias puede tener?

2. ¿Cómo creen que se siente Fátima mientras se quita el hiyab? ¿Y la directora?

3. ¿Cuál de los argumentos de Belén convence a Fátima? ¿Los convencería a ustedes?

4. ¿Qué creen que piensa Fátima al entrar en la clase y ver a sus compañeros?

5. ¿Por qué creen que a Fátima no se le permite llevar el hiyab en clase, pero se les permiten otros accesorios a sus compañeros?

6. Cuando Belén dice: "No queremos diferencias entre los alumnos", ¿a qué diferencias se refiere?

3 Ask students how different cultures use different symbols to represent similar concepts. Ex: the color black symbolizes mourning in the West, whereas white is used in China. Have them explain how the inverse is true as well; i.e., the same symbol can represent different ideas to different cultures. What ideas does the hijab represent to Fátima? What does it represent to Belén?

3 **Contextos** En parejas, hablen de estas citas extraídas del cortometraje. Expliquen la importancia que tiene cada una dentro de la historia.

> **"Pues que la libertad de culto, pensamiento y todo eso se nos iría a la basura"**. **DIRECTORA**

> **"Las reglas son las reglas, no las he inventado yo"**. **DIRECTORA**

> **"Ellos también quieren que me lo quite"**. **FÁTIMA**

> **"Pero a mí me gusta llevarlo"**. **FÁTIMA**

> **"... ésta es Fátima, es nueva y quiero que la tratéis como a una más de la clase"**. **PROFESOR**

4 **Puntos de vista** En grupos de tres, lean estas oraciones y decidan quién las puede haber dicho. ¿Con cuál(es) están de acuerdo? ¿Por qué? Después, compartan sus opiniones con la clase.

1. "Todo individuo tiene el derecho de vestir lo que ya lleva el alma (*soul*)".

2. "Los símbolos religiosos, llevados por alumnos de nuestras escuelas públicas, se deben prohibir. Fomentan la desigualdad, la sospecha y la discriminación".

3. "A partir del próximo semestre, el director mandará a casa a cualquier alumno o alumna que lleve camiseta (*T-shirt*) con mensaje ofensivo o provocador".

4. "Si hoy nos limitan la ropa que podemos llevar, ¿qué nos limitarán mañana?"

5 **Vestimenta** En parejas, escriban dos listas. Un(a) compañero/a escribe cuatro ventajas de imponer reglas de vestimenta (*dress codes*) en las escuelas y en los lugares de trabajo. El/La otro/a escribe cuatro desventajas. Consideren las preguntas a continuación y después intercambien sus listas para comentarlas.

- ¿Deben o debieron ustedes llevar uniforme a la escuela? ¿Conocen a alguien que debe o debió hacerlo?

- ¿Trabajan o trabajaron ustedes en una empresa con reglas de vestimenta? ¿Conocen a alguien que trabaja o trabajó en una empresa así?

- ¿Existe una diferencia entre llevar uniforme y observar una serie de reglas de vestimenta?

- ¿Se pueden fiar (*trust*) las escuelas y las empresas del criterio personal de sus alumnos y empleados en cuanto a la vestimenta?

6 **La obediencia y la autoridad** En grupos de cuatro, lean estas preguntas y razonen las respuestas.

1. "Las reglas son las reglas". ¿Piensan que una figura de autoridad tiene poder de decisión frente a las reglas?

2. ¿Alguna vez tuvieron problemas en la escuela, una iglesia u otro lugar público por algo que llevaban o que hicieron? ¿Cómo reaccionaron? ¿Les parece que hicieron lo correcto? ¿Por qué?

3. ¿Qué es más importante: obedecer o mantenerse fiel a sus propios principios? ¿Dónde está el límite? ¿Hasta qué punto es necesario confiar en la autoridad de los superiores?

4. ¿Qué tipo de desobediencia les parece aceptable?

7 **Obediencia** En parejas, elijan un personaje que haya desobedecido un mandato del orden establecido, como Gandhi, Nelson Mandela o Rosa Parks. Improvisen un diálogo entre ese personaje y otro que represente la autoridad. Expongan ambos puntos de vista, incluyendo las razones y el precio de la desobediencia. Representen su diálogo ante la clase.

8 **Final** Elige una de estas opciones y escribe una composición sobre el tema.

1. Decides escribir una carta al periódico de la ciudad donde está la escuela de Fátima. En ella expresas tu opinión, a favor o en contra, sobre lo ocurrido. Justifica tu reacción.

2. Eres presidente de un grupo que protege celosamente su exclusividad y busca diferenciarse del resto. Escribe las reglas y los requisitos para pertenecer a él.

5 Have groups discuss how women's clothing has reflected the customs of a particular time, region, or culture. Ask them to explain whether that has been the case for men's clothes, too.

6 Have students give examples of rules from groups, clubs, or communities to which they belong. What are the prerequisites for membership? Do students comply with the rules in order to belong? Would they be ready to pay the price for not complying?

6 Remind students that Fátima had to remove the hijab to enter the classroom. Ask them to explain the relationship between this and discrimination in society.

8 As an alternative, ask students to create a brochure for **La celebración del día de una comunidad** and make sure it talks about diversity and tolerance. Tell them to draw a symbol for the brochure and write the accompanying text.

 Practice more at **vhlcentral.com**.

Reading

SUEÑA

Rompecabezas de maravillas

Cuenta la leyenda que cuando Dios terminó de crear el mundo le sobraron multitud de montañas, bosques, desiertos, valles, ríos y glaciares. Decidió entonces juntar todos esos trozos sueltos[1], como un gran rompecabezas[2], y llevarlos hasta un lugar remoto en los confines de la Tierra: ese lugar es Chile.

Su geografía está enmarcada por el **océano Pacífico** al oeste y la **cordillera de los Andes** al este. Su territorio se distribuye entre el continente americano y un gran número de islas que hacen que Chile ponga pie en un segundo continente: **Oceanía**. El país tiene dimensiones excepcionales: 4.300 kilómetros (2.672 millas) de longitud y una anchura[3] promedio de 200 kilómetros (124 millas).

Entre la gran cantidad de islas del territorio chileno existen algunas que inspiraron relatos fantásticos y novelas de aventuras. El **archipiélago de Juan Fernández**, de origen volcánico, incluye la **isla de Robinson Crusoe**. En ella, el marino escocés **Alexander Selkirk**, a quien se considera una de las posibles fuentes[4] de la famosa novela de **Daniel Defoe**, vivió cuatro años como náufrago[5] solitario.

La misteriosa **isla de Pascua**[6] está ubicada[7] en la **Polinesia**, en Oceanía. Además de contar con una belleza natural extraordinaria, conserva las ruinas de los **Rapa Nui**, una cultura prehistórica. Por toda la isla, se encuentran más de 600 enormes esculturas de piedra. Estas esculturas, llamadas

Los moáis

moáis, son únicas en el mundo. Se cree que con estas estatuas, que pueden medir[8] hasta 12 metros (40 pies) y pesar más de 100 toneladas[9], los nativos representaban a sus antepasados para que proyectaran sobre ellos su poder sobrenatural.

CHILE

Formación rocosa *La Portada* en una playa cerca de Antofagasta, Chile

En el extremo sur del continente se halla la **isla de Tierra del Fuego**, que Chile comparte con Argentina. Un poco más al norte, podemos ver los glaciares y los impresionantes picos montañosos del **Parque Nacional Torres del Paine**; y en el norte del país reina el **desierto de Atacama**, que cubre los 360 mil km^2 (90 millones de acres) más áridos de todo el planeta. En la ciudad de Atacama, por ejemplo, caen sólo tres milímetros de lluvia por año. Esta zona reúne maravillas tan variadas como aguas termales, géiseres, un oasis donde habitan flamencos rosados, valles esculpidos por el viento y vestigios arqueológicos de pueblos precolombinos que atraen incesantemente a los turistas.

Signos vitales

Los **mapuches**, también conocidos como **araucanos**, forman uno de los pueblos originarios del territorio de **Chile** y **Argentina.** Han conservado hasta hoy su lengua, el **mapudungun**, sus creencias y sus ritos. Lucharon primero contra la dominación del imperio inca y después contra la conquista española. En la actualidad buscan la reivindicación[10] de la propiedad de la tierra, el respeto por su forma de vida tradicional y vencer[11] la discriminación.

---

[1] **trozos sueltos** *loose bits* [2] *puzzle* [3] *width* [4] *sources* [5] *castaway* [6] *Easter Island* [7] *located* [8] *measure* [9] *tons* [10] *claim* [11] *overcome*

¡Visitemos Chile!

Centros de esquí Gracias a los picos de los **Andes**, en **Chile** se encuentran excelentes centros de esquí. Preparados para acoger[1] a los que practican cualquier deporte de invierno, están situados en todo el centro y sur de Chile. Varios de estos centros de esquí están a poca distancia de la ciudad de **Santiago**, como **El Colorado** a 37 kilómetros (23 millas) o **Valle Nevado** a 60 kilómetros (37 millas). Esto permite una escapada hacia allí durante el fin de semana.

Volcanes Chile es también un país de volcanes: en toda su extensión existen más de 2.000. De éstos, 500 están aún en actividad, como el **Villarrica**, llamado *Rucapillán* ("casa de los espíritus") por los mapuches. No lejos de ahí, se puede visitar

Temuco, ciudad industrial y capital regional, donde el poeta **Pablo Neruda** pasó su infancia y adolescencia.

Mariscos Chile, que posee una costa privilegiada, es uno de los países con mayor variedad de fauna marina en todo el mundo. Se puede encontrar allí mariscos[2] únicos, como **locos**, **picorocos** y **piures**[3], muy apreciados en la gastronomía. Para disfrutarlos, basta visitar los pueblos pesqueros[4] de la costa o los restaurantes del Mercado Central de Santiago.

Valparaíso Esta ciudad portuaria[5] cuenta con un centro histórico de fama mundial. Su diseño urbano entrelaza[6] exitosamente el estilo colonial español con otros estilos europeos como el **victoriano**, llevado hasta allí por inmigrantes ingleses y desarrollado en el siglo XIX. Fue declarada **Patrimonio de la Humanidad** por la **UNESCO** en 2003.

[1] to receive [2] seafood; shellfish [3] **locos...** abalone, barnacles, and red sea squirts [4] **pueblos...** fishing villages [5] port [6] intertwines

El español de Chile

billullo	dinero; *money*
cacho	problema, situación difícil; *problem*
capear	no ir a clase; *to play hookie*
caperuzo/a	inteligente, astuto/a; *smart, clever*
carrete	fiesta
fome	aburrido/a; *boring, dull*
harto/a	muy, mucho/a; *very, a lot (of)*
funar	echar a perder; *to ruin*
polera	camiseta; *T-shirt*
pololo/a	novio/a; *boyfriend/girlfriend*

Expresiones

al tiro	ahora mismo, inmediatamente; *right now, immediately*
andar pato	no tener nada de dinero; *not to have two nickels to rub together*
¿Cachai?	¿Entendiste?; *Do you understand?*
caldo de cabeza	estar demasiado preocupado/a por algo; *to be too worried about something*
Estoy piola.	Estoy muy bien.; *I'm great.*

GALERÍA DE CREADORES

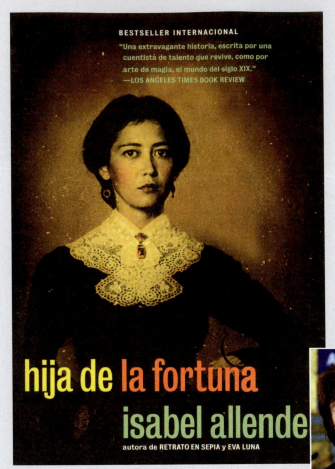

BESTSELLER INTERNACIONAL

"Una extravagante historia, escrita por una cuentista de talento que revive, como por arte de magia, el mundo del siglo XIX."
—LOS ANGELES TIMES BOOK REVIEW

**hija de la fortuna
isabel allende**
autora de RETRATO EN SEPIA y EVA LUNA

Play Parra's *Gracias a la vida* and ask students to describe the theme and tone. Ask: **¿Es optimista la canción? ¿Por qué?**

MÚSICA Y ARTE Violeta Parra
Considerada la iniciadora de la Nueva Canción Chilena, Violeta Parra fue una artista de extraordinaria riqueza creativa, quien logró revitalizar la cultura popular de Chile. Es conocida por sus grabaciones y recitales de canciones tradicionales y propias, como *Gracias a la vida*, que fue popularizada en los Estados Unidos por Joan Baez. También se dedicó a la pintura, la escultura, la cerámica y el arte de bordado de arpilleras (*burlap embroidery*). Hoy día la Fundación Violeta Parra preserva el patrimonio de esta artista universal que murió en 1967.

LITERATURA Isabel Allende
En 1973 el presidente chileno Salvador Allende fue asesinado. Dos años después, su sobrina Isabel Allende escapó del país para exiliarse en Venezuela, donde publicó en 1982 su primera novela, *La casa de los espíritus*, que fue muy bien recibida por el público. Esta novela también se popularizó en los Estados Unidos, donde vive hoy la escritora, al ser publicada en inglés y, sobre todo, al aparecer la versión cinematográfica. La familia, el amor y el poder son temas recurrentes en la obra de Isabel Allende. Sus libros incluyen títulos como *Eva Luna*, *El plan infinito*, *Paula*, *Retrato en sepia* y *La suma de los días*.

CINE Miguel Littín

El director de cine Miguel Littín nació en Chile en 1942. El gobierno del nuevo presidente Salvador Allende lo designó a la cabeza de la productora estatal Chile Films en 1971. Durante el período subsiguiente dirigió películas de gran calidad, como *El chacal de Nahueltoro*. Los hechos reales que narra esta película causaron gran conmoción; sin embargo, fue un éxito con los críticos y el público. Muchas de las películas de Littín tienen carácter político. Entre ellas, *Actas de Marusia* y *Alsino y el cóndor* fueron nominadas al Óscar a la mejor película extranjera en 1975 y 1982 respectivamente. Estos logros le merecieron a Littín el reconocimiento internacional.

Assign one of Miguel Littín's films for viewing outside of class and discuss it in relation to the political themes of **Lección 6**. Ask: **¿Qué poder tienen las artes para enfrentar un sistema político opresivo?**

PINTURA Y ESCULTURA MATTA

El pintor y escultor MATTA es considerado como el artista chileno más importante del siglo XX. En 1937 conoció en París a André Breton y se unió al movimiento surrealista. Marcel Duchamp, Salvador Dalí e Yves Tanguy son algunos de los artistas que influyeron en su obra. Sobre sus lienzos (*canvases*) creó mundos imaginarios en los que trató de representar las fuerzas del universo que influyen en el hombre contemporáneo. Aquí vemos el óleo *L'Etang de No* (1958) del artista chileno, fallecido (*deceased*) en 2002.

¿Qué aprendiste?

1

Cierto o falso Indica si estas afirmaciones son ciertas o falsas. Corrige las falsas.

1. La isla de Pascua se encuentra en la Polinesia. Cierto.
2. Los mapuches y los araucanos tienen lenguas y costumbres distintas. Falso. Los mapuches son conocidos también como araucanos.
3. Violeta Parra es la autora de la canción *Gracias a la vida*, que la cantante Joan Baez popularizó en los Estados Unidos. Cierto.
4. Considerando su larga costa, la variedad de mariscos que se encuentra en Chile es pequeña. Falso. Chile es uno de los países con mayor variedad de fauna marina.
5. La película *El chacal de Nahueltoro* provocó una gran conmoción social por los hechos reales que narra. Cierto.
6. Inmigrantes de otros países latinoamericanos llevaron el estilo victoriano a Valparaíso. Falso. Lo llevaron inmigrantes ingleses.

2

Preguntas Contesta las preguntas.

1. ¿En qué ciudad creció el poeta chileno Pablo Neruda? Creció en Temuco.
2. ¿A qué movimiento se unió el escultor MATTA en París? Se unió al movimiento surrealista.
3. ¿Por qué representaban los Rapa Nui a sus antepasados? Los representaban para que les proyectaran su poder sobrenatural.
4. ¿Cuáles son los temas más recurrentes de las novelas de Isabel Allende? Los temas de sus novelas son la familia, el amor y el poder.
5. ¿Qué centros de esquí están a poca distancia de Santiago? El Colorado y Valle Nevado están cerca de Santiago.
6. ¿Qué artista de la Galería te interesa más? ¿Por qué? Answers will vary.

3

Personajes Escoge uno de los personajes de la sección **Galería de creadores**. Explica por qué escogiste ese personaje y qué caracterísiticas de su biografía te impresionaron. Después, comparte tus pensamientos con la clase.

4

Opiniones En parejas, imaginen que van a viajar a Chile próximamente. Hagan una lista de los lugares que quieren visitar y respondan:

- ¿Por qué les gustaría conocer un lugar como Chile?
- ¿Qué esperan aprender de ese viaje?
- ¿Qué los atrae de cada lugar que quieren visitar?

Practice more at **vhlcentral.com**.

PROYECTO

De norte a sur

Crea un itinerario de quince días de vacaciones en Chile. Investiga la información que necesites en Internet.

- Empieza en el norte del país y termina en el sur.
- Selecciona los lugares que quieres visitar, combinando las montañas, el mar y las ciudades.
- Menciona la ropa más adecuada para cada tramo (*stage*).
- Presenta tu itinerario a la clase con fotografías y un mapa.

Puerto Rico: ¿nación o estado?

 Video

En las páginas anteriores has empezado a explorar la identidad cultural y nacional, y los conflictos que hay entre ellas. En este episodio de **Flash Cultura**, conocerás la situación actual de Puerto Rico y las distintas opiniones que tienen sobre el tema sus habitantes.

Vocabulario

la aduana *customs*
el buzón *mailbox*
el comercio *trade*
los impuestos *taxes*

permanecer *to remain*
los recursos *resources*
las relaciones exteriores *foreign relations*
la tarjeta postal *postcard*

1

Preparación ¿Hablas de política con tus amigos? ¿Lees el periódico o escuchas las noticias? ¿Te interesa conocer la situación política de tu país? ¿Y la de otros países? ¿Qué sabes de la política de Puerto Rico?

2

Comprensión Indica si estas afirmaciones son ciertas o falsas. Después, corrige las falsas.

1. Los ciudadanos de Puerto Rico son estadounidenses. Cierto.

2. La moneda de Puerto Rico es el peso.
   Falso. La moneda es el dólar americano.

3. En Puerto Rico se pagan impuestos federales y locales.
   Falso. En Puerto Rico se pagan impuestos locales solamente.

4. El gobierno de Estados Unidos se ocupa de las relaciones exteriores, el comercio y la aduana de Puerto Rico. Cierto.

5. A los puertorriqueños también se les dice *boricuas*. Cierto.

6. Los puertorriqueños quieren que su país sea independiente.
   Falso. Hay puertorriqueños que quieren que permanezca como estado asociado; otros, que se convierta en un estado; y otros, que sea un país independiente.

3

Expansión En parejas, contesten estas preguntas.

- ¿Te gusta enviar tarjetas postales cuando viajas? ¿Por qué? ¿A quién le enviarías una desde Puerto Rico?

- ¿Piensas que el debate sobre política puede convertirse realmente en un deporte nacional? ¿Podría pasar algo parecido en tu país con algún tema? ¿Con cuál?

- De las tres opciones planteadas en el video (que Puerto Rico permanezca como estado asociado, que se convierta en un estado o que sea un país independiente), ¿cuál te parece a ti la más acertada? ¿Por qué?

Corresponsal: Diego Palacios
País: Puerto Rico

Cuando estás aquí, no sabes si estás en un país latinoamericano o si estás en los Estados Unidos.

En Puerto Rico, puedes tomar el sol en la playa, beber agua de coco y enviarle tarjetas postales a tus amigos.

El debate se ha convertido en el deporte nacional de Puerto Rico.

 Practice more at vhlcentral.com.

INSTRUCTIONAL RESOURCES
Supersite: Audioscripts, SAM AK, Lab MP3s
SAM/WebSAM: WB, LM

6.1

TALLER DE CONSULTA

The following grammar topics are covered in the **Manual de gramática, Lección 6.**

6.4 Adverbs, p. 256

6.5 Diminutives and augmentatives, p. 258

¡ATENCIÓN!

An adverbial clause (**cláusula adverbial**) is one that modifies or describes verbs, adjectives, or other adverbs. It describes how, why, when, or where an action takes place.

 Presentation

The subjunctive in adverbial clauses

- In Spanish, adverbial clauses are commonly introduced by conjunctions. Certain conjunctions require the subjunctive, while others can be followed by the subjunctive or the indicative, depending on the context.

—*Y me parece muy bien, cariño, pero para cuando **salgas** del instituto.*

Conjunctions that require the subjunctive

- Certain conjunctions are always followed by the subjunctive because they introduce actions or states that are uncertain or have not yet happened. These conjunctions commonly express purpose, condition, or intent.

MAIN CLAUSE	CONNECTOR	SUBORDINATE CLAUSE
No habrá justicia para las víctimas	**sin que**	**encarcelen a los criminales.**

Conjunctions that require the subjunctive	
a menos que *unless*	**en caso (de) que** *in case*
antes (de) que *before*	**para que** *so that, in order*
con tal (de) que *provided that, as long as*	**sin que** *without, unless*

El Ejército siempre debe estar preparado **en caso de que haya** un ataque.
The army must always be prepared, in case there is an attack.

El candidato hablará con su familia **antes de que conceda** la derrota.
The candidate will talk to his family before he concedes defeat.

- If there is no change of subject in the sentence, always use the infinitive after the prepositions **para** and **sin**, and drop the **que**.

La abogada investigará todos los detalles del caso **para defender** a su cliente.
The lawyer will investigate every detail of the case in order to defend her client.

- The use of the infinitive without **que** when there is no change of subject is optional after the prepositions **antes de**, **con tal de**, and **en caso de**. After **a menos que**, however, always use the subjunctive.

Debo leer sobre el candidato **antes de votar** por él.
I must read about the candidate before voting for him.

La senadora va a perder **a menos que mejore** su imagen.
The senator is going to lose unless she improves her image.

Conjunctions followed by the subjunctive or the indicative

- If the action in the main clause has not yet occurred, then the subjunctive is used after conjunctions of time or concession.

—*En cuanto te lo quites un rato, ni te acuerdas.*

Conjunctions followed by the subjunctive or the indicative

a pesar de que *despite*	**hasta que** *until*
aunque *although; even if*	**luego (de) que** *after*
cuando *when*	**mientras que** *while*
después (de) que *after*	**siempre que** *as long as*
en cuanto *as soon as*	**tan pronto como** *as soon as*

Trabajaremos duro **hasta que** no **haya** más abusos de poder.
We will work hard until there are no more abuses of power.

Aunque mejore la seguridad, siempre tendrán miedo de viajar en avión.
Even if security improves, they will always be afraid to travel by plane.

Cuando hablen con la prensa, van a exigir la libertad para los prisioneros.
When they speak with the press, they are going to demand freedom for the prisoners.

- If the action in the main clause has already happened, or happens habitually, then the indicative is used in the adverbial clause.

Tan pronto como se supieron los resultados, el partido anunció su victoria.
As soon as the results were known, the party announced its victory.

Mi padre y yo siempre nos peleamos **cuando hablamos** de política.
My father and I always fight when we talk about politics.

- **A pesar de**, **después de**, and **hasta** can also be followed by an infinitive, instead of **que** + [*subjunctive*], when there is no change of subject.

Algunos ladrones se reforman **después de salir** de la cárcel.
Some thieves reform after leaving jail.

Algunos ladrones se reforman **después de que salgan** de la cárcel.
Some thieves reform after they leave jail.

Point out that adverbial clauses may come at the beginning of a sentence or after the main clause. When they come at the beginning of a sentence, they are separated from the main clause by a comma.

¡ATENCIÓN!

Note that although **después (de) que** and **luego (de) que** both mean *after*, the latter expression is used less frequently in spoken Spanish.

Clarify that Spanish often prefers [*preposition*] + [*infinitive*] instead of [*conjunction*] + [*subjunctive*] when there is no change of subject.
Ex: **Voy a acostarme después de ver las noticias.**
For many conjunctions of time or concession, however, a corresponding preposition does not exist. In these cases, [*conjunction*] + [*subjunctive*] is used even when there is no change of subject.
Ex: **Lo haré en cuanto tenga una oportunidad.**

Práctica

1 Have students check their work with a partner.

1 **Declaraciones** Elige la conjunción adecuada para completar la conversación entre un periodista y la gobernadora Ibáñez.

PERIODISTA Gobernadora Ibáñez, ¿qué le parecieron las declaraciones del presidente?

GOBERNADORA (1) (Aunque / Cuando) yo generalmente no pienso igual que él, en este caso creo que todos debemos trabajar juntos (2) (a pesar de que / para que) la situación económica mejore. (3) (Hasta que / Tan pronto como) el presidente vuelva de su viaje por Asia, insistiré en hablar con él sobre mis ideas.

PERIODISTA ¿Cuándo me dijo que va hablar con él?

GOBERNADORA (4) (En cuanto / Aunque) regrese la semana que viene. Quiero hablar con él (5) (sin que / para que) sepa que todos los miembros del partido estamos dispuestos (*willing*) a trabajar muy duro (6) (con tal de que / luego que) la situación de este país mejore.

2 **Completar** Completa las oraciones usando el indicativo, el subjuntivo o el infinitivo.

1. El candidato no va a viajar a menos que su esposa lo ___acompañe___ (acompañar).

2. El abogado va a hablar con el presidente antes de que ___lleguen___ (llegar) los manifestantes.

3. Los liberales y los conservadores hacen todo lo necesario con tal de ___ganar___ (ganar) las elecciones.

4. Los miembros del partido se fueron tan pronto como ___supieron___ (saber) que habían perdido las elecciones.

5. Los políticos viajan por el país para ___hablar___ (hablar) con la gente.

6. El pueblo votará por la candidata con tal de no ___ver___ (ver) al otro candidato ganar.

7. La gente recuerda las promesas de los políticos cuando ___vota___ (votar).

8. El alcalde olvidó sus promesas después de ___ganar___ (ganar) las elecciones.

9. El tribunal no podrá continuar sin ___juzgar___ (juzgar) al acusado.

10. Los periodistas van a estar con los candidatos hasta que ___terminen___ (terminar) las elecciones.

3 In pairs, have students use the conjunctions listed on **pp. 212–213** to write three sentences with the subjunctive and three with the indicative.

3 **Tendencias políticas** Forma oraciones completas usando los elementos. Usa el presente del indicativo para el primer verbo y haz otros cambios que sean necesarios.

Modelo **(nosotros) / escuchar / debates / con tal de que / candidato / inspirarnos**
Escuchamos los debates con tal de que el candidato nos inspire.

1. (yo) / llamarte / mañana / en cuanto / (ellas) / llegar / manifestación
(Yo) te llamo mañana en cuanto (ellas) lleguen a la manifestación.

2. cada año / partido / anunciar / victoria / después de que / contarse / último voto
Cada año el partido anuncia su victoria después de que se cuente el último voto.

3. gobiernos / chantajear / víctimas / para que / nadie / descubrir / injusticias
Los gobiernos chantajean a las víctimas para que nadie descubra las injusticias.

4. (tú) / siempre / pelear / por / nuestros derechos / sin que / (nosotros) / pedírtelo
(Tú) siempre peleas por nuestros derechos sin que (nosotros) te lo pidamos.

5. guerra civil / ir / empezar / antes de que / políticos / poder / explicar / escándalos
La guerra civil va a empezar antes de que los políticos puedan explicar los escándalos.

6. presidentes / aprobar / leyes / inútil / mientras que / (nosotros) / destrozar / medio ambiente
Los presidentes aprueban leyes inútiles mientras que (nosotros) destrozamos el medio ambiente.

Practice more at
vhlcentral.com.

Comunicación

4 Instrucciones La primera dama le dejó una lista de tareas a su secretario. Luego se dio cuenta de que había olvidado ciertos detalles y dejó otra lista. En parejas, túrnense para unir los detalles de las dos listas. Después, inventen dos oraciones adicionales. Usen estas conjunciones.

Modelo Pídele los archivos de todas sus decisiones. / ¡Puede pasar el juez!

Le pido los archivos de todas sus decisiones en caso de que pase el juez.

a menos que	cuando	para que
a pesar de que	en caso de que	siempre que
con tal de que	en cuanto	tan pronto como

Lista de tareas
1. Contesta llamadas y correos electrónicos.
2. Escríbeles cartas a los senadores.
3. No hagas declaraciones.
4. Dile al ministro de educación que lo llamaré.

Lista de tareas
1. ¡Deben ser urgentes!
2. ¡Tienen que saber que no estaré estaré en mi oficina!
3. ¡Pueden llamar los periodistas!
4. ¡Debe acabarse primero el almuerzo de gala!

5 Posibilidades En parejas, túrnense para completar estas oraciones y expresar sus puntos de vista.

1. Terminaré mis estudios a tiempo a menos que…
2. Me iré a vivir a otro país en caso de que…
3. Ahorraré mucho dinero para que…
4. Yo cambiaré de carrera en cuanto…
5. Me jubilaré cuando…

6 Programa En grupos de cuatro, imaginen que son los asesores (*advisors*) de un político. Expliquen qué hará el candidato en distintas situaciones usando conjunciones con el subjuntivo.

Modelo Para que los ecologistas estén contentos, el alcalde dará más dinero para limpiar el río. Volverá a ser una parte importante en la vida de los ciudadanos con tal de que toda la comunidad ayude a mantenerlo.

4 Sample answers:
1. Contesto llamadas y correos electrónicos siempre que sean urgentes.
2. Les escribo cartas a los senadores para que sepan que no estará en su oficina.
3. No hago declaraciones en caso de que llamen los periodistas.
4. Le digo al ministro de educación que lo llamará tan pronto como se acabe el almuerzo de gala.

4 As a variant, have students use the information listed to create a phone conversation between the First Lady and her secretary.

5 Call on students to share their partners' responses.

6 Model one or two of the advisors' sentences on the board. Ex: **No descansará hasta que hayamos encarcelado a todos los terroristas./Bajaremos los impuestos para que la economía se desarrolle.**

6.2

TALLER DE CONSULTA

See **2.1**, **pp. 58–59** for the preterite forms of regular, irregular, and stem-changing verbs.

¡ATENCIÓN!

The past subjunctive is also referred to as the imperfect subjunctive (**el imperfecto del subjuntivo**).

The **nosotros/as** form of the past subjunctive always takes a written accent.

INSTRUCTIONAL RESOURCES
Supersite: Audioscripts, SAM AK, Lab MP3s
SAM/WebSAM: WB, LM

From the verbs listed on the right, have students identify which ones have stem changes, spelling changes, and irregular conjugations. Have volunteers add more verbs of each type to a list on the board.

Point out that both past subjunctive **nosotros/as** forms take a written accent. Ex: **fuéramos/fuésemos**

These alternate endings are presented for recognition only; their forms do not appear in the Testing Program.

 **Presentation**

The past subjunctive

Forms of the past subjunctive

- The past subjunctive (**el pretérito imperfecto del subjuntivo**) of all verbs is formed by dropping the **–ron** ending from the **ustedes/ellos/ellas** form of the preterite and adding the past subjunctive endings.

The past subjunctive		
caminar (**camina**ron)	perder (**perdie**ron)	vivir (**vivie**ron)
camina**ra**	perdie**ra**	vivie**ra**
camina**ras**	perdie**ras**	vivie**ras**
camina**ra**	perdie**ra**	vivie**ra**
caminá**ramos**	perdié**ramos**	vivié**ramos**
camina**rais**	perdie**rais**	vivie**rais**
camina**ran**	perdie**ran**	vivie**ran**

Queríamos que el gobierno **respetara** los derechos humanos.
We wanted the government to respect human rights.

Me pareció increíble que los liberales **perdieran** las elecciones.
It seemed unbelievable to me that the liberals lost the election.

Nos sorprendió que el abogado no **supiera** cómo reaccionar ante la amenaza.
It surprised us that the lawyer did not know how to react to the threat.

- Verbs that have stem changes or irregularities in the **ustedes/ellos/ellas** form of the preterite have those same irregularities in all forms of the past subjunctive.

infinitive	preterite form	past subjunctive forms
pedir	p**i**dieron	p**i**diera, p**i**dieras, p**i**diera, p**i**diéramos, p**i**dierais, p**i**dieran
sentir	s**i**ntieron	s**i**ntiera, s**i**ntieras, s**i**ntiera, s**i**ntiéramos, s**i**ntierais, s**i**ntieran
dormir	d**u**rmieron	d**u**rmiera, d**u**rmieras, d**u**rmiera, d**u**rmiéramos, d**u**rmierais, d**u**rmieran
influir	influ**y**eron	influ**y**era, influ**y**eras, influ**y**era, influ**y**éramos, influ**y**erais, influ**y**eran
saber	**sup**ieron	**sup**iera, **sup**ieras, **sup**iera, **sup**iéramos, **sup**ierais, **sup**ieran
ir/ser	**fue**ron	**fue**ra, **fue**ras, **fue**ra, **fué**ramos, **fue**rais, **fue**ran

- In Spain and other parts of the Spanish-speaking world, the past subjunctive is also used with an alternate set of endings: **–se, –ses, –se, –semos, –seis, –sen**. You will also see these forms in literary texts.

Marcos me pidió que **fuera/fuese** con él al tribunal.
Marcos asked me to go with him to court.

Nadie creyó que **estuviéramos/estuviésemos** entre los manifestantes.
No one believed that we were among the demonstrators.

Uses of the past subjunctive

- The past subjunctive is required in the same contexts as the present subjunctive, except that the point of reference is in the past. When the verb in the main clause is in the past, the verb in the subordinate clause is in the past subjunctive.

*Mis padres también me pidieron que me lo **quitara**.*

Present time	Past time
Ellos sugieren que **vayamos** a la reunión. *They suggest that we go to the meeting.*	Ellos sugirieron que **fuéramos** a la reunión. *They suggested that we go to the meeting.*
Espero que no **tengan** problemas con los políticos. *I hope they won't have any problems with the politicians.*	Esperaba que no **tuvieran** problemas con los políticos. *I was hoping they wouldn't have any problems with the politicians.*
Necesitamos un presidente que **apoye** nuestra causa. *We need a president who will support our cause.*	Necesitábamos un presidente que **apoyara** nuestra causa. *We needed a president who would support our cause.*
Tú la defiendes aunque **sea** culpable. *You defend her even though she's guilty.*	Tú la defendiste aunque **fuera** culpable. *You defended her even though she was guilty.*

To review uses of the subjunctive, ask students to identify the noun clauses, adjective clauses, and adverbial clauses in the sample sentences.

TALLER DE CONSULTA

The past subjunctive is also frequently used in **si** clauses. See **Manual de gramática, pp. 274-275.**

¿Tú te imaginas qué pasaría si a cada uno se le ocurriera venir vestido de acuerdo con su religión?
Can you imagine what would happen if everyone decided to come dressed according to his or her religion?

- The expression **como si** (*as if*) is always followed by the past subjunctive.

  Habla de la guerra **como si** no le **importara**.
  He talks about the war as if he didn't care.

  ¿Por qué siempre me andas espiando **como si fuera** un ladrón?
  Why do you always go around spying on me as if I were a thief?

  Reaccionarán **como si trajéramos** malas noticias.
  They will react as if we brought bad news.

  Me saludó **como si** no me **conociera**.
  She greeted me as if she didn't know me.

- The past subjunctive is commonly used with **querer** to make polite requests, to express wishes, or to soften statements.

  Quisiera verlos hoy, por favor.
  I'd like to see you today, please.

  Quisiéramos paz y justicia para nuestro pueblo.
  We wish for peace and justice for our people.

¡ATENCIÓN!

When using the past subjunctive of **querer** or the conditional of any verb in a main clause, use the past subjunctive in the subordinate clause.

Quisiéramos que volvieran mañana.
We'd like you to return tomorrow.

Sería mejor que me dijeras la verdad.
It would be better for you to tell me the truth.

Práctica

Viñas de Chile Completa este párrafo con el pretérito imperfecto del subjuntivo.

Miren, me dijo que era importante que nosotros
(1) ___pusiéramos___ (poner) el vino en un lugar oscuro y sin
corrientes de aire. Me sugirió que lo (2) ___guardáramos/ guardara___ (guardar)
en el sótano (*basement*) de la casa, donde hay una temperatura
baja y constante. También me recomendó que (3) ___mantuviéramos/ mantuviera___
(mantener) el sótano con un nivel de humedad de un 70%
como si (4) ___fuera___ (ser) absolutamente esencial. Y claro,
me dijo que sólo (5) ___compráramos/ comprara___ (comprar) vinos de calidad,
como los chilenos o argentinos. A mí me pareció curioso que

Bodega de la viña Errazuriz

me (6) ___aconsejara___ (aconsejar) comprar vinos argentinos, porque otros chilenos
con los que hablé me pidieron que nunca los (7) ___comprara___ (comprar). ¿Qué les
parecen estos consejos? Papá, me dijo que no (8) ___dudaras___ (dudar) en llamarlo
si tienes alguna pregunta.

¿Qué le pidieron? Lucía Bermúdez es rectora (*chancellor*) de una universidad. En parejas, usen la tabla para preparar un diálogo en el que ella cuenta lo que le pidieron el primer día de clases.

Modelo —¿Qué le pidió su secretaria?
—Mi secretaria me pidió que le diera menos trabajo.

Personajes	Verbo	Actividad
los profesores los estudiantes el club ecologista los vecinos de la universidad el entrenador del equipo de fútbol	me pidió que me pidieron que	construir un estadio nuevo hacer menos ruido plantar más árboles dar más días de vacaciones comprar más computadoras

Dueño estricto En parejas, imaginen que ustedes compartían un apartamento. Túrnense para comentar las reglas del edificio y usen el pretérito imperfecto del subjuntivo.

Modelo **No cocinar comidas aromáticas**
El dueño del apartamento me dijo/pidió/ordenó que no cocinara comidas aromáticas.

1. No usar la calefacción en abril. *... no usara ...*

2. Limpiar los pisos dos veces al día. *... limpiara ...*

3. No recibir visitas en el apartamento después de las 10 de la noche. *... no recibiera ...*

4. No traer mascotas *... trajera ...*

5. Sacar la basura todos los días. *... sacara ...*

6. No encender las luces antes de las 8 de la noche. *... no encendiera ...*

Practice more at
vhlcentral.com.

Comunicación

4 **De niño** En parejas, háganse estas preguntas sobre su niñez. Después, añadan información adicional usando un verbo distinto en el pretérito imperfecto del subjuntivo.

Modelo —¿**Esperabas que tus padres te compraran videojuegos?**

—Sí, y también esperaba que me dieran más independencia./
No, pero esperaba que me llevaran al cine todos los sábados.

La imaginación

¿Esperabas que tus padres te compraran videojuegos?

¿Dudabas que los súper héroes existieran?

¿Esperabas que Santa Claus te trajera los regalos que le pedías?

Las relaciones

¿Querías que tu primer amor durara toda la vida?

¿Querías que tus padres te compraran todo lo que pedías?

¿Querías que tus familiares pasaran menos o más tiempo contigo?

El colegio

¿Soñabas con que el/la maestro/a cancelara la clase todos los días?

¿Esperabas que tus amigos de la infancia siguieran siendo tus amigos toda la vida?

¿Deseabas que las vacaciones de verano se alargaran (*were longer*)?

5 **¿Qué sucedió?** En parejas, preparen una conversación inspirada en esta situación utilizando el pretérito imperfecto del subjuntivo. Después, represéntenla ante la clase.

Rosaura y Orlando fueron de viaje a Chile el año pasado. Rosaura se enojó con Orlando porque él se quedó en el hotel y no quiso acompañarla a esquiar. A ella le encanta el esquí, pero a él no. Ahora están planeando otras vacaciones y discuten sobre lo que pasó durante las últimas.

Modelo **ROSAURA** Quería que tú me acompañaras.
ORLANDO Era importante que tú entendieras mis gustos.

4 For a related activity, divide the class into small groups and have students use the past subjunctive to describe one of the funniest or oddest expectations, desires, or notions they had as a child. Ex: **Yo insistía en que mis hermanos me llamaran "su majestad".** Then have each group select one story to present to the class. Give the other groups two minutes to ask questions and decide whose story it is. Each group that guesses correctly scores a point. If a group can fool the class, it scores two points.

5 After each dialogue is performed, ask questions to check comprehension and to practice third person forms of the past subjunctive.

6.3

Presentation

Comparatives and superlatives

Comparisons of inequality

- With adjectives, adverbs, nouns, and verbs, use these constructions to make comparisons of inequality (*more than/less than*).

más/menos + [*adjective* / *adverb* / *noun*] **+ que**   [*verb*] **+ más/menos que**

Adjective

Sus creencias son **menos liberales que** las mías.
His beliefs are less liberal than mine.

Noun

El presidente tenía **menos poder que** el ejército.
The president had less power than the army.

Adverb

¡Llegaste **más tarde que** yo!
You arrived later than I did!

Verb

¡**Nos peleamos más que** los niños!
We fight more than the kids do!

- Before a number (or equivalent expression), *more/less than* is expressed with **más/menos de**.

Necesito un vuelo a Santiago, pero no puedo pagar **más de** quinientos dólares.
I need a flight to Santiago, but I can't pay more than five hundred dollars.

Será difícil, señor. Déjeme buscar y le aviso en **menos de** una hora.
That will be difficult, sir. Let me look, and I'll let you know in less than an hour.

Comparisons of equality

- The following constructions are used to make comparisons of equality (*as...as*).

tan + [*adjective* / *adverb*] **+ como**   **tanto/a(s) +** [*singular noun* / *plural noun*] **+ como**

[*verb*] **+ tanto como**

Adjective

El debate de anoche fue **tan aburrido como** el de la semana pasada.
Last night's debate was as boring as last week's.

Noun

La señora Pacheco habló con **tanta convicción como** el señor Quesada.
Mrs. Pacheco spoke with as much conviction as Mr. Quesada.

Adverb

Nosotros discutimos **tan intensamente como** los candidatos.
We argued as intensely as the candidates.

Verb

Ambos candidatos son insoportables. Ella **miente tanto como** él.
Both candidates are unbearable. She lies as much as he does.

TALLER DE CONSULTA

The use of diminutives and augmentatives is common in comparative and superlative statements. See **Manual de gramática, 6.5, p. 258.**

To review adverbs, refer students to the **Manual de gramática, 6.4, p. 256**.

¡ATENCIÓN!

Tan and **tanto** can also be used for emphasis, rather than to compare.

tan *so*

tanto *so much*

tantos/as *so many*

¡Tus ideas son tan anticuadas!
Your ideas are so outdated!

¿Por qué te enojas tanto?
Why do you get so angry?

Lo hemos hablado tantas veces y nunca logro convencerte.
We've talked about it so many times, and I never manage to convince you.

Remind students that **tanto/a(s)** must agree in gender and number with the nouns they modify.

Superlatives

- Use this construction to form superlatives (**superlativos**). The noun is preceded by a definite article, and **de** is the equivalent of *in*, *on*, or *of*.

el/la/los/las + [*noun*] + más/menos + [*adjective*] + de

Ésta es **la playa más bonita de** la costa chilena.
This is the prettiest beach on the coast of Chile.

Es **el hotel menos caro del** pueblo.
It is the least expensive hotel in town.

- The noun may also be omitted from a superlative construction.

Me gustaría comer en **el** restaurante **más elegante del** barrio.
I would like to eat at the most elegant restaurant in the neighborhood.

Las Dos Palmas es **el más elegante de** la ciudad.
Las Dos Palmas is the most elegant one in the city.

Irregular comparatives and superlatives

Adjective	Comparative form	Superlative form
bueno/a *good*	**mejor** *better*	**el/la mejor** *best*
malo/a *bad*	**peor** *worse*	**el/la peor** *worst*
grande *big*	**mayor** *bigger*	**el/la mayor** *biggest*
pequeño/a *small*	**menor** *smaller*	**el/la menor** *smallest*
viejo/a *old*	**mayor** *older*	**el/la mayor** *oldest*
joven *young*	**menor** *younger*	**el/la menor** *youngest*

- When **grande** and **pequeño** refer to size and not age or quality, the regular comparative and superlative forms are used.

Ernesto es **más pequeño** que yo.   Ese edificio es **el más grande** de todos.
Ernesto is smaller than I am.   *That building is the biggest one of all.*

- When **mayor** and **menor** refer to age, they follow the noun they modify. When they refer to quality, they precede the noun.

Lucía es mi hermana **menor**.   La corrupción es el **menor** problema del candidato.
Lucía is my younger sister.   *Corruption is the least of the candidate's problems.*

- The adverbs **bien** and **mal** also have irregular comparatives.

bien *well*	**mejor** *better*
mal *badly*	**peor** *worse*

Ayúdame, que **tú** lo haces **mejor que yo**.
Give me a hand; you do it better than I do.

¡ATENCIÓN!

Absolute superlatives
The suffix **–ísimo/a** is added to adjectives and adverbs to form the *absolute superlative*.

This form is the equivalent of *extremely* or *very* before an adjective or adverb in English.

malo → **malísimo**

mucha → **muchísima**

rápidos → **rapidísimos**

fáciles → **facilísimas**

Adjectives and adverbs with stems ending in **c**, **g**, or **z** change spelling to **qu**, **gu**, and **c** in the absolute superlative.

rico → **riquísimo**

larga → **larguísima**

feliz → **felicísimo**

Adjectives that end in **–n** or **–r** form the absolute by adding **–císimo/a**.

joven → **jovencísimo**

trabajador → **trabajadorcísimo**

Práctica

To preview the activity, ask students to compare famous politicians using comparatives and superlatives.

1 El mejor Marta y Roberto son de diferentes partidos políticos. Completa su diálogo utilizando las palabras de la lista.

como	más	mejor	peor
malísimo	mayor	muchísimos	que

ROBERTO Mi candidato está tan preparado para ser presidente de este país (1) __como__ el tuyo. Estudió en la (2) __mejor__ universidad del país y ha sido uno de los abogados (3) __más__ reconocidos de los últimos cinco años. Además, habla (4) __muchísimos__ idiomas.

MARTA ¡Sólo habla español! Mi hermana (5) __mayor__ trabaja en la oficina de tu candidato y dice que es el (6) __peor__ abogado de la ciudad.

ROBERTO No te creo. Es verdad que no ha tenido mucha suerte últimamente, pero ha perdido menos casos (7) __que__ tu candidato, que es un abogado (8) __malísimo__.

2 Call on students to add more categories to the list (**país, deporte, clase,** etc.). Have them make up their own sentences using comparatives and superlatives; then compare results as a class.

2 Oraciones

A. Escribe oraciones con superlativos usando la información del cuadro.

Modelo *Harry Potter* es el libro más popular del siglo.

Harry Potter	libro	popular
Sofía Vergara	banda	famosa
La Antártida	jugador	joven
Taylor Swift	continente	frío
El Nilo	cantante	rico
Disneylandia	actriz	largo
Chris Paul	montaña	importante
Los hermanos Jonas	río	alta
El monte Everest	país	feliz
China	lugar	poblado

B. Ahora, vuelve a escribir oraciones, pero esta vez usa comparativos.

Modelo *Harry Potter* es más popular que *El señor de los anillos*.

Comunicación

3 **Cita** Anoche tuviste una cita a ciegas (*blind date*). En parejas, hablen sobre la cita usando comparativos y superlativos. Utilicen las palabras de la lista.

Modelo La cita de anoche fue la peor de mi vida porque fue aburrida.

carne	conversación	pelo
carro	ensalada	restaurante
chistes	película	ropa

4 **¿Punta Arenas o Miami?** Néstor y Ofelia están planeando unas vacaciones. Néstor quiere ir a Miami, pero Ofelia prefiere visitar Punta Arenas.

A. En parejas, decidan qué frases de la lista corresponden a cada lugar y completen la tabla.

> 1. Hacer un crucero por la Antártida
> 2. Hacer un crucero por el Caribe
> 3. Hace mucho calor
> 4. Hace mucho frío
> 5. Ir a la playa con pantalones cortos y camiseta
> 6. Ir a la playa con abrigo y guantes
> 7. Visitar la Plaza de Armas
> 8. Visitar la Pequeña Habana

Punta Arenas	Miami

Frases:	**Frases:**

B. Ahora, dramaticen un diálogo entre Néstor y Ofelia. Cada uno tiene que explicar las razones por las cuales prefiere ir a cada lugar. Utilicen comparativos y superlativos.

5 **Debate presidencial** En grupos de tres, imaginen un debate en el que dos de ustedes son candidatos/as presidenciales. La tercera persona es un(a) periodista que hace preguntas. Usen oraciones con comparativos y superlativos.

---

3 Let the class create a fictional account of the best or worst date ever. Have one student begin; then go around until everyone has added to the story. Remind students to use comparatives and superlatives. To make the activity more challenging, each student should repeat all previous statements before adding his or her own.

Nota CULTURAL

Punta Arenas es una ciudad en la **Patagonia** chilena, la zona más austral (*southern*) de **Suramérica**. La arquitectura del centro de la ciudad es similar a la de algunas ciudades europeas, y sus calles son amplias y arboladas. Alrededor de la **Plaza de Armas** hay edificios de gobierno, mansiones y jardines poblados de inmensas araucarias (*Chilean pines*).

4 For an optional writing assignment, have students research the Chilean Patagonia and write e-mails to friends about an imaginary vacation there. In their messages, they should compare and contrast Patagonia with the area where they live.

5 Have a few groups volunteer to perform the debates for the class. Allow time for classmates to ask the candidates questions, and then have them vote for a winning candidate from each group.

Síntesis

¡Luchemos unidos contra la corrupción!

Porque Temuco lo merece. . .
Vote por Marcelo Rojas para gobernador
Partido Conservador

Para que haya más trabajo en Temuco
Vote por Patricia Salazar para gobernar con decisión
Partido Liberal

Para una sociedad más justa
Antonio Morales es la solución.
Por un Temuco mejor. . .
Vote Partido Ecologista

Por un Temuco que progresa
Celeste Ortega es tu mejor opción.
Para encaminarnos a un futuro mejor
vota por el **Partido Avance Democrático**

1 Entrevista En la ciudad chilena de Temuco hay elecciones para elegir alcalde. Aquí tienen algunos carteles publicitarios de cuatro partidos políticos imaginarios. En parejas, seleccionen uno de ellos y escriban una entrevista al/a la candidato/a realizada por un(a) periodista local. Deben usar oraciones adverbiales con subjuntivo y las conjunciones que aprendieron en esta lección.

2 Pedidos Los políticos reciben muchos pedidos durante sus campañas electorales. En grupos pequeños, imaginen que tuvieron una audiencia con uno de los candidatos para alcalde. Describan cinco cosas que le pidieron. Deben usar el pretérito imperfecto del subjuntivo.

> **Modelo** Le pedimos que bajara los impuestos.

3 Sistema electoral Usando oraciones con comparativos y superlativos, escriban su opinión sobre el sistema electoral. ¿Les gusta? ¿Creen que es justo? ¿Cambiarían algo? ¿Por qué? Después compartan con la clase sus opiniones en un debate abierto.

Preparación

Vocabulario de la lectura	
derrocar *to overthrow*	**el golpe de estado** *coup d'état*
derrotar *to defeat*	**la huelga** *strike*
la ejecución *execution*	**el informe** *report*
ejercer (el poder) *to exercise/exert (power)*	**el orgullo** *pride*
fortalecer *to strengthen*	**el secuestro** *kidnapping*
el fracaso *failure*	**la trampa** *trap*
la fuerza *force*	

Vocabulario útil
encabezar *to lead*
el juicio *trial*
la ley *law*
promulgar *to enact (a law)*
rescatado/a *rescued*
tener derecho a *to have the right to*

1 **Palabras** Elige la palabra de la lista que corresponde a cada descripción.

derrotar	informe
fortalecer	ley
fracaso	orgullo
fuerza	secuestro
huelga	trampa

___ley___ 1. regla o norma

___fuerza___ 2. poder, fortaleza, vigor

___secuestro___ 3. acción de retener a una persona y no dejarla libre

___fracaso___ 4. opuesto de éxito

___derrotar___ 5. vencer, ganar

___informe___ 6. exposición oral o texto que describe la situación de algo

___huelga___ 7. forma de protesta en la que se decide no trabajar

___fortalecer___ 8. hacer que algo o alguien sea más fuerte

2 **Contextos** Escribe cinco oraciones con palabras del vocabulario de la lectura, diferentes de las utilizadas en la actividad 1.

3 **Los gobiernos** En parejas, contesten las preguntas y expliquen sus respuestas.

1. ¿Cuáles formas de gobierno conocen?

2. ¿En qué se diferencian las formas de gobierno que conocen?

3. ¿Qué tipo de gobierno tiene su país?

4. ¿De qué beneficios disfrutan gracias al tipo de gobierno de su país? ¿Qué desventajas tiene?

5. ¿Cómo participan en la vida política de su país?

Chile: dictadura y democracia

Cultura en pantalla

Explora **vhlcentral.com** y mira el videoclip sobre **Chile y la Operación Cóndor**.

CULTURA

Audio: Reading

El 11 de septiembre de 1973, Chile, considerado por décadas como uno de los países de mayor tradición democrática de Hispanoamérica, sufrió un golpe militar liderado por Augusto Pinochet. El golpe derrocó al presidente socialista Salvador Allende. El gobierno, que caía por la fuerza, había durado tan sólo tres años. Este breve período se había visto marcado por grandes dificultades económicas, huelgas y violencia en las calles. La oposición, con la ayuda de los servicios secretos estadounidenses, había impuesto grandes obstáculos a la economía chilena para desequilibrarla.

Esta crisis social e institucional culminó con el golpe de estado. Desde ese día, el general Augusto Pinochet ejerció el poder de forma dictatorial. La prioridad de su gobierno fue eliminar a la oposición tomando como primera medida° la eliminación de todos los partidos políticos. Este objetivo no sólo se persiguió° con las leyes, sino también de manera arbitraria, ya que se violaron sistemáticamente los derechos humanos. Miembros de partidos políticos y sindicatos fueron detenidos y llevados a centros preparados para la tortura. De muchos de ellos no se supo nunca nada; de otros, se tiene la certeza° de que fueron ejecutados°.

El gobierno militar estableció una política económica neoliberal que mejoró la economía chilena, redujo con éxito la inflación y aumentó la producción. Este éxito económico ha sido en muchas ocasiones la tarjeta de presentación° de la dictadura de Pinochet. Sus críticos, sin embargo, afirman que estas medidas económicas aumentaron las desigualdades sociales porque privilegiaban a los más ricos.

Confiado° en su victoria, el general se presentó como candidato presidencial en un plebiscito° que él mismo propuso. Éste se celebró en 1988 y, para sorpresa de muchos, fue derrotado. Pinochet había caído en su propia trampa y su fracaso abrió las puertas a elecciones libres al año siguiente, las primeras en casi veinte años. Augusto Pinochet salió del poder en 1990. A partir de esa fecha, Chile empezó el proceso de transición democrática.

Hoy, la sociedad chilena sigue dividida a la hora de juzgar los años de dictadura. Una parte de la población ve a Pinochet, quien murió el 10 de diciembre de 2006, como un cruel dictador que impuso un estado dictatorial manchado por la sangre° de sus enemigos políticos. Otros ven en él a un héroe que intervino en la historia del país para salvarlo del comunismo. Hasta hace poco, todavía algunos negaban la existencia de los secuestros y las ejecuciones denunciados° por los familiares de los desaparecidos. La búsqueda de pruebas° y la publicación de informes han confirmado la ocurrencia de estos crímenes.

Uno de ellos, el informe Valech (conocido oficialmente como Informe de la Comisión Nacional sobre Prisión Política y Tortura), fue publicado el 29 de noviembre de 2004. Su misión era ofrecer un reconocimiento público y oficial de los abusos a los derechos humanos cometidos por el gobierno militar de Augusto Pinochet en Chile entre 1973 y 1990. El presidente chileno Ricardo Lagos, electo en el año 2000, formó una comisión para ello. Con el testimonio de más de treinta y cinco mil personas, se constataron° los crímenes y se ofreció compensación económica y cobertura sanitaria° a las víctimas de la represión militar.

En un día histórico de enero de 2005, el ejército chileno aceptó su responsabilidad institucional en los abusos del pasado. En palabras del expresidente Lagos, la mirada a la historia reciente ha servido para fortalecer la convivencia° y la unidad de todos los chilenos, que ya pueden mirar con orgullo hacia un futuro mejor. ■

measure
was pursued

certainty
executed

calling card

Confident

referendum

stained by the blood

reported

proof

verified

health coverage

coexistence

*Fotos p. 192: izq. **Salvador Allende**; der. **Augusto Pinochet***

Análisis

NATIONAL communication STANDARDS

1 Ask students to read the comprehension questions before reading the text on **pp. 226–227**. Have them take turns reading it aloud. Pause after each paragraph to ask the corresponding comprehension questions.

1

Comprensión Contesta las preguntas con oraciones completas.

1. ¿Qué sucedió con el gobierno de Salvador Allende? Fue derrocado por el golpe militar encabezado por Augusto Pinochet.

2. ¿Qué ocurrió con la economía chilena durante el gobierno de Allende? Las huelgas, la violencia en las calles y la oposición, con la ayuda de los servicios secretos norteamericanos, empeoraron la situación económica.

3. ¿Qué tipo de gobierno estableció Pinochet? Estableció una dictadura.

4. ¿Qué prioridad tuvo el gobierno de Pinochet? ¿Cómo consiguió este objetivo? Quiso eliminar la oposición política eliminando los partidos políticos. Lo consiguió con medidas contrarias a los derechos humanos.

5. ¿Qué ocurrió en el plebiscito de 1988? ¿Cuáles fueron las consecuencias? Pinochet perdió como candidato presidencial, lo cual dio lugar a que se organizaran elecciones libres y se retirara a Pinochet del poder.

6. ¿Qué piensan hoy los chilenos sobre el gobierno de Pinochet? Algunos chilenos creen que Pinochet fue un héroe y otros creen que fue un cruel dictador.

7. ¿Cuál fue el propósito del informe Valech? El propósito fue reconocer pública y oficialmente los abusos a los derechos humanos del gobierno de Pinochet.

8. ¿Qué ocurrió en enero de 2005? El ejército chileno aceptó su responsabilidad institucional en los abusos del pasado.

2

Responsables En parejas, lean este fragmento con pasajes extraídos del artículo y contesten las preguntas.

> Hoy, la sociedad chilena sigue dividida. Una parte de la población ve a Pinochet como un cruel dictador. Otros ven en él a un héroe. Hasta hace poco, todavía algunos negaban la existencia de secuestros y ejecuciones.

- ¿Recuerdan alguna situación de opinión dividida del público en su país? ¿Cuál?

- ¿Quiénes son/fueron los protagonistas?

- ¿Cuáles son/fueron las circunstancias?

- ¿En qué se parece/parecía la situación a lo descrito en el pasaje?

- ¿En qué se diferencia/diferenciaba?

3 As a follow-up, have groups of four imagine they are stranded on a desert island and must form a new society. They should decide each person's role and list everyone's rights and responsibilities. Have students pass their lists to another group. Then ask the class questions to review comparatives and superlatives. Ex: **¿Cuál es el derecho más/menos popular? ¿Cuál es el más esencial?**

3

Completar En parejas, completen las oraciones con sus opiniones.

1. Un buen líder es una persona que...

2. El gobierno de cada país debe garantizar...

3. El abuso de poder en el gobierno ocurre cuando...

4. El abuso de poder también ocurre en la vida cuando...

5. Las leyes y los derechos nos ayudan a...

4

El juicio En grupos de tres, elijan uno de los casos y preparen un pequeño juicio. Uno/a de ustedes hará el papel de juez(a) y los demás representarán las posturas opuestas para cada tema. El/La juez(a) hará preguntas y al final dará su veredicto.

- Licencias de conducir a los 15 años de edad

- No fumar en lugares públicos

- Conscripción (*draft*) en tiempos de guerra

Practice more at vhlcentral.com.

Preparación

Sobre el autor

Eduardo Galeano (1940–2015) fue un escritor uruguayo apasionado por la idea de la libertad. Su vida estuvo marcada por la persecución política e ideológica, que le obligó a abandonar su país. Su obra más conocida, *Las venas abiertas de América Latina* (1971), fue prohibida por todas las dictaduras militares de América Latina. El relato "Pájaros prohibidos" está integrado en la colección *Memoria del fuego* (1982–1986), una trilogía que narra la historia de Hispanoamérica desde sus primeros pobladores hasta la actualidad, y corresponde al tercer tomo (*El siglo del viento*), dedicado al siglo XX.

Vocabulario de la lectura	
a escondidas *secretly*	
el/la bobo/a *fool*	
la cárcel *prison*	
el/la censor(a) *censor*	
las copas de los árboles *treetops*	
elogiar *to praise*	
embarazada *pregnant*	
la entrada *entrance*	
hacer callar (a alguien) *to silence (someone)*	
pasar *to get through*	
silbar *to whistle*	

Vocabulario útil	
la huida *escape*	
a hurtadillas *sneak in*	
la manera *way*	
la rebeldía *rebelliousness*	
la reja *iron bar*	

1 **Vocabulario** Completa las oraciones con palabras del vocabulario.

1. Ana y yo nos encontramos en ___la entrada___ del teatro anoche.
2. En esta foto aparece mi madre cuando estaba ___embarazada___ de cinco meses.
3. En la aduana no me dejaron ___pasar___ unas frutas que traía de Chile.
4. Envidio a la gente que sabe ___silbar___, yo sólo consigo soplar aire.
5. ¡No seas ___bobo___ y ven con nosotros! ¡Te vas a divertir mucho!
6. El ___censor___ eliminó las escenas más violentas de la película.
7. Un buen supervisor siempre sabe ___elogiar___ el trabajo bien hecho.
8. Los gobiernos tiránicos ___hacen callar___ a la prensa con amenazas.

2 **Responder** En parejas, discutan sobre los temas planteados en las preguntas.

1. ¿Qué significa para ustedes ser libre?
2. ¿Qué rol tiene la imaginación en su vida diaria?
3. ¿Crees que todo acto de libertad está ligado a la rebeldía? ¿Por qué?
4. ¿Qué personaje, real o ficticio, representa mejor para ustedes la idea de la libertad?

3 **Preparación** En grupos de tres, discutan sobre el título del cuento: *Pájaros prohibidos*. ¿De qué creen que va a tratar la historia?

INSTRUCTIONAL RESOURCES
Supersite: *Literatura* recording; Scripts; SAM AK
SAM/WebSAM: LM

1 Read these pairs of words aloud and ask students to decide whether they are synonyms or antonyms: **cárcel, prisión (sinónimos); entrada, puerta (sinónimos); a escondidas, abiertamente (antónimos); hacer callar, silenciar (sinónimos); elogiar, criticar (antónimos); bobo, idiota (sinónimos).**

2 Moderate a class discussion around the topic of "freedom of the mind." Discuss whether experiences of escapism through film or literature constitute a form of freedom. Have students provide examples of personal experiences to that effect. Ask: **¿Qué libros o películas les han hecho sentir libres?** Students may include other experiences, such as dreams or even a memorable lesson or conversation.

3 Help students notice the contradiction in terms within the title by asking questions. Ex: **¿Qué significado tienen para ustedes los pájaros? (la libertad)**

 Practice more at **vhicentral.com.**

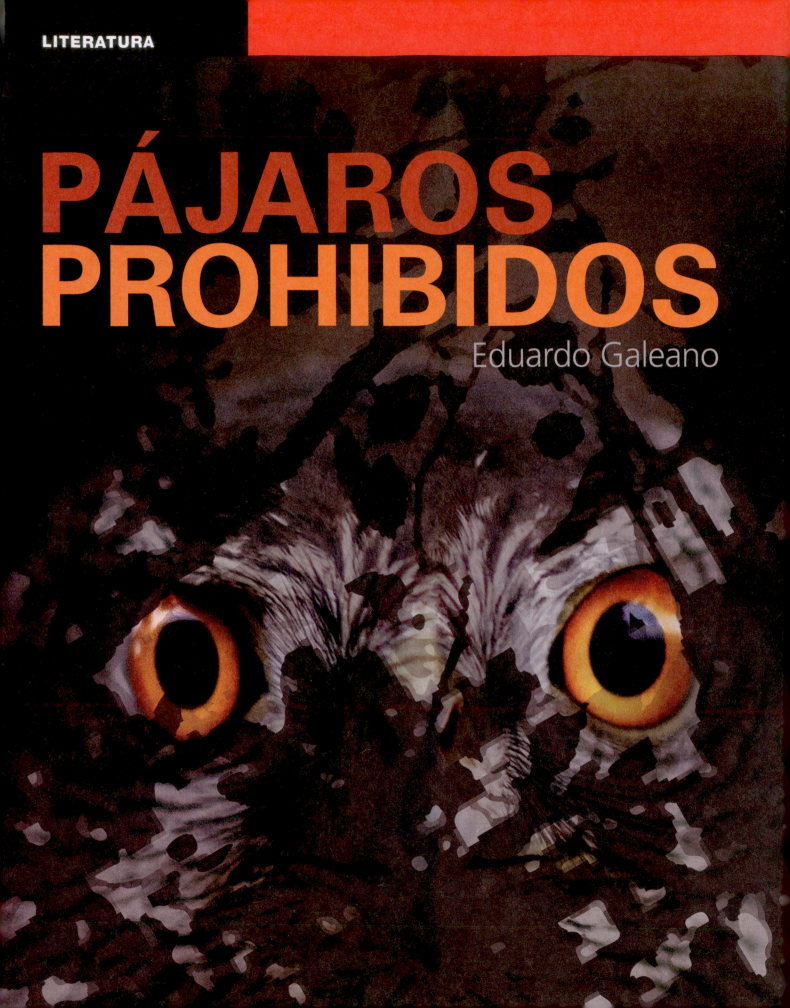

PÁJAROS PROHIBIDOS

Eduardo Galeano

Los presos políticos uruguayos no pueden hablar sin permiso, silbar, sonreír, cantar, caminar rápido ni saludar a otro preso. Tampoco pueden dibujar ni recibir dibujos

5 de mujeres embarazadas, parejas, mariposas°, estrellas ni pájaros.

butterflies

Didaskó Pérez, maestro de escuela, torturado y preso por tener ideas ideológicas, recibe un domingo la visita de su hija Milay, de cinco años.

10 La hija le trae un dibujo de pájaros. Los censores se lo rompen a la entrada de la cárcel.

«¿No ves que son ojos?»

Al domingo siguiente, Milay le trae un dibujo de árboles. Los árboles no están prohibidos, y el dibujo pasa. Didaskó le elogia la obra y le pregunta

15 por los circulitos de colores que aparecen en las copas de los árboles, muchos pequeños círculos entre las ramas°:

branches

— ¿Son naranjas? ¿Qué frutas son?

La niña lo hace callar:

20 —Ssshhh.

Y en secreto le explica:

—Bobo. ¿No ves que son ojos? Los ojos de los pájaros que te traje a escondidas.

Análisis

1 **Comprensión** Indica si estas oraciones son ciertas o falsas. Corrige las falsas.

1. En Uruguay varias personas están en la cárcel debido a causas políticas. Cierto.

2. Didaskó Pérez es un censor del gobierno. Falso. Didaskó Pérez es un maestro de escuela.

3. Los censores permiten los dibujos de pájaros, pero prohíben los dibujos de árboles. Falso. Los censores permiten los dibujos de árboles, pero no de pájaros.

4. El padre de la niña es un preso político. Cierto.

5. Cuando los censores consideran que un dibujo no es apropiado, lo rompen. Cierto.

6. Milay le dice a su padre que, si se fija bien en el dibujo, verá alas de pájaros. Falso. Le dice que los círculos del árbol son los ojos de los pájaros escondidos.

2 **Interpretar** En parejas, contesten las preguntas.

1. Los censores prohibían dibujos de mujeres embarazadas, parejas, mariposas, estrellas y pájaros. ¿Qué creen que tienen estos dibujos en común?

2. ¿A qué se refiere el autor con "ideas ideológicas"? ¿Qué otra expresión podría haber utilizado?

3. ¿Por qué creen que los pájaros representan una amenaza para los censores, pero los árboles no?

4. ¿Por qué insiste Milay en llevarle a su padre un dibujo de pájaros?

3 **La opresión** En parejas, lean estas citas sobre la libertad y escriban por qué están o no de acuerdo. Luego, comenten qué relación hay entre las oraciones y el cuento.

> "La libertad es una sensación. A veces puede alcanzarse encerrado en una jaula, como un pájaro". Camilo José Cela

> "Es mejor morir de pie que vivir de rodillas". Emiliano Zapata

> "Las cadenas se rompen con ideas, no con martillos". Anónimo

4 **Escribir** Imagina que eres director de *El Heraldo*, un periódico local, y recibes un mensaje de un lector que denuncia que una fábrica de tu comunidad ha vertido (*poured*) agua contaminada en un río. Sin embargo, la fábrica es de un cliente importante del periódico y sería problemático denunciarla. Escribe una carta al lector explicándole tu decisión de publicar o no publicar su denuncia.

Plan de redacción

Escribir una carta a un lector de tu periódico

1 **Tu posición** Establece cuál será tu posición: ¿publicarás la denuncia a pesar de las posibles consecuencias o renunciarás a hacerlo?

2 **Argumentación** Escribe una lista de los argumentos que justifiquen tu decisión como director de *El Heraldo*.

3 **Conclusión** Termina tu carta con un enunciado que resuma tu posición.

Practice more at vhlcentral.com.

Creencias e ideologías

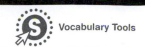 Vocabulary Tools

Las leyes y los derechos

los derechos humanos *human rights*
la desobediencia civil *civil disobedience*
la (des)igualdad *(in)equality*
el/la juez(a) *judge*
la (in)justicia *(in)justice*
la libertad *freedom*
la lucha *struggle, fight*
el tribunal *court*

abusar *to abuse*
aprobar (o:ue) una ley *to pass a law*
convocar *to summon*
defender (e:ie) *to defend*
derogar *to abolish, to repeal*
encarcelar *to imprison*
juzgar *to judge*

analfabeto/a *illiterate*
(des)igual *(un)equal*
(in)justo/a *(un)fair*
oprimido/a *oppressed*

La política

el abuso *abuse*
la armada *navy*
la bandera *flag*
la creencia *belief*
la crueldad *cruelty*
la democracia *democracy*
la dictadura *dictatorship*
el ejército *army*
el gobierno *government*
la guerra (civil) *(civil) war*
el partido político *political party*
la paz *peace*
el poder *power*
la política *politics*
las relaciones exteriores *foreign relations*
la victoria *victory*

dedicarse a *to devote oneself to*
elegir (e:i) *to elect*
ganar/perder (e:ie) las elecciones
    to win/lose an election
gobernar (e:ie) *to govern*
influir *to influence*
votar *to vote*

conservador(a) *conservative*
liberal *liberal*
pacífico/a *peaceful*
pacifista *pacifist*

Gente

el/la abogado/a *lawyer*
el/la activista *activist*
el/la ladrón/ladrona *thief*
el/la manifestante *demonstrator*
el/la político/a *politician*
el/la presidente/a *president*
el/la terrorista *terrorist*
la víctima *victim*

La seguridad y la amenaza

la amenaza *threat*
el arma (f.) *weapon*
el escándalo *scandal*
la (in)seguridad *(in)security; (lack of) safety*
el temor *fear*
el terrorismo *terrorism*
la violencia *violence*

chantajear *to blackmail*
destrozar *to destroy, to ruin*
espiar *to spy*
huir *to flee*
pelear *to fight, to quarrel*
secuestrar *to kidnap, to hijack*

Cortometraje

el/la alumno/a *pupil, student*
la autoridad *authority*
el/la chaval(a) *kid, youngster*
la confianza *trust*
la doble moral *double standard*
la hipocresía *hypocrisy*
el instituto *high school*
el pañuelo *headscarf*
el rato *a while*
la regla *rule*

ceder *to give up*
confiar *to trust*
disentir *to dissent, to disagree*
pegar *to hit*

laico/a *secular, lay*
musulmán/musulmana *Muslim*
raro/a *weird*

Cultura

la ejecución *execution*
el fracaso *failure*
la fuerza *force*
el golpe de estado *coup d'état*
la huelga *strike*
el informe *report*
el juicio *trial*
la ley *law*
el orgullo *pride*
el secuestro *kidnapping*
la trampa *trap*

derrocar *to overthrow*
derrotar *to defeat*
ejercer (el poder) *to exercise/ exert (power)*
encabezar *to lead*
fortalecer *to strengthen*
promulgar *to enact (a law)*
tener derecho a *to have the right to*

rescatado/a *rescued*

Literatura

a escondidas *secretly*
a hurtadillas *sneak in*
el/la bobo/a *fool*
la cárcel *prison*
el/la censor(a) *censor*
las copas de los árboles *treetops*
la entrada *entrance*
la huida *escape*
la manera *way*
la rebeldía *rebelliousness*
la reja *iron bar*

elogiar *to praise*
hacer callar (a alguien) *to silence (someone)*
pasar *to get through*
silbar *to whistle*

embarazada *pregnant*

MANUAL de GRAMÁTICA

Supplementary Grammar Coverage for SUEÑA

The **Manual de gramática** is an invaluable tool for both instructors and students of intermediate Spanish. It contains additional grammar concepts not covered within the core lessons of **SUEÑA**, as well as practice activities. For each lesson in **SUEÑA**, up to two additional grammar topics are offered with corresponding practice. Additional topics and more advanced grammar are also provided.

These concepts are correlated to the grammar points in **Estructuras** by means of the **Taller de consulta** sidebars, which provide the exact page numbers where additional concepts are taught or reviewed in the **Manual**.

This special supplement allows for great flexibility in planning and tailoring your course to suit the needs of whole classes and/or individual students. It also serves as a useful and convenient reference tool for students who wish to review previously-learned material.

Contenido

Lección 1

Lección 2

Lección 3

Lección 4

Lección 5

Lección 6

Estructuras adicionales

Presentation

1.4

Nouns and articles

Nouns

- In Spanish, nouns (**sustantivos**) ending in **–o, –or, –l, –s,** and **–ma** are usually masculine, and nouns ending in **–a, –ora, –ión, –d,** and **–z** are usually feminine.

Masculine nouns	Feminine nouns
el amigo, el cuaderno	**la amiga, la palabra**
el escritor, el color	**la escritora, la computadora**
el control, el papel	**la relación, la ilusión**
el autobús, el paraguas	**la amistad, la fidelidad**
el problema, el tema	**la luz, la paz**

- Most nouns form the plural by adding **–s** to nouns ending in a vowel, and **–es** to nouns ending in a consonant. Nouns that end in **–z** change to **–c** before adding **–es**.

  el hombre → los hombres   **la mujer → las mujeres**

  la novia → las novias   **el lápiz → los lápices**

- If a singular noun ends in a stressed vowel, the plural form ends in **–es**. If the last syllable of a singular noun ending in **–s** is unstressed, the plural form does not change.

  el tabú → los tabúes   **el lunes → los lunes**

  el israelí → los israelíes   **la crisis → las crisis**

Articles

- Spanish definite and indefinite articles (**artículos definidos e indefinidos**) agree in gender and number with the nouns they modify.

	Definite articles		Indefinite articles	
	singular	plural	singular	plural
MASCULINE	**el** compañero	**los** compañeros	**un** compañero	**unos** compañeros
FEMININE	**la** compañera	**las** compañeras	**una** compañera	**unas** compañeras

- In Spanish, when an abstract noun is the subject of a sentence, a definite article is always used.

  El amor es eterno.   Para ser modelo, necesitas belleza y altura.
  Love is eternal.   **but**   *In order to be a model, you need beauty and height.*

- An indefinite article is not used before nouns that indicate profession or place of origin unless the noun is followed by an adjective.

  Juan García es profesor.   Juan García es **un** profesor excelente.
  Juan García is a professor.   *Juan García is an excellent professor.*

  Ana María es neoyorquina.   Ana María es **una** neoyorquina orgullosa.
  Ana María is a New Yorker.   *Ana María is a proud New Yorker.*

¡ATENCIÓN!

Some nouns may be either masculine or feminine, depending on whether they refer to a male or a female.

el/la artista *artist*
el/la estudiante *student*

Occasionally, the masculine and feminine forms have different meanings.

el capital *capital (money)*
la capital *capital (city)*

¡ATENCIÓN!

Accent marks are sometimes dropped or added to maintain the stress in the singular and plural forms.

canción → canciones
autobús → autobuses

margen → márgenes
imagen → imágenes

¡ATENCIÓN!

The prepositions **de** and **a** contract with the article **el**.

de + el = del

a + el = al

¡ATENCIÓN!

Singular feminine nouns that begin with a stressed **a** take **el**; adjectives remain in the feminine.

el alma gemela →
las almas gemelas

el área vigilada →
las áreas vigiladas

Práctica

1 **Cambiar** Escribe en plural las palabras que están en singular y viceversa.

1. la compañera ____las compañeras____
2. unos amigos ____un amigo____
3. el novio ____los novios____
4. una crisis ____unas crisis____
5. unas parejas ____una pareja____
6. un corazón ____unos corazones____
7. las amistades ____la amistad____
8. el tabú ____los tabúes____

2 **Un chiste** Completa el chiste con los artículos apropiados. Recuerda que en algunos casos no debes usar ningún artículo.

(1) __Una__ pareja se va a casar. Él tiene 90 años. Ella tiene 85. Entran en (2) __una__ farmacia y (3) __el__ novio le pregunta al farmacéutico (*pharmacist*):

—¿Tiene (4) __Ø__ remedios para (5) __el__ corazón?

—Sí —contesta (6) __el__ farmacéutico.

—¿Tiene (7) __Ø__ remedios para (8) __la__ presión y (9) __el__ colesterol?

—Sí, también —contesta nuevamente (10) __el__ farmacéutico.

—¿Y (11) __Ø__ remedios para (12) __la__ artritis y (13) __el__ reumatismo?

—Sí. Ésta es (14) __una__ farmacia muy completa. Tenemos de todo.

Entonces (15) __el__ novio mira a (16) __la__ novia y le dice:

—Querida, ¿qué te parece si hacemos (17) __la__ lista de regalos de bodas aquí?

3 **La cita** Completa el párrafo con la forma correcta de los artículos definidos e indefinidos.

Ayer tuve (1) __una__ cita con Leonardo. Fuimos a (2) __un__ restaurante muy romántico que está junto a (3) __un__ bonito lago. Desde nuestra mesa, podíamos ver (4) __el__ lago y (5) __los /unos__ barcos que navegaban por allí. Comimos (6) __unos__ platos muy originales. (7) __El__ pescado que yo pedí estaba delicioso. Nos divertimos mucho, pero al salir tuvimos (8) __un__ problema. Una de (9) __las__ ruedas (*tires*) del coche estaba pinchada (*flat*). (10) __La__ próxima semana tendremos nuestra segunda cita.

4 **Escribir** Escribe oraciones completas con las siguientes palabras; utiliza los artículos definidos e indefinidos que correspondan y haz los cambios necesarios. Answers may vary slightly.

Modelo **Elisa – ser – buena periodista**
Elisa es una buena periodista.

1. mi madre – decir – amor – ser – eterno
Mi madre dice que el amor es eterno.
2. ayer – astrólogo – predecir – desgracia
Ayer el astrólogo predijo una desgracia.
3. lunes pasado – comprar – flores – tía Juanita
El lunes pasado compré unas flores para la tía Juanita.
4. capital – Venezuela – ser – Caracas
La capital de Venezuela es Caracas.
5. personas optimistas – soñar – mundo mejor
Las personas optimistas sueñan con un mundo mejor.
6. Rodrigo – ser – alma – fiesta
Rodrigo es el alma de la fiesta.

 Presentation

1.5

Adjectives

- Spanish adjectives (**adjetivos**) agree in gender and number with the nouns they modify. Most adjectives ending in **–e** or a consonant have the same masculine and feminine forms.

Adjectives	singular	plural	singular	plural	singular	plural
MASCULINE	roj**o**	roj**os**	inteligent**e**	inteligent**es**	difícil	difícil**es**
FEMININE	roj**a**	roj**as**	inteligent**e**	inteligent**es**	difícil	difícil**es**

- Descriptive adjectives generally follow the noun they modify. If a single adjective modifies more than one noun, the plural form is used. If at least one of the nouns is masculine, then the adjective is masculine.

un libro **apasionante**
an enthralling book

un suegro y una suegra **maravillosos**
a wonderful father-in-law and mother-in-law

las parejas **contentas**
the happy couples

la literatura y la cultura **ecuatorianas**
Ecuadorean literature and culture

- A few adjectives have shortened forms when they precede a masculine singular noun.

bueno → buen   alguno → algún   primero → primer

malo → mal   ninguno → ningún   tercero → tercer

- Some adjectives change their meaning depending on their position. When the adjective follows the noun, the meaning is more literal. When it precedes the noun, the meaning is more figurative.

	after the noun	before the noun
antiguo/a	el edificio **antiguo** *the ancient building*	mi **antiguo** novio *my old/former boyfriend*
cierto/a	una respuesta **cierta** *a correct answer*	una **cierta** actitud *a certain attitude*
grande	una ciudad **grande** *a big city*	un **gran** país *a great country*
mismo/a	el artículo **mismo** *the article itself*	el **mismo** problema *the same problem*
nuevo/a	un coche **nuevo** *a (brand) new car*	un **nuevo** profesor *a new/different professor*
pobre	los estudiantes **pobres** *the students who are poor*	los **pobres** estudiantes *the unfortunate students*
viejo/a	un libro **viejo** *an old book*	una **vieja** amiga *a long-time friend*

Práctica

1

Descripciones Completa cada oración con la forma correcta de los adjetivos.

1. Mi mejor amiga es _____guapa_____ (guapo) y muy _____graciosa_____ (gracioso).

2. Los novios de mis hermanas son _____altos_____ (alto) y _____morenos_____ (moreno).

3. Javier es _____buen_____ (bueno) compañero, pero es bastante _____malhumorado_____ (malhumorado).

4. Mi prima Susana es _____tranquila_____ (tranquilo), pero mi primo Luis es _____celoso_____ (celoso).

5. No sé por qué Marcos y Rosario son tan _____inseguros_____ (inseguro) y _____tímidos_____ (tímido).

6. Sandra, mi vecina, es una _____gran_____ (grande) amiga, pero ayer tuvimos una _____terrible_____ (terrible) discusión.

2

La vida de Marina Completa cada oración con los cuatro adjetivos.

1. Marina busca una compañera de cuarto _tranquila, ordenada, honesta y puntual._

    (tranquilo, ordenado, honesto, puntual)

2. Se lleva bien con las personas _sinceras, serias, alegres y trabajadoras._
    (sincero, serio, alegre, trabajador)

3. Marina tiene unos padres _maduros, simpáticos, inteligentes y conservadores._
    (maduro, simpático, inteligente, conservador)

4. Quiere ver programas de televisión más _emocionantes, divertidos, dramáticos y didácticos._

    (emocionante, divertido, dramático, didáctico)

5. Marina tiene un novio _irlandés, talentoso, nervioso y creativo._
    (irlandés, talentoso, nervioso, creativo)

Marina

3

Correo sentimental La revista *Ellas y ellos* tiene una sección de anuncios personales. Este anuncio recibió unas cien respuestas. Inserta la forma correcta de los adjetivos de la lista. Puedes utilizar el mismo adjetivo más de una vez.

buen	gran	mal	ningún	tercer
bueno/a	grande	malo/a	ninguno/a	tercero/a

Mi perrito y yo buscamos amor

Tengo cuarenta y tres años y estoy viudo desde hace tres años. Soy un (1) _____buen_____ hombre: tranquilo y trabajador. Me gustan las plantas y no tengo (2) _____ningún_____ problema con mis vecinos. Cocino y plancho. Me gusta ir al cine y no me gusta el fútbol. Siempre estoy de (3) _____buen_____ humor. Vivo en un apartamento (4) _____grande_____, en el (5) _____tercer_____ piso de un edificio en Montevideo. Sólo tengo un pequeño problema: mi perro. Algunos dicen que tiene (6) _____mal_____ carácter. Otros dicen que es un (7) _____buen_____ animal. Yo creo que él es (8) _____bueno_____, pero se siente solo, como su dueño. Busco una señora viuda o soltera que también se sienta sola. ¡Si tiene una perrita, mejor!

 Presentation

2.4 Progressive forms

- The present progressive (**el presente progresivo**) narrates an action in progress. It is formed with the present tense of **estar** and the present participle (**el gerundio**) of the main verb.

Estoy sacando una foto.	¿Qué **estás comiendo**?	**Están recorriendo** la ciudad.
I am taking a photo.	*What are you eating?*	*They are traveling around the city.*

- The present participle of regular **–ar, –er,** and **–ir** verbs is formed as follows:

INFINITIVE	STEM	ENDING	PRESENT PARTICIPLE
bailar	bail–	–ando	bailando
comer	com–	–iendo	comiendo
aplaudir	aplaud–	–iendo	aplaudiendo

- **–Ir** verbs that change **o** to **u**, or **e** to **i** in the **Ud./él/ella** and **Uds./ellos/ellas** forms of the preterite have the same change in the present participle.

pedir → pidiendo   mentir → mintiendo   dormir → durmiendo

- When the stem of an **–er** or **–ir** verb ends in a vowel, the **–i–** of the present participle ending changes to **–y–**. The present participle of **ir** is **yendo**.

leer → leyendo   construir → construyendo   oír → oyendo

- Other tenses have progressive forms as well, though they are used less frequently than the present progressive. These tenses emphasize that an action was/will be in progress at a particular moment in time.

Estaba contestando la última pregunta cuando el profesor nos pidió los exámenes.
I was in the middle of answering the last question when the professor asked for our exams.

No vengas a las cuatro, todavía **estaremos trabajando**.
Don't come at four; we will still be working.

Luis cerró la puerta, pero su mamá le **siguió gritando**.
Luis shut the door, but his mother kept right on shouting at him.

- Progressive tenses often use other verbs, especially ones that convey motion or continuity like **andar, continuar, ir, llevar, seguir,** and **venir,** in place of **estar**.

> **anda diciendo** *he goes around saying*
>
> **continuarás trabajando** *you'll continue working*
>
> **van acostumbrándose** *they're getting more and more used to*
>
> **llevo un mes trabajando** *I have been working for a month*
>
> **siguieron hablando** *they kept talking*
>
> **venimos insistiendo** *we've been insisting*

Práctica

1 **Una conversación telefónica** Daniel es nuevo en la ciudad y no sabe cómo llegar al estadio de fútbol. Decide llamar a su exnovia Alicia para que le explique cómo encontrarlo. Completa el diálogo con la forma correcta del gerundio.

ALICIA Hola, ¿quién habla?

DANIEL Hola, Alicia, soy Daniel; estoy buscando el estadio de fútbol y necesito que me ayudes... Llevo (1) __caminando__ (caminar) más de media hora por el centro y sigo perdido.

ALICIA ¿Dónde estás?

DANIEL No estoy muy seguro, no encuentro el nombre de la calle. Pero estoy (2) __viendo__ (ver) un centro comercial a mi izquierda y más allá parece que están (3) __construyendo__ (construir) un estadio de fútbol. (4) __Hablando__ (hablar) de fútbol, ¿dónde tengo mis boletos? ¡He perdido mis entradas!

ALICIA Madre mía, ¡sigues (5) __siendo__ (ser) un desastre...! Algún día te va a pasar algo serio.

DANIEL Siempre andas (6) __pensando__ (pensar) lo peor.

ALICIA Y tú siempre estás (7) __olvidándote__ (olvidarse) de todo.

DANIEL Ya estamos (8) __discutiendo__ (discutir) otra vez.

2 **Continuamos escribiendo** Vuelve a escribir las oraciones usando los verbos **andar**, **ir**, **llevar**, **continuar**, **seguir** o **venir**.

Answers may vary slightly.

1. Mariela se burla de su hermano y siempre piensa que no le hace daño.
   Mariela anda burlándose de su hermano y sigue pensando que no le hace daño.

2. José estudia medicina desde hace diez años, y en los últimos meses sus padres le insisten en que se dedique a otra cosa. José lleva diez años estudiando medicina, y en los últimos meses sus padres le vienen insistiendo en que se dedique a otra cosa.

3. Se acerca la hora de poner manos a la obra al proyecto, aunque aparezcan problemas todo el tiempo. Va siendo hora de poner manos a la obra al proyecto, aunque sigan apareciendo problemas.

4. Mi prima siempre habla mal de todo el mundo y hace años que le digo que deje de hacerlo. De todas formas, ella cree que no tiene importancia. Mi prima anda hablando mal de todo el mundo y hace años que le vengo diciendo que deje de hacerlo. De todas formas, ella sigue creyendo que no tiene importancia.

5. Hace seis años que ese hombre visita el museo todas las tardes, siempre para mirar el mismo cuadro. Ese hombre lleva seis años visitando el museo todas las tardes y sigue mirando el mismo cuadro.

6. Conversamos todo el tiempo mientras ellos se marchaban. Continuamos conversando mientras ellos se iban marchando.

3 **En diferentes tiempos** Completa cada oración con el tiempo correcto del verbo entre paréntesis.

1. Anoche, Carlos y Raúl __estaban__ (estar) mirando una película.

2. Mientras tú estudiabas, nosotros __andábamos__ (andar) paseando por el parque.

3. Mañana a las diez, ¿tú __estarás__ (estar) durmiendo?

4. Con un poco de tiempo, yo __iré__ (ir) acostumbrándome a la idea.

5. Ayer, Catalina __estuvo__ (estar) dando indicaciones a los turistas.

6. Eduardo __venía__ (venir) corriendo desde el parque cuando vio a Ana.

2.5

Presentation

Telling time

- The verb **ser** is used to tell time in Spanish. The construction **es + la** is used with **una,** and **son + las** is used with all other hours.

> **¿Qué hora es?**
> *What time is it?*
>
> **Es la una.**
> *It is one o'clock.*
>
> **Son las tres.**
> *It is three o'clock.*

- The phrase **y +** [*minutes*] is used to tell time from the hour to the half-hour. The phrase **menos +** [*minutes*] is used to tell time from the half-hour to the hour, and is expressed by subtracting minutes from the *next* hour.

Son las once **y veinte**.   Es la una **menos cuarto**.   Son las doce **menos diez**.

- To ask at what time an event takes place, the phrase **¿A qué hora (...)?** is used. To state at what time something takes place, use the construction **a la(s) +** [*time*].

¿A qué hora es la fiesta?
(At) what time is the party?

La fiesta es **a las ocho**.
The party is at eight.

- The following expressions are used frequently for telling time.

Son las siete **en punto**.
It's seven o'clock on the dot/sharp.

Son las doce del mediodía./Es **(el) mediodía**.
It's 12 P.M./It's noon.

Son las doce de la noche./Es **(la) medianoche**.
It's 12 A.M./It's midnight.

Son las nueve **de la mañana**.
It's 9 A.M./in the morning.

Son las cuatro y cuarto **de la tarde**.
It's 4:15 P.M./in the afternoon.

Son las once y media **de la noche**.
It's 11:30 P.M./at night.

- The imperfect is generally used to tell time in the past. However, the preterite may be used to describe an action that occurred at a particular time.

¿Qué hora **era** cuando llegaste?
What time was it when you arrived?

Eran las cuatro de la mañana.
It was four o'clock in the morning.

¿A qué hora **fueron** al cine?
At what time did you go to the movies?

Fuimos a las nueve.
We went at nine o'clock.

¡ATENCIÓN!

The phrases **y media** (*half past*) and **y/menos cuarto** (*quarter past/of*) are usually used instead of **treinta** and **quince**.

Son las doce y media.
It's 12:30/half past twelve.

Son las nueve menos cuarto.
It's 8:45/quarter to nine.

¡ATENCIÓN!

Note that **es** is used to state the time at which a single event takes place.

Son las dos.
It is two o'clock.

Mi clase es a las dos.
My class is at two o'clock.

Práctica

1

La hora Usando oraciones completas, escribe la hora que aparece en cada reloj.

1. _Son las siete y cuarto._

2. _Es la una y media._

3. _Son las dos menos dos._

4. _Son las cuatro y veinte._

5. _Son las once menos cuarto._

6. _Son las ocho menos veinte._

2

En el cineclub Gabriela quiere ver una película en el cineclub de la universidad, pero necesita saber los horarios. Contesta las preguntas con oraciones completas usando las pistas (*clues*). Answers may vary slightly

1. ¿A qué hora empieza *Relatos salvajes*? (12:05 P.M.)
   Relatos salvajes empieza a las doce y cinco del mediodía.

2. ¿A qué hora empieza *El secreto de sus ojos*? (1:15 P.M.)
   El secreto de sus ojos empieza a la una y cuarto de la tarde.

3. ¿A qué hora empieza *Ella*? (3:30 P.M.)
   Ella empieza a las tres y media de la tarde.

4. ¿A qué hora empieza *Julieta*? (4:45 P.M.)
   Julieta empieza a las cinco menos cuarto de la tarde.

5. ¿A qué hora empieza *El renacido*? (8:20 P.M.)
   El renacido empieza a las ocho y veinte de la noche.

3

Coartada Quedaste involucrado en la investigación de un crimen y la policía te pide que expliques lo que hiciste durante todo el día de ayer. Explica qué tenías planeado hacer y a qué hora lo hiciste realmente. Sigue el modelo. Answers may vary.

> **Modelo** **Cita con el médico – 11:30 A.M. (15 minutos de atraso)**
> Tenía cita con el médico a las once y media de la mañana, pero no pude llegar hasta las doce menos cuarto por culpa del tráfico.

1. Dejar el auto en el mecánico – 7 A.M. (30 minutos de atraso)

2. Desayunar con mi madre – 8:30 A.M. (1 hora de atraso)

3. Entregar los planos en la oficina – 11 A.M. (15 minutos de atraso)

4. Visita al museo de ciencias – 2 P.M. (1 hora y media de atraso)

5. Ir al cine con unos amigos – 5:30 P.M. (2 horas de atraso)

6. Recoger la ropa de la lavandería – 8:30 P.M. (¡Ya había cerrado!)

 Presentation

3.4 Possessive adjectives and pronouns

- Possessive adjectives (**adjetivos posesivos**) are used to express ownership or possession. Unlike English, Spanish has two types of possessive adjectives: the short, or unstressed, forms and the long, or stressed, forms. Both forms agree in gender, when applicable, and number with the object owned, and not with the owner.

Possessive adjectives			
short forms (unstressed)		long forms (stressed)	
mi(s)	my	mío/a(s)	my/(of) mine
tu(s)	your	tuyo/a(s)	your/(of) yours
su(s)	your; his; her; its	suyo/a(s)	your/(of yours); his/(of) his; her/(of) hers; its/(of) its
nuestro(s)/a(s)	our	nuestro/a(s)	our/(of) ours
vuestro(s)/a(s)	your	vuestro/a(s)	your/(of) yours
su(s)	your; their	suyo/a(s)	your/(of) yours; their/(of) theirs

- Short possessive adjectives precede the nouns they modify.

> En **mi** opinión, esa telenovela es pésima.
> *In my opinion, that soap opera is awful.*

> **Nuestras** revistas favoritas son *Vanidades* y *Latina*.
> *Our favorite magazines are* Vanidades *and* Latina.

- Stressed possessive adjectives follow the nouns they modify. They are used for emphasis or to express the phrases *of mine, of yours,* etc. The nouns are usually preceded by a definite or indefinite article.

> mi amigo → **un** amigo **mío**
> *my friend → a friend of mine*

> tus amigas → **las** amigas **tuyas**
> *your friends → friends of yours*

- Because **su(s)** and **suyo(s)/a(s)** have multiple meanings (*your, his, her, its, their*), the construction [*article*] + [*noun*] + **de** + [*subject pronoun*] can be used to clarify meaning.

> **su** casa
> **la** casa **suya**
>
> la casa de él/ella — *his/her house*
> la casa de usted/ustedes — *your house*
> la casa de ellos/ellas — *their house*

- Possessive pronouns (**pronombres posesivos**) have the same forms as stressed possessive adjectives and are preceded by a definite article. Possessive pronouns agree in gender and number with the nouns they replace.

> No encuentro mi **libro**.
> ¿Me prestas **el tuyo**?
> *I can't find my book.*
> *Can I borrow yours?*

> Si la **fotógrafa** suya no llega, **la nuestra** está disponible.
> *If your photographer doesn't arrive, ours is available.*

¡ATENCIÓN!

After the verb **ser**, stressed possessives are usually used without articles.

¿Es tuya la calculadora?
Is the calculator yours?

No, no es mía.
No, it is not mine.

¡ATENCIÓN!

The neuter form **lo** + [*singular stressed possessive*] is used to refer to abstract ideas or concepts such as *what is mine* and *what belongs to you.*

Quiero lo mío.
I want what is mine.

Práctica

1

¿De quién hablan? Completa los espacios con adjetivos posesivos.

1. La actriz Fernanda Luro habla sobre su esposo: "___Mi___ esposo siempre me acompaña a los estrenos, aunque ___su___ agenda esté llena de compromisos".

2. Los integrantes del dúo Maite y Antonio comentan sobre su hijo: "___Nuestro___ hijo empezó a cantar a los dos años".

3. El actor Saúl Mar habla de su ex esposa, la modelo Serafina: "___Mi___ ex ya no es tan guapa como antes, aunque ___sus___ seguidores piensen lo contrario".

4. La famosa cantante Celia Rodríguez habla de la relación con sus padres: "___Mis___ padres me apoyan muchísimo cuando estoy de gira".

2

¿Es tuyo...? Escribe preguntas con **ser** y contéstalas usando el pronombre posesivo que corresponda a la(s) persona(s) indicada(s). Sigue el modelo. *Answers may vary slightly.*

> **Modelo** tú / libro / yo
> —¿Es tuyo este libro?
> —Sí, es mío.

1. ustedes / revistas / nosotros
   ___¿Son suyas estas revistas?___
   ___Sí, son nuestras.___

2. nosotros / periódicos / yo
   ___¿Son nuestros estos periódicos?___
   ___No, son míos.___

3. ella / computadora / ella
   ___¿Es suya esta computadora?___
   ___Sí, es suya.___

4. tú / control remoto / ellos
   ___¿Es tuyo este control remoto?___
   ___No, es suyo.___

3

Almuerzo Completa el diálogo con los posesivos adecuados. Cuando sea necesario, añade también el artículo definido correspondiente.

AGUSTÍN (1) ___Mi___ esposa es locutora de radio y tiene un programa para niños.

MANUEL (2) ___La mía___ es redactora en el periódico *El Financiero*.

JUAN Yo soy soltero y vivo con (3) ___mis___ padres y (4) ___mi___ hermano.

MANUEL (5) ___Mis___ películas favoritas son las de acción. ¿Y (6) ___las suyas___?

JUAN A mí no me gusta el cine.

AGUSTÍN A mí tampoco, pero a (7) ___mi___ esposa le gustan las películas clásicas. Afortunadamente, las ve con (8) ___su___ hermana.

JUAN (9) ___Mi___ pasatiempo favorito es la música.

MANUEL ¡Ahh! ¿Es (10) ___tuya___ la guitarra que vi en la oficina?

JUAN Sí, es (11) ___mía___. Después del trabajo, nos reunimos en la casa de un amigo (12) ___mío___ y tocamos un poco. A (13) ___mis___ amigos y a mí nos gusta el rock. (14) ___Nuestros___ músicos preferidos son...

AGUSTÍN ¡No te molestes en nombrarlos! No sé nada de música.

MANUEL Parece que (15) ___nuestros___ gustos son muy distintos.

 Presentation

3.5

Demonstrative adjectives and pronouns

- Demonstrative adjectives (**adjetivos demostrativos**) specify to which noun a speaker is referring. They precede the nouns they modify and agree in gender and number.

este anuncio	**esa** tira cómica	**aquellos** periódicos
this advertisement	*that comic strip*	*those newspapers (over there)*

Demonstrative adjectives				
singular		**plural**		
masculine	feminine	masculine	feminine	
este	esta	estos	estas	*this; these*
ese	esa	esos	esas	*that; those*
aquel	aquella	aquellos	aquellas	*that; those (over there)*

- Spanish has three sets of demonstrative adjectives. Forms of **este** are used to point out nouns that are close to the speaker and the listener. Forms of **ese** modify nouns that are not close to the speaker, though they may be close to the listener. Forms of **aquel** refer to nouns that are far away from both the speaker and the listener.

No me gustan **estos** zapatos.

Prefiero **esos** zapatos.

Aquel coche es de Ana.

- Demonstrative pronouns (**pronombres demostrativos**) are identical to demonstrative adjectives, except that they carry an accent mark on the stressed vowel. They agree in gender and number with the nouns they replace.

¿Quieres comprar esta **radio**?	No, no quiero **ésta**. Quiero **ésa**.
Do you want to buy this radio?	*No, I don't want this one. I want that one.*

¿Leíste estos **libros**?	No leí **éstos**, pero sí leí **aquéllos**.
Did you read these books?	*I didn't read these, but I did read those (over there).*

- There are three neuter demonstrative pronouns: **esto, eso,** and **aquello**. These forms refer to unidentified or unspecified things, situations, or ideas. They do not vary in gender or number and they never carry an accent mark.

¿Qué es **esto**?	**Eso** es interesante.	**Aquello** es bonito.
What is this?	*That's interesting.*	*That's pretty.*

Práctica

1

La diva Responde negativamente las preguntas sobre la actriz. Usa las pistas entre paréntesis y las formas correctas de los adjetivos demostrativos.

> **Modelo**   ¿Llevó esta camisa? (vestido)
>
> No, llevó este vestido.

1. ¿Se va a sentar en esa silla? (sofá)

   No, se va a sentar en ese sofá.

2. ¿Quiere probar estos sándwiches? (langosta)

   No, quiere probar esta langosta.

3. ¿Decidió hablar con ese reportero? (locutora)

   No, decidió hablar con esa locutora.

4. ¿Llevará aquel suéter? (chaqueta negra)

   No, llevará aquella chaqueta negra.

2

En el centro comercial Completa las oraciones con los adjetivos y pronombres demostrativos que correspondan en cada caso.

1. Quiero comprar _____ese_____ teléfono celular que está a tu derecha.

2. No queremos _____esta_____ computadora que nos muestras, sino _____aquélla_____ de más atrás.

3. Hay rebajas en _____estos_____ libros y revistas que yo estoy mirando, pero no en _____ésos_____ que tienes ahí.

4. Compra alguna de _____esas_____ películas en DVD que tienes a tu izquierda.

5. Yo voy a escoger _____esta_____ película de aquí, que está a mitad de precio.

6. Antes de irnos, vamos a comer algo en _____aquel_____ restaurante de la otra esquina.

7. ¡Me he quedado sin dinero! _____Esto_____ no puede seguir así: debo ser más cuidadoso.

8. No vayas a _____esa_____ tienda de enfrente, que es muy cara; mejor pregunta en _____ésta_____ de aquí al lado.

3

No y no Escribe un breve diálogo con las siguientes palabras, utilizando los adjetivos y pronombres que se indican. Answers may vary slightly.

> **Modelo**   Ustedes / querer comprar / libros (este/aquel)
>
> —¿Ustedes quieren comprar estos libros o aquellos libros?
> —No queremos comprar ni éstos ni aquéllos.

1. tú / querer probarse / zapatos (este/ese)
   —¿Tú quieres probarte estos zapatos o esos zapatos?/—No quiero probarme ni éstos ni ésos.

2. ella / preferir / asiento (este/aquel)
   —¿Ella prefiere este asiento o aquel asiento?/—Ella no prefiere ni éste ni aquél.

3. Daniel y Agustina / buscar / película (ese/este)
   —¿Daniel y Agustina buscan esa película o esta película?/—Ellos no buscan ni ésa ni ésta.

4. niños / leer / novela (este/aquel)
   —¿Los niños leen esta novela o aquella novela?/—Los niños no leen ni ésta ni aquélla.

5. Carlos / vivir / departamento (este/ese)
   —¿Carlos vive en este departamento o en ese departamento?/—No vive ni en éste ni en ése.

6. nosotros / poder / ir / fiesta (este/ese)
   —¿Podemos ir a esta fiesta o a esa fiesta?/—No, no podemos/pueden ir ni a ésta ni a ésa.

 Presentation

4.4

To become: *hacerse, ponerse, volverse,* and *llegar a ser*

- Spanish has several verbs and phrases that mean *to become*. Many of these constructions make use of reflexive verbs.

- The construction **ponerse** + [*adjective*] expresses a change in mental, emotional or physical state that is generally not long-lasting.

  ¡No **te pongas histérico**!
  Don't get so worked up!

  La señora Urbina **se pone muy feliz** cuando su familia la visita.
  Mrs. Urbina gets so happy when her family comes to visit.

- **Volverse** + [*adjective*] expresses a radical mental or psychological change. It often conveys a gradual or irreversible change in character. In English this is often expressed as *to have become* + [*adjective*].

  ¿Te has vuelto loca?
  Have you gone mad?

  Durante los últimos años, mi primo **se ha vuelto insoportable**.
  In recent years, my cousin has become unbearable.

- **Hacerse** can be followed by a noun or an adjective. It often implies a change that results from the subject's own efforts, such as changes in profession or social and political status.

  El yerno de doña Lidia **se ha hecho bailarín** de tango.
  Doña Lidia's son-in-law has become a tango dancer.

  Mi bisabuelo **se hizo rico** a pesar de haber salido de
  su patria sin un solo centavo.
  *My great-grandfather became wealthy despite having
  left his homeland without a penny in his pocket.*

- **Llegar a ser** may also be followed by a noun or an adjective. It indicates a change over time and does not imply the subject's voluntary effort.

  Aquella novela **llegó a ser** un *best seller.*
  That novel became a best-seller.

- There are often reflexive verb equivalents for **ponerse** + [*adjective*]. Note that when used with object pronouns instead of reflexive pronouns, such verbs convey that another person or thing is imposing a mental, emotional, or physical state on someone else.

ponerse alegre → alegrarse	**ponerse deprimido/a → deprimirse**
ponerse furioso/a → enfurecerse	**ponerse triste → entristecerse**

  La llegada de la primavera **me pone alegre / me alegra**.
  The arrival of spring makes me happy.

  Cuando pienso en la muerte, **me pongo triste / me entristezco**.
  When I think about death, I get sad.

Práctica

1

Seleccionar Selecciona la opción correcta para cada frase.

1. Siempre (se pone – se vuelve) nervioso cuando está frente a sus suegros.

2. Antes mi hijo era sumiso, pero con el tiempo (se puso – se volvió) muy rebelde.

3. Nunca (se pone – se vuelve) triste cuando está con su familia.

4. Después de quedarse viudo, (se puso – se volvió) un hombre solitario.

2

Completar Completa las oraciones utilizando la forma correcta de **volverse, llegar a ser, hacerse y ponerse.** Answers will vary.

1. Con los años, mi sobrino _____.

2. Tras la muerte de mi abuelo, sus pinturas _____.

3. Ángela antes era contadora, pero ahora _____.

4. Como no llegamos a tiempo con la entrega del proyecto, mi profesor _____.

5. A causa de problemas de salud, Eduardo _____.

6. Después de perder nuestro trabajo, nosotros _____.

7. Ana y Eva no se conocían antes del viaje. Desde entonces _____.

8. Cuando se casó su hija, Alberto _____.

3

Historias de familia Completa las oraciones con la forma correcta de las expresiones de la lista.

> deprimirse | hacerse | llegar a ser | ponerse | volverse

1. Mi prima y su vecina _se han hecho_ muy amigas.

2. Mi cuñado _ha llegado a ser_ el hombre más famoso de la ciudad.

3. Mi primo _se volvió_ loco después de ese viaje en el ascensor.

4. Mis sobrinas _se pusieron_ muy tristes al despedirse.

 **Presentation**

Qué vs. *cuál*

- The interrogative words **¿qué?** and **¿cuál(es)?** can both mean *what/which*, but they are not interchangeable.

- **Qué** is used to ask for general information, explanations, or definitions.

  ¿Qué es la lluvia ácida?
  What is acid rain?

  ¿Qué dijo?
  What did she say?

- **Cuál(es)** is used to ask for specific information or to choose from a limited set of possibilities. When referring to more than one item, the plural form **cuáles** is used.

  ¿Cuál es el problema?
  What is the problem?

  ¿Cuáles son tus animales favoritos?
  What are your favorite animals?

  ¿Cuál de los dos prefieres,
  el desierto o el bosque?
  *Which of these (two) do you
  prefer, the desert or the forest?*

  ¿Cuáles escogieron, los rojos o
  los azules?
  *Which ones did they choose,
  the red or the blue?*

- Often, either **qué** or **cuál(es)** may be used in the same sentence, but the meaning is different.

  ¿Qué quieres comer
  de postre?
  *What do you want to eat
  for dessert?*

  Tengo una manzana y una naranja.
  ¿Cuál quieres comer de postre?
  *I have an apple and an orange. Which
  one do you want to eat for dessert?*

- **Cuál(es)** is not used before nouns. **Qué** is used instead, regardless of the type of information requested.

  ¿Qué ideas tienen ustedes?
  What ideas do you have?

  ¿Peligro? ¿Qué peligro?
  Danger? What danger?

  ¿Qué regalo te gusta más?
  Which gift do you like better?

  ¿Qué libros leyeron este verano?
  Which books did you read this summer?

- **Qué** and **cuál(es)** are sometimes used in declarative sentences that imply a question or unknown information.

  No sé **qué** hacer.
  I don't know what to do.

  No sé **cuál** de los dos escoger.
  I don't know which of the two to choose.

  Elena quiere saber **qué** pasó ayer
  por la mañana.
  *Elena wants to know what
  happened yesterday morning.*

  Él me preguntó **cuál** de las dos
  películas prefería.
  *He asked me which of the two
  movies I preferred.*

- **Qué** is also used frequently in exclamations. In this case it means *What...!* or *How...!*

  Señor Acosta, **¡qué** gusto verlo de nuevo!
  Mr. Acosta, what a pleasure to see you again!

  Mira esa luna llena, **¡qué** bella!
  Look at that full moon. How beautiful!

  ¡Qué niño más irresponsable!
  What an irresponsible child!

  ¡Qué triste te ves!
  How sad you look!

Práctica

1 Elige Lee las preguntas y elige la opción correcta para cada una.

	¿Qué	¿Cuál	¿Cuáles	
1.	☐	☒	☐	... de los dos es tu conejo?
2.	☒	☐	☐	... tipo de ave te gusta más?
3.	☒	☐	☐	... es la deforestación?
4.	☐	☐	☒	... son los problemas que te preocupan más?
5.	☐	☒	☐	... es tu lugar favorito?
6.	☒	☐	☐	... parques están contaminados?
7.	☐	☐	☒	... usaron, las limpias o las contaminadas?

2 Completar Completa las preguntas con **¿qué?** o **¿cuál(es)?**, según el contexto.

1. ¿__Cuál__ de los dos paisajes es tu favorito?
2. ¿__Qué__ piensas del calentamiento global?
3. ¿__Cuáles__ son tus animales favoritos?
4. ¿__Qué__ haces para proteger el medio ambiente?
5. ¿__Qué__ problema ecológico es el más importante?
6. ¿__Cuáles__ son tus ovejas, las blancas o las negras?
7. ¿__Cuál__ es tu opinión sobre la deforestación de nuestros bosques?
8. ¿__Qué__ fuentes alternativas de energía usas?
9. ¿__Cuáles__ son las especies que están en peligro de extinción?

3 Preguntas Usa **¿qué?** o **¿cuál(es)?** para escribir la pregunta correspondiente a cada respuesta.

1. ¿Cuál es el animal que más te gusta?

   El animal que más me gusta es el león.

2. ¿Qué quieres hacer este fin de semana?

   Este fin de semana quiero disfrutar del mar y el sol.

3. ¿Cuáles son tus pasatiempos favoritos?

   Mis pasatiempos favoritos son nadar y salir con mis amigos.

4. ¿Qué opinas de la contaminación de los mares?

   Opino que la contaminación de los mares debe detenerse.

5. ¿Cuáles son las botellas que vamos/van a reciclar?

   Éstas son las botellas que vamos a reciclar.

6. ¿Cuál es el plato favorito de Rosa?

   El plato favorito de Rosa es el pollo con papas.

 Presentation

5.5

The neuter *lo*

- The definite articles **el, la, los,** and **las** modify masculine or feminine nouns. The neuter article **lo** is used to refer to concepts that have no gender.

Me están volviendo loco.
*¡Eso es **lo** que pasa!*

- In Spanish, the construction **lo** + [*masculine singular adjective*] is used to express general characteristics and abstract ideas. The English equivalent of this construction is *the* + [*adjective*] + *thing*.

   Lo difícil es promover el desarrollo económico sin contaminar.
   The difficult thing is to promote economic development without polluting.

   Este río está muy contaminado; **lo bueno** es que los vecinos
   se han organizado para limpiarlo bien y salvar los peces.
   This river is very polluted; the good thing is that the neighbors
   have organized themselves to clean it well and save the fish.

- To express the idea of *the most* or *the least,* **más** and **menos** can be added after **lo**.
   Lo mejor and **lo peor** mean *the best/worst* (*thing*).

   Para proteger el medio ambiente, **lo más importante** es conservar los recursos.
   To protect the environment, the most important thing is to conserve resources.

   ¡Aún no te he contado **lo peor** del viaje!
   I still haven't told you about the worst part of the trip!

- The construction **lo** + [*adjective* or *adverb*] + **que** is used to express the English *how* + [*adjective*]. In these cases, the adjective agrees in number and gender with the noun it modifies.

lo + [*adjective*] + **que**		**lo** + [*adverb*] + **que**

   ¿No te das cuenta de **lo bella que** eres?   Recuerda **lo bien que** te fue en su clase.
   Don't you realize how beautiful you are?   *Remember how well you did in his class.*

- **Lo que** is equivalent to the English *what, that, which.* It is used to refer to an abstract idea, or to a previously mentioned situation or concept.

   ¿Qué fue **lo que** más te gustó de tu viaje a Ecuador?
   What was the thing that you enjoyed most about your trip to Ecuador?

   Lo que más me gustó fue el paisaje.
   The thing I liked best was the scenery.

¡ATENCIÓN!

The phrase **lo** + [*adjective or adverb*] + **que** may be replaced by **qué** + [*adjective or adverb*].

No sabes *qué difícil* es hablar con él.
You don't know how difficult it is to talk to him.

Fíjense en *qué pronto* agotaremos los recursos.
Just think about how soon we'll use up our resources.

Práctica

1

Completar Completa las oraciones con **lo** o **lo que**.

1. Las grandes empresas no quieren aceptar ___lo que___ les piden los ecologistas.

2. ___Lo___ más peligroso es la destrucción de la capa de ozono.

3. ¿Me cuentas ___lo que___ se decidió en la reunión del grupo de conservación de parques?

4. ___Lo___ malo es que no se puede ver el paisaje desde aquí.

5. ___Lo que___ piden sus hijos es que deje de cazar animales.

6. ___Lo___ positivo del proyecto es que vamos a tener muchos más árboles en la ciudad.

7. ___Lo que___ me gusta de este lugar es que se respira aire puro.

2

Opiniones Combina las frases para formar oraciones que contengan la estructura **lo** + [*adjetivo/adverbio*] + **que**.

> **Modelo**   parecer mentira / qué poco te preocupas por el medio ambiente
> Parece mentira lo poco que te preocupas por el medio ambiente.

1. asombrarme / qué lejos está el centro de reciclaje

   Me asombra lo lejos que está el centro de reciclaje.

2. sorprenderme / qué obediente es tu gato

   Me sorprende lo obediente que es tu gato.

3. no poder creer / qué contaminado está el lago

   No puedo creer lo contaminado que está el lago.

4. ser increíble / qué bien se vive en este pueblo

   Es increíble lo bien que se vive en este pueblo.

5. ser una sorpresa / qué limpio conservan este bosque

   Es una sorpresa lo limpio que conservan este bosque.

3

La mascota Julián se va de vacaciones y le ha pedido a su amigo Sergio que cuide de su mascota (*pet*). Usa frases de la lista para completar las recomendaciones que le da Julián a Sergio.

lo contaminado que	lo mejor	lo potable
lo interesante que	lo peor	lo que más
lo más		lo rápido que

1. ___Lo que más___ le gusta es tomar el sol.

2. ___Lo más___ difícil es darle su ducha diaria.

3. Es increíble ___lo interesante que___ es vivir con él.

4. ___Lo mejor___ es cuando te trae el periódico por la mañana.

5. Ya verás ___lo rápido que___ se hacen amigos.

6. ___Lo peor___ es que lo voy a extrañar mucho.

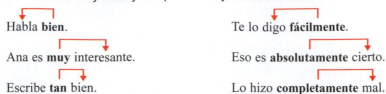

Presentation

6.4

Adverbs

● Adverbs (**adverbios**) describe *how, when,* and *where* actions take place. They usually follow the verbs they modify and precede adjectives or other adverbs.

Habla **bien**.

Ana es **muy** interesante.

Escribe **tan** bien.

Te lo digo **fácilmente**.

Eso es **absolutamente** cierto.

Lo hizo **completamente** mal.

● Many Spanish adverbs are formed by adding the suffix **–mente** to the feminine singular form of an adjective. The **–mente** ending is equivalent to the English *–ly.*

Adjective	Feminine form	Suffix	Adverb
básico	**básica**	**–mente**	**básicamente** *basically*
cuidadoso	**cuidadosa**	**–mente**	**cuidadosamente** *carefully*
enorme	**enorme**	**–mente**	**enormemente** *enormously*
hábil	**hábil**	**–mente**	**hábilmente** *cleverly; skillfully*

¡ATENCIÓN!

If an adjective has a written accent, it is kept when the suffix **–mente** is added. If an adjective does not have a written accent, no accent is added to the adverb ending in **–mente**.

● If two or more adverbs modify the same verb, only the final adverb uses the suffix **–mente**.

Se marchó **lenta** y **silenciosamente**.
He left slowly and silently.

Lo explicó **clara** y **cuidadosamente**.
She explained it clearly and carefully.

● The construction **con** + [*noun*] is often used instead of long adverbs that end in **–mente**.

cuidadosamente = con cuidado   **frecuentemente = con frecuencia**

● Here are some common adverbs and adverbial phrases:

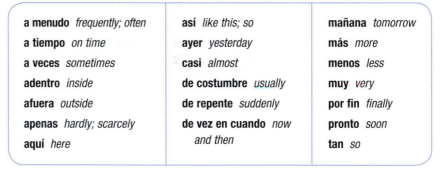

a menudo *frequently; often*	**así** *like this; so*	**mañana** *tomorrow*
a tiempo *on time*	**ayer** *yesterday*	**más** *more*
a veces *sometimes*	**casi** *almost*	**menos** *less*
adentro *inside*	**de costumbre** *usually*	**muy** *very*
afuera *outside*	**de repente** *suddenly*	**por fin** *finally*
apenas *hardly; scarcely*	**de vez en cuando** *now and then*	**pronto** *soon*
aquí *here*		**tan** *so*

A veces salimos a tomar un café.
Sometimes we go out for coffee.

Casi terminé el libro.
I almost finished the book.

● The adverbs **poco** and **bien** frequently modify adjectives. In these cases, **poco** is often the equivalent of the English prefix *un–*, while **bien** means *well, very, rather* or *quite.*

La situación está **poco** clara.
The situation is unclear.

El plan estuvo **bien** pensado.
The plan was well thought out.

¡ATENCIÓN!

Some adverbs and adjectives have the same forms.

ADJ: **bastante dinero**
enough money
ADV: **bastante difícil**
rather difficult

ADJ: **poco tiempo**
little time
ADV: **habla poco**
speaks very little

Práctica

1

Adverbios Escribe el adverbio que se deriva de cada adjetivo.

1. básico ___básicamente___

2. feliz ___felizmente___

3. fácil ___fácilmente___

4. inteligente ___inteligentemente___

5. alegre ___alegremente___

6. común ___comúnmente___

7. injusto ___injustamente___

8. asombroso ___asombrosamente___

9. insistente ___insistentemente___

10. silencioso ___silenciosamente___

2

Instrucciones para ser feliz Completa cada oración de forma lógica con un adverbio derivado de un adjetivo de la lista.

cuidadoso	frecuente	malo	triste
enorme	inmediato	tranquilo	último

1. Tienes que amar a tu pareja ___enormemente___.

2. Haz ejercicio ___frecuentemente___.

3. Debes gastar el dinero ___cuidadosamente___.

4. Si eres injusto/a con alguien, debes pedir perdón ___inmediatamente___.

5. Desayuna todas las mañanas ___tranquilamente___.

3

Recomendaciones Los padres de Mario y Paola salieron de viaje por dos semanas. Lee las recomendaciones que les dejaron a los chicos pegadas en el refrigerador. Completa los espacios con un adverbio o expresión adverbial de la lista.

a menudo	adentro	así	mañana
a tiempo	afuera	de vez en cuando	tan

Lunes, 19 de octubre

1. Pasar la aspiradora ___a menudo___. (¡Todos los días!)

2. Si llueve, poner los muebles del jardín ___adentro___.

3. Llegar a la escuela ___a tiempo___.

4. ___Mañana___, llevar a Botitas al veterinario para su cita.

5. Dejar que el gato juegue ___afuera___ si no llueve.

6. Sólo ir ___de vez en cuando___ al centro comercial.

6.5

 Presentation

Diminutives and augmentatives

- Diminutives and augmentatives (**diminutivos y aumentativos**) are frequently used in conversational Spanish. They emphasize size or express shades of meaning like affection or ridicule. Diminutives and augmentatives are formed by adding a suffix to the root of nouns or adjectives (which agree in gender and number), and occasionally adverbs.

- The most common diminutive suffixes are forms of **–ito/a** and **–illo/a**.

  Huguillo, ¿me traes un **cafecito** con unos **panecillos**?
  Little Hugo, would you bring me a little cup of coffee with a few rolls?

  Ahorita, abuelita, se los preparo **rapidito.**
  Right away, Granny, I'll have them ready in a jiffy.

- Most words form the diminutive by adding **–ito/a** or **–illo/a**. For words ending in vowels (except **–e**), the last vowel is dropped before the suffix.

bajo → baj**ito** *very short; very quietly*	ventana → ventan**illa** *little window*
Miguel → Miguel**ito** *Mikey*	campana → campan**illa** *handbell*

- Most words that end in **–e, –n,** or **–r** use the forms **–cito/a** or **–cillo/a**. However, one-syllable words often use **–ecito/a** or **–ecillo/a**.

Carmen → Carmen**cita** *little Carmen*	pan → pan**ecillo** *roll*
amor → amor**cito** *sweetheart*	pez → pec**ecito** *little fish*

- The most common augmentative suffixes are forms of **–ón/–ona, –ote/–ota,** and **–azo/–aza**.

  Hijo, ¿por qué tienes ese **chichonazo** en la cabeza?
  Son, how'd you get that huge bump on your head?

  Le dije *panzón* al **gordote** de la otra cuadra, ¡y me dio un **golpetazo**!
  I said Fatty *to the big fat guy from the next block, and he really socked me one!*

- Most words form the augmentative by simply adding the suffix to the word. For words ending in vowels, the final vowel is usually dropped.

hombre → hombr**ón** *big man; tough guy*	casa → cas**ona** *big house; mansion*
perro → perr**azo** *big, scary dog*	palabra → palabr**ota** *swear word*

- Note that many feminine nouns become masculine in the augmentative when the suffix **–ón** is used, unless they refer specifically to someone's gender.

la silla → el sill**ón** *armchair*	la mujer → la mujer**ona** *big woman*
la mancha → el manch**ón** *large stain*	la soltera → la solter**ona** *old maid*

- In regions where diminutives and augmentatives are used heavily in conversational Spanish, double endings are frequently used for additional emphasis.

chico/a → chiquito/a → chiquitito/a	grande → grandote/a → grandotote/a

- Some words change meaning completely when a suffix is added.

manzana → manzanilla		pera → perilla	
apple	camomile	pear	goatee

Práctica

1

La carta Completa el párrafo con la forma indicada de cada palabra. Haz los cambios que creas necesarios.

> Querido (1) __nietecito /nietito__ (nieto, –ito):
>
> Cuando yo era (2) ___pequeñito___ (pequeño, –ito) como tú, jugaba
> siempre en la calle. Mi (3) ___abuelita___ (abuela, –ita) me decía
> que no fuera con los (4) ___amigotes___ (amigos, –ote) de mi
> hermano porque ellos eran mayores que yo y eran (5) ___hombrones___
> (hombres, –ón). Yo, entonces, era muy (6) ___cabezón___ (cabeza,
> –ón) y nunca hacía lo que ella decía. Una tarde, estaba jugando
> al fútbol, y uno de ellos me dio un (7) ___rodillazo___ (rodilla, –azo)
> que me rompió la (8) ___narizota___ (nariz, –ota). Nunca más jugué
> con ellos y, desde entonces, sólo salí con mis (9) ___amiguitos___
> (amigos, –ito). Espero que me vengas a visitar (10) ___prontito___
> (pronto, –ito).
>
> Tu abuelo César

2

Completar Completa las oraciones con el aumentativo o el diminutivo que corresponda a la definición entre paréntesis.

1. ¿Por qué no les gusta a los profesores que los estudiantes digan ___palabrotas___ (palabras feas y desagradables)?

2. El ___perrito___ (perro pequeño) de mi novia es muy lindo y amistoso.

3. Ese abogado tiene una buena ___narizota___ (nariz grande) para adivinar los problemas de sus clientes.

4. Mis abuelos viven en una ___casona___ (casa grande) muy vieja.

5. La cantante Samantha siempre lleva una ___florecita___ (flor pequeña) en el cabello.

6. El presidente del partido tiene una excelente ___cabezota___ (cabeza grande) para memorizar sus discursos.

7. A mi ___hermanita___ (hermana menor) le fascina ir a la playa y hacer excursiones en el campo.

3

¿Qué palabra es? Combina las palabras para formar diminutivos y aumentativos.

1. muy grande ___grandote/a___
2. lago pequeño ___laguito___
3. cuarto grande y amplio ___cuartote___
4. sillas para niños ___sillitas___
5. libro grande y grueso ___librote___
6. gato bebé ___gatito___
7. hombre alto y fuerte ___hombrón___
8. muy cerca ___cerquita___
9. abuelo querido ___abuelito___
10. soldados de juguete ___soldaditos___

 Presentation

The present perfect

*Siempre **hemos tenido** un carro rojo.*

- In Spanish, as in English, the present perfect tense (**el pretérito perfecto**) expresses what *has happened*. It generally refers to recently completed actions or to a past that still bears relevance in the present.

  La gerente **ha cambiado** mi horario de trabajo dos veces este mes.
  The manager has changed my work schedule twice this month.

  Josefina se jubiló el año pasado, pero aún no **ha decidido** qué va a hacer.
  Josefina retired last year, but she still hasn't decided what she is going to do.

- Form the present perfect with the present tense of the verb **haber** and a past participle. Regular past participles are formed by adding **–ado** to the stem of **–ar** verbs, and **–ido** to the stem of **–er** and **–ir** verbs.

The present perfect		
comprar	beber	recibir
he comprado	he bebido	he recibido
has comprado	has bebido	has recibido
ha comprado	ha bebido	ha recibido
hemos comprado	hemos bebido	hemos recibido
habéis comprado	habéis bebido	habéis recibido
han comprado	han bebido	han recibido

- Note that past participles do not change form in the present perfect tense.

  No **he recibido** la tarjeta de débito. Mis hijos no **han recibido** las suyas tampoco.
  I haven't received the debit card. My children haven't received theirs, either.

  No se la **hemos mandado** porque el contador no **ha mandado** el correo todavía.
  We haven't sent it to you because the accountant hasn't sent the mail yet.

- To express that something *has just happened*, use **acabar de** + [*infinitive*], not the present perfect.

  Le **acabamos de ofrecer** el puesto.
  We have just offered him/her the position.

TALLER DE CONSULTA

When used as adjectives (**la puerta** *abierta*, **los documentos** *escritos*), past participles must agree in number and gender with the noun or pronoun they modify. See this **Manual de gramática, p. 284.**

While English speakers often use the present perfect to express actions that *continue* into the present time, Spanish uses the phrase **hace** + [*period of time*] + **que** + [*present tense*]. See this **Manual de gramática, p. 278.**

- When the stem of an **–er** or **–ir** verb ends in **a, e,** or **o**, the past participle requires a written accent (**–ído**) to maintain the correct stress. No accent mark is needed for stems ending in **u**.

ca-er → ca**í**do   le-er → le**í**do

o-**í**r → o**í**do   constru-ir → constru**i**do

Hemos leído toda la tarde en el parque.

- Several verbs have irregular past participles.

abrir	abierto	morir	muerto
cubrir	cubierto	poner	puesto
decir	dicho	resolver	resuelto
descubrir	descubierto	romper	roto
escribir	escrito	ver	visto
hacer	hecho	volver	vuelto

He escrito varias veces al gerente. ¿Por qué no me **ha abierto** la cuenta?
I have written the manager several times. Why hasn't he opened the account for me?

Hablé con el gerente y ya **hemos resuelto** el problema.
I spoke with the manager, and we have already resolved the problem.

- In the present perfect, pronouns and the word **no** precede the verb **haber**.

¿Por qué **no has depositado** más dinero en tu cuenta de ahorros?
Why haven't you deposited more money in your savings account?

Porque ya **lo he invertido** en la bolsa de valores.
Because I have already invested it in the stock market.

*Desde ese día **no nos hemos vuelto** a ver.*

Point out that whereas in English adverbs are frequently placed between the auxiliary verb and the past participle, in Spanish they are placed either before **haber** or after the participle. Ex:
**Ya ha llegado./
Ha llegado ya.**
She has already arrived.

Práctica

1 Ask volunteers to identify the irregular past participles.

1

Mentiras Completa el diálogo con las formas del pretérito perfecto de los verbos entre paréntesis.

DIRECTORA ¿Dónde (1) __has estado__ (estar) tú toda la mañana y qué (2) __has hecho__ (hacer) con mi computadora portátil?

SECRETARIO Ay, (yo) (3) __he tenido__ (tener) la peor mañana de mi vida... Resulta que ayer fui a cinco bancos con su computadora portátil y creo que la olvidé en alguna parte.

DIRECTORA Me estás mintiendo, en realidad la (4) __has roto__ (romper), ¿no?

SECRETARIO No, no la (5) __he roto__ (romper); la (6) __he perdido__ (perder). Por eso esta mañana (7) __he vuelto__ (volver) a todos los bancos y le (8) __he preguntado__ (preguntar) a todo el mundo si la (9) __ha visto__ (ver).

DIRECTORA ¿Y?

SECRETARIO Todos los gerentes me (10) __han dicho__ (decir) que vuelva mañana.

2

Completar Escribe oraciones completas usando los elementos dados. Cambia los verbos a pretérito perfecto.

1. Carlos / decirle / la verdad a su novia

   Carlos le ha dicho la verdad a su novia.

2. ustedes / encontrar / la solución al problema

   Ustedes han encontrado la solución al problema.

3. nosotros / escribirles / postales a nuestros amigos

   Nosotros les hemos escrito postales a nuestros amigos.

4. mis padres / oír / las noticias

   Mis padres han oído las noticias.

5. tú / abrir / la puerta de la casa

   Tú has abierto la puerta de la casa.

6. yo / poner / la mesa

   Yo he puesto la mesa.

3 Ask students to add three items to the list, then have them circulate around the classroom, carrying out the activity as a survey. Remind them to use complete sentences in their responses. Call on volunteers to share their results with the class.

3

¿Qué has hecho? Escribe una oración indicando si has hecho o no cada actividad. Si no la has hecho, añade más información.

Modelo **ir a Bolivia**

No he ido a Bolivia, pero he viajado a Paraguay.

3 Have students survey each other, asking: **¿Qué has hecho hoy?** Model the response by describing things you have done and writing them on the board. Ex: **He tomado tres tazas de café. He corregido los exámenes de ayer.**

1. viajar a un país hispanohablante
2. ganar la lotería
3. estar bajo presión
4. estar en bancarrota
5. comer caracoles (*snails*)
6. ahorrar diez mil dólares
7. conocer al presidente del país
8. estar despierto/a por más de dos días
9. tener una entrevista de trabajo
10. enfermarse durante unas vacaciones

4 **Empleo** Juan Carlos le cuenta a su amigo Marcos todo lo que ha hecho hasta ahora para buscar un empleo como programador. Pon en orden cronológico lo que ha hecho y luego escribe lo que Juan Carlos le cuenta a Marcos utilizando el pretérito perfecto.

Modelo Primero he...

3, 2 a. leer los anuncios del diario	**4** d. enviar el currículum vitae
6 b. entrevistarme con el gerente	**5** e. planear una entrevista con el gerente
2, 3 c. escribir un currículum vitae (*résumé*)	**1** f. estudiar programas de computación en la universidad

5 **Lo que han hecho** Escribe oraciones con información real sobre las experiencias de los sujetos de la izquierda en cada una de las categorías de la derecha. Sigue el modelo.

Modelo **yo / los parques nacionales**
He visitado el Parque Nacional Madidi./
No he visitado el Parque Nacional Madidi.

- mis padres
- mi mejor amigo/a
- las personas famosas
- el gobierno
- mis hermanos/as y yo
- el rector de mi universidad
- yo

- otros países
- los deportes
- los idiomas extranjeros
- las compras
- la comida
- los empleos
- el cine

Nota CULTURAL

El **Parque Nacional Madidi** de Bolivia, ubicado en la cordillera de **los Andes**, cuenta con uno de los ecosistemas mejor preservados de **Suramérica**. En sus 1,8 millones de hectáreas (4,4 millones de acres) viven más especies protegidas que en cualquier otro parque en el mundo.

6 **Carta** Imagina que estás de vacaciones en Bolivia. Escribe una carta contándole a un(a) amigo/a qué actividades has realizado hasta ahora de acuerdo a los dibujos. Usa el pretérito perfecto y ¡sé creativo/a!

Presentation

The present perfect subjunctive

*¡Espero que **hayas recordado** lavar la ropa!*

TALLER DE CONSULTA

To review the present and past subjunctive, see **3.1, pp. 96–98; 4.1, pp. 136–137; 6.1, pp. 212–213**; and **6.2, pp. 216–217**.

Point out that all perfect tenses are formed with the verb **haber** (*to have*) and a past participle.

- The present perfect subjunctive (**el pretérito perfecto del subjuntivo**) is formed with the present subjunctive of **haber** and a past participle.

The present perfect subjunctive		
cerrar	perder	asistir
haya cerrado	haya perdido	haya asistido
hayas cerrado	hayas perdido	hayas asistido
haya cerrado	haya perdido	haya asistido
hayamos cerrado	hayamos perdido	hayamos asistido
hayáis cerrado	hayáis perdido	hayáis asistido
hayan cerrado	hayan perdido	hayan asistido

Review uses of the subjunctive and verbs that convey will, emotion, doubt, or uncertainty. Ex: **querer, alegrarse, dudar**, and so on.

- The present perfect subjunctive is used to refer to recently completed actions or past actions that still bear relevance in the present. It is used mainly in the subordinate clause of a sentence whose main clause expresses will, emotion, doubt, or uncertainty.

Present perfect indicative	**Present perfect subjunctive**
Luis **ha dejado** de usar su tarjeta de crédito.	No creo que Luis **haya dejado** de usar su tarjeta de crédito.
Luis has stopped using his credit card.	*I don't think Luis has stopped using his credit card.*

- Note the different contexts in which you must use the subjunctive tenses you have learned so far.

Present subjunctive	**Present perfect subjunctive**	**Past subjunctive**
Las empresas multinacionales **buscan** empleados que **hablen** varios idiomas.	**Prefieren** contratar a los que **hayan viajado** al extranjero.	Antes, casi todas **insistían** en que los solicitantes **tuvieran** cinco años de experiencia.
Multinational companies are looking for employees who speak several languages.	*They prefer to hire those who have traveled abroad.*	*In the past, almost all of them insisted that applicants have five years of experience.*

¡ATENCIÓN!

In a multiple-clause sentence, the choice of tense for the verb in the subjunctive depends on *when* the action takes place in each clause. The present perfect subjunctive is used primarily when the action of the main clause is in the present tense, but the action in the subordinate clause is in the past.

Práctica

1 **Preferencias** Anita es una chica muy particular. Lee sus preferencias y complétalas usando el verbo correcto de la lista en pretérito perfecto del subjuntivo.

estudiar	preocuparse	resolver	ser
luchar	publicar	respetar	vivir

1. Busco una compañera de cuarto que ___haya vivido___ en el extranjero.

2. Prefiero salir con chicos que ___hayan estudiado___ arquitectura o filosofía.

3. Necesito un abogado que ___haya sido___ activista en sus años de juventud.

4. Quiero viajar a países cuyos gobiernos siempre ___hayan respetado___ los derechos humanos de los ciudadanos.

5. Me interesa conocer a una persona que ___haya publicado___ varios libros.

6. Deseo compartir mis ideas con personas que ___hayan luchado___ por la paz internacional.

7. Quiero vivir en una ciudad que ___haya resuelto___ los problemas de contaminación.

8. Quiero un gobierno que ___se haya preocupado___ por proteger el medio ambiente.

2 **Seleccionar** Elige la opción correcta.

1. Es imposible que el nivel de desempleo (ha/**haya**) subido.

2. Prefieren contratar a un empleado que (ha/**haya**) trabajado en una empresa multinacional.

3. Estoy casi seguro de que el nuevo gerente se (**ha**/haya) aprendido todos nuestros nombres.

4. Busco al joven que (**ha**/haya) solicitado empleo en el Museo del Barro.

5. No creo que declarar la bancarrota (ha/**haya**) sido la mejor opción.

3 **Mentirosa** Tu amiga Isabel te ha llamado para contarte todos sus éxitos en España. Contesta diciéndole que no crees nada de lo que te dice. Usa el pretérito perfecto del subjuntivo y los verbos y expresiones de la lista.

No creo	Es imposible	No es cierto
Dudo	Es improbable	No es probable

Isabel	Tú
1. He ido de compras con Leticia Ortiz, la futura reina de España.	1. _____
2. Mi jefe me ha aumentado el sueldo un cien por ciento.	2. _____
3. Mi compañía me ha declarado la mejor empleada del año.	3. _____
4. El rey Juan Carlos ha visitado la oficina donde trabajo.	4. _____
5. El gerente me ha pedido que me quede en España para siempre.	5. _____

 Presentation

The past perfect

- The past perfect tense (**el pluscuamperfecto**) is formed with the imperfect of **haber** and a past participle. As with other perfect tenses, the past participle does not change form.

The past perfect		
viajar	perder	incluir
había viajado	había perdido	había incluido
habías viajado	habías perdido	habías incluido
había viajado	había perdido	había incluido
habíamos viajado	habíamos perdido	habíamos incluido
habíais viajado	habíais perdido	habíais incluido
habían viajado	habían perdido	habían incluido

- In Spanish, as in English, the past perfect expresses what someone *had done* or what *had occurred* before another action or condition in the past.

Decidí comprar una cámara digital nueva porque la vieja se me **había roto** varias veces.
I decided to buy a new digital camera because the old one had broken several times.

Cuando por fin les dieron la patente, otros ingenieros ya **habían inventado** una tecnología mejor.
When they were finally given the patent, other engineers had already invented a better technology.

- **Antes, aún, nunca, todavía,** and **ya** are often used with the past perfect to indicate that one past action occurred before another. Note that these adverbs, as well as pronouns and the word **no,** may not come between **haber** and the past participle.

*Cuando Alina llegó a la estación, el tren **ya** se **había ido**.*

Cuando apagué la computadora, **aún no había guardado** el documento. ¡Lo perdí!
When I shut off the computer, I hadn't yet saved the document. I lost it!

Ya me **había explicado** la teoría, pero no la entendí hasta que vi el experimento.
He had already explained the theory to me, but I didn't understand it until I saw the experiment.

Nunca había visto una estrella fugaz tan luminosa **antes.**
I had never seen such a bright shooting star before.

Los ovnis **todavía no habían aterrizado,** pero los terrícolas ya estaban corriendo.
The UFOs hadn't yet landed, but the Earthlings were already running.

¡ATENCIÓN!

Note that in English, an adverb may come between the verb *to have* and a past participle. This is not the case in Spanish.

Los humanos ya habían llegado a la Luna cuando mandaron una nave a Júpiter.
Humans had already reached the Moon when they sent a spacecraft to Jupiter.

Draw a time line on the board to compare and contrast the preterite, present perfect, and past perfect tenses.

Práctica

1 **Completar** Jorge Báez, un médico dedicado a la genética, ha recibido un premio por su trabajo. Completa su discurso de agradecimiento con el pluscuamperfecto.

Muchas gracias por este premio. Recuerdo que antes de cumplir doce años ya (1) _había decidido_ (decidir) ser médico. A esa edad, mi madre ya me (2) _había llevado_ (llevar) al hospital donde ella trabajaba y recuerdo que la primera vez me (3) _habían fascinado_ (fascinar) los médicos vestidos de blanco. Luego, cuando cumplí veintiséis años, ya me (4) _había pasado_ (pasar) tres años estudiando las propiedades de los genes humanos, en especial desde que (5) _había visto_ (ver) un programa en la televisión sobre la clonación. Cuando terminé mis estudios de postgrado, ya se (6) _habían hecho_ (hacer) grandes adelantos científicos…

2 **Explicación** Reescribe las oraciones usando el pluscuamperfecto.

> **Modelo** Me duché a las 7:00. Antes de ducharme hablé con mi hermano.
> Ya había hablado con mi hermano antes de ducharme.

1. Salí de casa a las 8:00. Antes de salir de casa miré mi correo electrónico.
   Ya había mirado mi correo electrónico antes de salir de casa.
2. Llegué a la oficina a las 8:30. Antes de llegar a la oficina tomé un café.
   Ya había tomado un café antes de llegar a la oficina.
3. Se apagó la computadora a las 10:00. Guardé los documentos a las 9:55.
   Ya había guardado los documentos cuando se apagó la computadora.
4. Fui a tomar un café. Antes, comprobé que todo estaba bien.
   Ya había comprobado que todo estaba bien cuando fui a tomar un café.

3 **Informe** Eres policía y debes preparar un informe sobre este accidente. Inventa una historia sobre lo que había ocurrido en las vidas de los personajes dos horas antes, dos minutos antes y dos segundos antes del accidente. Usa el pluscuamperfecto y las expresiones de la lista.

atravesarse	doblar en la esquina	revisar el auto
acabar de conseguir la licencia	escuchar radio	tener prisa
discutir	poner gasolina	no ver

> **Modelo** He concluido las investigaciones del accidente. Linda ya había doblado en la esquina cuando...

3 To reinforce the difference between present perfect and past perfect, ask students to use at least two examples of each in their reports.

 Presentation

The passive voice

*Este viernes, los ganadores del concurso **serán escogidos** por un jurado muy calificado.*

TALLER DE CONSULTA

Passive statements may also be expressed with the passive **se**. See **p. 270**.

- In the active voice (**la voz activa**), a person or thing (agent) performs an action on an object (recipient). The agent is emphasized as the subject of the sentence. Statements in the active voice usually follow the pattern [*agent*] + [*verb*] + [*recipient*].

AGENT = SUBJECT	VERB	RECIPIENT
El policía	**vigila**	**la frontera.**
The police officer	*guards*	*the border.*
El departamento de inmigración	**ha detenido**	**a diez personas.**
The department of immigration	*has detained*	*ten people.*

Remind students that, in Spanish, the subject may be placed after the verb. Ex: **Carlos lo hizo./Lo hizo Carlos.** Both variations use the active voice and should not be confused with passive constructions. Ex: **Fue hecho por Carlos.**

- In the passive voice (**la voz pasiva**), the recipient of the action becomes the subject of the sentence. Passive statements emphasize the thing that was done or the person that was acted upon. They follow the pattern [*recipient*] + **ser** + [*past participle*] + **por** + [*agent*].

RECIPIENT = SUBJECT	SER + PAST PARTICIPLE	POR + AGENT
La frontera	**es vigilada**	**por el policía.**
The border	*is guarded*	*by the police officer.*
Diez personas	**han sido detenidas**	**por el departamento de inmigración.**
Ten people	*have been detained*	*by the department of immigration.*

- Note that singular forms of **ser** (**es, ha sido, fue,** etc.) are used with singular recipients, and plural forms (**son, han sido, fueron,** etc.) are used with plural recipients.

Clarify that while **ser** may be used in any tense, the passive voice is most commonly used to refer to past actions. Also point out that passive constructions are not as commonly used in Spanish as they are in English.

> La manifestación **es organizada** por un grupo de activistas.
> *The demonstration is organized by a group of activists.*

> Los dos candidatos **fueron rechazados** por el comité.
> *The two candidates were rejected by the committee.*

- In addition, the past participle must agree in number and gender with the recipient(s).

> La **disminución** de empleos fue **prevista** por el Secretario de Economía.
> *The decline in jobs was predicted by the Treasury Secretary.*

> Los **problemas** han sido **resueltos** por el jefe.
> *The problems have been resolved by the boss.*

- Note that **por** + [*agent*] may be omitted if the agent is unknown or not specified.

> Las metas fueron alcanzadas.
> *The goals were reached.*

> El maltrato no ha sido eliminado.
> *Abuse has not been eradicated.*

Práctica

1

Cambio de país Completa las oraciones en voz pasiva con la forma adecuada del participio pasado.

1. Una fiesta fue ___organizada___ (organizar) por sus familiares para despedir a la familia Villar.

2. En el aeropuerto, sus pasaportes y visas fueron ___revisados___ (revisar) por los agentes de aduana.

3. Su equipaje fue ___examinado___ (examinar) antes de subir al avión.

4. Ya en los Estados Unidos, los jóvenes de la familia fueron ___admitidos___ (admitir) en las escuelas de la comunidad.

5. Los hijos de los Villar ya no son ___considerados___ (considerar) extranjeros.

6. Cuando volvieron a visitar Argentina, los Villar fueron ___recibidos___ (recibir) en el aeropuerto por todos sus familiares.

2

El artículo Lee las notas que tomó una periodista sobre un caso de robo y escribe el artículo utilizando la voz pasiva.

Modelo Hace 25 años fue asaltado el Museo de Bellas Artes...

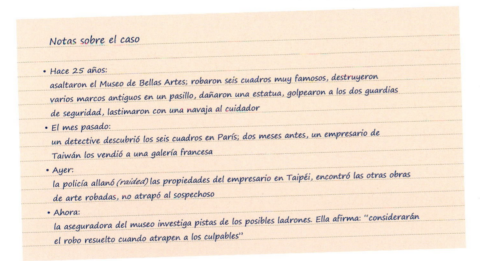

Notas sobre el caso

- Hace 25 años:
  asaltaron el Museo de Bellas Artes; robaron seis cuadros muy famosos, destruyeron varios marcos antiguos en un pasillo, dañaron una estatua, golpearon a los dos guardias de seguridad, lastimaron con una navaja al cuidador

- El mes pasado:
  un detective descubrió los seis cuadros en París; dos meses antes, un empresario de Taiwán los vendió a una galería francesa

- Ayer:
  la policía allanó (raided) las propiedades del empresario en Taipéi, encontró las otras obras de arte robadas, no atrapó al sospechoso

- Ahora:
  la aseguradora del museo investiga pistas de los posibles ladrones. Ella afirma: "considerarán el robo resuelto cuando atrapen a los culpables"

3

Titulares Elige uno de los siguientes titulares y escribe un breve artículo para el periódico de tu universidad. Utilizando la voz pasiva y las palabras de la lista, explica dónde y cómo fue el evento, quiénes participaron y qué consecuencias tuvo.

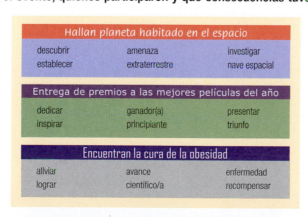

Hallan planeta habitado en el espacio		
descubrir	amenaza	investigar
establecer	extraterrestre	nave espacial

Entrega de premios a las mejores películas del año		
dedicar	ganador(a)	presentar
inspirar	principiante	triunfo

Encuentran la cura de la obesidad		
aliviar	avance	enfermedad
lograr	científico/a	recompensar

1 Have students change the sentences from passive to active voice.

2 Point out that the events in this activity are based on a true story.

2 Ask a volunteer to model the first sentence. Sample answer: **Hace veinticinco años fue asaltado el Museo de Bellas Artes. Seis cuadros muy famosos fueron robados, varios marcos antiguos fueron destruidos en un pasillo y una estatua resultó dañada. Dos guardias de seguridad fueron golpeados y un cuidador fue lastimado con una navaja. El mes pasado, los seis cuadros han sido descubiertos por un detective en París. Los cuadros habían sido vendidos a una galería francesa dos meses antes por un empresario de Taiwán. Ayer las propiedades del empresario en Taipéi fueron allanadas por la policía. Las otras obras de arte robadas fueron encontradas, pero el sospechoso no fue atrapado. Ahora las pistas de los posibles ladrones son investigadas por la aseguradora del museo. Ella afirma que el robo será considerado resuelto cuando los culpables sean atrapados.**

 **Presentation**

Uses of *se*

The passive *se*

- In Spanish, the pronoun **se** is often used to express the passive voice when the agent performing the action is not stated. The third person singular verb form is used with singular nouns, and the third person plural form is used with plural nouns.

> **Se subirán** los impuestos a final de año.
> *Taxes will be raised at the end of the year.*

> **Se necesita** un cajero automático en este edificio.
> *An ATM is needed in this building.*

*En esta tienda no **se aceptan** cheques.*

- When the passive **se** refers to a specific person or persons, the personal **a** is used and the verb is always singular.

> **Se despidió al** vendedor por llegar tarde.
> *The salesperson was fired for being late.*

> **Se informó a** los dueños sobre los cambios en el presupuesto.
> *The owners were informed of the budget changes.*

The impersonal *se*

- **Se** is also used with third person singular verbs in impersonal constructions where the subject of the sentence is indefinite. In English, the words *one, people, we, you,* or *they* are often used for this purpose.

> **Se habla** mucho de la crisis.
> *People are talking about the crisis a lot.*

> **Se dice** que es mejor prestar que pedir prestado.
> *They say it is better to lend than to borrow.*

> ¿**Se puede** vivir sin dinero?
> *Can one live without money?*

> No **se debe** invertir todo en la bolsa de valores.
> *You shouldn't invest everything in the stock market.*

- Constructions with the impersonal **se** are often used on signs and warnings.

> **Se habla** español.
> *We speak Spanish.*

> **Se busca** camarero.
> *Waiter wanted.*

> **Se alquilan** apartamentos.
> *Apartments for rent.*

> **No se aceptan** tarjetas de crédito.
> *We don't accept credit cards.*

TALLER DE CONSULTA

In passive constructions, the object of a verb becomes the subject of the sentence.

Active: **La compañía necesita más fondos.** *The company needs more funds.*
Passive: **Se necesitan más fondos.** *More funds are needed.*

For more on the passive voice, see this **Manual de gramática, p. 268.**

Use the photo caption to point out the difference between passive constructions (**se compulsan, se sellan**) and reflexive verbs (**se van**).

Demonstrate the prolific use of the impersonal **se** in everyday life. Ex: **Se prohíbe fumar./ Se dan clases de español./ No se puede entrar.**

Se to express unexpected events

*A mis amigos **se les ocurrió** hacerme una fiesta sorpresa de cumpleaños.*

- **Se** is also used in statements that describe accidental or unplanned incidents. In this construction, the agent who performs the action is de-emphasized, implying that the incident is not his or her direct responsibility.

	INDIRECT OBJECT PRONOUN	VERB	SUBJECT
Se	**me**	**perdió**	**el reloj.**

- In this construction, the person(s) to whom the event happened is/are expressed as an indirect object. What would normally be the direct object of the English sentence becomes the subject of the Spanish sentence.

	INDIRECT OBJECT PRONOUN	VERB	SUBJECT
	me	**acabó**	**el dinero.**
	te	**cayeron**	**las gafas.**
Se	**le**	**ocurrió**	**una buena idea.**
	nos	**dañó**	**la radio.**
	os	**olvidaron**	**las llaves.**
	les	**perdió**	**el documento.**

- These verbs are frequently used with **se** to describe unplanned events.

acabar *to finish, to run out*	**olvidar** *to forget*
caer *to fall, to drop*	**perder** (e:ie) *to lose*
dañar *to damage, to break*	**quedar** *to leave behind*
ocurrir *to occur*	**romper** *to break*

Se me quedó la tarjeta de crédito en el almacén.
I left my credit card at the store.

Se nos dañó la computadora en la reunión con los ejecutivos.
Our computer broke at the meeting with the executives.

- To clarify or emphasize the person(s) to whom the unexpected occurrence happened, the construction sometimes begins with **a** + [*noun*] or **a** + [*prepositional pronoun*].

A María siempre se le olvida pagar los impuestos.
María always forgets to pay her taxes.

A mí se me cayeron todos los documentos en medio de la calle.
I dropped all the documents in the middle of the street.

Point out to students that this list includes only the most common verbs that lend themselves to this construction. Many other Spanish verbs can be used this way. Ex: **Se nos dificultó el día./ Se le complicaron los planes.**

Point out that while **caer** means *to fall*, Spanish has no exact translation for *to drop*. Ex: *I dropped it*. **Se me cayó./Lo dejé caer.**

Práctica

1 Point out that one of the items in Column B will not be used.

1

Unir Une las frases de la columna A con las frases correspondientes de la columna B.

A   **B**

___d___ 1. A la empresa   a. se les pagó el sueldo mínimo.

___a___ 2. A los empleados   b. se le dio un aumento.

___f___ 3. A mí   c. se nos depositó el sueldo en la cuenta.

___c___ 4. A nosotros   d. se le exigió pagar más impuestos.

___e___ 5. A ti   e. se te olvidó pagar la tarjeta de crédito.

                                          f. se me dañó la computadora.

2

Completar La empresa para la que trabajas ha cambiado algunas reglas. Complétalas con frases impersonales con **se**.

Las nuevas reglas de la oficina son:

1. ___Se trabaja___ (trabajar) de ocho a seis.

2. No ___se debe___ (deber) comer en las oficinas.

3. ___Se prohíben___ (prohibir) los teléfonos celulares.

4. ___Se tienen___ (tener) sólo veinte minutos para almorzar.

5. No ___se permiten___ (permitir) las llamadas telefónicas personales.

6. ___Se prohíbe___ (prohibir) escuchar la radio en la oficina.

3 For Part B, have students write a brief paragraph entitled **Un día terrible**. Remind them to use sentences like the ones in Part A and encourage them to be creative.

3

Accidentes

A. Describe qué sucedió en cada situación. Usa **se** y el verbo entre paréntesis. Answers may vary slightly.

> **Modelo**   **No encuentro las llaves por ningún lado. (perder)**
> Se me perdieron las llaves.

1. Dejamos el presupuesto en la oficina. (olvidar) Se nos olvidó el presupuesto.

2. Un virus atacó la computadora que compré hace poco. (dañar) Se me dañó la computadora.

3. Después de pagar todas las deudas, Julián y Pati no tenían más dinero en la cuenta. (acabar) Se les acabó el dinero.

4. Tienes varias ideas buenas para luchar contra la pobreza. (ocurrir) Se te ocurrieron varias ideas buenas.

5. Tony no recuerda dónde puso las solicitudes (*applications*) que llevaba para las entrevistas. (perder) Se le perdieron las solicitudes.

6. Iba con demasiada prisa y tropecé (*tripped*). Ahora los papeles están por todo el suelo. (caer) Se me cayeron los papeles.

7. No pensamos que las copas de cristal estuvieran en peligro en el nuevo lavaplatos. (romper) Se nos rompieron las copas de cristal.

8. Carlos y Emilia dijeron que traerían las fotos de sus últimas vacaciones, pero no las tienen. (olvidar) Se les olvidaron las fotos.

B. Usando las oraciones anteriores como modelo, describe tres situaciones que te hayan pasado a ti o a alguien que conoces.

4

La escuela Marcos y Marta son estudiantes y les cuentan a sus padres qué se hace en la escuela. Describe lo que se hace usando el **se** impersonal y las notas de Marcos y Marta.

Aprender a...   Hablar con...

Comer en...   Jugar...

Estudiar...   Usar...

Hacer...   Practicar...

Compartir...   Escribir...

4 Bring in a map of your campus and ask: **¿Qué se hace en...?**, pointing to different buildings or areas. Ex: **¿Qué se hace en Weston Hall? Se estudian lenguas romances.**

5

Oraciones Imagina que eres dueño de una empresa y vas a hablar con tus empleados sobre algunas decisiones que se han tomado. Forma oraciones con los elementos de la lista e inventa otros.

se contratarán	el dinero
se exige	dos ingenieros/as
no se puede	mientras usan la computadora
se decidió	nuevos/as empleados/as
se despidió	para el puesto
se entrevistaron	para los sueldos
se me acabó	perezosos/as
se premiará	tres estudiantes

5 Model the activity by asking volunteers to form some sentences as examples.

6

Carteles Imagina dónde se encuentra cada cartel y qué actividades se hacen allí. Escribe oraciones usando **se**.

Modelo   La biblioteca
Se prestan libros. Se estudia y se consultan diccionarios. Se pide y se da información para hacer investigaciones.

Se prohíbe hablar.

Se venden insectos.

Se leen las manos.

Se necesitan estudiantes de español.

Sólo se habla guaraní.

6 Ask students to identify people, places, and circumstances connected with each poster before they begin.

Presentation

Si clauses

- **Si** (*if*) clauses express a condition or event upon which another condition or event depends. Sentences with **si** clauses are often hypothetical statements. They contain a subordinate clause (**si** clause) and a main clause (result clause).

TALLER DE CONSULTA

For other transitional expressions that express cause and effect, see this **Manual de gramática, p. 280**.

Si el proyecto es rentable, seguramente lo aprobarán.

- The **si** clause may be the first or second clause in a sentence. Note that a comma is used only when the **si** clause comes first.

> **Si** tienes tiempo, ven con nosotros al parque de atracciones.
> *If you have time, come with us to the amusement park.*

> Iré con ustedes **si** no tengo que trabajar.
> *I'll go with you if I don't have to work.*

¡ATENCIÓN!

Si (*if*) does not carry a written accent. However, **sí** (*yes*) does carry a written accent.

Si puedes, ven.
Come if you can.

Sí, puedo.
Yes, I can.

Hypothetical statements about possible events

- In hypothetical statements about conditions or events that are possible or likely to occur, the **si** clause uses the present indicative. The main clause may use the present indicative, the future indicative, **ir a** + [*infinitive*], or a command.

Si clause: Present indicative		Main clause
Si usted no **juega** a la lotería, *If you don't play the lottery,*	PRESENT TENSE	no **puede** ganar. *you can't win.*
Si Gisela **está** dispuesta a hacer cola, *If Gisela is willing to wait in line,*	FUTURE TENSE	**conseguirá** entradas, seguro. *she'll definitely get tickets.*
Si marcan un solo gol más, *If they score just one more goal,*	IR A + [INFINITIVE]	**van a ganar** el partido. *they are going to win the game.*
Si sales temprano del trabajo, *If you finish work early,*	COMMAND	**vámonos** a un concierto. *let's go to a concert.*

Hypothetical statements about improbable situations

- In hypothetical statements about current conditions or events that are improbable or contrary-to-fact, the **si** clause uses the past subjunctive. The main clause uses the conditional.

Si clause: Past subjunctive	Main clause: Conditional
Si tuviéramos boletos, *If we had tickets,*	**iríamos** al concierto. *we would go to the concert.*
Si no **estuviera** tan cansada, *If I weren't so tired,*	**saldría** a cenar contigo. *I'd go out to dinner with you.*

Hypothetical statements about the past

- In hypothetical statements about contrary-to-fact situations in the past, the **si** clause describes what *would have happened* if another event or condition *had occurred*. The **si** clause uses the past perfect subjunctive. The main clause uses the conditional perfect.

Si clause: Past perfect subjunctive	Main clause: Conditional perfect
Si no me **hubiera lastimado** el pie, *If I hadn't injured my foot,*	**habría ganado** la carrera. *I would have won the race.*
Si me **hubieras llamado** antes, *If you had called me sooner,*	**habríamos podido** reunirnos. *we would have been able to get together.*

Habitual conditions and actions in the past

- In statements that express habitual past actions that are not contrary-to-fact, both the **si** clause and the main clause use the imperfect.

Begin several sentences with **si** clauses and call on volunteers to finish each sentence.
Ex: **Si tengo tiempo hoy...**
Si tuviera un par de horas libres...
Si hubiera tenido más tiempo ayer...
De niño/a, si tenía ratos libres...

Si clause: Imperfect	Main clause: Imperfect
Si Milena **tenía** tiempo libre, *If Milena had free time,*	siempre **iba** a la playa. *she would always go to the beach.*
De niño, **si iba** a la feria, *As a child, if I'd go to the fair,*	siempre **me montaba** en la montaña rusa. *I would always ride the roller coaster.*

*Los fines de semana, **si hacía** buen tiempo, **íbamos** a caminar por un bosque cerca de casa.*

Práctica

1 **Situaciones** Completa las oraciones.

A. Situaciones probables o posibles

1. Si mi amiga Teresa no _____viene_____ (venir) pronto, tendremos que hacer cola.

2. Si tú no _____trabajas_____ (trabajar) hoy, vamos a la feria.

B. Situaciones hipotéticas sobre eventos improbables

3. Si mis padres estuvieran aquí, yo no _____podría_____ (poder) salir con mis amigos todas las noches.

4. Si mi novia tuviera más tiempo libre, ella _____pasaría_____ (pasar) todo el día jugando al tenis.

C. Situaciones hipotéticas sobre el pasado

5. Si mi tía la aguafiestas no hubiera venido a pasar las vacaciones conmigo, yo _me habría divertido_ (divertirse) mucho más.

6. Si el anfitrión _____hubiera sido_____ (ser) más simpático, la fiesta habría sido más divertida.

2 **Si trabajara menos** Completa el diálogo con el condicional o el imperfecto del subjuntivo.

CAROLINA Estoy todo el día en la oficina, pero si (1) _____trabajara_____ (trabajar) menos, tendría más tiempo para divertirme. Si sólo viniera a la oficina algunas horas por semana, (2) _____practicaría_____ (practicar) el andinismo más a menudo.

LETICIA ¿Andinismo? ¡Qué aburrido! Si yo tuviera más tiempo libre, (3) _____haría_____ (hacer) todas las noches lo mismo: (4) _____iría_____ (ir) al teatro, luego (5) _____saldría_____ (salir) a cenar y, para terminar la noche, (6) _____haría_____ (hacer) una fiesta para celebrar que ya no tengo que ir a trabajar por la mañana. Si nosotras (7) _____tuviéramos_____ (tener) la suerte de no tener que trabajar nunca más, (8) _nos pasaríamos_ (pasarse) todo el día sin hacer absolutamente nada.

CAROLINA ¿Te imaginas? Si la vida (9) _____fuera_____ (ser) así, seríamos mucho más felices, ¿no crees?

3 **Emparejar** Escribe en cada espacio en blanco la letra del final que completa mejor cada oración.

1. Si los conservadores aprueban la controvertida ley, __f__

2. Si yo pudiera ayudarte, __j__

3. Elena y yo no nos habríamos perdido __i__

4. Si mi hermano tuviera talento para escribir y fuera objetivo, __a__

5. Si Manuel tenía un minuto libre, __b__

6. Roberto, si lees la crónica deportiva, __h__

7. Si los políticos querían influir en nuestro punto de vista, __e__

8. Si los activistas lo hubieran sabido, __c__

a. sin duda sería periodista.

b. lo pasaba navegando la red.

c. habrían ignorado las amenazas.

d. salvemos el medio ambiente.

e. sabían cómo hacerlo.

f. van a perder las elecciones.

g. habrían prevenido la tragedia.

h. llámame y hablamos.

i. si nos hubieras dado la dirección correcta.

j. lo haría, pero no puedo.

4

Si yo hubiera sido Imagina cómo habría sido tu vida si hubieras sido uno de estos personajes.

Modelo   uno de los Beatles

Si yo hubiera sido uno de los Beatles, habría tenido millones de aficionados a mi música y habría viajado por todo el mundo.

- Madre Teresa de Calcuta
- Benjamin Franklin
- Elvis Presley
- Ray Charles
- la Princesa Diana de Inglaterra
- Jorge Luis Borges
- ¿?

4 Write the phrase **Si yo hubiera sido...** on the board. After completing the activity, ask students to name additional famous people from the past and call on volunteers to provide sentences about the people listed.

5

¿Qué harías? Mira los dibujos y escribe qué harías si te ocurriera lo que muestra cada dibujo. Sigue el modelo y sé creativo.

Modelo   Te encuentras diez mil dólares en la calle.

Si yo encontrara diez mil dólares en la calle, seguramente llamaría a la policía y preguntaría si alguien los había reclamado.

1. Tu suegro viene de visita sin avisar.

2. Te invitan a bailar tango.

3. Se descompone tu carro en el desierto.

4. Te quedas atrapado/a en un ascensor.

Nota CULTURAL

El **tango** nació en **Buenos Aires** a mediados del siglo XIX. Este género musical, de aire triste y nostálgico, es el resultado de la mezcla de culturas nativas de **Argentina** con otras venidas de países como **España** e **Italia**, entre otros. En un principio, escuchar o bailar tango estaba mal visto en la sociedad argentina, pero poco a poco fue ganando prestigio hasta hacerse popular en todo el mundo.

TEACHING OPTION If time permits, play a CD of tango music, such as one of Carlos Gardel's, or a film that shows people dancing the tango. Teach students the basic steps or ask volunteers to demonstrate.

6

¿Qué pasaría? Responde qué hacías, haces, harías o habrías hecho en las siguientes situaciones.

Modelo   Si fueras un(a) atleta famoso/a.

Si fuera un(a) atleta famoso/a, donaría parte de mi sueldo para construir más escuelas.

1. Si hoy hubieras tenido el día libre.
2. Si, de niño/a, tus padres te regañaban.
3. Si suspendieran las clases durante una semana.
4. Si ves a tu novio/a con otro/a en el cine.
5. Si descubrieras que tienes el poder de ser invisible.

 Presentation

Time expressions with *hacer*

- In Spanish, the verb **hacer** is used to describe how long something has been happening or how long ago an event occurred.

Time expressions with **hacer**		
PRESENT	**Hace** + [*period of time*] + **que** + [*verb in present tense*]	
	Hace tres semanas que busco trabajo. *I've been looking for work for three weeks.*	
PRETERITE	**Hace** + [*period of time*] + **que** + [*verb in the preterite*]	
	Hace seis meses que fueron a Bolivia. *They went to Bolivia six months ago.*	
IMPERFECT	**Hacía** + [*period of time*] + **que** + [*verb in the imperfect*]	
	Hacía treinta años que trabajaba con nosotros cuando por fin se jubiló. *He had been working with us for thirty years when he finally retired.*	

- To express the duration of an event that continues into the present, Spanish uses the construction **hace** + [*period of time*] + **que** + [*present tense verb*]. Note that **hace** does not change form.

¿Cuánto tiempo **hace que vives** en Paraguay? *How long have you lived in Paraguay?*

Hace siete años **que vivo** en Paraguay. *I've lived in Paraguay for seven years.*

- To make a sentence negative, add **no** before the conjugated verb. Negative time expressions with **hacer** often translate as *since* in English.

¿Hace mucho tiempo que **no** recibe un aumento de sueldo? *Has it been a long time since you got a raise?*

¡Uy, hace años que **no** recibo un aumento de sueldo! *It's been years since I got a raise!/ I haven't gotten a raise in years!*

- To tell how long ago an event occurred, use **hace** + [*period of time*] + **que** + [*preterite tense verb*].

¿Cuánto tiempo **hace que** te **despidieron**? *How long ago were you fired?*

Hace cuatro días que me **despidieron**. *I was fired four days ago.*

- **Hacer** is occasionally used in the imperfect to describe how long an event had been happening before another event occurred. Note that both **hacer** and the conjugated verb use the imperfect.

Hacía dos años que no estudiaba español cuando decidió tomar otra clase. *She hadn't studied Spanish for two years when she decided to take another class.*

Práctica

1 **Oraciones** Escribe oraciones utilizando expresiones de tiempo con **hacer**. Usa el tiempo presente en las oraciones 1 a 3 y el pretérito en las oraciones 4 a 6.

Modelo Ana / hablar por teléfono / veinte minutos
Hace veinte minutos que Ana habla por teléfono.

1. Roberto y Miguel / estudiar / tres horas

Hace tres horas que Roberto y Miguel estudian. / Roberto y Miguel estudian (desde) hace tres horas.

2. nosotros / estar enfermos / una semana

Hace una semana que nosotros estamos enfermos. / Nosotros estamos enfermos (desde) hace una semana.

3. tú / trabajar en esta empresa / seis meses

Hace seis meses que trabajas en esta empresa. / Trabajas en esta empresa (desde) hace seis meses.

4. Sergio / visitar Bolivia / un mes

Hace un mes que Sergio visitó Bolivia. / Sergio visitó Bolivia hace un mes.

5. yo / ir a Paraguay / un año

Hace un año que fui a Paraguay. / Fui a Paraguay hace un año.

6. Esteban y Lisa / casarse / dos años

Hace dos años que Esteban y Lisa se casaron. / Esteban y Lisa se casaron hace dos años.

2 **Minidiálogos** Completa los minidiálogos con las palabras adecuadas.

1. **GRACIELA** ¿__Cuánto__ tiempo hace que vives en esta ciudad?
   SUSANA Mmm... __Hace__ dos años que __vivo__ aquí.

2. **GUSTAVO** Hacía veinte años que Miguel __trabajaba__ con nosotros cuando decidió jubilarse, ¿verdad?
   ARMANDO No, __hacía__ quince años que trabajaba con nosotros cuando se jubiló.

3. **MARÍA** __Fuiste__ a visitar a tu novia hace dos meses, ¿no?
   PEDRO Sí, __hace__ dos meses que fui a visitar a mi novia. ¡La extraño mucho!

4. **PACO** ¿Cuánto tiempo __hace__ que __estudias__ español?
   ANA Estudio español __desde__ hace tres años.

3 **Preguntas** Responde a las preguntas con oraciones completas. Utiliza las palabras entre paréntesis.

1. ¿Cuánto tiempo hace que fuiste de vacaciones a la playa? (cinco años)

Hace cinco años que fui de vacaciones a la playa. / Fui de vacaciones a la playa hace cinco años.

2. ¿Hace cuánto tiempo que estudias economía? (dos semanas)

Hace dos semanas que estudio economía. / Estudio economía (desde) hace dos semanas.

3. ¿Cuánto tiempo hace que despidieron a Nicolás? (un mes)

Hace un mes que despidieron a Nicolás. / Despidieron a Nicolás hace un mes.

4. ¿Cuánto tiempo hace que llegaron Irene y Natalia? (una hora)

Hace una hora que llegaron. / Llegaron hace una hora.

5. ¿Hace cuánto tiempo que ustedes trabajan aquí? (cuatro días)

Hace cuatro días que trabajamos aquí. / Trabajamos aquí (desde) hace cuatro días.

 Presentation

Transitional expressions

- Transitional words and phrases express the connections between ideas and details.

*La relación entre ellos era tensa, pues, **por una parte,** mi hermana era muy rebelde y, **por la otra,** mis padres le exigían mucho.*

- Many transitional words and phrases function to narrate time and sequence.

al final *at the end, in the end*	**hoy** *today*
al mismo tiempo *at the same time*	**luego** *then, next*
al principio *in the beginning*	**mañana** *tomorrow*
anteayer *the day before yesterday*	**mientras** *while*
antes (de) *before*	**pasado mañana** *the day after tomorrow*
ayer *yesterday*	**por fin** *finally*
después (de) *after, afterward*	**primero** *first*
entonces *then, at that time*	**segundo** *second*
finalmente *finally*	**siempre** *always*

- Several other transitional expressions compare or contrast ideas and details.

además *furthermore*	**ni… ni…** *neither. . . nor. . .*
al contrario *on the contrary*	**o… o…** *either. . . or. . .*
al mismo tiempo *at the same time*	**por otra parte/otro lado** *on the other hand*
aunque *although*	
con excepción de *with the exception of*	**por un lado… por el otro…** *on one hand. . . on the other. . .*
de la misma manera *similarly*	
del mismo modo *similarly*	**por una parte… por la otra…** *on one hand. . . on the other. . .*
igualmente *likewise*	**sin embargo** *however, yet*
mientras que *meanwhile, whereas*	**también** *also*

- Transitional expressions are also used to express cause and effect relationships.

así que *so; therefore*	**por consiguiente** *therefore*
como *since*	**por eso** *therefore*
como resultado (de) *as a result (of)*	**por esta razón** *for this reason*
dado que *since*	**por lo tanto** *therefore*
debido a *due to*	**porque** *because*

Práctica

1 **Ordena los hechos** Reconstruye el orden de los hechos asignando un número para cada uno. Ten en cuenta las expresiones de transición.

___1___ a. Primero envié mi currículum por correo.

___7___ b. Después de la entrevista, el gerente se despidió muy contento.

___3___ c. Antes de la entrevista, tuve que escribir una carta de presentación.

___5___ d. Al principio de la entrevista, el gerente de la empresa me pidió la carta y la leyó.

___8___ e. Mañana empiezo a trabajar.

___4___ f. Luego, el gerente me recibió en su oficina.

___6___ g. Finalmente el gerente alabó mi experiencia y mi disposición.

___2___ h. Dos semanas después, me citaron para una entrevista con el gerente.

2 **Escoge** Completa las oraciones con una de las opciones entre paréntesis.

1. Me gustan las actividades al aire libre, ___por eso___ (sin embargo / por eso) voy a esquiar todos los inviernos.

2. Eres aficionado al boliche y, ___por otra parte___ (por esta razón / por otra parte), te encanta leer.

3. Jugamos con todo el corazón y ___sin embargo___ (sin embargo / debido a eso) perdimos el partido.

4. Me lastimé el pie ___como resultado___ (como resultado / con excepción) de la carrera.

5. Después de dos meses de búsqueda, ___por fin___ (como / por fin) conseguí entradas para el concierto.

6. Es un aguafiestas, ___por consiguiente___ (mientras que / por consiguiente) no fue a la feria con nosotros.

7. Julia fue al teatro anoche, pero ___ni___ (ni / además) se divirtió ___ni___ (también / ni) aplaudió.

3 **Completar** Completa el relato de Marcos con las expresiones de la lista. Puedes usar algunas expresiones más de una vez.

además	del mismo modo	por eso
al contrario	mientras que	por un lado
debido a eso	por el otro	sin embargo

Hoy estoy muy contento, (1) ___por eso/debido a eso___ ven en mi cara una sonrisa. ¡Hice un viaje maravilloso por Argentina! (2) ___Además___, no fue estresante, (3) ___al contrario___, descansé mucho. Mi paseo fue muy variado, (4) ___por un lado___, pasé varios días en Buenos Aires y (5) ___por el otro___, recorrí la pampa argentina, donde hice muchos amigos. Buenos Aires es una ciudad llena de historia, (6) ___mientras que___ su carácter contemporáneo la mantiene entre las capitales más activas de Suramérica. (7) ___Sin embargo___, todo lo que empieza tiene que acabar y mi viaje terminó antes de lo que esperaba, (8) ___por eso/debido a eso___, pienso volver el próximo año.

 Presentation

Pero vs. *sino*

Queríamos entrar al espectáculo,
***pero** había una fila larguísima.*

Al final no hicimos paracaidismo,
***sino** rafting.*

- In Spanish, both **pero** and **sino** are used to introduce contradictions or qualifications, but the two words are not interchangeable.

- **Pero** means *but* (in the sense of *however*). It may be used after either affirmative or negative clauses.

  > Votaré por este partido, **pero** no me gusta su candidato.
  > *I will vote for this party, but I don't like its candidate.*

  > Él no decía que era religioso, **pero** siempre iba a misa.
  > *He didn't say he was religious, but he always went to mass.*

- **Sino** also means *but* (in the sense of *but rather* or *on the contrary*). It is used only after negative clauses. **Sino** introduces a contradicting idea that clarifies or qualifies the previous information.

  > **No** me interesan las excusas, **sino** las soluciones.
  > *I'm not interested in excuses, but rather in solutions.*

  > La casa **no** está en el centro de la ciudad, **sino** en las afueras.
  > *The house is not in the center of the city, but rather in the outskirts.*

- When **sino** is used before a conjugated verb, the conjunction **que** is added.

  > No quiero que vayas a la fiesta, **sino que** hagas tu tarea.
  > *I don't want you to go to the party, but to do your homework instead.*

  > No iba a su casa, **sino que** se quedaba en la capital.
  > *She was not going home, but was staying in the capital instead.*

- *Not only… but also* is expressed with the phrase **no sólo… sino (que) también/además**.

  > **No sólo** quiero pastel, **sino también** quiero helado.
  > *I not only want cake, but I also want ice cream.*

- The phrase **pero tampoco** means *but neither* or *but not either.*

  > No apoyan la globalización, **pero tampoco** son aislacionistas.
  > *They don't support globalization, but they're not isolationists either.*

Práctica

1

Columnas Completa cada oración con la opción correcta de la segunda columna.

1. Sofía no quiere viajar mañana y Marta __d__.

2. Mi compañero de cuarto no es de Madrid, __c__ de Barcelona.

3. Mis padres querían que yo trabajara, __a__ yo me fui de viaje a Europa.

4. No fui al partido de fútbol, __b__ fui al concierto de rock.

a. pero

b. pero tampoco

c. sino

d. tampoco

2

Completar Completa cada oración con **no sólo, pero, sino (que)** o **tampoco**.

1. Las cartas no llegaron el miércoles, __sino__ el jueves.

2. Mis amigos no quieren ir al cine esta noche y yo __tampoco__.

3. No me gusta conducir por la noche, __pero__ te llevaré a la fiesta en mi carro.

4. Carlos no me llamaba por teléfono, __sino que/pero__ me enviaba correos electrónicos con frecuencia.

5. Yo __no sólo__ esperaba aprobar el examen, __sino__ también sacar una A.

6. Mis amigos no pensaban votar en las próximas elecciones, __pero__ yo los convencí para que lo hicieran.

7. Quiero aclarar que Juan no llegó temprano, __sino__ muy tarde.

3

El mundo de hoy Completa la conversación con las palabras y expresiones de la lista.

no sólo	sino
pero	sino que
pero tampoco	

TOMÁS El mundo de hoy es muy complejo, (1) __pero__ hay que reconocer que hemos avanzado mucho.

FELIPE Yo no estoy de acuerdo. Me da la sensación de que últimamente (2) __no sólo__ hemos avanzado poco, (3) __sino que__ vamos para atrás.

TOMÁS ¡Cómo puedes decir eso, Felipe!

FELIPE El mundo no es (4) __sino__ consumismo en los países ricos y miseria en los países pobres.

TOMÁS Ése es un problema grave, (5) __pero__ creo que esa miseria ya existía antes. Acepto que tienes razón, (6) __pero tampoco__ vas a negar que hay inventos que han mejorado nuestra calidad de vida.

FELIPE La verdad es que yo no podría vivir sin el teléfono, el automóvil o la electricidad.

TOMÁS Pues a eso me refería yo.

 Presentation

Past participles used as adjectives

- Past participles are used with **haber** to form compound tenses, such as the present perfect and the past perfect, and with **ser** to express the passive voice. They are also frequently used as adjectives.

- When a past participle is used as an adjective, it agrees in number and gender with the noun it modifies.

  un proyecto complicado
  a complicated project

  una oficina bien organizada
  a well-organized office

  los trabajadores destacados
  the prominent workers

  las reuniones aburridas
  the boring meetings

- Past participles are often used with the verb **estar** to express a state or condition that results from the action of another verb. They frequently express physical or emotional states.

  Felicia, ¿**estás despierta?**
  Felicia, are you awake?

  No, **estoy dormida**.
  No, I'm asleep.

  Marco, **estoy enfadado**.
  ¿Por qué no depositaste los cheques?
  Marco, I'm furious.
  Why didn't you deposit the checks?

  Perdón, don Humberto.
  Es que el banco ya **estaba cerrado**.
  I'm sorry, Don Humberto.
  It's that the bank was already closed.

- Past participles may be used as adjectives with other verbs, as well.

  Empezó a llover y **llegué empapada** a la reunión.
  It started to rain and I arrived at the meeting soaking wet.

  Ese libro **es** tan **aburrido**.
  That book is so boring.

  Después de las vacaciones, **nos sentimos descansados**.
  After vacation, we felt rested.

  ¿Los documentos? Ya los **tengo corregidos**.
  The documents? I already have them corrected.

*Después de limpiar, **quedó** muy **cansado**.*

- Note that past participles are often used as adjectives to describe physical or emotional states.

aburrido/a	confundido/a	enojado/a	muerto/a
(des)cansado/a	enamorado/a	estresado/a	sorprendido/a

Práctica

1 **Entrevista de trabajo** Completa cada pregunta de Julieta con el participio del verbo entre paréntesis.

1. ¿Por qué crees que estás ___preparado___ (preparar) para este puesto?

2. ¿Estás ___informado___ (informar) sobre nuestros productos?

3. ¿Te sientes ___sorprendido___ (sorprender) de todos los beneficios que ofrecemos?

4. ¿Por qué estás ___interesado___ (interesar) en este puesto en particular?

5. ¿Trajiste tu currículum ___escrito___ (escribir) en computadora?

6. ¿Cómo manejarás el estrés cuando ya estés ___contratado___ (contratar)?

2 **¿Cómo están ellos?** Mira las imágenes y relaciónalas con los verbos de la lista. Después completa cada frase usando **estar** + [*participio*].

aburrir	enamorar	esconder	preparar
cansar	enojar	lastimar	sorprender

1. Ellos ___están enojados.___ 2. Juanito ___está escondido.___ 3. Eva ___está cansada.___

4. Ellos ___están enamorados.___ 5. Marta ___está sorprendida.___

3 **Dicho de otra forma** Transforma las oraciones usando **estar** y el participio pasado del verbo correspondiente. Sigue el modelo.

> **Modelo** **Envió las cartas.**
> Las cartas están enviadas.

1. El enfermo se despertó. El enfermo está despierto.

2. Cubrieron todas las salidas. Todas las salidas están cubiertas.

3. No preparó el plan todavía. El plan no está preparado todavía.

4. Ya filmaron la película. La película ya está filmada.

5. Por desgracia, rompieron su compromiso. Por desgracia, su compromiso está roto.

6. El bar abre sólo por la tarde. El bar está abierto sólo por la tarde.

7. Los dos se enamoraron profundamente. Los dos están profundamente enamorados.

8. Hizo su cama y guardó las cosas en su valija. La cama está hecha y las cosas están guardadas en su valija.

 **Presentation**

Prepositions: *a, hacia,* and *con*

- The preposition **a** can mean *to, at, for, upon, within, of, on, from,* or *by,* depending on the context. Sometimes it has no direct translation in English.

Fueron **al** cine.
They went to the movies.

Terminó **a** las doce.
It ended at midnight.

Lucy estaba **a** mi derecha.
Lucy was on my right.

Al llegar **a** casa, me sentí feliz.
Upon returning home, I felt happy.

- The preposition **a** introduces indirect objects.

Le mandó un mensaje de texto **a** su novio.
She sent a text message to her boyfriend.

Le prometió **a** María que saldrían el viernes.
He promised María they'd go out on Friday.

- When a direct object noun is a person (or a pet), it is preceded by the personal **a,** which has no equivalent in English. If the person in question is not specific, the personal **a** is omitted, except before the words **alguien, nadie, alguno/a,** and **ninguno/a.**

¿Viste **a** tus amigos?
Did you see your friends?

No, no he visto **a** nadie.
No, I haven't seen anyone.

Necesitamos un buen ingeniero.
We need a good engineer.

Conozco **a** una ingeniera excelente.
I know an excellent engineer.

- With movement, either literal or figurative, **hacia** means *toward* or *to.*

Él se dirige **hacia** Chile para ver el eclipse.
He is going to Chile to see the eclipse.

La actitud de René **hacia** él fue negativa.
René's attitude toward him was negative.

- With time, **hacia** means *approximately, around, about,* or *toward.*

Hacia la una de la mañana, vi una luz extraña en el cielo.
Around one o'clock in the morning, I saw a strange light in the sky.

Sus teorías se hicieron populares **hacia** la segunda mitad del siglo XX.
His theories became popular toward the second half of the twentieth century.

- The preposition **con** means *with.*

Trabajó **con** los mejores investigadores.
She worked with the best researchers.

Quiero una computadora **con** reproductor de DVD.
I want a computer with a DVD player.

- **Con** can also mean *but, even though,* or *in spite of* when used to convey surprise at an apparent conflict between two known facts.

No han podido descubrir la cura.
They've been unable to discover a cure.

¡**Con** todo el dinero que reciben!
In spite of all the money they get!

Práctica

1

Unir Elige el elemento de la segunda columna que completa correctamente cada frase de la primera columna.

1. La clase de ciencias comenzará ___g___
2. El químico se negó ___f___
3. Trata de estar al día ___b___
4. Cuando terminó el experimento, caminó ___a___
5. Manchó la ropa ___c___
6. El reportero hizo reír ___d___
7. La actitud de Alberto ___e___

a. hacia la salida.
b. con las noticias.
c. con el café.
d. a la astrónoma.
e. hacia mí fue muy positiva.
f. a realizar ese experimento.
g. hacia las nueve y media.

2

Completar Coloca la preposición **a** sólo en los casos que sea correcto.

1. Vio ___Ø___ la cámara digital que quiere comprar.
2. La astronauta salió ___a___ la calle.
3. Le presentó ___a___ la ingeniera el proyecto de construcción.
4. El periódico publicó ___Ø___ un artículo sobre el descubrimiento.
5. Vimos ___Ø___ un ovni anoche.
6. El matemático dio un informe ___a___ los periodistas.
7. ___A___ la investigadora no le gusta levantarse temprano.
8. ¿Conoces ___Ø___ un buen restaurante cerca de aquí?

3

Oraciones Escribe oraciones completas con los elementos dados. En cada una debes usar **a, con** o **hacia** por lo menos una vez. Haz los cambios que creas necesarios. Answers may vary.

1. estrella fugaz / estarse moviendo / ese planeta
   La estrella fugaz se está moviendo hacia ese planeta.

2. biólogo / hablar / jefe / laboratorio
   El biólogo habla con el jefe del laboratorio.

3. hace dos días / químico / salir / comer / científica
   Hace dos días el químico salió a comer con la científica.

4. nosotros / enseñarle / teoría / grupo
   Nosotros le enseñamos la teoría al grupo.

5. yo / compartir / información / mis compañeros
   Yo comparto (la) información con mis compañeros.

6. ayer / María / darle / contraseña / Manuel
   Ayer María le dio la contraseña a Manuel.

7. anoche / ovni / volar / bosque
   Anoche el ovni voló hacia el bosque.

8. tú / grabar / CD / fotos de la fiesta
   Tú grabas un CD con las fotos de la fiesta.

 Presentation

Prepositions: *de, desde, en, entre, hasta,* and *sin*

- **De** often corresponds to *of* or the possessive endings *'s/s'* in English.

<table>
<tr><td colspan="6" align="center">Uses of de</td></tr>
<tr><td>Possession</td><td>Description</td><td>Material</td><td>Position</td><td>Origin</td><td>Contents</td></tr>
<tr><td>la superficie del sol</td><td>la fórmula de larga duración</td><td>el recipiente de vidrio</td><td>la pantalla de enfrente</td><td>El científico es de Perú.</td><td>el vaso de agua destilada</td></tr>
<tr><td>the sun's surface</td><td>the long-lasting formula</td><td>the glass container</td><td>the facing screen</td><td>The scientist is from Peru.</td><td>the glass of distilled water</td></tr>
</table>

- **Desde** expresses direction *(from)* and time *(since)*.

El cohete viajó **desde** la Tierra a la Luna.
The rocket traveled from the Earth to the Moon.

No hemos oído de ellos **desde** el martes.
We haven't heard from them since Tuesday.

- **En** corresponds to several English prepositions, such as *in, on, into, onto, by,* and *at.*

El microscopio está **en** la mesa.
The microscope is on the table.

Los resultados se encuentran **en** el cuaderno.
The results can be found in the notebook.

El profesor entró **en** la clase.
The professor went into the classroom.

Luisa y Marta se encontraron **en** el museo.
Luisa and Marta met at the museum.

- **Entre** generally corresponds to the English prepositions *between* and *among.*

entre 1976 y 1982
between 1976 and 1982

entre ellos
among themselves

- **Entre** is not followed by **ti** and **mí**, the usual pronouns that serve as objects of prepositions. Instead, the subject pronouns **tú** and **yo** are used.

Entre tú y yo... *Between you and me . . .*

- **Hasta** corresponds to *as far as* in spatial relationships, *until* in time relationships, and *up to* for quantities. It can also be used as an adverb to mean *even* or *including.*

Avanzaron **hasta** las murallas del palacio.
They advanced as far as the palace walls.

Haremos **hasta** veinte experimentos.
We'll do up to twenty experiments.

Hasta 1898, Cuba fue colonia de España.
Until 1898, Cuba was a colony of Spain.

Hasta el presidente quedó sorprendido.
Even the president was surprised.

- **Sin** corresponds to *without* in English. It is often followed by a noun, but it can also be followed by the infinitive form of a verb.

No veo nada **sin** los lentes.
I can't see a thing without glasses.

Lo hice **sin** pensar.
I did it without thinking.

¡ATENCIÓN!

De is often used in prepositional phrases of location: **al lado de, a la derecha de, cerca de, debajo de, detrás de, encima de.**

¡ATENCIÓN!

Common phrases with **de**:

de nuevo *again*

de paso *on the way*

de pie *standing up*

de repente *suddenly*

de todos modos *in any case*

de vacaciones *on vacation*

de vuelta *back*

Cuando entró la jueza, todos se pusieron de pie.
When the judge entered, everyone stood up.

Common phrases with **en**:

en broma *as a joke*

en cambio *on the other hand*

en contra *against*

en fila *in a row*

en serio *seriously*

en tren *by train*

en vano *in vain*

No lo digo en broma; te estoy hablando en serio.
I don't mean this as a joke; I'm talking to you in all seriousness.

Práctica

1

Completar Completa cada oración con la opción correcta.

1. _____ la patente no podremos vender nuestro invento.
   a. En   b. Hasta   (c.) Sin

2. Una computadora como ésta puede costar _____ tres mil dólares.
   (a.) hasta   b. sin   c. en

3. ¿Estás segura de que el ovni va a aterrizar _____ nuestro jardín?
   a. de   (b.) en   c. sin

4. Nos vemos a las once en el laboratorio _____ biología.
   a. entre   (b.) de   c. desde

5. _____ mi ventana vi una estrella fugaz y pedí un deseo.
   (a.) Desde   b. En   c. Hasta

6. Este descubrimiento debe quedar sólo _____ tú y yo.
   (a.) entre   b. de   c. desde

2

Un artículo Completa el texto con las preposiciones **de, desde** o **en**.

(1) _Desde_ la Tierra puedes ver hasta 3.000 estrellas. (2) _En_ una noche clara también puedes ver una nube (3) _de_ estrellas llamada Vía Láctea. Podrás descubrir rayos (*rays*) (4) _de_ luz que se llaman estrellas fugaces. La estrella que está más cerca (5) _de_ la Tierra es el Sol. (6) _Desde_ el Sol hasta la Tierra hay unos 150 millones (7) _de_ kilómetros.

   ¿Sabías que (8) _desde_ los inicios de la humanidad los hombres creían que el Sol era una pelota (9) _de_ fuego? Los chinos, por ejemplo, pensaban que el Sol había salido (10) _de_ la boca (11) _de_ un dragón.

   (12) _Desde_ el Sol llegan a la Tierra diferentes tipos (13) _de_ rayos. La capa (14) _de_ ozono no deja pasar los rayos ultravioleta que son peligrosos para la salud (15) _de_ personas, animales y plantas. Por eso, los agujeros (*holes*) (16) _en_ la capa (17) _de_ ozono se estudian constantemente (18) _en_ los laboratorios científicos.

3

La hipótesis Completa las oraciones con las preposiciones **entre, hasta** o **sin**.

1. Hay varias hipótesis sobre el origen de los humanos en el continente americano. _Entre_ ellas, la del antropólogo argentino Florentino Ameghino.

2. Ameghino decía que la especie humana se había originado en América. Hoy sabemos que Ameghino formuló esa idea _sin_ demasiados fundamentos.

3. _Hasta_ mediados del siglo XX, aún no se había encontrado en América ningún rastro de humanos parecidos al Neandertal.

4. _Entre_ todos los esqueletos encontrados, no hay ninguno que se diferencie mucho del de los humanos modernos.

5. _Sin_ embargo, sí se han encontrado restos (*remains*) de animales extintos desde hace cientos de miles de años.

6. _Entre_ ellos están el mastodonte de Ecuador, un bisonte (*bison*) fósil y un elefante antiguo.

Verb conjugation tables

Below you will find the infinitive of the verbs introduced as active vocabulary in **SUEÑA**, as well as other common verbs. Each verb is followed by a model verb conjugated on the same pattern. The number in parentheses indicates where in the verb tables, pages **292–299**, you can find the conjugated forms of the model verb. Many of these verbs can be used reflexively. To check the verb conjugation, use the tables on pages **292–299**. For placement of the reflexive pronouns, see page **300**.

abandonar like hablar (1)
abastecer (c:zc) like conocer (35)
abrazar (z:c) like cruzar (37)
abrir like vivir (3) *except* past participle is abierto
aburrir like vivir (3)
abusar like hablar (1)
acabar like hablar (1)
acariciar like hablar (1)
acercar (c:qu) like tocar (43)
acordar (o:ue) like contar (24)
acosar like hablar (1)
acostar (o:ue) like contar (24)
acostumbrar like hablar (1)
actuar like graduar (40)
acudir like vivir (3)
adaptar like hablar (1)
adivinar like hablar (1)
adjuntar like hablar (1)
administrar like hablar (1)
afeitar like hablar (1)
afligir (g:j) like proteger (42) for consonant change only
agotar like hablar (1)
agradecer (c:zc) like conocer (35)
aguantar like hablar (1)
ahogar (g:gu) like llegar (41)
ahorrar like hablar (1)
alcanzar (z:c) like cruzar (37)
alejar like hablar (1)
alimentar like hablar (1)
aliviar like hablar (1)
amanecer (c:zc) like conocer (35)
amar like hablar (1)
amenazar (z:c) like cruzar (37)
andar like hablar (1) *except* preterite stem is anduv-
animar like hablar (1)
anotar like hablar (1)
anticipar like hablar (1)
añadir like vivir (3)
aparcar (c:qu) like tocar (43)
aplaudir like vivir (3)
apostar (o:ue) like contar (24)
apoyar like hablar (1)
aprender like comer (2)
aprobar (o:ue) like contar (24)

aprovechar like hablar (1)
apuntar like hablar (1)
arreglar like hablar (1)
arrepentir (e:ie) like sentir (33)
arriesgar (g:gu) like llegar (41)
arruinar like hablar (1)
ascender (e:ie) like entender (27)
asimilar like hablar (1)
asistir like vivir (3)
aterrizar (z:c) like cruzar (37)
atraer like traer (21)
atrever like comer (2)
aumentar like hablar (1)
averiguar like hablar (1)
ayudar like hablar (1)
bailar like hablar (1)
bajar like hablar (1)
bañar like hablar (1)
batir like vivir (3)
beber like comer (2)
besar like hablar (1)
borrar like hablar (1)
brindar like hablar (1)
burlar like hablar (1)
buscar (c:qu) like tocar (43)
caber (4)
caer (5)
callar like hablar (1)
cambiar like hablar (1)
caminar like hablar (1)
capacitar like hablar (1)
casar like hablar (1)
castigar (g:gu) like llegar (41)
cazar (z:c) like cruzar (37)
ceder like comer (2)
celebrar like hablar (1)
cepillar like hablar (1)
cerrar (e:ie) like pensar (30)
chantajear like hablar (1)
charlar like hablar (1)
clonar like hablar (1)
cobrar like hablar (1)
coleccionar like hablar (1)
colocar (c:qu) like tocar (43)
comer (2)
cometer like comer (2)

compartir like vivir (3)
comportar like hablar (1)
comprar like hablar (1)
comprobar (o:ue) like contar (24)
compulsar like hablar (1)
conducir (c:zc) (6)
confiar like enviar (39)
congelar like hablar (1)
conocer (c:zc) (35)
conquistar like hablar (1)
conseguir (e:i) (gu:g) like seguir (32)
conservar like hablar (1)
considerar like hablar (1)
construir (y) like destruir (38)
consultar like hablar (1)
consumir like vivir (3)
contagiar like hablar (1)
contaminar like hablar (1)
contar (o:ue) (24)
contentar like hablar (1)
contratar like hablar (1)
contribuir (y) like destruir (38)
construir (y) like destruir (38)
convencer (c:z) like vencer (44)
conversar like hablar (1)
convertir (e:ie) like sentir (33)
convivir like vivir (3)
convocar (c:qu) like tocar (43)
cooperar like hablar (1)
coquetear like hablar (1)
correr like comer (2)
cortar like hablar (1)
crear like hablar (1)
crecer (c:zc) like conocer (35)
creer (y) (36)
criar like enviar (39)
cruzar (z:c) (37)
cubrir like vivir (3) *except* past participle is cubierto
cuidar like hablar (1)
cultivar like hablar (1)
curar like hablar (1)
dañar like hablar (1)
dar (7)
deber like comer (2)
decir (e:i) (8)

dedicar (c:qu) like tocar (43)
defender (e:ie) like entender (27)
dejar like hablar (1)
depositar like hablar (1)
derogar (g:gu) like llegar (41)
derretir (e:i) like pedir (29)
derrocar (c:qu) like tocar (43)
derrotar like hablar (1)
desafiar like enviar (39)
desaparecer (c:zc) like conocer (35)
desaprovechar like hablar (1)
desarrollar like hablar (1)
descargar (g:gu) like llegar (41)
desconfiar like enviar (39)
descongelar like hablar (1)
descubrir like vivir (3) *except* past participle is descubierto
desmayar like hablar (1)
despedir (e:i) like pedir (29)
despertar (e:ie) like pensar (30)
despreciar like hablar (1)
destacar (c:qu) like tocar (43)
destrozar (z:c) like cruzar (37)
destruir (y) (38)
detener (e:ie) like tener (20)
difundir like vivir (3)
dirigir (g:j) like proteger (42) for consonant change only
disculpar like hablar (1)
discutir like vivir (3)
disentir (e:ie) like sentir (33)
diseñar like hablar (1)
disfrutar like hablar (1)
disimular like hablar (1)
disminuir (y) like destruir (38)
disparar like hablar (1)
disponer like poner (15)
distinguir (gu:g) like extinguir (46)
divertir (e:ie) like sentir (33)
divorciar like hablar (1)
doblar like hablar (1)
dominar like hablar (1)
dormir (o:ue) (25)
duchar like hablar (1)
echar like hablar (1)
ejercer (c:z) like vencer (44)

elegir (e:i) like pedir (29) *except* (g:j) before a and o
emigrar like hablar (1)
empatar like hablar (1)
empeorar like hablar (1)
empezar (e:ie) (z:c) (26)
enamorar like hablar (1)
encabezar (z:c) like cruzar (37)
encarcelar like hablar (1)
engañar like hablar (1)
enojar like hablar (1)
enriquecer (c:zc) like conocer (35)
enrojecer (c:zc) like conocer (35)
ensayar like hablar (1)
enseñar like hablar (1)
entender (e:ie) (27)
enterar like hablar (1)
enterrar (e:ie) like pensar (30)
entretener (e:ie) like tener (20)
entrevistar like hablar (1)
enviar (39)
esconder like comer (2)
escribir like vivir (3) *except* past participle is escrito
esparcir (c:z) (45)
espiar like enviar (39)
establecer (c:zc) like conocer (35)
estar (9)
estrenar like hablar (1)
exigir (g:j) like proteger (42) for consonant change only
experimentar like hablar (1)
explorar like hablar (1)
exportar like hablar (1)
expulsar like hablar (1)
extinguir (gu:g) (46)
extrañar like hablar (1)
fabricar (c:qu) like tocar (43)
festejar like hablar (1)
fijar like hablar (1)
filmar like hablar (1)
financiar like hablar (1)
firmar like hablar (1)
flotar like hablar (1)
fortalecer (c:zc) like conocer (35)
ganar like hablar (1)
garantizar (z:c) like cruzar (37)
gastar like hablar (1)
gobernar (e:ie) like pensar (30)
golpear like hablar (1)
gozar (z:c) like cruzar (37)
grabar like hablar (1)
graduar (40)
gritar like hablar (1)
guardar like hablar (1)
guiar like enviar (39)
haber (10)
hablar (1)
hacer (11)
heredar like hablar (1)

homenajear like hablar (1)
huir (y) like destruir (38)
hundir like vivir (3)
incorporar like hablar (1)
incluir (y) like destruir (38)
independizar (z:c) like cruzar (37)
indicar (c:qu) like tocar (43)
influir (y) like destruir (38)
integrar like hablar (1)
intentar like hablar (1)
intercambiar like hablar (1)
intoxicar (c:qu) like tocar (43)
inventar like hablar (1)
invertir (e:ie) like sentir (33)
investigar (g:gu) like llegar (41)
ir (12)
jubilar like hablar (1)
jugar (u:ue) (g:gu) (28)
jurar like hablar (1)
juzgar (g:gu) like llegar (41)
lamentar like hablar (1)
lastimar like hablar (1)
lavar like hablar (1)
leer (y) like creer (36)
levantar like hablar (1)
ligar (g:gu) like llegar (41)
llegar (g:gu) (41)
llevar like hablar (1)
lograr like hablar (1)
luchar like hablar (1)
madrugar (g:gu) like llegar (41)
malcriar like enviar (39)
malgastar like hablar (1)
maquillar like hablar (1)
marcar (c:qu) like tocar (43)
marchar like hablar (1)
marear like hablar (1)
matar like hablar (1)
mejorar like hablar (1)
merecer (c:zc) like conocer (35)
meter like comer (2)
mezclar like hablar (1)
mimar like hablar (1)
morir (o:ue) like dormir (25) *except* past participle is muerto
mudar like hablar (1)
navegar (g:gu) like llegar (41)
obedecer (c:zc) like conocer (35)
odiar like hablar (1)
oír (y) (13)
olvidar like hablar (1)
opinar like hablar (1)
oprimir like vivir (3)
otorgar (g:gu) like llegar (41)
parar like hablar (1)
parecer (c:zc) like conocer (35)
partir like vivir (3)
pasar like hablar (1)
pasear like hablar (1)
patear like hablar (1)

pedir (e:i) (29)
pegar (g:gu) like llegar (41)
peinar like hablar (1)
pelear like hablar (1)
pensar (e:ie) (30)
perder (e:ie) like entender (27)
perdonar like hablar (1)
pertenecer (c:zc) like conocer (35)
planificar (c:qu) like tocar (43)
plantar like hablar (1)
poblar (o:ue) like contar (24)
podar like hablar (1)
poder (o:ue) (14)
poner (15)
portar like hablar (1)
predecir (e:i) like decir (8)
preguntar like hablar (1)
preocupar like hablar (1)
prescindir like vivir (3)
presenciar like hablar (1)
prestar like hablar (1)
prevenir (e:ie) like venir (22)
producir (c:zc) like conducir (6)
promover (o:ue) like volver (34) *except* past participle is regular
promulgar (g:gu) like llegar (41)
proteger (g:j) (42)
protestar like hablar (1)
publicar (c:qu) like tocar (43)
quedar like hablar (1)
quejar like hablar (1)
quemar like hablar (1)
querer (e:ie) (16)
quitar like hablar (1)
realizar (z:c) like cruzar (37)
rechazar (z:c) like cruzar (37)
recibir like vivir (3)
reciclar like hablar (1)
reconocer (c:zc) like conocer (35)
recorrer like comer (2)
reemplazar (z:c) like cruzar (37)
regañar like hablar (1)
regresar like hablar (1)
reír (e:i) (31)
relajar like hablar (1)
remodelar like hablar (1)
renunciar like hablar (1)
residir like vivir (3)
resistir like vivir (3)
resolver (o:ue) like volver (34)
respetar like hablar (1)
respirar like hablar (1)
reunir like vivir (3)
robar like hablar (1)
rodar (o:ue) like contar (24)
rodear like hablar (1)
romper like comer (2) *except* past participle is roto
rumorear like hablar (1)
saber (17)

sacrificar (c:qu) like tocar (43)
salir (18)
saltar like hablar (1)
salvar like hablar (1)
secar (c:qu) like tocar (43)
secuestrar like hablar (1)
seguir (e:i) (gu:g) (32)
sellar like hablar (1)
sembrar (e:ie) like pensar (30)
sentir (e:ie) (33)
señalar like hablar (1)
ser (19)
serrar (e:ie) like pensar (30)
significar (c:qu) like tocar (43)
silbar like hablar (1)
simbolizar (z:c) like cruzar (37)
sobresalir like salir (18)
sobrevivir like vivir (3)
solicitar like hablar (1)
soñar (o:ue) like contar (24)
soportar like hablar (1)
sorprender like comer (2)
sospechar like hablar (1)
subir like vivir (3)
subscribir like vivir (3) *except* past participle is subscrito
suceder like comer (2)
superar like hablar (1)
surgir (g:j) like proteger (42) for consonant change only
sustituir (y) like destruir (38)
tardar like hablar (1)
tener (e:ie) (20)
titular like hablar (1)
tocar (c:qu) (43)
tomar like hablar (1)
traducir (c:zc) like conducir (6)
traer (21)
transmitir like vivir (3)
trasladar like hablar (1)
trasnochar like hablar (1)
tratar like hablar (1)
urbanizar (z:c) like cruzar (37)
valer like tener (20) *except* no stem change, regular preterite and regular imperative
valorar like hablar (1)
vencer (c:z) (44)
vender like comer (2)
vengar (g:gu) like llegar (41)
venir (e:ie) (22)
ver (23)
vestir (e:i) like pedir (29)
viajar like hablar (1)
vigilar like hablar (1)
vivir (3)
volar (o:ue) like contar (24)
voltear like hablar (1)
volver (o:ue) (34)
votar like hablar (1)

Verb conjugation tables

Regular verbs: simple tenses

	INDICATIVE					SUBJUNCTIVE		IMPERATIVE
Infinitive	Present	Imperfect	Preterite	Future	Conditional	Present	Past	
1 hablar	hablo	hablaba	hablé	hablaré	hablaría	hable	hablara	
	hablas	hablabas	hablaste	hablarás	hablarías	hables	hablaras	habla tú (no hables)
	habla	hablaba	habló	hablará	hablaría	hable	hablara	hable Ud.
Participles:	hablamos	hablábamos	hablamos	hablaremos	hablaríamos	hablemos	habláramos	hablemos
hablando	habláis	hablabais	hablasteis	hablaréis	hablaríais	habléis	hablarais	hablad (no habléis)
hablado	hablan	hablaban	hablaron	hablarán	hablarían	hablen	hablaran	hablen Uds.
2 comer	como	comía	comí	comeré	comería	coma	comiera	
	comes	comías	comiste	comerás	comerías	comas	comieras	come tú (no comas)
	come	comía	comió	comerá	comería	coma	comiera	coma Ud.
Participles:	comemos	comíamos	comimos	comeremos	comeríamos	comamos	comiéramos	comamos
comiendo	coméis	comíais	comisteis	comeréis	comeríais	comáis	comierais	comed (no comáis)
comido	comen	comían	comieron	comerán	comerían	coman	comieran	coman Uds.
3 vivir	vivo	vivía	viví	viviré	viviría	viva	viviera	
	vives	vivías	viviste	vivirás	vivirías	vivas	vivieras	vive tú (no vivas)
	vive	vivía	vivió	vivirá	viviría	viva	viviera	viva Ud.
Participles:	vivimos	vivíamos	vivimos	viviremos	viviríamos	vivamos	viviéramos	vivamos
viviendo	vivís	vivíais	vivisteis	viviréis	viviríais	viváis	vivierais	vivid (no viváis)
vivido	viven	vivían	vivieron	vivirán	vivirían	vivan	vivieran	vivan Uds.

All verbs: compound tenses

PERFECT TENSES

INDICATIVE							SUBJUNCTIVE			
Present Perfect		Past Perfect		Future Perfect		Conditional Perfect		Present Perfect		Past Perfect
he	hablado	había	hablado	habré	hablado	habría	hablado	haya	hablado	hubiera	hablado
has	comido	habías	comido	habrás	comido	habrías	comido	hayas	comido	hubieras	comido
ha	vivido	había	vivido	habrá	vivido	habría	vivido	haya	vivido	hubiera	vivido
hemos		habíamos		habremos		habríamos		hayamos		hubiéramos	
habéis		habíais		habréis		habríais		hayáis		hubierais	
han		habían		habrán		habrían		hayan		hubieran	

PROGRESSIVE TENSES

	INDICATIVE				SUBJUNCTIVE	
	Present Progressive	Past Progressive	Future Progressive	Conditional Progressive	Present Progressive	Past Progressive
	estoy estás está estamos estáis están	estaba estabas estaba estábamos estabais estaban	estaré estarás estará estaremos estaréis estarán	estaría estarías estaría estaríamos estaríais estarían	esté estés esté estemos estéis estén	estuviera estuvieras estuviera estuviéramos estuvierais estuvieran
+	hablando comiendo viviendo	hablando comiendo viviendo	hablando comiendo viviendo	hablando comiendo viviendo	hablando comiendo viviendo	hablando comiendo viviendo

Irregular verbs

Infinitive	INDICATIVE					SUBJUNCTIVE		IMPERATIVE
	Present	Imperfect	Preterite	Future	Conditional	Present	Past	
4 caber Participles: cabiendo cabido	**quepo** cabes cabe cabemos cabéis caben	cabía cabías cabía cabíamos cabíais cabían	**cupe** **cupiste** **cupo** **cupimos** **cupisteis** **cupieron**	**cabré** **cabrás** **cabrá** **cabremos** **cabréis** **cabrán**	**cabría** **cabrías** **cabría** **cabríamos** **cabríais** **cabrían**	**quepa** **quepas** **quepa** **quepamos** **quepáis** **quepan**	**cupiera** **cupieras** **cupiera** **cupiéramos** **cupierais** **cupieran**	cabe tú (no **quepas**) **quepa** Ud. **quepamos** cabed (no **quepáis**) **quepan** Uds.
5 caer Participles: **cayendo** **caído**	**caigo** caes cae caemos caéis caen	caía caías caía caíamos caíais caían	caí **caíste** **cayó** **caímos** **caísteis** **cayeron**	caeré caerás caerá caeremos caeréis caerán	caería caerías caería caeríamos caeríais caerían	**caiga** **caigas** **caiga** **caigamos** **caigáis** **caigan**	**cayera** **cayeras** **cayera** **cayéramos** **cayerais** **cayeran**	cae tú (no **caigas**) **caiga** Ud. (no **caiga**) **caigamos** caed (no **caigáis**) **caigan** Uds.
6 conducir (c:zc) Participles: conduciendo conducido	**conduzco** conduces conduce conducimos conducís conducen	conducía conducías conducía conducíamos conducíais conducían	**conduje** **condujiste** **condujo** **condujimos** **condujisteis** **condujeron**	conduciré conducirás conducirá conduciremos conduciréis conducirán	conduciría conducirías conduciría conduciríamos conduciríais conducirían	**conduzca** **conduzcas** **conduzca** **conduzcamos** **conduzcáis** **conduzcan**	**condujera** **condujeras** **condujera** **condujéramos** **condujerais** **condujeran**	conduce tú (no **conduzcas**) **conduzca** Ud. (no **conduzca**) **conduzcamos** conducid (no **conduzcáis**) **conduzcan** Uds.

7. dar — Participles: dando, dado

	INDICATIVE					SUBJUNCTIVE		IMPERATIVE
	Present	Imperfect	Preterite	Future	Conditional	Present	Past	
	doy	daba	di	daré	daría	dé	diera	
	das	dabas	diste	darás	darías	des	dieras	da tú (no des)
	da	daba	dio	dará	daría	dé	diera	dé Ud.
	damos	dábamos	dimos	daremos	daríamos	demos	diéramos	demos
	dais	dabais	disteis	daréis	daríais	deis	dierais	dad (no deis)
	dan	daban	dieron	darán	darían	den	dieran	den Uds.

8. decir (e:i) — Participles: diciendo, dicho

	INDICATIVE					SUBJUNCTIVE		IMPERATIVE
	Present	Imperfect	Preterite	Future	Conditional	Present	Past	
	digo	decía	dije	diré	diría	diga	dijera	
	dices	decías	dijiste	dirás	dirías	digas	dijeras	di tú (no digas)
	dice	decía	dijo	dirá	diría	diga	dijera	diga Ud.
	decimos	decíamos	dijimos	diremos	diríamos	digamos	dijéramos	digamos
	decís	decíais	dijisteis	diréis	diríais	digáis	dijerais	decid (no digáis)
	dicen	decían	dijeron	dirán	dirían	digan	dijeran	digan Uds.

9. estar — Participles: estando, estado

	INDICATIVE					SUBJUNCTIVE		IMPERATIVE
	Present	Imperfect	Preterite	Future	Conditional	Present	Past	
	estoy	estaba	estuve	estaré	estaría	esté	estuviera	
	estás	estabas	estuviste	estarás	estarías	estés	estuvieras	está tú (no estés)
	está	estaba	estuvo	estará	estaría	esté	estuviera	esté Ud.
	estamos	estábamos	estuvimos	estaremos	estaríamos	estemos	estuviéramos	estemos
	estáis	estabais	estuvisteis	estaréis	estaríais	estéis	estuvierais	estad (no estéis)
	están	estaban	estuvieron	estarán	estarían	estén	estuvieran	estén Uds.

10. haber — Participles: habiendo, habido

	INDICATIVE					SUBJUNCTIVE		IMPERATIVE
	Present	Imperfect	Preterite	Future	Conditional	Present	Past	
	he	había	hube	habré	habría	haya	hubiera	
	has	habías	hubiste	habrás	habrías	hayas	hubieras	
	ha	había	hubo	habrá	habría	haya	hubiera	
	hemos	habíamos	hubimos	habremos	habríamos	hayamos	hubiéramos	
	habéis	habíais	hubisteis	habréis	habríais	hayáis	hubierais	
	han	habían	hubieron	habrán	habrían	hayan	hubieran	

11. hacer — Participles: haciendo, hecho

	INDICATIVE					SUBJUNCTIVE		IMPERATIVE
	Present	Imperfect	Preterite	Future	Conditional	Present	Past	
	hago	hacía	hice	haré	haría	haga	hiciera	
	haces	hacías	hiciste	harás	harías	hagas	hicieras	haz tú (no hagas)
	hace	hacía	hizo	hará	haría	haga	hiciera	haga Ud.
	hacemos	hacíamos	hicimos	haremos	haríamos	hagamos	hiciéramos	hagamos
	hacéis	hacíais	hicisteis	haréis	haríais	hagáis	hicierais	haced (no hagáis)
	hacen	hacían	hicieron	harán	harían	hagan	hicieran	hagan Uds.

12. ir — Participles: yendo, ido

	INDICATIVE					SUBJUNCTIVE		IMPERATIVE
	Present	Imperfect	Preterite	Future	Conditional	Present	Past	
	voy	iba	fui	iré	iría	vaya	fuera	
	vas	ibas	fuiste	irás	irías	vayas	fueras	ve tú (no vayas)
	va	iba	fue	irá	iría	vaya	fuera	vaya Ud.
	vamos	íbamos	fuimos	iremos	iríamos	vayamos	fuéramos	vamos (no vayamos)
	vais	ibais	fuisteis	iréis	iríais	vayáis	fuerais	id (no vayáis)
	van	iban	fueron	irán	irían	vayan	fueran	vayan Uds.

13. oír (y) — Participles: oyendo, oído

	INDICATIVE					SUBJUNCTIVE		IMPERATIVE
	Present	Imperfect	Preterite	Future	Conditional	Present	Past	
	oigo	oía	oí	oiré	oiría	oiga	oyera	
	oyes	oías	oíste	oirás	oirías	oigas	oyeras	oye tú (no oigas)
	oye	oía	oyó	oirá	oiría	oiga	oyera	oiga Ud.
	oímos	oíamos	oímos	oiremos	oiríamos	oigamos	oyéramos	oigamos
	oís	oíais	oísteis	oiréis	oiríais	oigáis	oyerais	oíd (no oigáis)
	oyen	oían	oyeron	oirán	oirían	oigan	oyeran	oigan Uds.

14 poder (o:ue) — Participles: **pudiendo**, podido

	INDICATIVE					SUBJUNCTIVE		IMPERATIVE
	Present	Imperfect	Preterite	Future	Conditional	Present	Past	
	puedo	podía	**pude**	**podré**	**podría**	**pueda**	**pudiera**	
	puedes	podías	**pudiste**	**podrás**	**podrías**	**puedas**	**pudieras**	**puede** tú (no **puedas**)
	puede	podía	**pudo**	**podrá**	**podría**	**pueda**	**pudiera**	**pueda** Ud.
	podemos	podíamos	**pudimos**	**podremos**	**podríamos**	podamos	**pudiéramos**	podamos
	podéis	podíais	**pudisteis**	**podréis**	**podríais**	podáis	**pudierais**	poded (no podáis)
	pueden	podían	**pudieron**	**podrán**	**podrían**	**puedan**	**pudieran**	**puedan** Uds.

15 poner — Participles: poniendo, **puesto**

	INDICATIVE					SUBJUNCTIVE		IMPERATIVE
	Present	Imperfect	Preterite	Future	Conditional	Present	Past	
	pongo	ponía	**puse**	**pondré**	**pondría**	**ponga**	**pusiera**	
	pones	ponías	**pusiste**	**pondrás**	**pondrías**	**pongas**	**pusieras**	**pon** tú (no **pongas**)
	pone	ponía	**puso**	**pondrá**	**pondría**	**ponga**	**pusiera**	**ponga** Ud.
	ponemos	poníamos	**pusimos**	**pondremos**	**pondríamos**	**pongamos**	**pusiéramos**	**pongamos**
	ponéis	poníais	**pusisteis**	**pondréis**	**pondríais**	**pongáis**	**pusierais**	poned (no **pongáis**)
	ponen	ponían	**pusieron**	**pondrán**	**pondrían**	**pongan**	**pusieran**	**pongan** Uds.

16 querer (e:ie) — Participles: queriendo, querido

	INDICATIVE					SUBJUNCTIVE		IMPERATIVE
	Present	Imperfect	Preterite	Future	Conditional	Present	Past	
	quiero	quería	**quise**	**querré**	**querría**	**quiera**	**quisiera**	
	quieres	querías	**quisiste**	**querrás**	**querrías**	**quieras**	**quisieras**	**quiere** tú (no **quieras**)
	quiere	quería	**quiso**	**querrá**	**querría**	**quiera**	**quisiera**	**quiera** Ud.
	queremos	queríamos	**quisimos**	**querremos**	**querríamos**	queramos	**quisiéramos**	queramos
	queréis	queríais	**quisisteis**	**querréis**	**querríais**	queráis	**quisierais**	quered (no queráis)
	quieren	querían	**quisieron**	**querrán**	**querrían**	**quieran**	**quisieran**	**quieran** Uds.

17 saber — Participles: sabiendo, sabido

	INDICATIVE					SUBJUNCTIVE		IMPERATIVE
	Present	Imperfect	Preterite	Future	Conditional	Present	Past	
	sé	sabía	**supe**	**sabré**	**sabría**	**sepa**	**supiera**	
	sabes	sabías	**supiste**	**sabrás**	**sabrías**	**sepas**	**supieras**	sabe tú (no **sepas**)
	sabe	sabía	**supo**	**sabrá**	**sabría**	**sepa**	**supiera**	**sepa** Ud.
	sabemos	sabíamos	**supimos**	**sabremos**	**sabríamos**	**sepamos**	**supiéramos**	**sepamos**
	sabéis	sabíais	**supisteis**	**sabréis**	**sabríais**	**sepáis**	**supierais**	sabed (no **sepáis**)
	saben	sabían	**supieron**	**sabrán**	**sabrían**	**sepan**	**supieran**	**sepan** Uds.

18 salir — Participles: saliendo, salido

	INDICATIVE					SUBJUNCTIVE		IMPERATIVE
	Present	Imperfect	Preterite	Future	Conditional	Present	Past	
	salgo	salía	salí	**saldré**	**saldría**	**salga**	saliera	
	sales	salías	saliste	**saldrás**	**saldrías**	**salgas**	salieras	**sal** tú (no **salgas**)
	sale	salía	salió	**saldrá**	**saldría**	**salga**	saliera	**salga** Ud.
	salimos	salíamos	salimos	**saldremos**	**saldríamos**	**salgamos**	saliéramos	**salgamos**
	salís	salíais	salisteis	**saldréis**	**saldríais**	**salgáis**	salierais	salid (no **salgáis**)
	salen	salían	salieron	**saldrán**	**saldrían**	**salgan**	salieran	**salgan** Uds.

19 ser — Participles: siendo, sido

	INDICATIVE					SUBJUNCTIVE		IMPERATIVE
	Present	Imperfect	Preterite	Future	Conditional	Present	Past	
	soy	**era**	**fui**	seré	sería	**sea**	**fuera**	
	eres	**eras**	**fuiste**	serás	serías	**seas**	**fueras**	**sé** tú (no **seas**)
	es	**era**	**fue**	será	sería	**sea**	**fuera**	sea Ud.
	somos	**éramos**	**fuimos**	seremos	seríamos	**seamos**	**fuéramos**	**seamos**
	sois	**erais**	**fuisteis**	seréis	seríais	**seáis**	**fuerais**	sed (no **seáis**)
	son	**eran**	**fueron**	serán	serían	**sean**	**fueran**	sean Uds.

20 tener (e:ie) — Participles: teniendo, tenido

	INDICATIVE					SUBJUNCTIVE		IMPERATIVE
	Present	Imperfect	Preterite	Future	Conditional	Present	Past	
	tengo	tenía	**tuve**	**tendré**	**tendría**	**tenga**	**tuviera**	
	tienes	tenías	**tuviste**	**tendrás**	**tendrías**	**tengas**	**tuvieras**	**ten** tú (no **tengas**)
	tiene	tenía	**tuvo**	**tendrá**	**tendría**	**tenga**	**tuviera**	**tenga** Ud.
	tenemos	teníamos	**tuvimos**	**tendremos**	**tendríamos**	**tengamos**	**tuviéramos**	**tengamos**
	tenéis	teníais	**tuvisteis**	**tendréis**	**tendríais**	**tengáis**	**tuvierais**	tened (no **tengáis**)
	tienen	tenían	**tuvieron**	**tendrán**	**tendrían**	**tengan**	**tuvieran**	**tengan** Uds.

21 traer

Infinitive	INDICATIVE					SUBJUNCTIVE		IMPERATIVE
	Present	Imperfect	Preterite	Future	Conditional	Present	Past	
traer	traigo	traía	traje	traeré	traería	traiga	trajera	
	traes	traías	trajiste	traerás	traerías	traigas	trajeras	trae tú (no traigas)
	trae	traía	trajo	traerá	traería	traiga	trajera	traiga Ud.
Participles:	traemos	traíamos	trajimos	traeremos	traeríamos	traigamos	trajéramos	traigamos
trayendo	traéis	traíais	trajisteis	traeréis	traeríais	traigáis	trajerais	traed (no traigáis)
traído	traen	traían	trajeron	traerán	traerían	traigan	trajeran	traigan Uds.

22 venir (e:ie)

Infinitive	INDICATIVE					SUBJUNCTIVE		IMPERATIVE
	Present	Imperfect	Preterite	Future	Conditional	Present	Past	
venir (e:ie)	vengo	venía	vine	vendré	vendría	venga	viniera	
	vienes	venías	viniste	vendrás	vendrías	vengas	vinieras	ven tú (no vengas)
	viene	venía	vino	vendrá	vendría	venga	viniera	venga Ud.
Participles:	venimos	veníamos	vinimos	vendremos	vendríamos	vengamos	viniéramos	vengamos
viniendo	venís	veníais	vinisteis	vendréis	vendríais	vengáis	vinierais	venid (no vengáis)
venido	vienen	venían	vinieron	vendrán	vendrían	vengan	vinieran	vengan Uds.

23 ver

Infinitive	INDICATIVE					SUBJUNCTIVE		IMPERATIVE
	Present	Imperfect	Preterite	Future	Conditional	Present	Past	
ver	veo	veía	vi	veré	vería	vea	viera	
	ves	veías	viste	verás	verías	veas	vieras	ve tú (no veas)
	ve	veía	vio	verá	vería	vea	viera	vea Ud.
Participles:	vemos	veíamos	vimos	veremos	veríamos	veamos	viéramos	veamos
viendo	veis	veíais	visteis	veréis	veríais	veáis	vierais	ved (no veáis)
visto	ven	veían	vieron	verán	verían	vean	vieran	vean Uds.

Stem-changing verbs

24 contar (o:ue)

Infinitive	INDICATIVE					SUBJUNCTIVE		IMPERATIVE
	Present	Imperfect	Preterite	Future	Conditional	Present	Past	
contar (o:ue)	cuento	contaba	conté	contaré	contaría	cuente	contara	
	cuentas	contabas	contaste	contarás	contarías	cuentes	contaras	cuenta tú (no cuentes)
	cuenta	contaba	contó	contará	contaría	cuente	contara	cuente Ud.
Participles:	contamos	contábamos	contamos	contaremos	contaríamos	contemos	contáramos	contemos
contando	contáis	contabais	contasteis	contaréis	contaríais	contéis	contarais	contad (no contéis)
contado	cuentan	contaban	contaron	contarán	contarían	cuenten	contaran	cuenten Uds.

25 dormir (o:ue)

Infinitive	INDICATIVE					SUBJUNCTIVE		IMPERATIVE
	Present	Imperfect	Preterite	Future	Conditional	Present	Past	
dormir (o:ue)	duermo	dormía	dormí	dormiré	dormiría	duerma	durmiera	
	duermes	dormías	dormiste	dormirás	dormirías	duermas	durmieras	duerme tú (no duermas)
	duerme	dormía	durmió	dormirá	dormiría	duerma	durmiera	duerma Ud.
Participles:	dormimos	dormíamos	dormimos	dormiremos	dormiríamos	durmamos	durmiéramos	durmamos
durmiendo	dormís	dormíais	dormisteis	dormiréis	dormiríais	durmáis	durmierais	dormid (no durmáis)
dormido	duermen	dormían	durmieron	dormirán	dormirían	duerman	durmieran	duerman Uds.

26 empezar (e:ie) (z:c)

Infinitive	INDICATIVE					SUBJUNCTIVE		IMPERATIVE
	Present	Imperfect	Preterite	Future	Conditional	Present	Past	
empezar (e:ie) (z:c)	empiezo	empezaba	empecé	empezaré	empezaría	empiece	empezara	
	empiezas	empezabas	empezaste	empezarás	empezarías	empieces	empezaras	empieza tú (no empieces)
	empieza	empezaba	empezó	empezará	empezaría	empiece	empezara	empiece Ud.
Participles:	empezamos	empezábamos	empezamos	empezaremos	empezaríamos	empecemos	empezáramos	empecemos
empezando	empezáis	empezabais	empezasteis	empezaréis	empezaríais	empecéis	empezarais	empezad (no empecéis)
empezado	empiezan	empezaban	empezaron	empezarán	empezarían	empiecen	empezaran	empiecen Uds.

27 entender (e:ie) — Participles: entendiendo, entendido

	Present	Imperfect	Preterite	Future	Conditional	Subj. Present	Subj. Past	Imperative
	entiendo	entendía	entendí	entenderé	entendería	entienda	entendiera	
	entiendes	entendías	entendiste	entenderás	entenderías	entiendas	entendieras	entiende tú (no entiendas)
	entiende	entendía	entendió	entenderá	entendería	entienda	entendiera	entienda Ud.
	entendemos	entendíamos	entendimos	entenderemos	entenderíamos	entendamos	entendiéramos	entendamos
	entendéis	entendíais	entendisteis	entenderéis	entenderíais	entendáis	entendierais	entended (no entendáis)
	entienden	entendían	entendieron	entenderán	entenderían	entiendan	entendieran	entiendan Uds.

28 jugar (u:ue) (g:gu) — Participles: jugando, jugado

	Present	Imperfect	Preterite	Future	Conditional	Subj. Present	Subj. Past	Imperative
	juego	jugaba	jugué	jugaré	jugaría	juegue	jugara	
	juegas	jugabas	jugaste	jugarás	jugarías	juegues	jugaras	juega tú (no juegues)
	juega	jugaba	jugó	jugará	jugaría	juegue	jugara	juegue Ud.
	jugamos	jugábamos	jugamos	jugaremos	jugaríamos	juguemos	jugáramos	juguemos
	jugáis	jugabais	jugasteis	jugaréis	jugaríais	juguéis	jugarais	jugad (no juguéis)
	juegan	jugaban	jugaron	jugarán	jugarían	jueguen	jugaran	jueguen Uds.

29 pedir (e:i) — Participles: pidiendo, pedido

	Present	Imperfect	Preterite	Future	Conditional	Subj. Present	Subj. Past	Imperative
	pido	pedía	pedí	pediré	pediría	pida	pidiera	
	pides	pedías	pediste	pedirás	pedirías	pidas	pidieras	pide tú (no pidas)
	pide	pedía	pidió	pedirá	pediría	pida	pidiera	pida Ud.
	pedimos	pedíamos	pedimos	pediremos	pediríamos	pidamos	pidiéramos	pidamos
	pedís	pedíais	pedisteis	pediréis	pediríais	pidáis	pidierais	pedid (no pidáis)
	piden	pedían	pidieron	pedirán	pedirían	pidan	pidieran	pidan Uds.

30 pensar (e:ie) — Participles: pensando, pensado

	Present	Imperfect	Preterite	Future	Conditional	Subj. Present	Subj. Past	Imperative
	pienso	pensaba	pensé	pensaré	pensaría	piense	pensara	
	piensas	pensabas	pensaste	pensarás	pensarías	pienses	pensaras	piensa tú (no pienses)
	piensa	pensaba	pensó	pensará	pensaría	piense	pensara	piense Ud.
	pensamos	pensábamos	pensamos	pensaremos	pensaríamos	pensemos	pensáramos	pensemos
	pensáis	pensabais	pensasteis	pensaréis	pensaríais	penséis	pensarais	pensad (no penséis)
	piensan	pensaban	pensaron	pensarán	pensarían	piensen	pensaran	piensen Uds.

31 reír (e:i) — Participles: riendo, reído

	Present	Imperfect	Preterite	Future	Conditional	Subj. Present	Subj. Past	Imperative
	río	reía	reí	reiré	reiría	ría	riera	
	ríes	reías	reíste	reirás	reirías	rías	rieras	ríe tú (no rías)
	ríe	reía	rió	reirá	reiría	ría	riera	ría Ud.
	reímos	reíamos	reímos	reiremos	reiríamos	riamos	riéramos	riamos
	reís	reíais	reísteis	reiréis	reiríais	riáis	rierais	reíd (no riáis)
	ríen	reían	rieron	reirán	reirían	rían	rieran	rían Uds.

32 seguir (e:i) (gu:g) — Participles: siguiendo, seguido

	Present	Imperfect	Preterite	Future	Conditional	Subj. Present	Subj. Past	Imperative
	sigo	seguía	seguí	seguiré	seguiría	siga	siguiera	
	sigues	seguías	seguiste	seguirás	seguirías	sigas	siguieras	sigue tú (no sigas)
	sigue	seguía	siguió	seguirá	seguiría	siga	siguiera	siga Ud.
	seguimos	seguíamos	seguimos	seguiremos	seguiríamos	sigamos	siguiéramos	sigamos
	seguís	seguíais	seguisteis	seguiréis	seguiríais	sigáis	siguierais	seguid (no sigáis)
	siguen	seguían	siguieron	seguirán	seguirían	sigan	siguieran	sigan Uds.

33 sentir (e:ie) — Participles: sintiendo, sentido

	Present	Imperfect	Preterite	Future	Conditional	Subj. Present	Subj. Past	Imperative
	siento	sentía	sentí	sentiré	sentiría	sienta	sintiera	
	sientes	sentías	sentiste	sentirás	sentirías	sientas	sintieras	siente tú (no sientas)
	siente	sentía	sintió	sentirá	sentiría	sienta	sintiera	sienta Ud.
	sentimos	sentíamos	sentimos	sentiremos	sentiríamos	sintamos	sintiéramos	sintamos
	sentís	sentíais	sentisteis	sentiréis	sentiríais	sintáis	sintierais	sentid (no sintáis)
	sienten	sentían	sintieron	sentirán	sentirían	sientan	sintieran	sientan Uds.

34 — volver (o:ue)

Participles: volviendo, vuelto

	Present	Imperfect	Preterite	Future	Conditional	Subj. Present	Subj. Past	Imperative
yo	vuelvo	volvía	volví	volveré	volvería	vuelva	volviera	
tú	vuelves	volvías	volviste	volverás	volverías	vuelvas	volvieras	vuelve tú (no vuelvas)
él/ella/Ud.	vuelve	volvía	volvió	volverá	volvería	vuelva	volviera	vuelva Ud.
nosotros	volvemos	volvíamos	volvimos	volveremos	volveríamos	volvamos	volviéramos	volvamos
vosotros	volvéis	volvíais	volvisteis	volveréis	volveríais	volváis	volvierais	volved (no volváis)
ellos/Uds.	vuelven	volvían	volvieron	volverán	volverían	vuelvan	volvieran	vuelvan Uds.

Verbs with spelling changes only

35 — conocer (c:zc)

Participles: conociendo, conocido

	Present	Imperfect	Preterite	Future	Conditional	Subj. Present	Subj. Past	Imperative
yo	conozco	conocía	conocí	conoceré	conocería	conozca	conociera	
tú	conoces	conocías	conociste	conocerás	conocerías	conozcas	conocieras	conoce tú (no conozcas)
él/ella/Ud.	conoce	conocía	conoció	conocerá	conocería	conozca	conociera	conozca Ud.
nosotros	conocemos	conocíamos	conocimos	conoceremos	conoceríamos	conozcamos	conociéramos	conozcamos
vosotros	conocéis	conocíais	conocisteis	conoceréis	conoceríais	conozcáis	conocierais	conoced (no conozcáis)
ellos/Uds.	conocen	conocían	conocieron	conocerán	conocerían	conozcan	conocieran	conozcan Uds.

36 — creer (y)

Participles: creyendo, creído

	Present	Imperfect	Preterite	Future	Conditional	Subj. Present	Subj. Past	Imperative
yo	creo	creía	creí	creeré	creería	crea	creyera	
tú	crees	creías	creíste	creerás	creerías	creas	creyeras	cree tú (no creas)
él/ella/Ud.	cree	creía	creyó	creerá	creería	crea	creyera	crea Ud.
nosotros	creemos	creíamos	creímos	creeremos	creeríamos	creamos	creyéramos	creamos
vosotros	creéis	creíais	creísteis	creeréis	creeríais	creáis	creyerais	creed (no creáis)
ellos/Uds.	creen	creían	creyeron	creerán	creerían	crean	creyeran	crean Uds.

37 — cruzar (z:c)

Participles: cruzando, cruzado

	Present	Imperfect	Preterite	Future	Conditional	Subj. Present	Subj. Past	Imperative
yo	cruzo	cruzaba	crucé	cruzaré	cruzaría	cruce	cruzara	
tú	cruzas	cruzabas	cruzaste	cruzarás	cruzarías	cruces	cruzaras	cruza tú (no cruces)
él/ella/Ud.	cruza	cruzaba	cruzó	cruzará	cruzaría	cruce	cruzara	cruce Ud.
nosotros	cruzamos	cruzábamos	cruzamos	cruzaremos	cruzaríamos	crucemos	cruzáramos	crucemos
vosotros	cruzáis	cruzabais	cruzasteis	cruzaréis	cruzaríais	crucéis	cruzarais	cruzad (no crucéis)
ellos/Uds.	cruzan	cruzaban	cruzaron	cruzarán	cruzarían	crucen	cruzaran	crucen Uds.

38 — destruir (y)

Participles: destruyendo, destruido

	Present	Imperfect	Preterite	Future	Conditional	Subj. Present	Subj. Past	Imperative
yo	destruyo	destruía	destruí	destruiré	destruiría	destruya	destruyera	
tú	destruyes	destruías	destruiste	destruirás	destruirías	destruyas	destruyeras	destruye tú (no destruyas)
él/ella/Ud.	destruye	destruía	destruyó	destruirá	destruiría	destruya	destruyera	destruya Ud.
nosotros	destruimos	destruíamos	destruimos	destruiremos	destruiríamos	destruyamos	destruyéramos	destruyamos
vosotros	destruís	destruíais	destruisteis	destruiréis	destruiríais	destruyáis	destruyerais	destruid (no destruyáis)
ellos/Uds.	destruyen	destruían	destruyeron	destruirán	destruirían	destruyan	destruyeran	destruyan Uds.

39 — enviar

Participles: enviando, enviado

	Present	Imperfect	Preterite	Future	Conditional	Subj. Present	Subj. Past	Imperative
yo	envío	enviaba	envié	enviaré	enviaría	envíe	enviara	
tú	envías	enviabas	enviaste	enviarás	enviarías	envíes	enviaras	envía tú (no envíes)
él/ella/Ud.	envía	enviaba	envió	enviará	enviaría	envíe	enviara	envíe Ud.
nosotros	enviamos	enviábamos	enviamos	enviaremos	enviaríamos	enviemos	enviáramos	enviemos
vosotros	enviáis	enviabais	enviasteis	enviaréis	enviaríais	enviéis	enviarais	enviad (no enviéis)
ellos/Uds.	envían	enviaban	enviaron	enviarán	enviarían	envíen	enviaran	envíen Uds.

Infinitive	INDICATIVE					SUBJUNCTIVE		IMPERATIVE
	Present	Imperfect	Preterite	Future	Conditional	Present	Past	
40 graduar **Participles:** graduando graduado	**gradúo** **gradúas** **gradúa** graduamos graduáis **gradúan**	graduaba graduabas graduaba graduábamos graduabais graduaban	gradué graduaste graduó graduamos graduasteis graduaron	graduaré graduarás graduará graduaremos graduaréis graduarán	graduaría graduarías graduaría graduaríamos graduaríais graduarían	**gradúe** **gradúes** **gradúe** graduemos graduéis **gradúen**	graduara graduaras graduara graduáramos graduarais graduaran	**gradúa** tú (no **gradúes**) **gradúe** Ud. graduemos graduad (no graduéis) **gradúen** Uds.
41 llegar (g:gu) **Participles:** llegando llegado	llego llegas llega llegamos llegáis llegan	llegaba llegabas llegaba llegábamos llegabais llegaban	**llegué** llegaste llegó llegamos llegasteis llegaron	llegaré llegarás llegará llegaremos llegaréis llegarán	llegaría llegarías llegaría llegaríamos llegaríais llegarían	**llegue** **llegues** **llegue** **lleguemos** **lleguéis** **lleguen**	llegara llegaras llegara llegáramos llegarais llegaran	llega tú (no **llegues**) **llegue** Ud. **lleguemos** llegad (no **lleguéis**) **lleguen** Uds.
42 proteger (g:j) **Participles:** protegiendo protegido	**protejo** proteges protege protegemos protegéis protegen	protegía protegías protegía protegíamos protegíais protegían	protegí protegiste protegió protegimos protegisteis protegieron	protegeré protegerás protegerá protegeremos protegeréis protegerán	protegería protegerías protegería protegeríamos protegeríais protegerían	**proteja** **protejas** **proteja** **protejamos** **protejáis** **protejan**	protegiera protegieras protegiera protegiéramos protegierais protegieran	protege tú (no **protejas**) **proteja** Ud. **protejamos** proteged (no **protejáis**) **protejan** Uds.
43 tocar (c:qu) **Participles:** tocando tocado	toco tocas toca tocamos tocáis tocan	tocaba tocabas tocaba tocábamos tocabais tocaban	**toqué** tocaste tocó tocamos tocasteis tocaron	tocaré tocarás tocará tocaremos tocaréis tocarán	tocaría tocarías tocaría tocaríamos tocaríais tocarían	**toque** **toques** **toque** **toquemos** **toquéis** **toquen**	tocara tocaras tocara tocáramos tocarais tocaran	toca tú (no **toques**) **toque** Ud. **toquemos** tocad (no **toquéis**) **toquen** Uds.
44 vencer (c:z) **Participles:** venciendo vencido	**venzo** vences vence vencemos vencéis vencen	vencía vencías vencía vencíamos vencíais vencían	vencí venciste venció vencimos vencisteis vencieron	venceré vencerás vencerá venceremos venceréis vencerán	vencería vencerías vencería venceríamos venceríais vencerían	**venza** **venzas** **venza** **venzamos** **venzáis** **venzan**	venciera vencieras venciera venciéramos vencierais vencieran	vence tú (no **venzas**) **venza** Ud. **venzamos** venced (no **venzáis**) **venzan** Uds.
45 esparcir (c:z) **Participles:** esparciendo esparcido	**esparzo** esparces esparce esparcimos esparcís esparcen	esparcía esparcías esparcía esparcíamos esparcíais esparcían	esparcí esparciste esparció esparcimos esparcisteis esparcieron	esparciré esparcirás esparcirá esparciremos esparciréis esparcirán	esparciría esparcirías esparciría esparciríamos esparciríais esparcirían	**esparza** **esparzas** **esparza** **esparzamos** **esparzáis** **esparzan**	esparciera esparcieras esparciera esparciéramos esparcierais esparcieran	esparce tú (no **esparzas**) **esparza** Ud. **esparzamos** esparcid (no **esparzáis**) **esparzan** Uds.
46 extinguir (gu:g) **Participles:** extinguiendo extinguido	**extingo** extingues extingue extinguimos extinguís extinguen	extinguía extinguías extinguía extinguíamos extinguíais extinguían	extinguí extinguiste extinguió extinguimos extinguisteis extinguieron	extinguiré extinguirás extinguirá extinguiremos extinguiréis extinguirán	extinguiría extinguirías extinguiría extinguiríamos extinguiríais extinguirían	**extinga** **extingas** **extinga** **extingamos** **extingáis** **extingan**	extinguiera extinguieras extinguiera extinguiéramos extinguierais extinguieran	extingue tú (no **extingas**) **extinga** Ud. **extingamos** extinguid (no **extingáis**) **extingan** Uds.

Reflexive verbs: simple tenses

• In all simple indicative and subjunctive tenses, the reflexive pronoun is placed before the verb. In the imperative, the reflexive pronoun is attached to the verb in affirmative commands, but precedes the verb in negative commands.

Infinitive	SIMPLE INDICATIVE TENSES	SIMPLE SUBJUNCTIVE TENSES	IMPERATIVE
casarse	me caso	me case	
	te casas	te cases	cásate tú (no te cases)
	se casa	se case	cásese Ud. (no se case)
	nos casamos	nos casemos	casémonos (no nos casemos)
	os casáis	os caséis	casaos (no os caséis)
	se casan	se casen	cásense Uds. (no se casen)

Reflexive verbs: compound tenses

• In all compound tenses, the reflexive pronoun is placed before the verb.

Infinitive	COMPOUND INDICATIVE TENSES	COMPOUND SUBJUNCTIVE TENSES
casarse	me he casado	me haya casado
	te has casado	te hayas casado
	se ha casado	se haya casado
	nos hemos casado	nos hayamos casado
	os habéis casado	os hayáis casado
	se han casado	se hayan casado

Vocabulary

This glossary contains the words and expressions listed on the **Vocabulario** page found at the end of each lesson in **SUEÑA** as well as other useful vocabulary. A numeral following an entry indicates the lesson where the word or expression was introduced.

Note on alphabetization

For purposes of alphabetization, **ch** and **ll** are not treated as separate letters, but **ñ** follows **n.**

Abbreviations used in this glossary

adj.	adjective		*indef.*	indefinite		*poss.*	possessive
adv.	adverb		*interj.*	interjection		*prep.*	preposition
art.	article		*i.o.*	indirect object		*pron.*	pronoun
conj.	conjunction		*m.*	masculine		*sing.*	singular
def.	definite		*n.*	noun		*sub.*	subject
d.o.	direct object		*obj.*	object		*v.*	verb
f.	feminine		*pej.*	pejorative			
fam.	familiar		*p.p.*	past participle			
form.	formal		*pl.*	plural			

Español-Inglés

A

a *prep.* at; to **1**
  ¿A qué hora…?
    At what time…?
  a bordo aboard
  a dieta on a diet
  a la derecha to the right
  a la izquierda to the left
  a la plancha grilled
  a la(s) + time at + *time*
  a menos que unless
  a menudo *adv.* often
  a nombre de in the name of
  a plazos in installments
  A sus órdenes. At your service.
  a tiempo *adv.* on time
  a veces *adv.* sometimes
  a ver let's see
abajo *adv.* down
abeja *f.* bee
abandonar *v.* to leave **1**
abastecer *v.* to supply
abierto/a *adj.* open
abogado/a *m., f.* lawyer **6**
abrazar(se) *v.* to hug; to embrace
  (each other)
abrazo *m.* hug
abrigarse *v.* to wear warm clothes **3**
abrigo *m.* coat
abril *m.* April
abrir *v.* to open

abuelo/a *m., f.* grandfather;
  grandmother
abuelos *pl.* grandparents
aburrido/a *adj.* bored; boring
aburrir *v.* to bore
aburrirse *v.* to get bored
abusar *v.* to abuse **6**
abuso *m.* abuse **6**
acabar de (+ *inf.*) *v.* to have just
  done something
acampar *v.* to camp
acariciar *v.* to caress
accidente *m.* accident
acción *f.* action
  de acción action (genre)
aceite *m.* oil
acento *m.* accent
acera *f.* sidewalk **2**
ácido/a *adj.* acid
acomodarse *v.* to adapt
acompañar *v.* to go with;
  to accompany
aconsejar *v.* to advise
acontecimiento *m.* event **3**
acordarse (de) (o:ue) *v.* to remember
acosar *v.* to harass
acostarse (o:ue) *v.* to go to bed
acostumbrar *v.* to do as
  a custom/habit **2**
actitud *f.* attitude
activista *m., f.* activist **6**
activo/a *adj.* active
actor *m.* actor **3**
actriz *f.* actress **3**
actualidad *f.* news; current events **3**

actualizado/a *adj.* up-to-date **3**
actuar *v.* to act
acuático/a *adj.* aquatic
adaptar(se) *v.* to adapt
adelgazar *v.* to lose weight;
  to slim down
además (de) *adv.* furthermore;
  besides
adicional *adj.* additional
adiós *interj.* good-bye
adivinar *v.* to guess
adjetivo *m.* adjective
adjuntar (un archivo) *v.* to attach
  (a file)
administración *f.* **de empresas**
  business administration
administrar *v.* to manage, to run
administrativo/a *adj.*
  administrative
ADN *m.* DNA
adolescencia *f.* adolescence **4**
adolescente *m., f.* adolescent **4**
¿adónde? *adv.* where (to)?
  (destination)
aduana *f.* customs
adulto/a *m., f.* adult **4**
aeróbico/a *adj.* aerobic
aeropuerto *m.* airport
afectado/a *adj.* affected
afeitarse *v.* to shave
aficionado/a *adj.* fan
afirmativo/a *adj.* affirmative
afligirse *v.* to be distressed;
  to get upset **2**
afueras *f., pl.* suburbs **2**

agencia *f.* **de viajes** travel agency
agente *m., f.* **de viajes** travel agent
agobiado/a *adj.* overwhelmed **1**
agosto *m.* August
agotado/a *adj.* exhausted;
  adj. sold out
agotar *v.* to use up **5**
agradable *adj.* pleasant
agradacer *v.* to thank **4**
agua *f.* water
  agua mineral mineral water
aguafiestas *m., f.* party pooper
aguantar *v.* to put up with;
  to tolerate **5**
águila *f.* eagle **5**
agujero *m.* pothole **2**
agujero negro *m.* black hole
ahogar(se) *v.* to suffocate; to drown;
  to stifle **5**
ahora *adv.* now
  ahora mismo right now
ahorrar *v.* to save (money)
ahorros *m.* savings
aire *m.* air
aislado/a *adj.* isolated **4**
ajedrez *m.* chess **4**
ajo *m.* garlic
al (*contraction of* **a** + **el**)
  al aire libre open-air; outdoors **5**
  al contado in cash
  (al) este (to the) east
  al fondo (de) at the end (of)
  al lado de beside
  (al) norte (to the) north
  (al) oeste (to the) west
  (al) sur (to the) south
ala: el ala *f.***/las alas** wing(s)
alcalde(sa) *m., f.* mayor **2**
alcanzar *v.* to be enough; to
  reach; to attain
  alcanzar un sueño to fulfill
    a dream
  alcanzar una meta to reach
    a goal
alcoba *f.* bedroom
alcohol *m.* alcohol
alcohólico/a *adj.* alcoholic
alegrarse (de) *v.* to be happy
alegre *adj.* happy; joyful
alegría *f.* happiness
alejarse *v.* to move away
alemán, alemana *adj.* German
alérgico/a *adj.* allergic
alfombra *f.* carpet; rug
algo *pron.* something; anything
algodón *m.* cotton
alguien *pron.* someone; somebody;
  anyone
algún; alguna; algunos/as *adj.* any;
  some
alguno/a(s) *pron.* any; some
alimentar *v.* to feed
alimento *m.* food

alimentación *f.* diet
aliviado/a *adj.* relieved
aliviar *v.* to reduce; to relieve;
  to soothe **5**
  aliviar el estrés/la tensión
    to reduce stress/tension
allí *adv.* there
  allí mismo right there
alma *f.* soul
  el alma gemela soulmate,
    kindred spirit **1**
almacén *m.* department store;
  warehouse
almohada *f.* pillow
almorzar (o:ue) *v.* to have lunch
almuerzo *m.* lunch
aló *interj.* hello (*on the telephone*)
alpinismo *m.* mountain climbing
alquilar *v.* to rent
alquiler *m.* rent (payment)
alrededores *m., pl.* the outskirts **2**
alternador *m.* alternator
altillo *m.* attic
alto/a *adj.* tall
aluminio *m.* aluminum
alumno/a *m., f.* pupil, student **6**
ama de casa *m., f.* housekeeper;
  caretaker
amable *adj.* nice; friendly
amado/a *m., f.* loved one,
  sweetheart **1**
amanecer *m.* dawn;
  v. to wake up
amar(se) *v.* to love (each other) **1**
amarillo/a *adj.* yellow
amenaza *f.* threat **6**
amenazar *v.* to threaten **5**
amigo/a *m., f.* friend
amistad *f.* friendship **1**
amnistía *f.* amnesty
amor *m.* love
analfabeto/a *adj.* illiterate **6**
anaranjado/a *adj.* orange
anciano/a *m., f.* elderly person
andar *v.* **en patineta**
  to skateboard
andinismo *m.* mountain climbing
anfitrión/anfitriona *m., f.*
  host/hostess
ánimo *m.* spirit, mood **1**
animado/a *adj.* lively
animal *m.* animal
aniversario (de bodas) *m.*
  (wedding) anniversary
anoche *adv.* last night
anotar un gol *v.* to score a goal
ansioso/a *adj.* anxious **1**
anteayer *adv.* the day
  before yesterday
antepasado *m.* ancestor **4**
antes *adv.* before
  antes (de) que *conj.* before
  antes de *conj.* before

antibiótico *m.* antibiotic
anticipar *v.* to anticipate;
  to expect
antídoto *m.* antidote **5**
antipático/a *adj.* unfriendly **4**
anunciar *v.* to announce; to advertise
anuncio *m.* advertisement;
  commercial **3**
año *m.* year
  año pasado last year
añoranza *f.* homesickness
apagar *v.* to turn off
aparato *m.* appliance
aparcamiento *m.* parking space **5**
aparcar *v.* to park **2, 5**
apartamento *m.* apartment
apellido *m.* last name
apenas *adv.* hardly; scarcely; just **3**
apetecer *v.* to feel like **4**
aplaudir *v.* to applaud; to clap
apodo *m.* nickname **4**
apostar (o:ue) *v.* to bet
apoyar(se) *v.* to support
  (each other) **4**
apreciar *v.* to appreciate
aprender (a + *inf.***)** *v.* to learn
aprobar (o:ue) *v.* to approve
  aprobar una ley *v.* to pass a law **6**
aprovechar *v.* to take advantage of
apurarse *v.* to hurry; to rush
aquel, aquella *adj.* that; those
  (over there)
aquél, aquélla *pron.* that; those
  (over there)
aquello *neuter, pron.* that; that thing;
  that fact
aquellos/as *pl. adj.* those (over there)
aquéllos/as *pl. pron.* those (ones)
  (over there)
aquí *adv.* here
  Aquí está... Here it is...
  aquí mismo right here
árbol *m.* tree **5**
archivo *m.* file
arma *f.* weapon; gun **6**
armada *f.* navy **6**
armario *m.* closet
arqueólogo/a *m., f.* archaeologist
arquitecto/a *m., f.* architect
arrancar *v.* to start (a car)
arreglar *v.* to fix; to arrange;
  to neaten; to straighten up
arrepentirse *v.* to regret **1**
arriba *adv.* up
arriesgarse *v.* to take a risk
arroba *f.* @ symbol
arroz *m.* rice
arruinar *v.* to ruin
arte *m.* art
artes *f., pl.* arts
artesanía *f.* craftsmanship; crafts
artículo *m.* article
artista *m., f.* artist

artístico/a *adj.* artistic
arveja *m.* pea
asado/a *adj.* roast
ascendencia *f.* heritage **4**
ascender *v.* to rise, to be promoted
ascenso *m.* promotion
ascensor *m.* elevator
asesor(a) *m., f.* consultant, advisor
así *adv.* like this; so (*in such a way*)
   así así so so
asimilación *f.* assimilation
asimilar(se) *v.* to assimilate
asistir (a) *v.* to attend
aspiradora *f.* vacuum cleaner
aspirante *m., f.* candidate; applicant
aspirina *f.* aspirin
atraer *v.* to attract
astronauta *m., f.* astronaut
astrónomo/a *m., f.* astronomer
ataúd *m.* casket
aterrizar *v.* to land
atleta *m., f.* athlete
atrasado/a *adj.* late **2**
atreverse *v.* to dare
atrevido/a *adj.* daring
atún *m.* tuna
aumentar *v.* to grow
   aumentar de peso to gain weight
aumento *m.* increase
   aumento de sueldo pay raise
aunque *conj.* although
autobús *m.* bus
autoestima *f.* self-esteem **4**
automático/a *adj.* automatic
auto(móvil) *m.* auto(mobile)
autopista *f.* highway
autoridad *f.* authority **6**
avance *m.* advance; breakthrough
avanzado/a *adj.* advanced
ave *f.* bird **5**
avenida *f.* avenue **2**
aventura *f.* adventure
   de aventura adventure (genre)
avergonzado/a *adj.* embarrassed
averiguar *v.* to find out
avión *m.* airplane
¡Ay! *interj.* Oh!
   ¡Ay, qué dolor! Oh, what a pain!
ayer *adv.* yesterday
ayudar(se) *v.* to help (each other) **1**
ayuntamiento *m.* city hall **2**
azúcar *m.* sugar
azul *adj.* blue

B

bailar *v.* to dance
bailarín/bailarina *m., f.* dancer
baile *m.* dance
bajar *v.* to get down **3**
   bajar(se) de *v.* to get off of/out of
   (a vehicle)
bajo *m.* bass **3**

bajo/a *adj.* short (*in height*)
bajo control under control
balcón *m.* balcony
ballena *f.* whale **5**
balón *m.* ball
baloncesto *m.* basketball
banana *f.* banana
banco *m.* bank
banda *f.* band
   banda sonora soundtrack **3**
bandera *f.* flag **6**
bancarrota *f.* bankruptcy
bañar(se) *v.* to bathe; to take a bath
baño *m.* bathroom
barato/a *adj.* cheap
barco *m.* boat
barrer *v.* to sweep
   barrer el suelo *v.* to sweep
   the floor
barrio *m.* neighborhood **2**
barro *m.* mud; clay
bastante *adv.* enough; rather; pretty
basura *f.* trash **5**
baúl *m.* trunk
beber *v.* to drink
bebida *f.* drink
   bebida alcohólica
   alcoholic beverage
beca *f.* grant
béisbol *m.* baseball
bellas artes *f., pl.* fine arts
belleza *f.* beauty
beneficio *m.* benefit
besar(se) *v.* to kiss (each other) **1**
beso *m.* kiss
biblioteca *f.* library
bicicleta *f.* bicycle
bien *adj.* well
   bien educado *adj.*
   well-mannered **4**
bienes *m., pl.* goods
bienestar *m.* well-being **2**
bienvenido/a(s) *adj.* welcome
bilingüe *adj.* bilingual
billar *m.* billiards
billete *m.* paper money; ticket
billón *m.* trillion
biología *f.* biology
biólogo/a *m., f.* biologist
bioquímico/a *m., f.* biochemist;
   adj. biochemical
bisabuelo/a *m., f.* great-grandfather/
   grandmother **4**
bistec *m.* steak
bizcocho *m.* biscuit
blanco/a *adj.* white
blog *m.* blog
bluejeans *m., pl.* jeans
blusa *f.* blouse
bobo/a *m.,f.* fool **6**
boca *f.* mouth
boda *f.* wedding
boleto *m.* ticket

boliche *m.* bowling
bolsa *f.* purse, bag
   la bolsa de valores
   stock market
bombero/a *m., f.* firefighter
bonito/a *adj.* pretty
borracho/a *adj.* drunk **2**
borrador *m.* eraser
borrar *v.* to erase; to delete
bosque *m.* forest **5**
   bosque tropical tropical forest;
   rainforest
bota *f.* boot
botar *v.* to fire, throw out
botella *f.* bottle
   botella de vino bottle of wine
botones *m., f. sing.* bellhop
brazo *m.* arm
brecha *f.* **generacional**
   generation gap **4**
brindar *v.* to toast (*drink*)
bucear *v.* to scuba dive
bueno *adv.* well
buen, bueno/a *adj.* good
   ¡Buen viaje! Have a good trip!
   buena forma good shape
   (*physical*)
   Buena idea. Good idea.
   Buenas noches. Good evening;
   Good night.
   Buenas tardes.
   Good afternoon.
   ¿Bueno? Hello. (*on telephone*)
   Buenos días. Good morning.
buenísimo/a extremely good
bulevar *m.* boulevard
burlarse (de) *v.* to mock
buscador *m.* search engine
buscar *v.* to look for
buzón *m.* mailbox

C

caballo *m.* horse
cabaña *f.* cabin
caber *v.* to fit **3**
   no cabe duda de there's no doubt
cabeza *f.* head
cada *adj. m., f.* each
cadena *f.* network **3**
caerse *v.* to fall (down)
café *m.* café; *m.* coffee; *adj.* brown
cafeína *f.* caffeine
cafetera *f.* coffee maker
cafetería *f.* cafeteria
caído/a *p.p.* fallen
caja *f.* cash register, box
cajero/a *m., f.* cashier **2**
   cajero automático *m.* ATM
calcetín (calcetines) *m.* sock(s)
calculadora *f.* calculator
calcular *v.* to estimate **3**

caldo *m.* soup
    caldo de patas *m.* beef soup
calentamiento *m.* warming **5**
calentarse (e:ie) *v.* to warm up
calidad *f.* quality
    calidad de vida standard
        of living **1**
callar *v.* to silence
calle *f.* street **2**
calor *m.* heat
caloría *f.* calorie
calzar *v.* to take size... shoes
cama *f.* bed
cámara *f.* camera
    cámara de video video camera
    cámara digital digital camera
camarero/a *m., f.* waiter/waitress
camarón *m.* shrimp
cambiar (de) *v.* to change
cambio *m.* change
    cambio de moneda
        currency exchange
caminar *v.* to walk
camino *m.* road
camión *m.* truck; bus
camisa *f.* shirt
camiseta *f.* t-shirt
campeonato *m.* championship
campo *m.* countryside
canadiense *adj.* Canadian
canal *m.* (TV) channel
cancha *f.* field
canción *f.* song
candidato/a *m., f.* candidate
cansado/a *adj.* tired
cantante *m., f.* singer **3**
cantar *v.* to sing
cantera *f.* quarry
caos *m.* chaos
capa de ozono *f.* ozone layer **5**
capacitar *v.* to prepare
capaz *adj.* capable; competent
capilla *f.* chapel
capital *f.* capital city
capó *m.* hood
cara *f.* face
carácter *m.* character; personality **4**
característica *f.* characteristic **2**
caramelo *m.* caramel
cárcel *f.* prison; jail **6**
cargo *m.* position
cariñoso/a *adj.* affectionate **1**
carne *f.* meat
    carne de res beef
carnicería butcher shop
carnicero/a *m., f.* butcher
caro/a *adj.* expensive
carpintero/a *m., f.* carpenter
carrera *f.* career; race
carretera *f.* highway
carro *m.* car; automobile
carta *f.* letter; (playing) card
cartel *m.* poster

cartera *f.* wallet
cartero/a *m., f.* mail carrier
casa *f.* house; home
casado/a *adj.* married **1**
casarse (con) *v.* to get married (to) **1**
casi *adv.* almost
castigar *v.* to punish
castigo *m.* punishment **3**
catorce *adj.* fourteen
causa *f.* cause
cazar *v.* to hunt **5**
CD-ROM *m.* CD-ROM
cebolla *f.* onion
ceder *v.* to give up **6**
celda *f.* (prison, jail) cell
celebrar *v.* to celebrate
celos *m.* jealousy **1**
celoso/a *adj.* jealous **1**
célula *f.* cell
celular *adj.* cellular
cena *f.* dinner
cenar *v.* to have dinner
censura *f.* censorship **3**
centro *m.* downtown
    centro comercial mall **2**
cepillarse *v.* **los dientes/el pelo**
    to brush one's teeth/one's hair
cerámica *f.* pottery
cerca de *prep.* near
cerdo *m.* pork
cereales *m., pl.* cereal; grains
cero *m.* zero
cerrado/a *adj.* closed
cerrar (e:ie) *v.* to close
certeza *f.* certainty
cerveza *f.* beer
césped *m.* grass
ceviche *m.* marinated fish dish
    ceviche de camarón
        lemon-marinated shrimp
chaleco *m.* vest
chamán *m.* shaman **5**
champán *m.* champagne
champiñón *m.* mushroom
champú *m.* shampoo
chantajear *v.* to blackmail **6**
chaqueta *f.* jacket
charlar *v.* to chat **3**
chato/a *m., f.* sweetie **3**
chau *fam. interj.* bye
chaval(a) *m., f.* kid; youngster **6**
cheque *m.* (bank) check
    cheque (de viajero)
        (traveler's) check
chévere *adj., fam.* terrific;
    great; fantastic
chico/a *m., f.* boy/girl
chillar *v.* to scream **4**
chisme *m.* gossip **1**
chino/a *adj.* Chinese
chocar (con) *v.* to run into
chocolate *m.* chocolate
chompa *f.* sweater **3**

choque *m.* collision; crash **2**
chuleta *f.* chop (*food*)
    chuleta de cerdo pork chop
cibercafé *m.* cybercafé
ciberespacio *m.* cyber space
ciclismo *m.* cycling
cielo *m.* sky
cien(to) one hundred
ciencia *f.* science
    de ciencia ficción *f.* science
        fiction (genre)
científico/a *m., f.* scientist
cierto/a *adj.* certain
    (No) es cierto. It's (not) certain
cinco *adj.* five
cincuenta *adj.* fifty
cine *m.* movie theater; cinema;
    movies **2, 3**
cinta *f.* (audio)tape
cinta caminadora *f.* treadmill
cinturón *m.* belt
circulación *f.* traffic
cita *f.* date; appointment
    cita a ciegas blind date **1**
ciudad *f.* city **3**
ciudadano/a *m., f.* citizen **2**
civilización *f.* civilization **4**
Claro (que sí). *fam.* Of course.
clase *f.* class
    clase de (ejercicios) aeróbicos
        aerobics class
clásico/a *adj.* classical
cliente/a *m., f.* customer
clínica *f.* clinic
clon *m.* clone
clonar *v.* to clone
club deportivo *m.* sports club
cobrar *v.* to charge; to be paid
coche *m.* car; automobile **5**
cocina *f.* kitchen; stove
cocinar *v.* to cook
cocinero/a *m., f.* cook; chef
cofre *m.* hood
cola *f.* line
coleccionar *v.* to collect
colega *m., f.* buddy **4**
colesterol *m.* cholesterol
color *m.* color
combustible *m.* fuel **5**
comedia *f.* comedy; play
comedor *m.* dining room
comenzar (e:ie) *v.* to begin
comer *v.* to eat
comercial *adj.* commercial;
    business-related
comercio *m.* trade, commerce
comida *f.* food; meal
comisaría *f.* police station **2**
como *adv.* like; as
¿cómo? *adv.* what?; how?
    ¿Cómo es...? What's... like?
    ¿Cómo está usted? *form.*
        How are you?
    ¿Cómo estás? *fam.* How are you?

¿Cómo les fue...? *pl.* How did ... go for you?

¿Cómo se llama (usted)? *form.* What's your name?

¿Cómo te llamas (tú)? *fam.* What's your name?

cómoda *f.* chest of drawers

cómodo/a *adj.* comfortable

compañero/a *m., f.* **de clase** classmate

compañero/a *m., f.* **de cuarto** roommate

compañía *f.* company; firm

compartir *v.* to share **1**

completamente *adv.* completely

compositor(a) *m., f.* composer

compra *f.* purchase

comprar *v.* to buy

compras *f., pl.* purchases

ir de compras *v.* to go shopping

comprender *v.* to understand

comprensión *f.* understanding **4**

comprensivo/a *adj.* understanding

comprobar (o:ue) *v.* to check; to prove; to confirm

comprometerse (con) *v.* to get engaged (to)

compromiso *m.* commitment; responsibility; engagement **1**

computación *f.* computer science

computadora *f.* computer

computadora portátil portable computer; laptop

comunicación *f.* communication

comunicarse (con) *v.* to communicate (with)

comunidad *f.* community

con *prep.* with

con frecuencia *adv.* frequently

Con permiso. Pardon me; Excuse me.

con tal (de) que provided (that)

concierto *m.* concert

concordar *v.* to agree

concurso *m.* game show; contest

conducir *v.* to drive

conductor(a) *m., f.* driver **2**

confianza *f.* trust **6**

confiar (en) *v.* to trust (in) **1, 6**

confirmar *v.* to confirm

confirmar una reservación to confirm a reservation

conformista *adj.* conformist

confundido/a *adj.* confused

congelador *m.* freezer

congestionado/a *adj.* congested; stuffed-up

conjunto musical *m.* musical group; band

conmigo *pron.* with me

conocer *v.* to know; to be acquainted with

conocido *adj., p.p.* known

conocimiento *m.* knowledge **4**

conquista *f.* conquest **4**

conseguir (e:i) *v.* to get; to obtain

conseguir entradas to get tickets

consejero/a *m., f.* counselor; advisor

consejo *m.* advice

conservación *f.* conservation

conservador(a) *adj.* conservative **6**

conservar *v.* to conserve; to preserve **2, 5**

construir *v.* to build **2**

consultorio *m.* doctor's office

consumir *v.* to consume

consumo *m.* **de energía** energy consumption **5**

contabilidad *f.* accounting

contador(a) *m., f.* accountant

contagiar *v.* to infect; to be contagious **5**

contaminación *f.* pollution **5**

contaminación del aire/del agua air/water pollution

contaminado/a *adj.* polluted

contaminar *v.* to pollute **5**

contar (o:ue) *v.* to count; to tell

contar (con) *v.* to count (on); rely on **1**

contentarse con *v.* to be contented/satisfied with **1**

contento/a *adj.* happy; content

contestadora *f.* answering machine

contestar *v.* to answer

contigo *fam. pron.* with you

contraseña *f.* password

contratar *v.* to hire

contribuir *v.* to contribute

control *m.* control

control de armas gun control

control remoto remote control

controlar *v.* to control

controvertido/a *adj.* controversial **3**

conversación *f.* conversation

conversar *v.* to converse; to talk; to chat **2**

convertirse (e:ie) en (algo) *v.* to turn into (something)

convivencia *f.* coexistence

convivir *v.* to live together; to coexist **2**

convocar *v.* to summon **6**

cooperar *v.* to cooperate **2**

copa *f.* wineglass; goblet

coquetear *v.* to flirt **1**

coraje *m.* courage

corazón *m.* heart **1**

corbata *f.* tie

cordillera *f.* mountain range **5**

corrector *m.* **ortográfico** spell checker

corredor(a) *m., f.* **de bolsa** stockbroker

correo *m.* mail; post office

correo electrónico *m.* e-mail

correr *v.* to run

correr la voz *v.* to spread the word

cortar *v.* to cut **5**

cortesía *f.* courtesy

cortinas *f., pl.* curtains

corto/a *adj.* short (*in length*)

a corto plazo *adj.* short-term

corto(metraje) *adj.* short film **1**

cosa *f.* thing

costa *f.* coast **5**

costar (o:ue) *v.* to cost

costumbre *f.* custom; habit **2**

cotidiano/a *adj.* everyday **2**

cráter *m.* crater

crear *v.* to create

crecer *v.* to grow (up)

crecimiento *m.* growth **3**

creencia *f.* belief **4, 6**

creer (en) *v.* to believe (in)

creído/a *adj., p.p.* believed

crema *f.* **de afeitar** shaving cream

criar *v.* to raise (children) **4**

crimen *m.* crime; murder

crisis económica *f.* economic crisis

crítico/a de cine *m., f.* film critic **3**

crueldad *f.* cruelty **6**

cruzar *v.* to cross **2**

cuaderno *m.* notebook

cuadra *f.* city block **2**

¿cuál(es)? which?; which one(s)?

¿Cuál es la fecha de hoy? What is today's date?

cuadro *m.* picture

cuadros *m., pl.* plaid

cuando *conj.* when

¿cuándo? *adv.* when?

¿cuánto/a(s)? *pron.* how much/how many?

¿Cuánto cuesta...? How much does... cost?

¿Cuántos años tienes? How old are you?

cuarenta *adj.* forty

cuarto *m.* room

cuarto de baño bathroom

cuarto/a *adj.* fourth

menos cuarto quarter to (*time*)

y cuarto quarter after (*time*)

cuatro *adj.* four

cuatrocientos/as *adj.* four hundred

cubierto/a *p.p.* covered

cubiertos *m., pl.* silverware

cubrir *v.* to cover

cuchara *f.* spoon

cucharada *f.* spoonful **5**

a cucharadas in spoonfuls **5**

cuchillo *m.* knife

cuello *m.* neck

cuenta *f.* bill; account

cuenta corriente checking account

cuenta de ahorros savings account

cuento *m.* short story

cuerpo *m.* body

cuidado *m.* care 2
cuidadoso/a *adj.* careful 1
cuidar *v.* to take care (of) 1
  ¡Cuídense! Take care!
culpa *f.* fault
cultivar *v.* to cultivate 4
cultivo *m.* farming; cultivation 4
cultura *f.* culture
cumpleaños *m., sing.* birthday
cumplir años *v.* to have
  a birthday
cuñado/a *m., f.* brother/sister-in law 4
cura *m.* priest
curandero/a *m., f.* folk healer 5
curar *v.* to cure
currículum *m.* résumé
curso *m.* course

D

danza *f.* dance
dañar *v.* to damage; to break down
dañino/a *adj.* harmful 5
daño *m.* harm
dar *v.* to give
  dar un consejo *v.* to give advice
  dar un paseo *v.* to take a stroll 2
  dar una vuelta *v.* to take
    a walk/ride 2
  **dar una vuelta en bicicleta/carro/
  motocicleta** *v.* to take a bike/car/
    motorcycle walk 2
  darse con *v.* to bump into; to
    run into (something)
  darse cuenta *v.* to realize
  dar para vivir *v.* to yield enough to
    live with
  darse prisa *v.* to hurry; to rush
dardos *m., pl.* darts
de *prep.* of; from
  ¿De dónde eres? *fam.*
    Where are you from?
  ¿De dónde es (usted)? *form.*
    Where are you from?
  ¿De parte de quién? Who is
    calling? (*on telephone*)
  ¿de quién…? *sing.* whose…?
  ¿de quiénes…? *pl.* whose…?
  de algodón (made) of cotton
  de aluminio (made) of aluminum
  de buen humor in a good mood
  de compras shopping
  de cuadros plaid
  de excursión hiking
  de hecho in fact
  de ida y vuelta roundtrip
  de la mañana in the morning; A.M.
  de la noche in the evening;
    at night; P.M.
  de la tarde in the afternoon;
    in the early evening; P.M.
  de lana (made) of wool

de lunares polka-dotted
de mal humor in a bad mood
de mi vida of my life
de moda in fashion
De nada. You're welcome.
De ninguna manera. No way.
de niño/a as a child
de parte de on behalf of
de plástico (made) of plastic
de rayas striped
de repente suddenly
de seda (made) of silk
de vaqueros western (*genre*)
de vez en cuando
  from time to time
de vidrio (made) of glass
debajo de *prep.* below; under
deber (+ *inf.*) *v.* should; must;
  ought to
deber (dinero) *v.* to owe (money)
deber *m.* responsibility; obligation
debido a due to (the fact that)
débil *adj.* weak
decepción *f.* disappointment 5
decidido/a *adj.* decided;
  determined 2
decidir (+ *inf.*) *v.* to decide
décimo/a *adj.* tenth
decir (e:i) *v.* to say; to tell
  decir la verdad to tell the truth
  decir mentiras to tell lies
  decir que to say that
declarar *v.* to declare; to say
dedicarse a *v.* to devote oneself to 6
dedo *m.* finger
  dedo del pie *m.* toe
defender (e:ie) *v.* to defend 6
deforestación *f.* deforestation 5
dejar *v.* to let; to quit; to leave
  behind
  dejar a alguien *v.* to leave
    someone 1
  dejar de (+ *inf.*) *v.* to stop
    (*doing something*)
  dejar plantado/a *v.* to stand some
    one up 1
  dejar una propina *v.* to leave a tip
del (*contraction of* **de + el**) of the;
  from the
delante de *prep.* in front of
  por delante *adv.* ahead (of)
delantero/a *m., f.* forward
  (*sport position*)
delgado/a *adj.* thin; slender
delicioso/a *adj.* delicious
demás *adj.* the rest
demasiado *adj., adv.* too much
democracia *f.* democracy 6
dentista *m., f.* dentist
dentro de (diez años) within (ten
  years); inside
dependiente/a *m., f.* clerk

deporte *m.* sport
  deportes extremos
    extreme sports
deportista *m.* sports person; athlete
deportivo/a *adj.* sports-related
depositar *v.* to deposit
deprimido/a *adj.* depressed 1
derecha *f.* right
derecho *adj.* straight (ahead)
  a la derecha de to the right of
derechos *m., pl.* rights 6
  derechos humanos
    human rights 6
derogar *v.* to abolish 6
derrocar *v.* to overflow 6
derrotar *v.* to defeat 6
desafiar *v.* to challenge
desafío *m.* challenge
desagradecido/a *adj.* ungrateful 4
desamparo *m.* helplessness 2
desaparecer *v.* to disappear 5
desaparición *f.* disappearance 3
desaprovechar *v.* to not take
  advantage of
desarrollar *v.* to develop
desarrollo *m.* development 5
desastre (natural) *m.* (natural)
  disaster
desatender (e:ie) *v.* to neglect 5
desayunar *v.* to have breakfast
desayuno *m.* breakfast
descafeinado/a *adj.* decaffeinated
descansar *v.* to rest
descargar *v.* to download
descompuesto/a *adj.* not working;
  out of order
desconfiar *v.* to be suspicious,
  to not trust
desconocido/a *m., f.* stranger 2
desconsiderado/a *m., f.*
  inconsiderate 3
descontrolado/a *adj.* out of control 5
describir *v.* to describe
descrito/a *p.p.* described
descubierto/a *p.p.* discovered
descubrimiento *m.* discovery
descubrir *v.* to discover
desde *prep.* from
desdén *m.* disdain 4
desear *v.* to wish; to desire
desechable *adj.* disposable 5
desempleado/a *adj.* unemployed
desempleo *m.* unemployment
desenlace *m.* ending; outcome 2
deseo *m.* desire 1
desesperación *f.* desperation 3
desesperado/a *m., f.* desperate
desgracia *f.* misfortune; tragedy
desgraciado/a *adj.* ungrateful 4
desierto *m.* desert
desigual *adj.* unequal 6
desigualdad *f.* inequality 6

desinterés *m.* lack of interest **5**
desobediencia *f.* disobedience **6**
  desobediencia civil
    civil disobedience **6**
desordenado/a *adj.* disorderly
despacio *adv.* slowly
desaparición *f.* disappearance **4**
despedida *f.* farewell; good-bye
despedir (e:i) *v.* to fire
despedirse (de) (e:i) *v.* to say
  goodbye (to)
despejado/a *adj.* clear (*weather*)
despertador *m.* alarm clock
despertarse (e:ie) *v.* to wake up
desplazado/a *adj.* documents **2**
despreciar *v.* to look down on **4**
después *adv.* afterwards; then
  después de *conj.* after
  después de que *conj.* after
destacado/a *adj.* prominent **3**
destino *m.* destination
destrozar *v.* to destroy **6**
destruir *v.* to destroy **5**
detenerse (e:ie) *v.* to stop
detrás de *prep.* behind
deuda *f.* debt
día *m.* day
  día de fiesta holiday
diálogo *m.* dialogue
diario *m.* diary; newspaper **3**
diario/a *adj.* daily
dibujar *v.* to draw
dibujo *m.* drawing
  dibujos animados *m., pl.*
    cartoons
diccionario *m.* dictionary
dicho/a *p.p.* said
diciembre *m.* December
dictadura *f.* dictatorship **6**
diecinueve *adj.* nineteen
dieciocho *adj.* eighteen
dieciséis *adj.* sixteen
diecisiete *adj.* seventeen
diente *m.* tooth
dieta *f.* diet
diez *adj.* ten
difícil *adj.* difficult; hard
difundir (noticias) *v.* to spread (news) **2**
Diga. *interj.* Hello. (*on telephone*)
digno/a *adj.* worthy **4**
diligencia *f.* errand
diminuto/a *adj.* tiny
dinero *m.* money
dirección *f.* address **2**
  dirección electrónica
    e-mail address
director(a) *m., f.* director; (*musical*)
  conductor **3**
dirigir *v.* to direct
  dirigirse a *v.* to address
disco *m.* **compacto** compact disc (CD)
discoteca *f.* dance club **2**

discriminación *f.* discrimination
discurso *m.* speech
discutir *v.* to argue **1**
disentir *v.* to dissent; to disagree **6**
diseñador(a) *m., f.* designer
diseño *m.* design
disfrutar (de) *v.* to enjoy; to reap the
  benefits (of) **2**
disgustado/a *adj.* disgusted **1**
disminuir *v.* to decrease; to reduce;
  to diminish
disparar *v.* to shoot
disparate *m.* silly remark/action;
  nonsense **4**
disponible (estar) *m., f.* (to be)
  available **3**
dispuesto/a (a) *adj.* ready, willing (to)
diversidad *f.* diversity **6**
diversión *f.* fun activity;
  entertainment; recreation
divertido/a *adj.* fun
divertirse (e:ie) *v.* to have fun;
  to have a good time
divorciado/a *adj.* divorced **1**
divorciarse (de) *v.* to get divorced
  (from) **1**
divorcio *m.* divorce **1**
doblaje *m.* dubbing **3**
doblar *v.* to turn **2**
doble *adj.* double
  doble moral *f.* double standard **6**
doce *adj.* twelve
doctor(a) *m., f.* doctor
documental *m.* documentary **3**
documentos de viaje *m., pl.*
  travel documents
dolencia *f.* ailment **5**
doler (o:ue) *v.* to hurt
dolor *m.* ache; pain **2**
  dolor de cabeza *m.* headache
doméstico/a *adj.* domestic
dominar *v.* to dominate
domingo *m.* Sunday
don/doña *title of respect used with a
  person's first name*
donde *adv.* where
  ¿dónde? where?
  ¿Dónde está...? Where is…?
dormir (o:ue) *v.* to sleep
dormirse (o:ue) *v.* to go to sleep;
  to fall asleep
dormitorio *m.* bedroom
dos *adj.* two
  dos veces *adv.* twice; two times
doscientos/as *adj.* two hundred
drama *m.* drama; play
dramático/a *adj.* dramatic
dramaturgo/a *m., f.* playwright
droga *f.* drug
drogadicto/a *adj.* drug addict
ducha *f.* shower

ducharse *v.* to shower; to take
  a shower
duda *f.* doubt
dudar *v.* to doubt
dueño/a *m., f.* owner; landlord
dulces *m., pl.* sweets; candy
durante *prep.* during
durar *v.* to last

E

e *conj.* and (*used instead of* **y** *before
  words beginning with* **i** *and* **hi**)
echar *v.* to throw; to throw away **5**
  echar (una carta) al buzón *v.*
    to put (a letter) in the mailbox;
    to mail
  echar de menos *v.* to miss **1**
ecología *f.* ecology
economía *f.* economics
ecoturismo *m.* ecotourism
Ecuador *m.* Ecuador
ecuatoriano/a *adj.* Ecuadorian
edad *f.* age
  edad adulta adulthood **4**
edificio *m.* building **2**
  edificio de apartamentos
    apartment building
(en) efectivo *m.* cash
efecto *m.* **invernadero**
  greenhouse effect **5**
efectos *m., pl.* **especiales**
  special effects **3**
egoísta *adj.* selfish **4**
ejecución *f.* execution **6**
ejecutivo(a) *m., f.* executive
ejercer *v.* to exercise, to exert **6**
  ejercer el poder to exercise/
    exert power **6**
ejercicio *m.* exercise
  ejercicios aeróbicos
    aerobic exercises
  ejercicios de estiramiento
    stretching exercises
ejército *m.* army **6**
el *m., sing., def. art.* the
él *sub. pron.* he; *adj. pron.* him
elecciones *f., pl.* election
electricista *m., f.* electrician
electrodoméstico *m.*
  electric appliance
elegante *adj.* elegant
elegir (e:i) *v.* to elect **6**
ella *sub. pron.* she; *obj. pron.* her
ellos/as *sub. pron.* they; them
elogiar *v.* to praise **6**
embarazada *adj.* pregnant **6**
emergencia *f.* emergency
emigrante *m., f.* emigrant
emigrar *v.* to emigrate **1**
emitir *v.* to broadcast
emocionado/a *adj.* excited **1**

emocionante *adj.* exciting
empatar *v.* to tie (a game)
empate *m.* tie
empeorar *v.* to get worse **5**
empezar (e:ie) *v.* to begin
empleado/a *m., f.* employee
empleo *m.* job; employment
empresa *f.* company; firm
  empresa multinacional
    multinational company
en *prep.* in; on; at
  en casa at home
  en caso (de) que in case (that)
  en cuanto as soon as
  en directo live **3**
  en efectivo in cash
  en exceso in excess; too much
  en línea in-line; online
  ¡En marcha! Let's get going!
  en mi nombre in my name
  en punto on the dot; exactly;
    sharp (*time*)
  en qué in what; how
  ¿En qué puedo servirles?
    How can I help you?
  en vivo live **3**
enamorado/a (de) *adj.* in love (with) **1**
enamorarse (de) *v.* to fall in
  love (with) **1**
encabezar *v.* to lead **6**
encantado/a *adj.* delighted; pleased
  to meet you
encantar *v.* to like very much; to love
  (*inanimate objects*)
  ¡Me encantó! I loved it!
encarcelar *v.* to imprison **6**
encargado/a *m., f.* person
  in charge **5**
encima de *prep.* on top of
enclenque *adj.* weakling **4**
encontrar (o:ue) *v.* to find
encontrar(se) (o:ue) *v.* to meet (each
  other); to run into (each other)
encuesta *f.* poll; survey
energía *f.* energy **5**
  energía eólica wind energy **5**
  energía nuclear nuclear energy **5**
  energía renovable
    renewable energy **5**
  energía solar solar energy **5**
enero *m.* January
enfermarse *v.* to get sick
enfermedad *f.* illness
enfermero/a *m., f.* nurse
enfermo/a *adj.* sick
enfrente de *adv.* opposite; facing
engañar *v.* to cheat, to deceive;
  to trick **1**
engordar *v.* to gain weight
enhorabuena congratulations **1**
enigma *m.* enigma
enlace *m.* link
enloquecido/a *adj.* ecstatic

enojado/a *adj.* mad; angry **1**
enojarse (con) *v.* to get angry (with) **1**
enriquecerse *v.* to become enriched
ensalada *f.* salad
ensayar *v.* to rehearse **3**
enseguida *adv.* right away
enseñar *v.* to teach
ensuciar *v.* to get (*something*) dirty
entender (e:ie) *v.* to understand
entendimiento *m.* understanding
enterarse (de) *v.* to become
  informed (about) **3**
enterrado/a *adj.* buried
enterrar (e:ie) *v.* to bury
entierro *m.* burial **2**
entonces *adv.* then
entrada *f.* entrance; ticket **6**
entre *prep.* between; among
entremeses *m., pl.* hors
  d'oeuvres; appetizers
entrenador(a) *m., f.* trainer
entrenarse *v.* to practice; to train
entretener *v.* to entertain **3**
entretenerse (e:ie) *v.* to amuse oneself
entretenido/a *adj.* entertaining
entrevista *f.* interview
entrevistador(a) *m., f.* interviewer
entrevistar *v.* to interview **3**
envase *m.* container
envejecer *v.* to age **2**
enviar *v.* to send; to mail
envidioso/a *adj.* envious; jealous
época *f.* season **1**
equilibrado/a *adj.* balanced
equipado/a *adj.* equipped
equipaje *m.* luggage
equipo *m.* team
equivocado/a *adj.* wrong
eres *fam.* you are
erosión *f.* erosion **5**
es he/she/it is
  Es bueno que… It's good that…
  Es de… He/She is from…
  es extraño it's strange
  Es importante que…
    It's important that…
  es imposible it's impossible
  es improbable it's improbable
  Es la una. It's one o'clock.
  Es malo que… It's bad that…
  Es mejor que… It's better that…
  Es necesario que…
    It's necessary that…
  es obvio it's obvious
  es ridículo it's ridiculous
  es seguro it's sure
  es terrible it's terrible
  es triste it's sad
  Es urgente que…
    It's urgent that…
  es una lástima it's a shame
  es verdad it's true
esa(s) *f., adj.* that; those

ésa(s) *f., pron.* that (one);
  those (ones)
escalar *v.* to climb
  escalar montañas to climb
    mountains
escalera *f.* stairs; stairway
escama *f.* scale
escándalo *m.* scandal **6**
escasez *f.* shortage
escaso/a *adj.* scant; scarce **5**
escoger *v.* to choose
escombros *m., pl.* rubble **2**
esconder *v.* to hide
escribir *v.* to write
  escribir a máquina *v.* to type **4**
  escribir un mensaje electrónico
    to write an e-mail message
  escribir una carta to write a letter
  escribir una postal to write
    a postcard
escrito/a *p.p.* written
escritor(a) *m., f.* writer
escritorio *m.* desk
escuchar *v.* to listen to
  escuchar la radio to listen
    (to) the radio
  escuchar música to listen
    (to) music
escuela *f.* school
esculpir *v.* to sculpt
escultor(a) *m., f.* sculptor
escultura *f.* sculpture
ese *m., sing., adj.* that
ése *m., sing., pron.* that one
eso *neuter pron.* that; that thing
esos *m., pl., adj.* those
ésos *m., pl., pron.* those (ones)
espacio *m.* space
España *f.* Spain
español *m.* Spanish (*language*)
español(a) *adj.* Spanish; Spaniard
esparcir *v.* to spread
espárragos *m., pl.* asparagus
especialización *f.* major
especializado/a *adj.* specialized
especie *f.* **en peligro (de extinción)**
  endangered species **5**
espectacular *adj.* spectacular
espectáculo *m.* show; performance
espectador(a) *m., f.* spectator
espejo *m.* mirror
esperanza *f.* hope **4**
esperar *v.* to hope; to wish
  esperar (+ *inf.*) *v.* to wait (for);
    to hope
espiar *v.* to spy **6**
esposo/a *m., f.* husband/wife;
  spouse **4**
esquí *m.* skiing
  esquí acuático *m.* (water) skiing
  esquí alpino *m.* downhill skiing
  esquí de fondo *m.* cross
    country skiing

esquiar *v.* to ski
esquina *f.* corner **2**
está he/she/it is; you are
  Está bien. That's fine.
  Está (muy) despejado. It's
    (very) clear. (*weather*)
  Está lloviendo. It's raining.
  Está nevando. It's snowing.
  Está (muy) nublado. It's
    (very) cloudy. (*weather*)
esta(s) *f., adj.* this; these
  esta noche tonight
ésta(s) *f., pron.* this (one);
  these (ones)
  Ésta es... This is…
    (*introducing someone*)
establecer (se) *v.* to start; to establish
  (oneself)
estación *f.* station; season **2**
  estación de autobuses
    bus station **2**
  estación de bomberos
    fire station **2**
  estación del metro
    subway station
  estación de policía
    police station **2**
  estación de tren(es)
    train station **2**
estacionamiento *m.* parking lot **2**
estacionar *v.* to park
estadio *m.* stadium **2**
estado civil *m.* marital status
Estados Unidos *m., pl.* (EE.UU.;
  E.U.) United States
estadounidense *adj.* from the
  United States
estampado/a *adj.* print
estampilla *f.* stamp
estante *m.* bookcase; bookshelves
estantería *f.* bookcase **3**
estar *v.* to be
  estar a la/en venta *v.* to be
    on sale
  estar a (veinte kilómetros) de
    aquí to be (twenty kilometers)
    from here
  estar a dieta to be on a diet
  estar aburrido/a to be bored
  estar afectado/a (por) to be
    affected (by)
  estar bajo control to be
    under control
  estar bajo presión *v.* to be
    under pressure
  estar cansado/a to be tired
  estar contaminado/a
    to be polluted
  estar de acuerdo to agree
  Estoy (completamente) de
    acuerdo. I agree (completely).

  No estoy de acuerdo.
    I don't agree.
  estar de moda to be in fashion
  estar de vacaciones *f., pl.*
    to be on vacation
  estar embarazada
    to be pregnant **1**
  estar en buena forma to be
    in good shape
  estar enfermo/a to be sick
  estar harto/a to be fed up (with);
    to be sick (of) **1**
  estar listo/a to be ready
  estar perdido/a to be lost **2**
  estar roto/a to be broken
  estar seguro/a to be sure
  estar torcido/a to be twisted;
    to be sprained
estatua *f.* statue
Este *m.* East
este *m., sing., adj.* this
éste *m., sing., pron.* this (one)
  Éste es... *m.* This is…
    (*introducing someone*)
estéreo *m.* stereo
estilo *m.* style **3**
estiramiento *m.* stretching
esto *neuter pron.* this; this thing
estómago *m.* stomach
estornudar *v.* to sneeze
estos *m., pl., adj.* these
éstos *m., pl., pron.* these (ones)
estrella *f.* star **3**
  estrella de cine *m., f.*
    movie star **3**
  estrella fugaz shooting star
estrenar (una película) *v.* to release
  (a movie)
estreno *m.* premiere; new movie **3**
estrés *m.* stress
estresado/a *adj.* stressed (out)
estricto/a *adj.* strict **4**
estudiante *m., f.* student
estudiantil *adj.* student
estudiar *v.* to study
estufa *f.* stove
estupendo/a *adj.* stupendous
etapa *f.* stage
ético/a *adj.* ethical
  poco ético/a unethical
etnia *f.* ethnic group **4**
evitar *v.* to avoid
examen *m.* test; exam
  examen médico physical exam
excelente *adj.* excellent
exceso *m.* excess; too much
excluido/a *adj.* excluded
excursión *f.* hike; tour; excursion
excursionista *m., f.* hiker
exigente *adj.* demanding **4**
exigir *v.* to demand
exiliado/a *m., f.* exile
  exiliado/a político/a
    political exile

éxito *m.* success **3**
exitoso/a *adj.* successful
expansión *f.* (**urbana**)
  (urban) sprawl **5**
experiencia *f.* experience
experimento *m.* experiment
explicar *v.* to explain
explorar *v.* to explore
expresión *f.* expression
extinción *f.* extinction
extinguirse *v.* to become extinct **5**
extranjero/a *adj.* foreign;
  m., f. foreigner; alien **4**
extrañar *v.* to miss
extraño/a *adj.* strange
extraterrestre *adj.* extraterrestrial; alien

F

fabricar *v.* to manufacture
fabuloso/a *adj.* fabulous
facciones *f., pl.* features **2**
facha *f.* look
fácil *adj.* easy
falda *f.* skirt
fallecido/a *adj.* deceased
falso/a *adj.* insincere **1**
falta (de) *f.* lack (of)
faltar *v.* to lack; to need
fama *f.* fame **3**
familia *f.* family
familiares *m.* relatives **1**
famoso/a *adj.* famous
fantasma *m.* ghost
fantástico/a *adj.* imaginary
farmacia *f.* pharmacy
fascinar *v.* to fascinate
favorito/a *adj.* favorite
fax *m.* fax (machine)
fe *f.* faith **4**
febrero *m.* February
fecha *f.* date
felicidad *f.* happiness **5**
  ¡Felicidades! Congratulations!
  ¡Felicitaciones! Congratulations!
feliz *adj.* happy
  ¡Feliz cumpleaños!
    Happy birthday!
fenomenal *adj.* great; phenomenal
feo/a *adj.* ugly
feria *f.* fair
festejar *v.* to celebrate
festival *m.* festival
fidelidad *f.* faithfulness **1**
fiebre *f.* fever
fiesta *f.* party
fijarse *v.* to pay attention **3**
fijo/a *adj.* fixed; set
fila *f.* line **2**
fin *m.* end
  fin de semana weekend
finalmente *adv.* finally
financiero/a *adj.* financial
firmar *v.* to sign (*a document*)

física *f.* physics
físico/a *m., f.* physicist
flan (de caramelo) *m.* crème caramel, custard
flauta *f.* flute **3**
flexible *adj.* flexible
flor *f.* flower
foca *f.* seal **5**
folclórico/a *adj.* folk; folkloric
folleto *m.* brochure
fondo *m.* end
forma *f.* shape
formulario *m.* form
fortalecer(se) *v.* to grow stronger; to strengthen **1, 6**
foto(grafía) *f.* photograph
fotógrafo/a *m., f.* photographer **3**
fracaso *m.* failure **6**
fraile (fray) *m.* friar; monk (Brother) **4**
francés, francesa *adj.* French
frasquito *m.* little bottle **5**
frecuentemente *adv.* frequently
frenos *m., pl.* brakes
fresco/a *adj.* cool
frijoles *m., pl.* beans
frío/a *adj.* cold
frito/a *adj.* fried
frontera *f.* border
fruta *f.* fruit
frutería *f.* fruit store
frutilla *f.* strawberry
fuego *m.* fire
fuente *f.* source **5**
fuente *f.* **de fritada** platter of fried food
fuera *adv.* outside
fuerte *adj.* strong
fuerza *f.* force **6**
fumar *v.* to smoke
funcionar *v.* to work; to function
fútbol *m.* soccer
fútbol americano *m.* football
futuro/a *adj.* future
   en el futuro in the future

gafas (de sol) *f., pl.* (sun)glasses
gafas (oscuras) *f., pl.* (sun)glasses
galaxia *f.* galaxy
galleta *f.* cookie
ganancia *f.* profit
ganar *v.* to win; to earn (money)
   ganar las elecciones to win elections **6**
   ganar un partido to win a game
   ganarse la vida to earn a living
ganga *f.* bargain
garaje *m.* garage; (mechanic's) repair shop; garage (*in a house*)
garganta *f.* throat
garra *f.* claw

gasoducto *m.* gas pipeline
gasolina *f.* gasoline
gasolinera *f.* gas station
gastar *v.* to spend (*money*)
gato *m.* cat
gemelo/a *m., f.* twin **4**
gen *m.* gene
género *m.* genre **3**
genética *f.* genetics
genial *adj.* wonderful **1**
gente *f.* people **2**
geografía *f.* geography
gerente *m., f.* manager
gimnasio *m.* gymnasium
gobernar (e:ie) *v.* to govern **6**
gobierno *m.* government **6**
golf *m.* golf
golpe *m.* blow, hit
   golpe de estado coup d'état **6**
golpear *v.* to beat (a drum) **3**
gordo/a *adj.* fat
gozar (de) *v.* to enjoy
grabadora *f.* tape recorder
grabar *v.* to record **3**
   grabar (un CD) to burn (a CD)
gracias *f., pl.* thank you; thanks
   Gracias por todo. Thanks for everything.
   Gracias una vez más. Thanks again.
gracioso/a *adj.* funny **1**
graduarse (de/en) *v.* to graduate (from/in)
gran, grande *adj.* big; large
grasa *f.* fat
gratis *adj.* free of charge
grave *adj.* grave; serious
gravedad *f.* gravity
gravísimo/a *adj.* extremely serious
grillo *m.* cricket
gripe *f.* flu
gris *adj.* gray
gritar *v.* to scream; to shout
grupo *m.* **musical** musical group, band
guagua *f.* child **3**
guantes *m., pl.* gloves
guapo/a *adj.* handsome; good-looking
guardar *v.* to save (on a computer)
guerra *f.* war **6**
   guerra civil civil war **6**
guía *m., f.* guide
guiar *v.* to guide
gustar *v.* to be pleasing to; to like
   Me gustaría... I would like…
gusto *m.* pleasure
   El gusto es mío. The pleasure is mine.
   Gusto de verlo/la. *form.* It's nice to see you.
   Gusto de verte. *fam.* It's nice to see you.

Mucho gusto. Pleased to meet you.
¡Qué gusto volver a verlo/la! *form.* I'm happy to see you again!
¡Qué gusto volver a verte! *fam.* I'm happy to see you again!

haber *(auxiliar)* *v.* to have (done something)
   Ha sido un placer. It's been a pleasure.
habitación *f.* room
   habitación doble double room
   habitación individual single room
habitante *m., f.* inhabitant **2**
hablar *v.* to talk; to speak
hacer *v.* to do; to make
   Hace buen tiempo. The weather is good.
   Hace (mucho) calor. It's (very) hot. (*weather*)
   Hace fresco. It's cool. (*weather*)
   Hace (mucho) frío. It's (very) cold. (*weather*)
   Hace mal tiempo. The weather is bad.
   Hace (mucho) sol. It's (very) sunny. (*weather*)
   Hace (mucho) viento. It's (very) windy. (*weather*)
   hacer caso to obey **3**
   hacer cola to stand in line; to wait in line
   hacer diligencias to run errands **2**
   hacer ejercicio to exercise
   hacer ejercicios aeróbicos to do aerobics
   hacer ejercicios de estiramiento to do stretching exercises
   hacer el papel (de) to play the role (of)
   hacer falta to be necessary **5**
   hacer gimnasia to work out
   hacer juego (con) to match (with)
   hacer la cama to make the bed
   hacer las maletas to pack (one's) suitcases
   hacer quehaceres domésticos to do household chores
   hacer turismo to go sightseeing
   hacer un esfuerzo to make an effort
   hacer un viaje to take a trip
   hacer una excursión to go on a hike; to go on a tour
hacia *prep.* toward
hallazgo *m.* discovery **3**
hambre *f.* hunger
hamburguesa *f.* hamburger
hasta *prep.* until; toward
   Hasta la vista. See you later.

Hasta luego. See you later.
Hasta mañana. See you tomorrow.
hasta que until
Hasta pronto. See you soon.
hay there is; there are
  Hay (mucha) contaminación.
    It's (very) smoggy.
  Hay (mucha) niebla.
    It's (very) foggy.
  Hay que... It is necessary that...
  No hay duda de...
    There's no doubt ...
  No hay de qué. You're welcome.
hecho *m.* fact **5**
hecho/a *p.p.* done
heladería *f.* ice cream shop
helado/a *adj.* iced
helado *m.* ice cream
heredar *v.* to inherit **4**
herencia *f.* heritage
  herencia cultural
    cultural heritage **6**
hermanastro/a *m., f.* stepbrother/
  stepsister **4**
hermano/a *m., f.* brother/sister
  hermano/a gemelo/a *m., f.* twin
    brother/sister **4**
hermano/a mayor/menor *m., f.* older/
  younger brother/sister
hermanos *m., pl.* siblings (brothers
  and sisters)
hermoso/a *adj.* beautiful
herramienta *f.* tool
heterogéneo/a *adj.* heterogeneous
híbrido/a *adj.* hybrid **5**
hierba *f.* grass
hijastro/a *m., f.* stepson/stepdaughter
hijo/a *m., f.* son/daughter
  hijo/a único/a *m., f.* only child **4**
  hijos *m., pl.* children
hipocresía *f.* hypocrisy **6**
hiriente *adj.* hurtful **4**
historia *f.* history; story
historiador(a) *m., f.* historian **4**
hockey *m.* hockey
hogar *m.* home
hoja *f.* leaf **5**
hola *interj.* hello; hi
hombre *m.* man
  hombre de negocios *m.*
    businessman
homenajear a los dioses *v.* to pay
  homage to the gods **4**
homogeneidad *f.* homogeneity
honrado/a *adj.* honest **4**
hora *f.* hour; the time
horario *m.* schedule
  horario de trabajo
    work schedule
horno *m.* oven
  horno de microondas
    microwave oven
horóscopo *m.* horoscope **3**

horror *m.* horror
  de horror horror (genre)
hospital *m.* hospital
hotel *m.* hotel
hoy *adv.* today
  hoy (en) día *adv.* nowadays
  Hoy es... Today is…
huelga *f.* strike (*labor*) **6**
hueso *m.* bone
huésped *m., f.* guest
huevo *m.* egg
huir *v.* to flee **6**
humanidad *f.* humankind
humanidades *f., pl.* humanities
huracán *m.* hurricane **5**
huraño/a *adj.* unsociable **4**

I

ida *f.* one way (*travel*)
idea *f.* idea
ideales *m., pl.* principles; ideals
idioma *m.* language
  idioma oficial *m.*
    official language
iglesia *f.* church
igual *adj.* equal **6**
igualdad *f.* equality **6**
igualmente *adv.* likewise
ilegal *adj.* illegal **4**
ilusión *m.* dream **2**
impasible *adj.* impassively **2**
imparcial *adj.* impartial; unbiased **3**
impedir *v.* to prevent **2**
impermeable *m.* raincoat
importante *adj.* important
importar *v.* to be important to;
  to matter
imposible *adj.* impossible
imprenta *f.* printer **1**
impresora *f.* printer
imprimir *v.* to print
improbable *adj.* improbable
impuesto *m.* tax
inalámbrico/a *adj.* wireless
incapaz *adj.* incapable;
  incompetent
incendio *m.* fire **5**
incertidumbre *f.* uncertainty
inconformista *adj.* nonconformist
increíble *adj.* incredible
independizarse *v.* to
  become independent **4**
indicar el camino *v.*
  to give directions **2**
indiferencia *f.* indifference
indignarse *v.* to be outraged **2**
individual *adj.* private (*room*)
inesperado/a *adj.* unexpected **2**
inestabilidad *f.* instability
infección *f.* infection
infidelidad *f.* unfaithfulness **1**
inflación *f.* inflation

influencia *f.* influence **2**
influir *v.* to influence **6**
influyente *adj.* influential **3**
informar *v.* to inform
informática *f.* computer science
informe *m.* report; paper
  (*written work*) **6**
ingeniero/a *m., f.* engineer
ingenuo/a *adj.* naïve **2**
inglés *m.* English (*language*)
inglés, inglesa *adj.* English
injusticia *f.* injustice **6**
injusto/a *adj.* unfair **6**
inmigración *f.* immigration
inmigrante *m., f.* immigrant **1**
innovador(a) *adj.* innovative
inocencia *f.* innocence
inodoro *m.* toilet
inolvidable *adj.* unforgettable **1**
inseguridad *f.* insecurity; lack
  of safety **6**
inseguro/a *adj.* insecure **1**
insensible *adj.* insensitive
insistir (en) *v.* to insist (on)
insoportable *adj.* unbearable
inspector(a) *m., f.* **de aduanas**
  customs inspector
instituto *m.* high school **6**
integración *f.* integration
integrarse (a) *v.* to become part (of);
  to fit in
inteligente *adj.* intelligent
intentar *v.* to try
intercambiar *v.* to exchange
interesante *adj.* interesting
interesar *v.* to be interesting to;
  to interest
internacional *adj.* international
Internet Internet **3**
intoxicar *v.* to poison **5**
intruso/a *m., f.* intruder
inundación *f.* flood **5**
inventar *v.* to invent
invento *m.* invention
inversionista *m., f.* investor
invertir (e:ie) *v.* to invest
investigador(a) *m., f.* researcher
investigar *v.* to research;
  to investigate **3**
invierno *m.* winter
invisible *adj.* invisible
invitado/a *m., f.* guest (*at a function*)
invitar *v.* to invite
inyección *f.* injection
ir *v.* to go
  ir a (+ inf.) to be going to
    do something
  ir de compras to go shopping
  ir de excursión (a las montañas)
    to go for a hike (in the mountains)
  ir de pesca to go fishing
  ir de vacaciones to go on vacation
  ir en autobús to go by bus

ir en auto(móvil) to go by
auto(mobile); to go by car
ir en avión to go by plane
ir en barco to go by boat
ir en metro to go by subway
ir en motocicleta to go
by motorcycle
ir en taxi to go by taxi
ir en tren to go by train
irse *v.* to go away; to leave
italiano/a *adj.* Italian
izquierdo/a *adj.* left
a la izquierda de to the left of

J

jabón *m.* soap
jamás *adv.* never; not ever
jamón *m.* ham
japonés, japonesa *adj.* Japanese
jardín *m.* garden; yard
jefe/a *m., f.* boss
joven *adj.* young
joven *m., f.* youth; young person
joyería *f.* jewelry store
jubilarse *v.* to retire (*from work*)
juego *m.* game
juego de mesa board game
jueves *m., sing.* Thursday
juez(a) *m., f.* judge **6**
jugador(a) *m., f.* player
jugar (u:ue) *v.* to play
jugar a las cartas *f., pl.*
to play cards
jugo *m.* juice
jugo de fruta *m.* fruit juice
juguete *m.* toy
juicio *m.* judgment **6**
julio *m.* July
jungla *f.* jungle
junio *m.* June
juntos/as *adj.* together
jurar *v.* to promise
justicia *f.* justice **6**
justo/a *adj.* just; fair **2, 6**
juventud *f.* youth **4**
juzgar *v.* to judge **6**

K

kilómetro *m.* kilometer

L

la *f., sing., def. art.* the
la *f., sing., d.o. pron.* her, it; *form.* you
laboratorio *m.* laboratory
ladrillo *m.* brick
ladrón/ladrona *m., f.* thief **6**
lagarto *m.* lizard **5**
lago *m.* lake
laico/a *adj.* secular; lay **6**
lamentable *adv.* regrettable

lamentar *v.* to regret **4**
lámpara *f.* lamp
lana *f.* wool
langosta *f.* lobster
lápiz *m.* pencil
largo/a *adj.* long
a largo plazo *adj.* long-term
las *f., pl., def. art.* the
las *f., pl., d.o. pron.* them; *form.* you
lástima *f.* shame
lastimar(se) *v.* to injure (oneself)
lastimarse el pie to injure
one's foot
lata *f.* (*tin*) can
lavabo *m.* sink
lavadora *f.* washing machine
lavandería *f.* laundromat
lavaplatos *m., sing.* dishwasher
lavar *v.* to wash
lavar (el suelo, los platos)
to wash (the floor, the dishes)
lavarse *v.* to wash oneself
lavarse la cara to wash one's face
lavarse las manos to wash
one's hands
lazo *m.* tie **1**
le *sing., i.o. pron.* to/for him; her;
form. you
Le presento a… *form.* I would
like to introduce… to you.
lección *f.* lesson
leche *f.* milk
lechuga *f.* lettuce
leer *v.* to read
leer correo electrónico
to read e-mail
leer un periódico
to read a newspaper
leer una revista to read
a magazine
legal *adj.* legal **4**
leído/a *p.p.* read
lejos de *prep.* far from
lengua *f.* language **4**
lenguas extranjeras *f., pl.*
foreign languages
lengua materna
mother tongue
lenguaje corporal *m.* body language
lentes *m., pl.* **de contacto**
contact lenses
lentes (de sol) (sun)glasses
lento/a *adj.* slow
león *m.* lion **5**
les *pl., i.o. pron.* to/for them;
form. you
letra *f.* lyrics **3**
letrero *m.* sign; billboard **2**
levantar *v.* to lift
levantar pesas to lift weights
levantarse *v.* to get up
ley *f.* law **6**
liado/a *adj.* busy **1**

liberal *adj.* liberal **6**
libertad *f.* liberty; freedom **6**
libertad de prensa freedom
of the press **3**
libre *adj.* free
librería *f.* bookstore
libro *m.* book
licencia de conducir *f.*
driver's license
ligar *v.* to flirt; to hook up **1**
limón *m.* lemon
limpiar *v.* to clean
limpiar la casa *v.* to clean the house
limpieza *f.* cleaning
limpieza étnica ethnic cleaning
limpio/a *adj.* clean
línea *f.* line
lío *m.* mess
listo/a *adj.* ready; smart
literatura *f.* literature
llamar *v.* to call
llamar por teléfono to call
on the phone
llamarse *v.* to be called; to be named
llanta *f.* tire
llave *f.* key
llegada *f.* arrival
llegar *v.* to arrive
llenar *v.* to fill
llenar el tanque to fill the tank
llenar (un formulario) to fill
out (a form)
lleno/a *adj.* full **2**
llevar *v.* to carry; *v.* to wear; to take
llevar una vida sana to lead a
healthy lifestyle
llevarse bien/mal/fatal (con) to
get along well/badly/terribly
(with) **1**
llover (o:ue) *v.* to rain
Llueve. It's raining.
lluvia *f.* rain **5**
lluvia ácida acid rain
lo *m., sing. d.o. pron.* him, it; *form.* you
¡Lo hemos pasado de película!
We've had a great time!
¡Lo hemos pasado maravillosamente!
We've had a great time!
lo mejor the best (thing)
Lo pasamos muy bien.
We had a very good time.
lo peor the worst (thing)
lo que that which; what
Lo siento. I'm sorry.
Lo siento muchísimo. I'm so sorry.
lobo *m.* wolf **5**
loco/a *adj.* crazy
locutor(a) (de radio/televisión) *m., f.*
(radio/TV) announcer **3**
lograr *v.* to attain; to achieve
lomo *m.* **a la plancha** grilled
tenderloin
los *m., pl., def. art.* the

los *m. pl., d.o. pron.* them; *form.* you
lotería *f.* lottery
lucha *f.* struggle; fight **6**
luchar (contra/por) *v.* to fight; to struggle (against/for)
luego *adv.* then; *adv.* later
lugar *m.* place
lujo *m.* luxury
luna *f.* moon **5**
lunares *m.* polka dots
lunes *m., sing.* Monday
luz *f.* light; electricity

M

madera *f.* wood **5**
madrastra *f.* stepmother **4**
madre *f.* mother
madrugada *f.* early morning
madurez *f.* maturity; middle age
maduro/a *adj.* mature **1**
maestro/a *m., f.* teacher
magnífico/a *adj.* magnificent
maíz *m.* corn
mal, malo/a *adj.* bad
maleducado/a *adj.* ill-mannered **4**
malcriado/a *m., f.* rude **3**
malcriar *v.* to spoil **4**
maleta *f.* suitcase
malgastar *v.* to waste **5**
maltrato *m.* abuse; mistreatment
mamá *f.* mom
manchado/a *m., f.* stained **2**
mandar *v.* to order; to send; to mail
mandón/mandona *adj.* bossy **4**
manejar *v.* to drive
manera *f.* way
manifestación *f.* protest
manifestante *m., f.* demonstrator **6**
mano *f.* hand
manta *f.* blanket
mantener (e:ie) *v.* to maintain
  mantenerse en forma to stay in shape
mantenimiento *m.* maintenance
mantequilla *f.* butter
manzana *f.* apple
mañana *f.* morning, A.M.; tomorrow
mapa *m.* map
maqueta *f.* model
maquillaje *m.* makeup
maquillarse *v.* to put on makeup
máquina *f.* machine
mar *m.* sea **5**
maravilloso/a *adj.* marvelous
marcar (un gol/un punto) *v.* to score (a goal/a point)
marcharse *v.* to leave
mareado/a *adj.* dizzy; nauseated
margarina *f.* margarine
mariscos *m., pl.* shellfish
marrón *adj.* brown
martes *m., sing.* Tuesday

martillo *m.* hammer
marzo *m.* March
más *pron.* more
  más de (+ number) more than
  más tarde later (on)
  más... que more... than
masaje *m.* massage
matar *v.* to kill
matarse *v.* to kill oneself
matemáticas *f., pl.* mathematics
matemático/a *m., f.* mathematician
materia *f.* course
matriarcado *m.* matriarchy **2**
matrimonio *m.* marriage **1**
máximo/a *adj.* maximum
mayo *m.* May
mayonesa *f.* mayonnaise
mayor *adj.* older
  el/la mayor *adj.* eldest/oldest
me *sing., d.o. pron.* me; *sing. i.o. pron.* to/for me
  Me duele mucho. It hurts me a lot.
  Me gusta... I like...
  No me gustan nada. I don't like them at all.
  Me gustaría(n)... I would like...
  Me llamo... My name is...
  Me muero por... I'm dying to/for...
mecánico/a *m., f.* mechanic
mediano/a *adj.* medium
medianoche *f.* midnight
medias *f., pl.* pantyhose; stockings
medicamento *m.* medication **5**
medicina *f.* medicine
médico/a *m., f.* doctor; *adj.* medical
medio/a *adj.* half
  medio *m.* **ambiente** environment **5**
  y media thirty minutes past the hour (*time*)
  medio/a hermano/a *m., f.* half brother/sister **4**
mediodía *m.* noon
medios *m., pl.* **(de comunicación)** means of communication; media **3**
mejor *adj.* better
  el/la mejor *m., f.* the best
mejora *f.* improvement
mejorar *v.* to improve **5**
melocotón *m.* peach
mendigar *v.* to beg **2**
menor *adj.* younger
  el/la menor *m., f.* youngest
menos *adv.* less
  menos cuarto..., menos quince... quarter to... (*time*)
  menos de (+ number) fewer than
  menos... que less... than
mensaje *m.* message
  mensaje de texto text message
  mensaje electrónico e-mail message
mente *f.* mind

mentira *f.* lie
mentiroso/a *adj.* lying; liar **1**
menú *m.* menu
mercado *m.* market
  mercado al aire libre open-air market
merecer *v.* to deserve **1**
merendar (e:ie) *v.* to snack; to have an afternoon snack
merienda *f.* afternoon snack
mes *m.* month
mesa *f.* table
mesero/a *m., f.* waiter/waitress
mesita *f.* end table
  mesita de noche night stand
meta *f.* goal
metro *m.* subway **2**
mexicano/a *adj.* Mexican
México *m.* Mexico
mezclar *v.* to mix
mí *pron., obj. of prep.* me
mi(s) *poss. adj.* my
microondas *f., sing.* microwave
  horno *m.* **de microondas** microwave oven
miedo *m.* fear
mientras *adv.* while
miércoles *m., sing.* Wednesday
mil *m.* one thousand
  mil millones billion
  Mil perdones. I'm so sorry. (*lit.* A thousand pardons.)
milla *f.* mile
millón *m.* million
millones (de) *m.* millions (of)
milonga *f. type of dance/music from the Río de la Plata area in Argentina*
mimar *v.* to pamper **4**
mineral *m.* mineral
minuto *m.* minute
mío/a(s) *poss.* my; (of) mine
mirada *f.* gaze
mirar *v.* to look (at); to watch
  mirar (la) televisión to watch television
misa *f.* mass
mismo/a *adj.* same
mito *m.* myth **2**
mochila *f.* backpack
moda *f.* fashion
módem *m.* modem
moderno/a *adj.* modern
modo *m.* means; manner
molestar *v.* to bother; to annoy
monitor *m.* (computer) monitor
monitor(a) *m., f.* trainer
mono *m.* monkey **5**
monolingüe *adj.* monolingual
montaña *f.* mountain
montar *v.* **a caballo** to ride a horse
monumento *m.* monument
mora *f.* blackberry
morado/a *adj.* purple

moreno/a *adj.* brunet(te)
morir (o:ue) *v.* to die
mostrador *m.* counter **2**
mostrar (o:ue) *v.* to show
motocicleta *f.* motorcycle
motor *m.* motor
muchacho/a *m., f.* boy; girl
mucho/a *adj., adv.* a lot of; much; many
  (Muchas) gracias. Thank you
    (very much); Thanks (a lot).
  muchas veces *adv.* a lot;
    many times
  Muchísimas gracias. Thank you
    very, very much.
  Mucho gusto. Pleased to meet you.
muchísimo very much
mudarse *v.* to move (from one house
  to another) **1, 4**
muebles *m., pl.* furniture
muela *f.* tooth
muerte *f.* death **4**
muerto/a *p.p.* died
mujer *f.* woman
  mujer de negocios *f.*
    business woman
  mujer policía *f.* policewoman **2**
mujeriego *m.* womanizer
multa *f.* fine **2**
mundial *adj.* worldwide
Mundial *m.* World Cup
mundo *m.* world
municipal *adj.* municipal
músculo *m.* muscle
museo *m.* museum **2**
música *f.* music
musical *adj.* musical
músico/a *m., f.* musician
musulmán/musulmana *m., f.*
  Muslim **6**
muy *adv.* very
  Muy amable. That's very kind
    of you.
  (Muy) bien, gracias.
    (Very) well, thanks.

N

nacer *v.* to be born
nacimiento *m.* birth **4**
nacional *adj.* national
nacionalidad *f.* nationality
nada *pron.* nothing; not anything
  nada mal not bad at all
nadar *v.* to swim
nadie *pron.* no one, nobody;
  not anyone
naipes *m., pl.* (playing) cards
naranja *f.* orange
nariz *f.* nose
natación *f.* swimming
natalidad *f.* birthrate
natural *adj.* natural

naturaleza *f.* nature
navegar *v.* **(en la red, en Internet)**
  to surf (the web, the Internet) **3**
Navidad *f.* Christmas
necesario/a *adj.* necessary
necesitar (+ *inf.*) *v.* to need
negar (e:ie) *v.* to deny
negativo/a *adj.* negative
negocios *m., pl.* business; commerce
negro/a *adj.* black
nervioso/a *adj.* nervous
nevar (e:ie) *v.* to snow
  Nieva. It's snowing.
ni… ni neither… nor
niebla *f.* fog
nieto/a *m., f.* grandson/granddaughter **4**
nieve *f.* snow
ningún, ningunos/as *adj.* no; not any
ninguno/a(s) *pron.* none; not any
niñato/a *m., f.* spoiled brat (Esp.) **4**
niñez *f.* childhood **4**
niño/a *m., f.* child **4**
nivel *m.* level
  nivel de vida standard
    of living
no *adv.* no; not
  ¿no? right?
  No cabe duda de… There is
    no doubt…
  No es así. That's not the way it is
  No es para tanto. It's not a big deal.
  no es seguro it's not sure
  no es verdad it's not true
  No está nada mal. It's not bad
    at all.
  no estar de acuerdo to disagree
  No estoy seguro. I'm not sure.
  no hay there is/are not
  No hay de qué. You're welcome.
  No hay duda de… There is
    no doubt…
  No hay problema. No problem.
  No más only **3**
  ¡No me diga(s)! You don't say!
  No me gustan nada. I don't like
    them at all.
  no muy bien not very well
  No quiero. I don't want to.
  No sé. I don't know.
  No se preocupe. *form.*
    Don't worry.
  No te preocupes. *fam.*
    Don't worry.
  no tener razón to be wrong
noche *f.* night
nombre *m.* name
  nombre de usuario user name
Norte *m.* North
norteamericano/a *adj.*
  (North) American
nos *pl., d.o. pron.* us; *pl., i.o. pron.*
  to/for us

Nos divertimos mucho.
  We had a lot of fun.
  Nos vemos. See you.
nosotros/as *sub. pron.* we;
  ob. pron. us
nostalgia *f.* nostalgia
noticias (internacionales/locales/
  nacionales) *f., pl.* (international/
  local/national) news **3**
noticiero *m.* newscast
novecientos/as *adj.* nine hundred
novedad *f.* new development
noveno/a *adj.* ninth
noventa *adj.* ninety
noviembre *m.* November
novio/a *m., f.* boyfriend/girlfriend
nube *f.* cloud
nublado/a *adj.* cloudy
  Está (muy) nublado. It's
    very cloudy.
nuclear *adj.* nuclear
nuera *f.* daughter-in-law **4**
nuestro/a(s) *poss. adj.* our; (of ours)
nueve *adj.* nine
nuevo/a *adj.* new
número *m.* number; (shoe) size
nunca *adj.* never; not ever
nutrición *f.* nutrition
nutricionista *m., f.* nutritionist

O

o *conj.* or
o… o *conj.* either… or
obedecer *v.* to obey
obra *f.* work (*of art, literature,*
  music, etc.)
  obra maestra masterpiece
  obra de teatro theater play
obrero/a *m., f.* blue-collar worker
obtener *v.* to obtain; to get
obvio/a *adj.* obvious
océano *m.* ocean
ochenta *adj.* eighty
ocho *adj.* eight
ochocientos/as *adj.* eight hundred
ocio *m.* leisure
octavo/a *adj.* eighth
octubre *m.* October
ocupación *f.* occupation
ocupado/a *adj.* busy
ocurrir *v.* to occur; to happen
odiar *v.* to hate **1**
Oeste *m.* West
oferta *f.* offer
oficina *f.* office
oficio *m.* trade
ofrecer *v.* to offer
oído *m.* (sense of) hearing; inner ear
oído/a *p.p.* heard
oír *v.* to hear

Oiga./Oigan. *form., sing./pl.* Listen. (*in conversation*)

Oye. *fam., sing.* Listen. (*in conversation*)

ojalá (que) *interj.* I hope (that); I wish (that)

ojo *m.* eye

olor *m.* smell

olvidar *v.* to forget

olvido *m.* forgetfulness; oblivion **1**

once *adj.* eleven

ópera *f.* opera

operación *f.* operation

opinar *v.* to express an opinion; to think **3**

opresión *f.* oppression **4**

oprimido/a *adj.* oppressed **6**

ordenado/a *adj.* orderly

ordinal *adj.* ordinal (*number*)

oreja *f.* (outer) ear

orgullo *m.* pride

orgulloso/a *adj.* proud **1**

orquesta *f.* orchestra

ortografía *f.* spelling

ortográfico/a *adj.* spelling

os *fam., pl. d.o. pron.* you; *fam., pl. i.o. pron.* to/for you

oso *m.* bear **5**

otoño *m.* autumn

otro/a *adj.* other; another

otra vez again

oyente *m., f.* listener **3**

P

paciencia *f.* patience

paciente *m., f.* patient

pacífico/a *adj.* peaceful **6**

pacifista *adj.* pacifist **6**

padrastro *m.* stepfather **4**

padre *m.* father

padres *m., pl.* parents

pagar *v.* to pay

pagar a plazos to pay in installments

pagar al contado to pay in cash

pagar en efectivo to pay in cash

pagar la cuenta to pay the bill

página *f.* page

página principal home page

país *m.* country

paisaje *m.* landscape; scenery **5**

pájaro *m.* bird **5**

palabra *f.* word

pan *m.* bread

pan tostado *m.* toasted bread

panadería *f.* bakery

pancarta *f.* banner; sign

pantalla *f.* screen **3**

pantalones *m., pl.* pants

pantalones cortos *m., pl.* shorts

pantuflas *f.* slippers

pañuelo *m.* headscarf **6**

papa *f.* potato

papas fritas *f., pl.* fried potatoes; French fries

papá *m.* dad

papás *m., pl.* parents

papel *m.* paper; role

papeles *m., pl.* documents **3**

papelera *f.* wastebasket

paquete *m.* package

par *m.* pair

par de zapatos pair of shoes

para *prep.* for; in order to; by; used for; considering

para que so that

parabrisas *m., sing.* windshield

parada *f.* stop **2**

parada de autobús bus stop **2**

parada de metro subway stop **2**

parar *v.* to stop **2**

parcial *adj.* biased **3**

parcialidad *f.* bias **3**

parco/a *adj.* tight-lipped

parecer *v.* to seem

parecerse (c:zc) *v.* to resemble; to look like **4, 2**

pared *f.* wall

pareja *f.* (married) couple; partner **1**

pariente *m., f.* relative **4**

parientes *m., pl.* relatives

parque *m.* park

parque de atracciones amusement park

parquear *v.* to park **3**

párrafo *m.* paragraph

parte: de parte de on behalf of

partido *m.* game; match (*sports*)

partido político *m.* political party **6**

partir *v.* to split

pasado/a *adj.* last; past

pasado *p.p.* passed

pasaje *m.* ticket

pasaje de ida y vuelta *m.* round trip ticket

pasajero/a *m., f.* passenger **2**; *adj.* fleeting **1**

pasaporte *m.* passport

pasar *v.* to go through; to pass **6**

pasar la aspiradora to vacuum

pasar por el banco to go by the bank

pasar por la aduana to go through customs

pasar tiempo to spend time

pasarlo bien/mal *v.* to have a good/bad time **2**

pasatiempo *m.* pastime; hobby

pasear *v.* to take a walk; to stroll; to go for a walk

pasear en bicicleta to ride a bicycle

pasear por to walk around

pasillo *m.* hallway

pasta *f.* **de dientes** toothpaste

pastel *m.* cake; pie

pastel de chocolate chocolate cake

pastel de cumpleaños birthday cake

pastelería *f.* pastry shop

pastilla *f.* pill; tablet

pata *f.* **de conejo** rabbit's foot **5**

patata *f.* potato

patatas fritas *f., pl.* fried potatoes; French fries

patear *v.* to kick

patente *f.* patent

patinar (en línea) *v.* to (in-line) skate

patineta *f.* skateboard

patio *m.* patio; yard

patria *f.* homeland **1, 4**

pavo *m.* turkey

paz *f.* peace **6**

peatón/peatona *m., f.* pedestrian **2**

pedazo *m.* piece **5**

pedazo de lata piece of junk

pedir (e:i) *v.* to ask for; to request; to order (*food*)

pedir prestado *v.* to borrow

pedir un préstamo *v.* to apply for a loan

pegar *v.* to hit **6**

peinarse *v.* to comb one's hair

pelear(se) *v.* to fight with (one another) **4, 6**

película *f.* movie **3**

peligro *m.* danger **5**

peligroso/a *adj.* dangerous

pelirrojo/a *adj.* red-haired

pelo *m.* hair

pelota *f.* ball

peluquería *f.* beauty salon

peluquero/a *m., f.* hairdresser

penicilina *f.* penicillin

pensar (e:ie) *v.* to think

pensar (+ inf.) *v.* to intend to; to plan to (do something)

pensar en *v.* to think about

pensión *f.* boardinghouse

peor *adj.* worse

el/la peor *adj.* the worst

pequeño/a *adj.* small

pera *f.* pear

perder (e:ie) *v.* to lose; to miss

perder las elecciones to lose elections **6**

perder un partido to lose a game

pérdida *f.* loss

perdido/a *adj.* lost

Perdón. Pardon me.; Excuse me.

perdonar *v.* to forgive **2**

perezoso/a *adj.* lazy

perfecto/a *adj.* perfect

periódico *m.* newspaper **3**

periodismo *m.* journalism

periodista *m., f.* journalist 3
permiso *m.* permission
permitir *v.* to allow 2
pero *conj.* but
perro *m.* dog
persecución *f.* persecution
persiana *f.* shutter 2
persona *f.* person
personaje *m.* character
   personaje principal *m.*
    main character
pertenecer *v.* to belong
pesas *f. pl.* weights
pesca *f.* fishing
pescadería *f.* fish market
pescado *m.* fish (*cooked*)
pescador(a) *m., f.* fisherman/
   fisherwoman
pescar *v.* to fish
peso *m.* weight
petróleo *m.* oil 5
pez *m.* fish (*live*) 5
pie *m.* foot
piedra (esculpida) *f.* (sculpted) stone
pierna *f.* leg
pimienta *f.* black pepper
pintar *v.* to paint
pintor(a) *m., f.* painter
pintura *f.* painting; picture
piña *f.* pineapple
piscina *f.* swimming pool
piso *m.* floor (*of a building*)
pista de baile *f.* dance floor 3
pizarra *f.* blackboard
placer *m.* pleasure
   Ha sido un placer. It's been
    a pleasure.
planchar *v.* **la ropa** to iron the clothes
planes *m., pl.* plans
planeta *m.* planet
planificar *v.* to plan
plano *m.* blueprint; plan
planta *f.* plant
   planta baja *f.* ground floor
plantar *v.* to plant 5
plástico *m.* plastic
plato *m.* dish (*in a meal*); *m.* plate
   plato principal *m.* main dish
playa *f.* beach
plaza *f.* city or town square 2
plazos *m., pl.* periods; time
   a corto/largo plazo *adj.*
    short/long-term
pluma *f.* pen
población *f.* population
poblar *v.* to settle; to populate 2
pobre *adj.* poor
pobreza *f.* poverty
poco/a *adj.* little; few
podar *v.* to prune 5
poder (o:ue) *v.* to be able to; can
poder *m.* power 6
poderoso/a *adj.* powerful 4
poema *m.* poem

poesía *f.* poetry
poeta *m., f.* poet
polémica *f.* controversy
policía *f.* police (force)
policía *m.* policeman 2
política *f.* politics 6
político/a *m., f.* politician;
   adj. political 6
pollo *m.* chicken
   pollo asado *m.* roast chicken
ponchar *v.* to go flat
poner *v.* to put; to place; *v.* to turn on
   (*electrical appliances*)
   poner la mesa *v.* to set the table
   poner un disco compacto *v.*
    to play a CD
   poner una inyección *v.* to give
    an injection
ponerse (+ adj.) *v.* to become;
   to put on
   ponerse pesado/a to become
    annoying 1
por *prep.* in exchange for; for;
   by; in; through; around; along;
   during; because of; on account of;
   on behalf of; in search of; by way
   of; by means of
   por aquí around here
   por delante *adv.* ahead (of)
   por ejemplo for example
   por eso that's why; therefore
   por favor please
   por fin finally
   por la mañana in the morning
   por la noche at night
   por la tarde in the afternoon
   por lo menos at least
   ¿por qué? why?
   Por supuesto. Of course.
   por su cuenta on his/her own 1
   por teléfono by phone; on the phone
   por último finally
porque *conj.* because
portada *f.* front page; cover 3
portátil *m.* portable
porvenir *m.* future 5
   ¡Por el porvenir! Here's to
    the future!
posesivo/a *adj.* possessive
posible *adj.* possible
   (no) es posible it's (not) possible
postal *f.* postcard
postre *m.* dessert
potable *adj.* drinkable 5
practicar *v.* to practice
   practicar deportes
    to play sports
práctico/a *adj.* useful; practical
precio (fijo) *m.* (fixed; set) price
predecir (e:i) *v.* to predict
preferir (e:ie) *v.* to prefer
pregunta *f.* question
preguntar *v.* to ask (*a question*)
   preguntar el camino to ask
    for directions 2

prejucio social *m.* social prejudice 4
premio *m.* prize; award
prender *v.* to turn on
prensa (sensacionalista) *f.*
   (sensationalist) press 3
preocupación *f.* concern
preocupado/a (por) *adj.*
   worried (about) 1
preocuparse (por) *v.* to worry (about)
preparar *v.* to prepare
preposición *f.* preposition
presagio *m.* omen
prescindir (de) *v.* to do without
presentación *f.* introduction
presentar *v.* to introduce; to present;
   to put on (*a performance*)
   Le presento a… I would like
    to introduce (*name*) to you (*form.*)
   Te presento a… I would like
    to introduce (*name*) to you (*fam.*)
presentimiento *m.* premonition
presidente/a *m., f.* president 6
presiones *f., pl.* pressures
preso/a *m., f.* prisoner 5
prestado/a *adj.* borrowed
préstamo *m.* loan
prestar *v.* to lend; to loan
presupuesto *m.* budget
prevenir (e:ie) *v.* to prevent 5
previo/a *adj.* prior to
previsto/a *adj.* foreseen
primavera *f.* spring
primer, primero/a *adj.* first
primo/a *m., f.* cousin 4
principal *adj.* main
principio *m.* principle 2
prisa *f.* haste
   darse prisa *v.* to hurry; to rush
probable *adj.* probable
   (no) es probable it's (not) probable
probar (o:ue) *v.* to taste; to try
probarse (o:ue) *v.* to try on
problema *m.* problem
profesión *f.* profession
profesor(a) *m., f.* teacher
programa *m.* program 3
   programa (de computación)
    software
   programa de concursos
    game show 3
   programa de entrevistas
    talk show
   programa de telerrealidad
    reality show 3
programador(a) *m., f.*
   computer programmer
progreso *m.* progress
prohibir *v.* to prohibit; to forbid
prometido/a *m., f.* fiancé(e) 1
promulgar *v.* to enact (a law) 6
pronombre *m.* pronoun
pronto *adv.* soon
propina *f.* tip

propio/a *adj.* own
protagonista *m., f.* protagonist
proteger *v.* to protect **5**
protegido/a *adj.* protected **5**
proteína *f.* protein
protesta *f.* complaint **2**
protestar *v.* to protest
proveniente *adj.* (coming) from
próximo/a *adj.* next
prueba *f.* test; quiz; proof
psicología *f.* psychology
psicólogo/a *m., f.* psychologist
publicar *v.* to publish **3**
publicidad *f.* advertising **3**
público *m.* audience; public **3**
pueblo *m.* town
puente *m.* bridge **2**
puerta *f.* door
Puerto Rico *m.* Puerto Rico
puertorriqueño/a *adj.* Puerto Rican
pues *conj.* well
puesto *m.* position; job
puesto/a *p.p.* put
pulmón *m.* lung **5**
pulsar *v.* to press **4**
puro/a *adj.* pure, clean **5**

Q

que *pron.* that; which; who
　¿En qué…? In which…?
　¡Qué…! How…!
　¡Qué dolor! What pain!
　¡Qué ropa más bonita!
　　What pretty clothes!
　¡Qué sorpresa! What a surprise!
　¿qué? what?
　¿Qué día es hoy? What day is it?
　¿Qué hay de nuevo? What's new?
　¿Qué hora es? What time is it?
　¿Qué les parece? What do you
　　(*pl.*) think?
　¿Qué pasa? What's happening?
　　What's going on?
　¿Qué pasó? What happened?
　¿Qué precio tiene? What is
　　the price?
　¿Qué tal…? How are you?;
　　How is it going?; How is/are…?
　¿Qué talla lleva/usa? What size
　　do you wear?
　¿Qué tiempo hace? How's
　　the weather?
quedar *v.* to be left over; to fit
　(*clothing*); to be left behind;
　to be located **2**
quedarse *v.* to stay; to remain **2**
quehaceres domésticos *m., pl.*
　household chores
quejarse (de) *v.* to complain
　(about) **4**
quemado/a *adj.* burned (out)

quemar *v.* to burn
querer(se) (e:ie) *v.* to want; to love
　(each other) **1**
queso *m.* cheese
quien(es) *pron.* who; whom; that
　¿quién(es)? who?; whom?
　¿Quién es…? Who is…?
　¿Quién habla? Who is speaking?
　　(*telephone*)
química *f.* chemistry
químico/a *m., f.* chemist
quince *adj.* fifteen
　menos quince quarter to (*time*)
　y quince quarter after (*time*)
quinceañera *f.* fifteen-year-old girl
quinientos/as *adj.* five hundred
quinto/a *adj.* fifth
quisiera *v.* I would like
quitar *v.* to remove **5**
　quitar el polvo *v.* to dust
　quitar la mesa *v.* to clear the table
　quitarse *v.* to take off
quizás *adv.* maybe

R

racismo *m.* racism
radio *f.* radio
radioemisora *f.* radio station **3**
radiografía *f.* X-ray
raíz *f.* root **4**
rancho *m.* ranch
rápido/a *adv.* quickly
raro/a *adj.* weird **6**
rascacielos *m.* skyscraper **2**
rasgo *m.* feature
rato *m.* while **1, 6**
ratón *m.* mouse
ratos libres *m., pl.* free time
raya *f.* stripe
razón *f.* reason
realizar *v.* to carry out
realizarse *v.* to become true **4**
rebaja *f.* sale
rebelde *adj.* rebellious **4**
recado *m.* (*telephone*) message
receta *f.* prescription; recipe **4**
recetar *v.* to prescribe
rechazar *v.* to reject; *v.* to turn
　down **2**
recibir *v.* to receive
reciclaje *m.* recycling **5**
reciclar *v.* to recycle **5**
recién casado/a *m., f.* newly-wed
recogedor *m.* dustpan **4**
recoger *v.* to pick up
recomendar (e:ie) *v.* to recommend
reconocer (c:zc) *v.* to recognize
recordar (o:ue) *v.* to remember
recorrer *v.* to travel (around a city) **2**
recorrido *m.* route; trip
recreo *m.* recreation

recursos *m., pl.* resources **5**
　recurso natural
　　natural resource
red *f.* network; the Web
　red de apoyo support network **1**
redactor(a) *m., f.* editor **3**
reducir *v.* to reduce
reemplazar *v.* to replace
refresco *m.* soft drink
refrigerador *m.* refrigerator
refugiado/a *m., f.* refugee
　refugiado/a de guerra *m., f.*
　　war refugee
　refugiado/a político/a *m., f.*
　　political refugee
regalar *v.* to give (a gift)
regalo *m.* gift
regañar *v.* to scold **4**
regatear *v.* to bargain
región *f.* region; area
regla *f.* rule **6**
regresar *v.* to return
regular *adj.* so-so; OK
reído *p.p.* laughed
reírse (e:i) *v.* to laugh
relaciones *f., pl.* relationships
　relaciones exteriores *f., pl.*
　　foreign relations **6**
relajarse *v.* to relax **2**
religión *f.* religion **4**
reloj *m.* clock; watch
remodelar *v.* to remodel
renovable *adj.* renewable **5**
renunciar *v.* to quit
repartir *v.* to distribute; hand out
repentino/a *adj.* sudden **2**
repetir (e:i) *v.* to repeat
repleto/a *adj.* crowded **2**
reportaje *m.* (news) report **3**
reportero/a *m., f.* reporter;
　journalist **3**
represa *f.* dam
representante *m., f.* representative
reprochar *v.* to blame **1**
reproductor de DVD *m.*
　DVD player
reproductor de MP3 *m.*
　MP3 player
rescatado/a *adj.* rescued **6**
reseña *f.* review **1**
resfriado *m.* cold (*illness*)
residencia estudiantil *f.* dormitory
residir *v.* to reside **2**
resolver (o:ue) *v.* to solve;
　to resolve **5**
respetar *v.* to respect **4**
respirar *v.* to breathe **5**
respuesta *f.* answer
restaurante *m.* restaurant
resuelto/a *p.p.* resolved
reto *m.* challenge **5**
retroceder *v.* to move backward **2**

reunión *f.* meeting
reunirse (con) *v.* to get together (with)
revisar *v.* to check
  revisar el aceite *v.* to check the oil
revista *f.* magazine 3
revolucionario/a *adj.* revolutionary
rico/a *adj.* rich; *adj.* tasty; delicious
ridículo/a *adj.* ridiculous
riesgo *m.* risk 1
río *m.* river 5
riqueza *f.* wealth
riquezas *f., pl.* riches
riquísimo/a *adj.* extremely delicious
ritmo *m.* rhythm 3
rito sagrado *m.* sacred ritual 4
rivalidad *f.* rivalry
rodar (o:ue) *v.* to shoot (a movie) 3
rodeado/a *adj.* surrounded
rodear *v.* to surround 4
rodilla *f.* knee
rogar (o:ue) *v.* to beg; to plead
rojo/a *adj.* red
romántico/a *adj.* romantic
romper *v.* to break
  romper con *v.* to break up with 1
  romperse la pierna *v.* to break
    one's leg
rompimiento *m.* breakup 1
ropa *f.* clothing; clothes
  ropa interior *f.* underwear
rosado/a *adj.* pink
roto/a *adj.* broken
rubio/a *adj.* blond(e)
ruido *m.* noise
ruidoso/a *adj.* noisy 2
rumorear *v.* to be rumored (that)
ruso/a *adj.* Russian
rutina *f.* routine 5
  rutina diaria daily routine 5

S

sábado *m.* Saturday
saber *v.* to know; to know how; to taste
  saber a to taste like
sabrosísimo/a *adj.*
  extremely delicious
sabroso/a *adj.* tasty; delicious
sacar *v.* to take out
  sacar fotos to take photos
  sacar la basura to take out
    the trash
  sacar(se) un diente to have a
    tooth removed
sacerdote *m.* priest 4
sacrificar *v.* to sacrifice 4
sacudir *v.* to dust
  sacudir los muebles to dust
    the furniture
sal *f.* salt
sala *f.* living room; room
  sala de emergencia(s)
    emergency room

salario *m.* salary
salchicha *f.* sausage
salida *f.* departure; exit
salir *v.* to leave; to go out
  salir (con) to go out (with); to date 1
  salir a comer algo to go out
    to eat
  salir a la venta to go on sale 3
  salir a tomar algo to go out to
    have a drink
  salir con to go out with 1
  salir de to leave from
  salir para to leave for (*a place*)
salmón *m.* salmon
salón *m.* **de belleza** beauty salon
saltar *v.* to jump
salud *f.* health
saludable *adj.* healthy
saludar(se) *v.* to greet (each other)
saludo *m.* greeting
  saludos a... greetings to...
salvar *v.* to save 4
sandalia *f.* sandal
sandía *f.* watermelon
sándwich *m.* sandwich
sangre *f.* blood
sano/a *adj.* healthy
se *ref. pron.* himself; herself;
  itself; *form.* yourself; themselves;
  yourselves
se *impersonal* one
  Se hizo... He/she/it became...
  Se nos dañó... The... broke down.
  Se nos pinchó una llanta.
    We had a flat tire.
secadora *f.* clothes dryer
secarse *v.* to dry oneself
sección de (no) fumar *f.*
  (non) smoking section
sección de sociedad *f.*
  lifestyle section 3
sección deportiva *f.* sports section 3
seco/a *adj.* dry 5
secretario/a *m., f.* secretary
secuencia *f.* sequence
secuestrar *v.* to kidnap; to hijack 6
secuestro *m.* kidnapping 6
sed *f.* thirst
seda *f.* silk
sedentario/a *adj.* sedentary; related
  to sitting
seguir (e:i) *v.* to follow; to continue
según according to
segundo/a *adj.* second
seguridad *f.* security; safety 6
seguro/a *adj.* sure; safe;
  secure; confident 1
seis *adj.* six
seiscientos/as *adj.* six hundred
selva *f.* jungle; rainforest 5
  selva tropical tropical rainforest 5
semáforo *m.* traffic light 2

semana *f.* week
  fin *m.* **de semana** weekend
  semana pasada last week
sembrar *v.* to plant
semejante *adj.* similar
semestre *m.* semester
semilla *f.* seed 5
sendero *m.* trail; trailhead
sensible *adj.* sensitive 1
sentarse (e:ie) *v.* to sit down
sentido *m.* sense
  sentido común common sense
sentimiento *m.* feeling 1
sentir(se) (e:ie) *v.* to feel; to be sorry;
  to regret 1
  sentirse realizado/a to feel fulfilled
señal *f.* sign
  señal de tráfico road sign 2
señor (Sr.); don *m.* Mr.; sir
señora (Sra.); doña *f.* Mrs.; ma'am
señorita (Srta.) *f.* Miss
separado/a *adj.* separated 1
separarse (de) *v.* to separate (from)
septiembre *m.* September
séptimo/a *adj.* seventh
sequía *f.* drought 5
ser *v.* to be
  ser aficionado/a (a) to be
    a fan (of)
  ser alérgico/a (a) to be
    allergic (to)
  ser gratis to be free of charge
  ser parcial to be biased 3
ser humano *m.* human being 3
serio/a *adj.* serious
serpiente *f.* snake 5
serrar *v.* to saw 5
servilleta *f.* napkin
servir (e:i) *v.* to serve; to help
sesenta *adj.* sixty
setecientos/as *adj.* seven hundred
setenta *adj.* seventy
sexismo *m.* sexism
sexo *m.* gender 4
sexto/a *adj.* sixth
sí *adv.* yes
si *conj.* if
sí mismo/a himself/herself 4
SIDA *m.* AIDS
sido *p.p.* been
siempre *adv.* always
siete *adj.* seven
significar *v.* to mean 2
silbar (a) *v.* to whistle (at) 6
silla *f.* seat
sillón *m.* armchair
símbolo *m.* symbol 5
similar *adj.* similar
simpático/a *adj.* nice; likeable
sin *prep.* without
  sin duda without a doubt
  sin embargo however
  sin que *conj.* without

sincerarse *v.* to come clean
sindicato *m.* labor union
sino *conj.* but (rather)
síntoma *m.* symptom
sitio *m.* **web** website **3**
situado/a *p.p.* located
smog *m.* smog **5**
sobre *m.* envelope; *prep.* on; over
sobrevivir *v.* to survive **4**
sobrino/a *m., f.* nephew/niece **4**
socio/a *m., f.* partner; member
sociología *f.* sociology
sofá *m.* couch; sofa
sol *m.* sun **5**
solar *adj.* solar
soldado *m., f.* soldier
soleado/a *adj.* sunny
soledad *f.* loneliness
solicitar *v.* to apply
solicitud (de trabajo) *f.*
  (job) application
sólo *adv.* only
solo/a *adj.* alone
soltero/a *adj.* single **1**
solución *f.* solution
sombrero *m.* hat
Son las dos. It's two o'clock.
sonar (o:ue) *v.* to ring
sonreído *p.p.* smiled
sonreír (e:i) *v.* to smile
soñar (o:ue) *v.* to dream
  soñar con to dream about **1**
sopa *f.* soup
soportar *v.* to put up with **5**
sorprender *v.* to surprise
sorprendido/a *m., f.* surprised **2**
sorpresa *f.* surprise
sospecha *f.* suspicion **3**
sospechar *v.* to suspect
sospechoso/a *adj.* suspicious
sótano *m.* basement; cellar
soy I am
  Soy de... I'm from...
  Soy yo. That's me.
su(s) *poss. adj.* his; her; its;
  form. your; their
subir *v.* to go up; to upload (*on a*
  computer) **2**
subir(se) a *v.* to get on/into
  (*a vehicle*)
subsistir *v.* to survive **2**
subtítulos *m., pl.* subtitles **3**
suburbio *m.* suburb **2**
suceder *v.* to happen
sucio/a *adj.* dirty
sucre *m.* former
  Ecuadorian currency
sudar *v.* to sweat
suegro/a *m., f.* father/mother-in-law **4**
sueldo *m.* salary
  sueldo mínimo minimum wage
suelo *m.* floor; ground **3**
sueño *m.* sleep

suerte *f.* luck
suéter *m.* sweater
sufrir *v.* to suffer
  sufrir muchas presiones
    to be under a lot of pressure
  sufrir una enfermedad
    to suffer an illness
sugerir (e:ie) *v.* to suggest
sumiso/a *adj.* submissive **4**
superar(se) *v.* to overcome;
  to better oneself **4**
supermercado *m.* supermarket
superpoblación *f.* overpopulation
supersticioso/a *m., f.* superstitious
supervivencia *f.* survival
suponer *v.* to suppose
Sur *m.* South
surgir *v.* to emerge, to arise
suscribirse (a) *v.* to subscribe (to) **3**
sustantivo *m.* noun
sustituir *v.* to substitute
suyo(s)/a(s) *poss.* (of) his/her; (of)
  hers; (of) its; (of); *form.* your; (of)
  yours; (of) their

T

tacaño/a *adj.* cheap; stingy **1**
tal vez *adv.* maybe
talentoso/a *adj.* talented
talla *f.* size
  talla grande *f.* large (*size*)
taller *m.* **mecánico** garage;
  mechanic's repairshop
tamaño *m.* size
también *adv.* also; too
tambor *m.* drum **3**
tampoco *adv.* neither; not either
tan *adv.* so
  tan... como as... as
  tan pronto como *conj.* as soon as
tanque *m.* tank
tanto *adv.* so much
  tanto... como as much... as
  tantos/as... como as many... as
tarde *adv.* late; *f.* afternoon;
  evening; P.M.
tarea *f.* homework
tarjeta *f.* (post) card
  tarjeta de débito debit card
  tarjeta de crédito credit card
  tarjeta postal postcard
taxi *m.* taxi
taza *f.* cup
te *sing., fam., d.o. pron.* you;
  sing., fam., i.o. pron. to/for you
  Te presento a... *fam.* I would like
    to introduce... to you
  ¿Te gustaría? Would you like to?
  ¿Te gusta(n)... ? Do you like...?
té *m.* tea
  té helado iced tea

teatro *m.* theater
techo *m.* ceiling
teclado *m.* keyboard
técnico/a *m., f.* technician
tejido *m.* weaving
teleadicto/a *m., f.* couch potato
(teléfono) celular *m.* cell (phone)
telenovela *f.* soap opera **3**
telepatía *f.* telepathy
telescopio *m.* telescope
teletrabajo *m.* telecommuting
televidente *m., f.* television viewer **3**
televisión *f.* television
televisión por cable *f.*
  cable television
televisor *m.* television set
tembloroso/a *adj.* trembling **4**
temer *v.* to fear
temor *m.* fear **6**
temperatura *f.* temperature
tempestuoso/a *adj.* stormy **1**
temporada *f.* season **3**
temprano *adv.* early
tendero/a *m., f.* storekeeper
tenedor *m.* fork
tener *v.* to have
  tener... años to be... years old
  Tengo... años. I'm... years old.
  tener buena fama to have a
    good reputation **3**
  tener (mucho) calor to be (very) hot
  tener celos (de) to be jealous (of) **1**
  tener conexiones *v.*
    to have connections;
    to have influence
  tener (mucho) cuidado to be
    (very) careful
  tener (la) culpa to be at fault **1**
  tener derecho a to have the right to **6**
  tener dolor to have a pain
  tener éxito to be successful
  tener fiebre to have a fever
  tener (mucho) frío to be (very) cold
  tener ganas de (+ inf.) to feel
    like (doing something)
  tener (mucha) hambre *f.* to be
    (very) hungry
  tener mala fama to have
    a bad reputation **3**
  tener (mucho) miedo (de)
    to be (very) afraid (of);
    to be (very) scared (of)
  tener miedo (de) que to be
    afraid that
  tener planes to have plans
  tener (mucha) prisa to be in
    a (big) hurry **1**
  tener que (+ inf.) *v.* to have to
    (*do something*)
  tener razón *f.* to be right
  tener (mucha) sed *f.* to be
    (very) thirsty

tener (mucho) sueño to be (very) sleepy
tener (mucha) suerte to be (very) lucky
tener tiempo to have time
tener una cita to have a date; to have an appointment
tener vergüenza (de) to be ashamed (of) **1**
tenis *m.* tennis
tensión *f.* tension
teoría *f.* theory
tercer, tercero/a *adj.* third
terminar *v.* to end; to finish
   terminar de (+ *inf.*) *v.* to finish (*doing something*)
ternura *f.* tenderness **2**
terremoto *m.* earthquake **5**
terreno *m.* terrain
terrible *adj.* terrible
territorio *m.* territory
terrorismo *m.* terrorism **6**
terrorista *m., f.* terrorist **6**
ti *prep., obj. of prep., fam.* you
tibio/a *m., f.* warm **3**
tiempo *m.* time; weather
   tiempo libre free time
tienda *f.* shop; store
   tienda de campaña tent
tierra *f.* land; earth; soil **5**
Tierra *f.* Earth **5**
tigre *m.* tiger **5**
timidez *f.* shyness
tímido/a *adj.* shy **1**
tinto/a *adj.* red (wine)
tío/a *m., f.* uncle/aunt
   tío/a abuelo/a *m.* great uncle/aunt **4**
   tíos *m., pl.* aunts and uncles
tira cómica *f.* comic strip **3**
titular *m.* headline **3**
título *m.* title
tiza *f.* chalk
toalla *f.* towel
tobillo *m.* ankle
tocadiscos compacto *m., sing.* compact disc player
tocar *v.* to play (*a musical instrument*) **3**; to touch
todavía *adv.* yet; still
todo *m.* everything
   Todo está bajo control. Everything is under control.
todos/as *m., f., pl.* all of us; *m., pl.* everybody; everyone
   ¡Todos a bordo! All aboard!
todo(s)/a(s) *adj.* all; whole; every; *adv.* completely
   en todo el mundo throughout the world
   todos los días every day
   (todo) derecho straight ahead

tomar *v.* to take; to drink
   tomar clases *f., pl.* to take classes
   tomar el sol to sunbathe
   tomar el pelo to pull someone's leg
   tomar en cuenta to take into account
   tomar fotos *f., pl.* to take photos
   tomar la temperatura to take someone's temperature
tomate *m.* tomato
tonto/a *adj.* silly; fool; foolish
torcerse (o:ue) (el tobillo) *v.* to sprain (one's ankle)
torcido/a *adj.* twisted; sprained
tormenta *f.* storm
tornado *m.* tornado
torpe *adj.* clumsy **4**
tortilla *f.* tortilla
   tortilla de maíz corn tortilla
tortuga *f.* **(marina)** (sea) turtle **5**
tos *f., sing.* cough
toser *v.* to cough
tostado/a *adj.* toasted
tostadora *f.* toaster
tóxico/a *adj.* toxic **5**
trabajador(a) *adj.* hard-working
trabajar *v.* to work
trabajo *m.* job; work
traducir *v.* to translate
traer *v.* to bring
tráfico *m.* traffic **2**
tragedia *f.* tragedy
traído/a *p.p.* brought
traje *m.* suit
   traje de baño *m.* bathing suit
trámite *m.* process
trampa *f.* trap **6**
tranquilo/a *adj.* calm; quiet **1**
   Tranquilo. Don't worry.; Be cool.
transbordador espacial *m.* space shuttle
transmisión *f.* broadcast **3**
transmitir *v.* to broadcast **3**
transporte *m.* transportation **2**
   transporte público public transportation **2**
tras *prep.* after **3**
trasnochar *v.* to stay up late
tratar de (+ *inf.*) *v.* to try (*to do something*)
trato *m.* treatment **2**
trece *adj.* thirteen
treinta *adj.* thirty
   y treinta thirty minutes past the hour (*time*)
tren *m.* train
tres *adj.* three
trescientos/as *adj.* three hundred
tribunal *m.* court **6**

trimestre *m.* trimester; quarter
triste *adj.* sad
tronco *m.* trunk **5**
trotamundos *m., f.* globetrotter **1**
tú *fam. sub. pron.* you
   Tú eres... You are…
tu(s) *fam. poss. adj.* your
turismo *m.* tourism
turista *m., f.* tourist
turístico/a *adj.* touristic
tuyo/a(s) *fam. poss. pron.* your; (of) yours

U

u *conj. (used instead of **o** before words beginning with **o** and **ho**)* or
ubicado/a *adj.* located
último/a *adj.* last
un, uno/a *indef. art.* a; one
uno/a *m., f., sing. pron.* one
   a la una at one o'clock
   una vez once; one time
   una vez más one more time
único/a *adj.* only
unido/a *adj.* close-knit **4**
universidad *f.* university; college
universo *m.* universe
unos/as *m., f., pl., indef. art.* some
unos/as *pron.* some
urbanizar *v.* to urbanize **5**
urgente *adj.* urgent
usar *v.* to wear; to use
usted (Ud.) *form., sing.* you
   ustedes (Uds.) *form., pl.* you
útil *adj.* useful
utilidad *f.* usefulness **5**
uva *f.* grape

V

vaca *f.* cow
vacaciones *f. pl.* vacation
vacío/a *adj.* empty **2**
valer la pena *v.* to be worth it
valle *m.* valley
valorar *v.* to value **2**
valores *m., pl.* values
vamos let's go
vanguardia *f.* vanguard
vaquero *m.* cowboy
   de vaqueros *m., pl.* western (*genre*)
varios/as *adj. m., f., pl.* various; several
vaso *m.* glass
veces *f., pl.* times
vecino/a *m., f.* neighbor
veinte *adj.* twenty
veinticinco *adj.* twenty-five
veinticuatro *adj.* twenty-four
veintidós *adj.* twenty-two
veintinueve *adj.* twenty-nine

veintiocho *adj.* twenty-eight
veintiséis *adj.* twenty-six
veintisiete *adj.* twenty-seven
veintitrés *adj.* twenty-three
veintiún, veintiuno/a *adj.* twenty-one
vejez *f.* old age **4**
velocidad *f.* speed
   velocidad máxima *f.* speed limit
vencer *v.* to defeat
vendedor(a) *m., f.* salesman/
   saleswoman
vender *v.* to sell
venir *v.* to come
venta *f.* sale
ventana *f.* window
ver *v.* to see
   a ver *v.* let's see
   ver películas *f., pl.* to see movies
verano *m.* summer
verbo *m.* verb
verdad *f.* truth
   ¿verdad? right?
verde *adj.* green
verduras *f., pl.* vegetables
vergüenza *f.* embarrassment
vestido *m.* dress
vestirse (e:i) *v.* to get dressed
vez *f.* time
viajar *v.* to travel
viaje *m.* trip
viajero/a *m., f.* traveler
víctima *f.* victim **6**
victoria *f.* victory **6**
vida *f.* life
   vida nocturna *f.* nightlife **2**
video *m.* video
video musical *m.* music video **3**

video(casete) *m.* video(cassette)
videocasetera *f.* VCR
videoconferencia *f.* videoconference
videojuego *m.* video game
vidrio *m.* glass
viejo/a *adj.* old
viento *m.* wind
viernes *m., sing.* Friday
vigilar *v.* to watch; keep an eye on;
   keep watch on **3**
vinagre *m.* vinegar
vino *m.* wine
   vino blanco *m.* white wine
   vino tinto *m.* red wine
violencia *f.* violence **6**
violonchelo *m.* cello **3**
visitar *v.* to visit
   visitar monumentos *m., pl.*
    to visit monuments
visto/a *p.p.* seen
vitamina *f.* vitamin
viudo/a *adj.* widower/widow
vivienda *f.* housing; home **2**
vivir *v.* to live
vivo/a *adj.* bright; lively; living
volante *m.* steering wheel
volar (o:ue) *v.* to fly
volcán *m.* volcano
vóleibol *m.* volleyball
voltear *v.* to turn back
voluntad *f.* will **1**
volver (o:ue) *v.* to return
   volver a ver(te/lo/la) to see
    (you/him/her) again
vos *pron.* you
vosotros/as *form., pl.* you
votar *v.* to vote

vuelta *f.* return trip
vuelto/a *p.p.* returned
vuestro/a(s) *poss. adj.* your; *fam.*
   (of) yours

Y

y *conj.* and
   y cuarto quarter after (time)
   y media half-past (time)
   y quince quarter after (time)
   y treinta thirty (minutes past the
    hour)
   ¿Y tú? *fam.* And you?
   ¿Y usted? *form.* And you?
ya *adv.* already
yacimiento *m.* deposit
yerno *m.* son-in-law **4**
yo *sub. pron.* I
   Yo soy... I'm…
yogur *m.* yogurt

Z

zanahoria *f.* carrot
zapatería *f.* shoe store
zapatos de tenis *m., pl.* tennis
   shoes; sneakers

English-Spanish

A

a un/(a) *m., f., sing.; indef. art.* 1
@ (*symbol*) arroba *f.*
A.M. mañana *f.*
able: be able to poder (o:ue) *v.*
aboard a bordo
abolish derogar *v.* 6
abuse abusar *v.* 6
abuse abuso *m.* 6; maltrato *m.*
accent acento *m.*
accident accidente *m.*
accompany acompañar *v.*
account cuenta *f.*
 on account of por *prep.*
accountant contador(a) *m., f.*
accounting contabilidad *f.*
ache dolor *m.*
achieve lograr *v.*0
acid ácido/a *adj.*
 acid rain lluvia ácida
acquainted: be acquainted with
 conocer *v.*
act actuar *v.*
action (genre) de acción *f.*
active activo/a *adj.*
activist activista *m., f.* 6
actor actor *m.,* actriz *f.* 3
actress actriz *f.* 3
adapt acomodarse *v.;*
 adaptarse *v.*
addict (drug) drogadicto/a *adj.*
additional adicional *adj.*
address dirección *f.* 2; dirigirse *v.*
adjective adjetivo *m.*
administrative administrativo/a *adj.*
adolescence adolescencia *f.* 4
adolescent adolescente *m., f.* 4
adult adulto/a *m., f.* 4
adulthood edad adulta *f.* 4
advance avance *m.*
advanced avanzado/a *adj.*
adventure (genre) de aventura *f.*
advertise anunciar *v.*
advertisement anuncio *m.* 3
advertising publicidad *f.* 3
advice consejo *m.*
 give advice dar consejos
advise aconsejar *v.*
advisor consejero/a *m., f.;*
 asesor(a) *m., f.*
aerobic aeróbico/a *adj.*
 aerobics class clase de
 (ejercicios) aeróbicos
 to do aerobics hacer (ejercicios)
 aeróbicos
affected afectado/a *adj.*
 be affected (by) estar *v.*
 afectado (por)
affection afecto *m.*
affectionate cariñoso/a *adj.* 1

affirmative afirmativo/a *adj.*
afraid: be (very) afraid (of) tener
 (mucho) miedo (de)
 be afraid that tener miedo (de) que
after después de *prep.;* después de
 que *conj.;* tras *prep.* 3
afternoon tarde *f.*
afterward después *adv.*
again otra vez
age edad *f.;* envejecer *v.* 2
agree concordar *v.*
agree estar *v.* de acuerdo
 I agree (completely). Estoy
 (completamente) de acuerdo.
 I don't agree. No estoy de acuerdo.
agreement acuerdo *m.*
ahead (of) por delante *adv.*
AIDS SIDA *m.*
ailment dolencia *f.* 5
air aire *m.*
 air pollution contaminación
 del aire
airplane avión *m.*
airport aeropuerto *m.*
alarm clock despertador *m.*
alcohol alcohol *m.*
 to consume alcohol
 consumir alcohol
alcoholic alcohólico/a *adj.*
alien extranjero/a *m., f.*
 extraterrestre *adj.*
all todo(s)/a(s) *adj.*
 All aboard! ¡Todos a bordo!
 all of us todos
 all over the world en todo
 el mundo
allergic alérgico/a *adj.*
 be allergic (to) ser alérgico/a
alleviate aliviar *v.*
allow permitir *v.*
almost casi *adv.*
alone solo/a *adj.*
along por *prep.*
already ya *adv.*
also también *adv.*
alternator alternador *m.*
although aunque *conj.*
aluminum aluminio *m.*
 (made) of aluminum de aluminio
always siempre *adv.*
American (North)
 norteamericano/a *adj.*
amnesty amnistía *f.*
among entre *prep.*
amuse oneself entretenerse (e:ie) *v.*
amusement diversión *f.*
amusement park parque *m.*
 de atracciones
ancestor antepasado *m.* 4
and y *conj.;* e *conj.* (*before words
 beginning with* **i** *or* **hi**)
 And you?¿Y tú? *fam.;*
 ¿Y usted? *form.*

angry enojado/a *adj.* 1
 get angry (with) enojarse *v.* (con) 1
animal animal *m.*
ankle tobillo *m.*
anniversary aniversario *m.*
 (wedding) anniversary
 aniversario *m.* (de bodas)
announce anunciar *v.*
announcer (TV/radio) locutor(a) *m.,
 f.* (de televisión/radio) 3
annoy molestar *v.*
annoying pesado/a *adj.* 1
another otro/a *adj.*
answer contestar *v.;* respuesta *f.*
answering machine contestadora *f.*
antibiotic antibiótico *m.*
anticipate anticipar *v.*
antidote antídoto *m.* 5
anxious ansioso/a *adj.* 1
any algún, alguno/a(s) *adj.*
anyone alguien *pron.*
anything algo *pron.*
apartment apartamento *m.*
apartment building edificio
 de apartamentos
appear aparecer *v.*
appetizers entremeses *m., pl.*
applaud aplaudir *v.*
apple manzana *f.*
appliance (electric) electrodoméstico *m.*
applicant aspirante *m., f.*
application solicitud *f.*
 job application solicitud de trabajo
apply (*for a job*) solicitar *v.*
 apply for a loan pedir (e:ie) *v.*
 un préstamo
appointment cita *f.*
 have an appointment tener *v.*
 una cita
appreciate apreciar *v.*
April abril *m.*
aquatic acuático/a *adj.*
archaeologist arqueólogo/a *m., f.*
architect arquitecto/a *m., f.*
area región *f.*
argue discutir *v* 1
arise surgir *v.*
arm brazo *m.*
armchair sillón *m.*
army ejército *m.* 6
around por *prep.*
 around here por aquí
arrange arreglar *v.*
arrival llegada *f.*
arrive llegar *v.*
art arte *m.*
 (fine) arts bellas artes *f., pl.*
article *m.* artículo
artist artista *m., f.*
artistic artístico/a *adj.*
arts artes *f., pl.*
as como
 as a child de niño/a

as… as tan… como
  as many… as tantos/as… como
  as much… as tanto… como
  as soon as en cuanto *conj.*;
    tan pronto como *conj.*
ask (*a question*) preguntar *v.*
  ask for pedir (e:i) *v.*
  ask for directions preguntar
    el camino *v.* **2**
asparagus espárragos *m., pl.*
aspirin aspirina *f.*
assimilate asimilar *v.*
assimilation asimilación *f.*
astronaut astronauta *m., f.*
astronomer astrónomo/a *m., f.*
at a *prep.*; en *prep.*
  at + *time* a la(s) + *time*
  at home en casa
  at least por lo menos
  at night por la noche
  at the end (of) al fondo (de)
  At what time…? ¿A qué hora…?
  At your service. A sus órdenes.
athlete atleta *m., f.*; deportista
  m., f.
ATM cajero *m.* automático
attach (a file) adjuntar
  (un archivo) *v.*
attain alcanzar *v.*; lograr *v.*
attend asistir (a) *v.*
attic altillo *m.*
attitude actitud *f.*
attract atraer *v.*
audience público *m.* **3**
August agosto *m.*
aunt tía *f.* **4**
  aunts and uncles tíos *m., pl.*
authority autoridad *f.* **6**
automobile automóvil *m.*; carro *m.*;
  coche *m.*
autumn otoño *m.*
available (to be) disponible (estar)
  m., f. **3**
avenue avenida *f.* **2**
avoid evitar *v.*
award premio *m.*

B

backpack mochila *f.*
bad mal, malo/a *adj.*
  have a bad reputation tener (e:ie)
    mala fama *v.* **3**
  It's bad that… Es malo que…
  It's not at all bad. No está nada mal.
bag bolsa *f.*
bakery panadería *f.*
balanced equilibrado/a *adj.*
balcony balcón *m.*
ball pelota *f.*; balón *m.*
banana banana *f.*
band banda *f.*; conjunto/grupo *m.*
  musical

bank banco *m.*
bankruptcy bancarrota *f.*
banner pancarta *f.* **4**
bargain ganga *f.*; regatear *v.*
baseball (*game*) béisbol *m.*
basement sótano *m.*
basketball (*game*) baloncesto *m.*
bass bajo *m.* **3**
bathe bañar(se) *v.*
bathing suit traje *m.* de baño
bathroom baño *m.*; cuarto de baño *m.*
be ser *v.*; estar *v.*
  be at fault tener la culpa *v.* **1**
  be ashamed tener vergüenza **1**
  be biased ser parcial **3**
  be contagious contagiar **5**
  be distressed afligirse
  be enough alcanzar **4**
  be located quedar *v.* **2**
  be lost estar perdido/a **2**
  be necessary hacer falta **5**
  be on sale estar a la venta
  be outraged indignarse *v.* **2**
  be paid cobrar
  be pregnant estar embarazada
  be promoted ascender
  be rumored (that) rumorear
  be suspicious desconfiar
  be under pressure estar
    bajo presión
  be worth it valer la pena
  be… years old tener… años
beach playa *f.*
beans frijoles *m., pl.*
bear oso *m.* **5**
beat (*a drum*) golpear *v.* **3**
beautiful hermoso/a *adj.*
beauty belleza *f.*
  beauty salon peluquería *f.*;
    salón *m.* de belleza
because porque *conj.*
  because of por *prep.*
become (+ *adj.*) ponerse;
  convertirse *v.*
  become annoying ponerse *v.*
    pesado/a **1**
  become enriched
    enriquecerse *v.*
  become extinct extinguirse *v.* **5**
  become independent
    independizarse *v.* **4**
  become informed (about)
    enterarse (de) *v.* **3**
  become part (of) integrarse (a) *v.*
  become true realizarse *v.* **4**
bed cama *f.*
  go to bed acostarse (o:ue) *v.*
bedroom alcoba *f.*; dormitorio *m.*;
  recámara *f.*
beef carne de res *f.*
  beef soup caldo de patas
been sido *p.p.*
beer cerveza *f.*

before antes *adv.*; antes de *prep.*;
  antes (de) que *conj.*
beg rogar (o:ue) *v.*; mendigar *v.* **2**
begin comenzar (e:ie) *v.*;
  empezar (e:ie) *v.*
behalf: on behalf of de parte de
behind detrás de *prep.*
being (human) ser humano *m.*
belief creencia *f.* **4, 6**
believe (in) creer *v.* (en); creer *v.*
believed creído/a *p.p.*
bellhop botones *m., f. sing.*
belong pertenecer *v.*
below debajo de *prep.*
beloved amado/a *m., f.* **1**
belt cinturón *m.*
benefit beneficio *m.*
beside al lado de *prep.*
besides además (de) *adv.*
best mejor *adj.*
  the best el/la mejor *m., f.*;
    lo mejor *neuter*
bet apostar (o:ue) *v.*
better mejor *adj.*
  It's better that… Es mejor que…
better oneself superarse *v.*
between entre *prep.*
beverage bebida *f.*
  alcoholic beverage
    bebida alcohólica *f.*
bias parcialidad *f.* **3**
biased parcial *adj.* **3**
bicycle bicicleta *f.*
big gran, grande *adj.*
bilingual bilingüe *adj.*
bill cuenta *f.*
billboard letrero *m.* **2**
billion mil millones
billiards billar *m.*
biology biología *f.*
biochemical bioquímico/a *adj.*
biochemist bioquímico/a *m., f.*
biologist biólogo/a *m., f.*
bird ave *f.*; pájaro *m.* **5**
birth nacimiento *m.* **4**
birthday cumpleaños *m., sing.*
  have a birthday cumplir *v.* años
birthrate natalidad *f.*
black negro/a *adj.*
black hole agujero negro *m.*
blackberry mora *f.*
blackboard pizarra *f.*
blackmail chantajear *v.* **6**
blame reprochar *v.* **1**
blanket manta *f.*
block (city) cuadra *f.* **2**
blog blog *m.*
blond(e) rubio/a *adj.*
blood sangre *f.*
blouse blusa *f.*
blue azul *adj. m., f.*
blue-collar worker obrero/a *m., f.*
blueprint plano *m.*

boad game juego *m.* de mesa
boarding house pensión *f.*
boat barco *m.*
body cuerpo *m.*
   body language lenguaje corporal *m.*
bone hueso *m.*
book libro *m.*
bookcase estante *m.*; estantería *f.* 3
bookshelves estante *m.*
bookstore librería *f.*
boot bota *f.*
border frontera *f.*
bore aburrir *v.*
bored aburrido/a *adj.*
   be bored estar *v.* aburrido/a
   get bored aburrirse *v.*
boring aburrido/a *adj.*
born: be born nacer *v.*
borrow pedir (e:ie) *v.* prestado
borrowed prestado/a *adj.*
boss jefe/a *m., f.*
bossy mandón/mandona *adj* 4.
bother molestar *v.*
bottle botella *f.*
   bottle of wine botella de vino
   little bottle frasquito *m.* 5
bottom fondo *m.*
boulevard bulevar *m.*
bowling boliche *m.*
box caja *f.*
boy chico *m.*; muchacho *m.*
boyfriend novio *m.*
brakes frenos *m., pl.*
bread pan *m.*
break romper *v.*
   break (one's leg) romperse
     (la pierna)
   break down dañar *v.*
   The… broke down. Se nos
     dañó el/la…
   break up (with) romper (con) 1
breakfast desayuno *m.*
   have breakfast desayunar *v.*
breakthrough avance *m.*
breakup rompimiento *m.* 1
breathe respirar *v.* 5
brick ladrillo *m.*
bridge puente *m.* 2
bring traer *v.*
broadcast transmisión *f.* 3;
   transmitir *v.*; emitir *v.* 3
brochure folleto *m.*
broken roto/a *adj.*
   be broken estar roto/a
brother hermano *m.*
   brother-in-law cuñado *m.* 4
   brothers and sisters
     hermanos *m., pl.*
brought traído/a *p.p.*
brown café *adj.*; marrón *adj.*
brunet(te) moreno/a *adj.*
brush cepillar *v.*
   brush one's hair cepillarse el pelo
   brush one's teeth cepillarse los dientes

buddy colega *m., f.* 4
budget presupuesto *m.*
build construir *v.* 2
building edificio *m.* 2
bump into (*something accidentally*)
   darse con; (*someone*) encontrarse *v.*
burial entierro *m.* 2
burn quemar *v.*
   burn (a CD) grabar (un CD) *v.*
burned (out) quemado/a *adj.*
buried enterrado/a *adj.*
bury enterrar (e:ie) *v.*
bus autobús *m.*
   bus station estación *f.*
     de autobuses 2
   bus stop parada *f.* de autobús 2
business negocios *m. pl.*
   Business Administration
     Comercio *m.*
   business-related comercial *adj.*
businessman hombre *m.*
   de negocios
businesswoman mujer *f.*
   de negocios
busy ocupado/a *adj.*; liado/a *adj.* 1
but pero *conj.*; (**rather**) sino *conj.*
   (*in negative sentences*)
butcher carnicero/a *m., f.*
butcher shop carnicería *f.*
butter mantequilla *f.*
buy comprar *v.*
by por *prep.*; para *prep.*
   by means of por *prep.*
   by phone por teléfono
   by plane en avión
   by way of por *prep.*
bye chau *interj. fam.*

C

cabin cabaña *f.*
cable television televisión *f.*
   por cable *m.*
café café *m.*
cafeteria cafetería *f.*
caffeine cafeína *f.*
cake pastel *m.*
   chocolate cake pastel
     de chocolate
calculator calculadora *f.*
call llamar *v.*
   be called llamarse *v.*
   call on the phone llamar
     por teléfono
calm tranquilo/a *adj.* 1
calorie caloría *f.*
camera cámara *f.*
camp acampar *v.*
can (*tin*) lata *f.*
can poder (o:ue) *v.*
Canadian canadiense *adj.*
candidate aspirante *m., f.*;
   candidato/a *m., f.*
candy dulces *m., pl.*

capable capaz *adj.*
capital city capital *f.*
car coche *m.* 5; carro *m.*;
   auto(móvil) *m.*
caramel caramelo *m.*
card tarjeta *f.*; (*playing*) carta *f.*
care cuidado *m.* 2
   Take care! ¡Cuídense! *v.*
   take care of cuidar *v.* 1
career carrera *f.*
careful cuidadoso/a *adj.* 1
   be (very) careful tener *v.*
     (mucho) cuidado
caress acariciar *v.*
caretaker ama *m., f.* de casa
carpenter carpintero/a *m., f.*
carpet alfombra *f.*
carrot zanahoria *f.*
carry llevar *v.*
carry out realizar *v.*
cartoons dibujos *m, pl.* animados
case: in case (that) en caso (de) que
cash (a check) cobrar *v.*
   cash (en) efectivo
   cash register caja *f.*
   pay in cash pagar *v.* al contado;
     pagar en efectivo
cashier cajero/a *m., f.* 2
cat gato *m.*
cause causa *f.*
CD-ROM CD-ROM *m.*
ceiling techo *m.*
celebrate celebrar *v.*; festejar *v.*
celebration celebración *f.*
cell célula *f.*; celda *f.* 6
cell (phone) (teléfono) celular *m.*
cellar sótano *m.*
cello violonchelo *m.* 3
censorship censura *f.* 3
cereal cereales *m., pl.*
certain cierto *m.*; seguro *m.*
   it's (not) certain (no) es
     cierto/seguro
certainty certeza *f.*
chalk tiza *f.*
challenge reto *m.* 5; desafío *m.*;
   desafiar *v.*
champagne champán *m.*
championship campeonato *m.*
change cambiar *v.* (de)
channel (*TV*) canal *m.*
chaos caos *m.*
chapel capilla *f.*
character (*fictional*) personaje *m.*;
   carácter *m.* 4
   (main) character *m.* personaje
     (principal); protagonista *m., f.*
characteristic característica *f.* 2
charge cobrar *v.*
chat conversar *v.*; charlar *v.* 3
chauffeur conductor(a) *m., f.*
cheap (*inexpensive*) barato/a *adj.*;
   (*stingy*) tacaño/a *adj.* 1
cheat engañar *v.* 1

check comprobar (o:ue) *v.*; revisar *v.*;
  (*bank*) cheque *m.*
  check the oil revisar el aceite
checking account cuenta *f.* corriente
cheese queso *m.*
chef cocinero/a *m., f.*
chemist químico/a *m., f.*
chemistry química *f.*
chess ajedrez *m.* **4**
chest of drawers cómoda *f.*
chicken pollo *m.*
child niño/a *m., f.*; guagua *f.* **3 4**
childhood niñez *f.* **4**
children hijos *m., pl.*
Chinese chino/a *adj.*
chocolate chocolate *m.*
  chocolate cake pastel *m.*
    de chocolate
cholesterol colesterol *m.*
choose escoger *v.*
chop (*food*) chuleta *f.*
Christmas Navidad *f.*
church iglesia *f.*
cinema cine *m.* **3**
citizen ciudadano/a *adj.*
city ciudad *f.* **2**
  city hall ayuntamiento *m.* **2**
civil civil *adj.*
  city block cuadra *f.* **2**
  civil disobedience
    desobediencia civil *f.* **6**
  civil war guerra civil *f.* **6**
civilization civilización *f.* **4**
citizen ciudadano/a *m., f.* **2**
clap aplaudir *v.*
class clase *f.*
  take classes tomar *v.* clases
classical clásico/a *adj.*
classmate compañero/a *m., f.*
  de clase
claw garra *f.*
clay barro *m.*
clean limpio/a *adj.*; puro/a *adj.* **5**;
  limpiar *v.*
clean the house limpiar *v.* la casa
clear (*weather*) despejado/a *adj.*
  clear the table quitar *v.* la mesa
  It's (very) clear. (*weather*)
    Está (muy) despejado.
clerk dependiente/a *m., f.*
climb escalar *v.*
  climb mountains escalar montañas
climbing: mountain climbing
  alpinismo *m.*; andinismo *m.*
clinic clínica *f.*
clock reloj *m.*
clone clon *m.*; clonar *v.*
close cerrar (e:ie) *v.*
close-knit unido/a *adj.* **4**
closed cerrado/a *adj.*
closet armario *m.*
clothes ropa *f.*
  clothes dryer secadora *f.*

clothing ropa *f.*
cloud nube *f.*
cloudy nublado/a *adj.*
  It's (very) cloudy. Está
    (muy) nublado.
clumsy torpe *adj.* **4**
coast costa *f.* **5**
coat abrigo *m.*
coexist convivir *v.* **2**
coexistence convivencia *f.*
coffee café *m.*
  coffee maker cafetera *f.*
cold frío *m.*; (*illness*) resfriado *m.*
  be (*feel*) **(very) cold** tener
    (mucho) frío
  It's (very) cold. (*weather*) Hace
    (mucho) frío.
collect coleccionar *v.*
college universidad *f.*
collision choque *m.*
color color *m.*
comb one's hair peinarse *v.*
come venir *v.*
  come clean sincerarse *v.*
comedy comedia *f.*
comfortable cómodo/a *adj.*
comic strip tira cómica *f.* **3**
coming from proveniente *adj.*
commerce comercio *m. sing*;
  negocios *m., pl.*
commercial anuncio *m.* **3**;
  comercial *adj.*
commitment compromiso *m.* **1**
common común *adj.*
  common sense sentido *m.* común
communicate (with) comunicarse *v.* (con)
communication comunicación *f.*
  means of communication
    medios *m. pl.* de comunicación
community comunidad *f.*
compact disc (CD)
  disco *m.* compacto
  compact disc player tocadiscos
    m. sing. compacto
company compañía *f.*; empresa *f.*
comparison comparación *f.*
competent capaz *adj.*
complain (about) quejarse (de) *v.* **4**
complaint protesta *f.* **2**
completely completamente *adv.*
composer compositor(a) *m., f.*
computer computadora *f.*
  computer disc disco *m.*
  computer monitor monitor *m.*
  computer programmer
    programador(a) *m., f.*
  computer science computación *f.*;
    informática *f.*
concern preocupación *f.*
concert concierto *m.*
conductor (musical) director(a) *m., f.*
confident seguro/a *adj.* **1**

confirm confirmar *v.*; comprobar
  (o:ue) *v.*
  confirm a reservation confirmar
    una reservación
conformist conformista *adj.*
confused confundido/a *adj.*
congested congestionado/a *adj.*
Congratulations! ¡Felicidades!;
  f., pl. ¡Felicitaciones!;
  enhorabuena *f.* **1**
conquest conquista *f.* **4**
conservation conservación *f.*
conservative conservador(a) *adj.* **6**
conserve conservar *v.*
consultant asesor(a) *m., f.*
consume consumir *v.*
container envase *m.*
contamination contaminación *f.*
content contento/a *adj.*
  to be contented with
    contentarse con *v.* **1**
contest concurso *m.*
continue seguir (e:i) *v.*
contribute contribuir *v.*
control control *m.*; controlar *v.*
  be under control estar bajo control
controversial controvertido/a *adj.* **3**
controversy polémica *f.*
conversation conversación *f.*
converse conversar *v.*
cook cocinar *v.*; cocinero/a *m., f.*
cookie galleta *f.*
cool fresco/a *adj.*
  Be cool. Tranquilo.
  It's cool. (*weather*) Hace fresco.
cooperate cooperar *v.* **2**
corn maíz *m.*
corner esquina *f.* **2**
cost costar (o:ue) *v.*
cotton algodón *f.*
  (made of) cotton de algodón
couch sofá *m.*
couch potato teleadicto/a *m., f.*
cough tos *f.*; toser *v.*
counselor consejero/a *m., f.*
count (on) contar (o:ue) *v.* (con) **1**
counter mostrador *m.* **2**
country (*nation*) país *m.*
countryside campo *m.*
coup d'état golpe de estado *m.* **6**
couple pareja *f.* **1**
courage coraje *m.*
course curso *m.*; materia *f.*
court tribunal *m.* **6**
courtesy cortesía *f.*
cousin primo/a *m., f.* **4**
cover portada *f.* **3**; cubrir *v.*
covered cubierto/a *p.p.*
cow vaca *f.*
crafts artesanía *f.*
craftsmanship artesanía *f.*
crash choque *m.* **2**
crater cráter *m.*

crazy loco/a *adj.*
create crear *v.*
credit crédito *m.*
   credit card tarjeta *f.* de crédito
crime crimen *m.*; delito *m.* **3**
cross cruzar *v.* **2**
crowded repleto/a *adj.* **2**
cruelty crueldad *f.* **6**
cultivate cultivar *v.* **4**
cultivation cultivo *m.* **4**
cultural cultural *adj.*
   cultural heritage
      herencia cultural *f.*
culture cultura *f.*
cup taza *f.*
cure curar *v.*
currency exchange cambio *m.*
   de moneda
current events actualidad *f.*;
   actualidades *f., pl.* **3**
curtains cortinas *f., pl.*
custard (*crème caramel*) flan *m.*
custom costumbre *f.* **2**
customer cliente/a *m., f.*
customs aduana *f.*
   customs inspector inspector(a)
      m., f. de aduanas
cut cortar *v.* **5**
cyber space ciberespacio *m.*
cybercafé cibercafé *m.*
cycling ciclismo *m.*

D

dad papá *m.*
daily diario/a *adj.*
   daily routine rutina *f.* diaria **5**
dam represa *f.*
damage dañar *v.*
dance bailar *v.*; danza *f.*; baile *m.*
   dance club discoteca *f.* **2**
   dance floor pista *f.* de baile **3**
dancer bailarín/bailarina *m., f.*
danger peligro *m.* **5**
dangerous peligroso/a *adj.*
dare atreverse *v.*
daring atrevido/a *adj.*
darts dardos *m., pl.*
date (*appointment*) cita *f.* **1**;
   (*calendar*) fecha *f.;* (*someone*) salir
   v. con (alguien)
   blind date cita a ciegas **1**
   have a date tener una cita
daughter hija *f.*
daughter-in-law nuera *f.* **4**
dawn amanecer *m.*
day día *m.*
   day before yesterday
      anteayer *adv.* **deal** trato *m.*
   It's not a big deal.
      No es para tanto.
   You've got a deal! ¡Trato hecho!

death muerte *f.* **4**
debit card tarjeta *f.* de débito
debt deuda *f.*
decaffeinated descafeinado/a *adj.*
deceased fallecido/a *adj.*
deceive engañar *v.* **1**
December diciembre *m.*
decide decidir *v.* (+ *inf.*)
decided decidido/a *adj. p.p.*
declare declarar *v.*
decrease disminuir *v.*
defeat derrotar *v.* **6**; vencer *v.*
defend defender (e:ie) *v.* **6**
deforestation deforestación *f.* **5**
delete borrar *v.*
delicious delicioso/a *adj.*; rico/a *adj.*;
   sabroso/a *adj.*
delighted encantado/a *adj.*
demand exigir *v.*
demanding exigente *adj.* **4**
democracy democracia *f.* **6**
demonstrator manifestante *m., f.* **6**
dentist dentista *m., f.*
deny negar (e:ie) *v.*
   not to deny no dudar
department store almacén *m.*
departure salida *f.*
deposit depositar *v.*;
   yacimiento *m.*
quarry cantera *f.*
depressed deprimido/a *adj.* **1**
describe describir *v.*
described descrito/a *p.p.*
desert desierto *m.* **5**
deserve merecer *v.* **1**
design diseño *m.*
designer diseñador(a) *m., f.*
desire desear *v.*; deseo *m.* **1**
desk escritorio *m.*
desperate desesperado/a *adj.*
desperation desesperación *f.* **3**
dessert postre *m.*
destination destino *m.*
destroy destruir *v.* **5, 6**
determined decidido/a *adj.* **2**
develop desarrollar *v.*
devote oneself to dedicarse a *v.* **6**
development desarrollo *m.* **5**
dialogue diálogo *m.*
diary diario *m.*
dictatorship dictadura *f.* **6**
dictionary diccionario *m.*
die morir (o:ue) *v.*
died muerto/a *p.p.*
diet dieta *f.*; alimentación *f.*
   balanced diet dieta equilibrada
   be on a diet estar a dieta
difficult difícil *adj.*
digital camera cámara *f.* digital
diminish disminuir *v.*
dining room comedor *m.*
dinner cena *f.*
   have dinner cenar *v.*

direct dirigir *v.*
director director(a) *m., f.* **3**
dirty ensuciar *v.*; sucio/a *adj.*
   get (something) dirty ensuciar *v.*
disagree no estar de acuerdo *v.*;
   disentir *v.* **6**
disappear desaparecer *v.* **5**
disappearance desaparición *f.* **3**
disappointment decepción *f.* **5**
disaster desastre *m.*
discover descubrir *v.*; (*find out*)
   averiguar *v.*
discovered descubierto/a *p.p.*
discovery hallazgo *m.* **3**;
   descubrimiento *m.*
discrimination discriminación *f.*
disdain desdén *m.* **4**
dish plato *m.*
   main dish *m.* plato principal
dishwasher lavaplatos *m., sing.*
disk disco *m.*
disorderly desordenado/a *adj.*
disposable desechable *adj.* **5**
dissent disentir *v.* **6**
distribute repartir *v.*
dive bucear *v.*
diversity diversidad *f.* **6**
divorce divorcio *m.* **1**
divorced divorciado/a *adj.* **1**
   get divorced (from)
      divorciarse (de) *v.* **1**
dizzy mareado/a *adj.*
DNA ADN *m.*
do hacer *v.*
   do aerobics hacer
      (ejercicios) aeróbicos
   do as a custom/habit
      acostumbrar *v.*
   do household chores hacer
      quehaceres domésticos
   do stretching exercises hacer
      ejercicios de estiramiento
   (I) don't want to. No quiero.
   do without prescindir (de) *v.*
doctor doctor(a) *m., f.*; médico/a *m., f.*
documentary (*film*) documental *m.* **3**
documents papeles *m., pl.* **3**
dog perro *m.*
domestic doméstico/a *adj.*
   domestic appliance
      electrodoméstico *m.*
dominate dominar *v.*
done hecho/a *p.p.*
door puerta *f.*
dormitory residencia *f.* estudiantil
double doble *adj.*
   double room habitación *f.* doble
   double standard doble moral *f.* **6**
doubt duda *f.*; dudar *v.*
   There is no doubt that...
      No cabe duda de...
      No hay duda de...
Down with... ! ¡Abajo el/la...!

download descargar *v.*
downtown centro *m.*
drama drama *m.*
dramatic dramático/a *adj.*
draw dibujar *v.*
drawing dibujo *m.*
dream ilusión *m.* **2**; soñar (o:ue) *v.* **1**
dress vestido *m.*
   get dressed vestirse (e:i) *v.*
drink beber *v.*; bebida *f.*; tomar *v.*
drinkable potable *adj.* **5**
drive conducir *v.*; manejar *v.*
driver conductor(a) *m., f.* **2**
drought sequía *f.* **5**
drown ahogar(se) *v.* **5**
drug droga *f.*
   drug addict drogadicto/a *adj.*
drum tambor *m.* **3**
drunk borracho/a *adj.* **2**
dry seco/a *adj.* **5**
dry oneself secarse *v.*
dubbing doblaje *m.* **3**
during durante *prep.*; por *prep.*
dust sacudir *v.*; quitar *v.* el polvo
   dust the furniture sacudir
     los muebles
   dustpan recogedor *m.* **4**
DVD player reproductor *m.* de DVD

E

each cada *adj.*
eagle águila *f.* **5**
ear (outer) oreja *f.*
early temprano *adv.*
early morning madrugada *f.*
earn ganar *v.*
   earn a living ganarse la vida *v.*
earth tierra *f.* **5**
Earth Tierra *f.* **5**
earthquake terremoto *m.* **5**
ease aliviar *v.*
east Este *m.*
   to the east al este
easy fácil *adj. m., f.*
eat comer *v.*
ecology ecología *f.*
economic económico/a *adj.*
   economic crisis
     crisis *f.* económica
economics economía *f.*
ecotourism ecoturismo *m.*
ecstatic enloquecido/a *adj.*
Ecuador Ecuador *m.*
Ecuadorian ecuatoriano/a *adj.*
editor redactor(a) *m., f.* **3**
effective eficaz *adj. m., f.*
effects (special)
   efectos *m.* especiales **3**
effort esfuerzo *m.*
egg huevo *m.*
eight ocho *adj.*

eight hundred ochocientos/as *adj.*
eighteen dieciocho *adj.*
eighth octavo/a *adj.*
eighty ochenta *adj.*
either... or o... o *conj.*
elderly person anciano/a *m., f.*
eldest el/la mayor
elect elegir (e:i) *v.* **6**
election elecciones *f. pl.*
electric appliance
   electrodoméstico *m.*
electrician electricista *m., f.*
electricity luz *f.*
elegant elegante *adj.*
elevator ascensor *m.*
eleven once *adj.*
e-mail correo *m.* electrónico
e-mail address
   dirrección *f.* electrónica
   e-mail message
     mensaje *m.* electrónico
   read e-mail leer *v.*
     el correo electrónico
embarrassed avergonzado/a *adj.*
embarrassment vergüenza *f.*
embrace (each other) abrazar(se) *v.*
emerge surgir *v.*
emergency emergencia *f.*
   emergency room sala *f.*
     de emergencia
emigrant emigrante *m., f.*
emigrate emigrar *v.* **1**
employee empleado/a *m., f.*
employment empleo *m.*
empty vacío/a *adj.* **2**
enact (a law) promulgar *v.* **6**
end fin *m.*; terminar *v.*
   end table mesita *f.*
ending desenlace *m.* **2**
energy energía *f.* **5**
   energy consumption consumo *m.*
     de energía **5**
   nuclear energy energía nuclear **5**
   renewable energy
     energía renovable **5**
   solar energy energía solar **5**
   wind energy energía eólica **5**
engaged: get engaged (to)
   comprometerse (con) *v.*
engagement compromiso *m.* **1**
engineer ingeniero/a *m., f.*
English (*language*) inglés *m.*; inglés,
   inglesa *adj.*
enigma enigma *f.*
enjoy disfrutar (de) *v.*; gozar (de) *v.* **2**
enough bastante *adv.*
entertain entretener *v.* **3**
entertaining entretenido/a *adj.*
entertainment diversión *f.*
entrance entrada *f.*
envelope sobre *m.*
envious envidioso/a *adj.*

environment medio ambiente *m.* **5**
equal igual *adj.* **6**
equality igualdad *f.* **6**
equipped equipado/a *adj.*
erase borrar *v.*
eraser borrador *m.*
erosion erosión *f.* **5**
errand diligencia *f.*
establish establecer *v.*
   establish oneself establecerse *v.*
estimate calcular *v.* **3**
ethical ético/a *adj.*
ethnic cleansing
   limpieza étnica *f.*
ethnic group etnia *f.* **4**
evening tarde *f.*
event acontecimiento *m.* **3**
every day todos los días
everyday cotidiano/a *adj.* **2**
everybody todos/as *m., f., pl.*
everything todo *m.*
   Everything is under control.
     Todo está bajo control.
exactly (time) en punto
exam examen *m.*
excellent excelente *adj.*
excess exceso *m.*
   in excess en exceso
exchange intercambiar *v.*
   in exchange for por
excited emocionado/a *adj.* **1**
exciting emocionante *adj.*
excluded excluido/a *adj.*
excursion excursión *f.*
excuse disculpar *v.*
Excuse me. (*May I?*) Con permiso.;
   (*I beg your pardon.*) Perdón.
execution ejecución *m.* **6**
executive ejecutivo/a *m., f.*
exhausted agotado/a *adj.*
exercise ejercicio *m*;
   hacer *v.* ejercicio
   exercise (power) ejercer
     (el poder) *v.* **6**
exert (power) ejercer (el poder) *v.* **6**
exile exiliado/a *m., f.*
exit salida *f.*
expect anticipar *v.*
expensive caro/a *adj.*
experience experiencia *f.*
experiment experimento *m.*
explain explicar *v.*
explore explorar *v.*
express (an opinion) opinar *v.* **3**
expression expresión *f.*
extinction extinción *f.*
extraterrestrial extraterrestre *adj.*
extreme sports deportes extremos
   m., pl.
extremely delicious riquísimo/a *adj.*
extremely serious gravísimo *adj.*
eye ojo *m.*
   keep an eye on vigilar *v.* **3**

F

fabulous fabuloso/a *adj.*
face cara *f.*
facing enfrente de *prep.*
fact hecho *m.* **5**
  in fact de hecho
failure fracaso *m.* **6**
faith fe *f.* **4**
faithfulness fidelidad *f.* **1**
fair justo/a *adj.* **2, 6**; feria *f.*
fall (down) caerse *v.*
  fall asleep dormirse (o:ue) *v.*
  fall in love (with)
    enamorarse *v.* (de) **1**
fall (season) otoño *m.*
fallen caído/a *p.p.*
fame fama *f.* **3**
family familia *f.*
famous famoso/a *adj.*
fan aficionado/a *adj.*
  be a fan (of) ser aficionado/a (a)
fantastic chévere *adj.* **4**
far from lejos de *prep.*
farewell despedida *f.*
farm cultivar *v.* **4**
farming cultivo *m.* **4**
fascinate fascinar *v.*
fashion moda *f.*
  be in fashion estar de moda
fast rápido/a *adj.*
fat gordo/a *adj.*; grasa *f.*
father padre *m.*
father-in-law suegro *m.* **4**
fault culpa *f.*
favorite favorito/a *adj.*
fax (machine) fax *m.*
fear miedo *m.*; temor *m.* **6**
fear temer *v.*
feature rasgo *m.*; facciones *f., pl.* **2**
February febrero *m.*
feel sentir(se) (e:ie) *v.* **1**
  feel fulfilled sentirse realizado/a *v.*
  feel like (*doing something*) tener
    ganas de (+ *inf.*); apetecer **4**
feeling sentimiento *m.* **1**
festival festival *m.*
fever fiebre *f.*
  have a fever tener *v.* fiebre
few pocos/as *adj. pl.*
  fewer than menos de (+ *number*)
fiancé(e) *m., f.* prometido/a **1**
field cancha *f.*
field: major field of study
    especialización *f.*
fifteen quince *adj.*
  fifteen-year-old girl quinceañera *f.*
fifth quinto/a *adj.*
fifty cincuenta *adj.*
fight luchar, pelear *v.* **6**
  fight (for/against) luchar
    (por/contra)

fight with (one another)
    pelear(se) *v.* **4**
fight lucha *f.* **6**
figure (*number*) cifra *f.*
file archivo *m.*
fill llenar *v.*
  fill out (a form) llenar
    (un formulario)
  fill the tank llenar el tanque
film critic crítico/a de cine *m., f.* **3**
finally finalmente *adv.*; por último;
    por fin
financial financiero/a *adj.*
find encontrar (o:ue) *v.*
  find (each other) encontrar(se)
  find out averiguar
fine multa *f.*
  That's fine. Está bien.
(fine) arts bellas artes *f., pl.*
finger dedo *m.*
finish terminar *v.*
  finish (*doing something*)
    terminar *v.* de (+ *inf.*)
fire incendio *m.* **5**; despedir
    (e:i) *v.*; botar *v* **4**; fuego *m.*
  fire station estación *f.*
    de bomberos **2**
firefighter bombero/a *m., f.*
firm compañía *f.*; empresa *f.*
first primer *adj.*; primero/a *adj.*
fish (*food*) pescado *m.*; pescar *v.*;
    (*live*) pez *m.* **5**
  fish market pescadería *f.*
fisherman pescador *m.*
fisherwoman pescadora *f.*
fishing pesca *f.*
fit (*clothing*) quedar *v.*
  fit in integrarse (a) *v.*
five cinco *adj.*
five hundred quinientos/as *adj.*
fix arreglar *v.*
fixed fijo/a *adj.*
flag bandera *f.* **6**
flank steak lomo *m.*
flat tire: We had a flat tire. Se nos
    pinchó una llanta.
flee huir *v.* **6**
fleeting pasajero/a *adj.* **1**
flexible flexible *adj.*
flirt coquetear *v.* **1**
flood inundación *f.* **5**
floor (*of a building*) piso *m.*; suelo *m.*
  dance floor pista *f.* de baile **3**
  ground floor planta *f.* baja
  top floor planta *f.* alta
flower flor *f.*
flu gripe *f.*
flute flauta *f.* **3**
fly volar *v.*
fog niebla *f.*
folk folclórico/a *adj.*
folk healer curandero/a *m., f.* **5**

follow seguir (e:i) *v.*
food comida *f.*; alimento
fool tonto/a *m., f.*; bobo/a *m., f.* **6**
foolish tonto/a *adj.*
foot pie *m.*
football fútbol *m.* americano
for para *prep.*; por *prep.*
  for example por ejemplo
  for me para mí
forbid prohibir *v.*
force fuerza *f.* **6**
foreign extranjero/a *adj.*
  foreign languages
    lenguas extranjeras *f., pl.*
  foreign relations
    relaciones exteriores *f., pl.* **6**
foreseen previsto/a *adj.*
forest bosque *m.* **5**
forget olvidar *v.*
forgetfulness olvido *m.* **1**
forgive perdonar *v.* **2**
fork tenedor *m.*
form formulario *m.*
forty cuarenta *m.*
forward (*sports position*)
    delantero/a *m., f.*
four cuatro *adj.*
four hundred cuatrocientos/as *adj.*
fourteen catorce *adj.*
fourth cuarto/a *adj.*
free libre *adj. m., f.*
  be free (of charge) ser gratis
  free time tiempo libre;
    ratos libres
freedom (of the press) libertad *f.*
    (de prensa) **3, 6**
freezer congelador *m.*
French francés, francesa *adj.*
  French fries papas *f., pl.*
    fritas; patatas *f., pl.* fritas
frequently frecuentemente *adv.*; con
    frecuencia *adv.*
friar (monk) fraile (Fray) *m.* **4**
Friday viernes *m., sing.*
fried frito/a *adj.*
  fried potatoes papas *f., pl.* fritas;
    patatas *f., pl.* fritas
friend amigo/a *m., f.*
friendly amable *adj.*
friendship amistad *f.* **1**
from de *prep.*; desde *prep.*;
    proveniente *adj.*
  from the United States
    estadounidense *adj.*
  from time to time de vez
    en cuando
  He/She/It is from… Es de…
  I'm from… Soy de…
front page portada *f.* **3**
fruit fruta *f.*
  fruit juice jugo *m.* de fruta
  fruit store frutería *f.*
fuel combustible *m.* **5**

fulfill (a dream) alcanzar (un sueño) *v.*
full lleno/a *adj.* 2
fun divertido/a *adj.*
   fun activity diversión *f.*
   have fun divertirse (e:ie) *v.*
function funcionar *v.*
funny gracioso/a *adj.* 1
furniture muebles *m., pl.*
furthermore además (de) *adv.*
future futuro *adj.*; porvenir *m.* 5
   Here's to the future!
     ¡Por el porvenir!
   in the future en el futuro

G

gain weight aumentar *v.* de peso;
   engordar *v.*
galaxy galaxia *f.*
game juego *m.*; (*match*) partido *m.*
   game show programa *m.*
     de concursos 3
garage (*in a house*) garaje *m.*; garaje
   m.; taller (mecánico)
garden jardín *m.*
garlic ajo *m.*
gas pipeline gasoducto *m.*
gas station gasolinera *f.*
gasoline gasolina *f.*
gaze mirada *f.*
gender sexo *m.* 4
gene gen *m.*
generation gap brecha generacional *f.* 4
   genetics genética *f.*
genre género *m.* 3
geography geografía *f.*
German alemán, alemana *adj.*
get conseguir (e:i) *v.*; obtener *v.*
   get along well/badly/terribly (with)
     llevarse bien/mal/fatal (con) 1
   get angry enojarse *v.* 1
   get bored aburrirse *v.*
   get off of (a vehicle)
     bajar(se) de *v.* 2
   get on/into (a vehicle)
     subir(se) a *v.* 2
   get out of (a vehicle)
     bajar(se) de *v.*
   get tickets conseguir (e:i) *v.*
     entradas
   get together (with) reunirse
     (con) *v.*
   get up levantarse *v.*
   get upset afligirse *v.* 2
   get worse empeorar *v.* 5
ghost fantasma *m.*
gift regalo *m.*
girl chica *f.*; muchacha *f.*
girlfriend novia *f.*
give dar *v.*; (*as a gift*) regalar *v.*
   give directions indicar *v.* el camino 2
   give up ceder *v.* 6

glass (*drinking*) vaso *m.*; vidrio *m.*
   (made) of glass de vidrio
glasses gafas *f., pl.*
   sunglasses gafas *f., pl.* de sol
globetrotter trotamundos *m., f.* 1
gloves guantes *m., pl.*
go ir *v.*
   go away irse
   go by boat ir en barco
   go by bus ir en autobús
   go by car ir en auto(móvil)
   go by motorcycle ir en moto(cicleta)
   go by taxi ir en taxi
   go by the bank pasar por el banco
   go down bajar(se) *v.* 2
   go for a walk pasear *v.*
   go on a hike (in the mountains)
     ir de excursión (a las montañas)
   go on sale salir a la venta *v.* 3
   go out salir *v.*
   go out to eat salir a comer algo
   go out to have a drink salir a
     tomar algo
   go out (with) salir *v.* (con) 1
   go up subir *v.* 2
   go with acompañar *v.*
   Let's go. Vamos.
goal meta *f.*
goblet copa *f.*
going to: be going to (*do something*)
   ir a (+ *inf.*)
golf golf *m.*
good buen, bueno/a *adj.*
   Good afternoon. Buenas tardes.
   Good evening. Buenas noches.
   Good idea. Buena idea.
   Good morning. Buenos días.
   Good night. Buenas noches.
   have a good reputation
     tener (e:ie) buena fama *v.* 3
   It's good that… Es bueno que…
goodbye adiós *interj.*
   say goodbye (to)
     despedirse (e:i) *v.* (de)
good-looking guapo/a *adj.*
goods bienes *m., pl.*
gossip chisme *m.* 1
govern gobernar (e:ie) *v.* 6
government gobierno *m.* 6
graduate (from/in) graduarse *v.*
   (de/en)
grains cereales *m., pl.*
granddaughter nieta *f.* 4
grandfather abuelo *m.*
grandmother abuela *f.*
grandparents abuelos *m., pl.*
grandson nieto *m.* 4
grant beca *f.*
grape uva *f.*
grass hierba *f.*
grave grave *adj.*
gravity gravedad *f.*

gray gris *adj. m., f.*
great fenomenal *adj.*
   chévere *adj.* 4
great aunt tía abuela *f.* 4
great-grandfather bisabuelo *m.* 4
great-grandmother bisabuela *f.* 4
great uncle tío abuelo *m.* 4
green verde *adj.*
greenhouse effect
   efecto invernadero *m.* 5
greet (each other) saludar(se) *v.*
greeting saludo *m.*
   Greetings to… Saludos a…
grilled (*food*) a la plancha
   grilled tenderloin
     lomo *m.* a la plancha
ground suelo *m.* 3
   ground floor planta baja *f.*
grow (up) aumentar; crecer *v.*
growth crecimiento *m.* 3
guess adivinar *v.* 3
guest (*at a house/hotel*) huésped *m., f.*
   (*invited to a function*) invitado/a *m., f.*
guide guía *m., f.*; guiar *v.*
gun arma *f.*
   gun control control *m.* de armas
gymnasium gimnasio *m.*

H

habit costumbre *f.* 2
hair pelo *m.*
hairdresser peluquero/a *m., f.*
half medio/a *adj.*
   half-brother/sister
     medio/a hermano/a *m., f.* 4
   half-past… (*time*) … y media
hallway pasillo *m.*
ham jamón *m.*
hamburger hamburguesa *f.*
hammer martillo *m.*
hand mano *f.*
hand out repartir *v.*
Hands up! ¡Manos arriba!
handsome guapo/a *adj.*
happen ocurrir *v.*; suceder *v*
happiness algería *f.*; felicidad *f.* 5
Happy birthday! ¡Feliz cumpleaños!
happy alegre *adj.*; contento/a *adj.*;
   feliz *adj. m., f.*
   be happy alegrarse *v.* (de)
harass acosar *v.*
hard difícil *adj.*
hard-working trabajador(a) *adj.*
hardly apenas *adv.* 3
harm daño *m.*
harmful dañino/a *adj.* 5
haste prisa *f.*
hat sombrero *m.*
hate odiar *v.* 1
have tener (e:ie) *v.*
   have a bad reputation tener
     mala fama 3

have a bad time pasarlo mal 2
have connections
   tener conexiones
have a good reputation tener
   buena fama 3
have a good time divertirse (e:ie);
   pasarlo bien 2
Have a good trip! ¡Buen viaje!
have influence tener conexiones
have the right to tener derecho a 6
have time tener tiempo
have to (*do something*) tener
   que (+ *inf.*); deber (+ *inf.*)
have a tooth removed sacar(se)
   un diente
he él *m., sing., pron.*
head cabeza *f.*
headache dolor *m.* de cabeza
headline titular *m.* 3
headscarf pañuelo *m.* 6
health salud *f.*
healthy saludable *adj.*; sano/a *adj.*
   lead a healthy lifestyle llevar *v.*
   una vida sana
hear oír *v.*
heard oído/a *p.p.*
hearing: sense of hearing oído *m.*
heart corazón *m.* 1
heat calor *m.*
Hello. Hola.; (*on the telephone*) Aló.;
   ¿Bueno?; Diga.
help ayudar *v.*; servir (e:i) *v.*
   help each other ayudarse *v.* 1
helplessness desamparo *m.* 2
her su(s) *poss. adj.*
   (of) hers suyo(s)/a(s) *poss.*
her la *f., sing., d.o. pron.*
   to/for her le *f., sing., i.o. pron.*
here aquí *adv.*
   Here it is. Aquí está.
herself sí misma 4
heritage ascendencia *f.* 4
heterogeneous heterogéneo/a *adj.*
Hi. Hola. *interj.*
hide esconder *v.*
high alto/a *adj.*
   high school instituto *m.* 6
highway autopista *f.*; carretera *f.*
hijack secuestrar *v.* 6
hike excursión *f.*
   go on a hike hacer una
   excursión; ir de excursión
hiker excursionista *m., f.*
hiking de excursión; excursionismo *m.*
him: to/for him le *m., sing., i.o. pron.*
himself sí mismo 4
hire contratar *v.*
his su(s) *poss. adj.*
   (of) his suyo(s)/a(s) *poss. pron.*
his lo *m., sing., d.o. pron.*
historian historiador(a) *m., f.* 4
history historia *f.*
hit pegar *v.* 6

hobby pasatiempo *m.*
hockey hockey *m.*
holiday día *m.* de fiesta
home casa *f.*; hogar *m.*; vivienda *f.* 2
   home page página *f.* principal
   home country patria *f* 1
homeland patria *f.* 4
homesickness añoranza *f.*
homework tarea *f.*
homogeneity homogeneidad *f.*
honest honrado/a *adj.* 4
hood capó *m.*; cofre *m.*
hook up ligar *v.* 1
hope esperar *v.* (+ *inf.*); esperar *v.*;
   esperanza *f.* 4
   I hope (that) ojalá (que)
horoscope horóscopo *m.* 3
horror (genre) de horror *m.*
hors d'oeuvres entremeses *m., pl.*
horse caballo *m.*
hospital hospital *m.*
host anfitrión *m.*
hostess anfitriona *f.*
hot: be (*feel*) **(very) hot** tener
   (mucho) calor
   It's (very) hot. Hace (mucho) calor.
hotel hotel *m.*
hour hora *f.*
house casa *f.*
household chores
   quehaceres *m. pl.* domésticos
housekeeper ama *m., f.* de casa
housing vivienda *f.* 2
How...! ¡Qué...!
   how ¿cómo? *adv.*
   How are you? ¿Qué tal?
   How are you? ¿Cómo estás? *fam.*
   How are you? ¿Cómo está usted? *form.*
   How can I help you? ¿En qué
   puedo servirles?
   How did it go for you...?
   ¿Cómo le/les fue...?
   How is it going? ¿Qué tal?
   How is/are...? ¿Qué tal...?
   How is the weather?
   ¿Qué tiempo hace?
   How much/many?
   ¿Cuánto/a(s)?
   How much does... cost?
   ¿Cuánto cuesta...?
   How old are you? ¿Cuántos
   años tienes? *fam.*
however sin embargo
hug (each other) abrazar(se) *v.*
human humano/a *adj.*
   human being ser humano *m.*
   human rights derechos
   humanos *m., pl.* 6
humanities humanidades *f., pl.*
humankind humanidad *f.*
hundred cien, ciento *adj*; *m.*

hunger hambre *f.*
hungry: be (very) hungry tener *v.*
   (mucha) hambre
hunt cazar *v.* 5
hurricane huracán *m.* 5
hurry apurarse *v.*; darse prisa *v.*
   be in a (big) hurry tener *v.*
   (mucha) prisa
hurt doler (o:ue) *v.*
   It hurts me a lot... Me duele
   mucho...
hurtful hiriente *adj.* 4
husband esposo *m.* 4
hybrid híbrido/a *adj.* 5
hypocrisy hipocresía *f.* 6

I

I yo
   I am... Yo soy...
   I hope (that) Ojalá (que) *interj.*
   I wish (that) Ojalá (que) *interj.*
ice cream helado *m.*
   ice cream shop heladería *f.*
iced helado/a *adj.*
   iced tea té *m.* helado
idea idea *f.*
ideals ideales *m., pl.*
if si *conj.*
ill-mannered maleducado/a *adj.* 4
illiterate analfabeto/a *adj.* 6
illness enfermedad *f.*
imaginary fantástico/a *adj.*
immigrant inmigrante *m., f.* 1
immigration inmigración *f.*
impartial imparcial *adj.* 3
impassively impasible *adj.* 2
important importante *adj.*
   be important to importar *v.*
   It's important that... Es
   importante que...
impossible imposible *adj.*
   it's impossible es imposible
imprison encarcelar *v.* 6
improbable improbable *adj.*
   it's improbable es improbable
improve mejorar *v.* 5
improvement mejora *f.*
in en *prep.*; por *prep.*
   in the afternoon de la tarde;
   por la tarde
   in a bad mood de mal humor
   in the direction of para *prep.*
   in the early evening de la tarde
   in the evening de la noche;
   por la noche
   in fact de hecho *adv.*
   in front of delante de *prep.*
   in a good mood de buen humor
   in the morning de la mañana;
   por la mañana
   in love (with) enamorado/a (de)
   in search of por *prep.*

incapable incapaz *adj.*
incompetent incapaz *adj.*
inconsiderate desconsiderado/a
  m., f. **3**
increase aumento *m.*
incredible increíble *adj.*
indifference indiferencia *f.*
inequality desigualdad *f.* **6**
infect contagiar *v.* **5**
infection infección *f.*
inflation inflación *f.*
influence influir *v.* **6**
influence influencia *f.* **2**
influential influyente *adj.* **3**
inform informar *v.*
informed: become informed about
  enterarse (de) *v.* **3**
inhabitant habitante *m., f.* **2**
inherit heredar *v.* **4**
injection inyección *f.*
  give an injection poner *v.*
    una inyección
injure (oneself) lastimar(se) *v.*
  injure (one's foot) lastimarse
    (el pie)
injustice injusticia *f.* **6**
inner ear oído *m.*
innocence inocencia *f.*
innovative innovador(a) *adj.*
insecure inseguro/a *adj.* **1**
insecurity inseguridad *f.* **6**
insensitive insensible *adj.*
inside dentro *adv.*
insincere falso/a *adj.* **1**
insist (on) insistir (en) *v.*
instability inestabilidad *f.*
installments: pay in installments
  pagar *v.* a plazos
instrument: play an instrument tocar
  v. (un instrumento) **3**
integration integración *f.*
intelligent inteligente *adj.*
intend to pensar *v.* (+ *inf.*)
interest interesar *v.*
interesting interesante *adj.*
  be interesting to interesar *v.*
international internacional *adj.*
  international news noticias *f.*
    internacionales **3**
Internet Internet **3**
interview entrevista *f.*
interview entrevistar *v.* **3**
interviewer entrevistador(a) *m., f.*
introduction presentación *f.*
  I would like to introduce (name)
    to you… Le presento a… *form.*;
    Te presento a… *fam.*
intruder intruso/a *m., f.*
invent inventar *v.*
invention invento *m.*
invest invertir (e:ie) *v.*
investigate investigar *v.* **3**
investor inversionista *m., f.*

invisible invisible *adj.*
invite invitar *v.*
iron hierro *m.*
  iron (clothes) planchar *v.* (la ropa)
isolated aislado/a *adj.* **4**
it lo/la *sing., d.o., pron.*
Italian italiano/a *adj.*
its su(s) *poss. adj.*
  suyo(s)/a(s) *poss. pron.*
It's me. Soy yo.

J

jacket chaqueta *f.*
jail celda *f.* **6**
  (jail) cell celda *f.* **6**
January enero *m.*
Japanese japonés, japonesa *adj.*
jealous celoso/a *adj.* **1**;
  envidioso/a *adj.*
  to be jealous (of) tener celos (de) **1**
jealousy celos *m., pl.* **1**
jeans bluejeans *m., pl.*
jewelry store joyería *f.*
job empleo *m.*; puesto *m.*;trabajo *m.*
  job application solicitud *f.*
    de trabajo
jog correr *v.*
journalism periodismo *m.*
journalist periodista *m., f.* **3**;
  reportero/a *m., f.*
joy alegría *f.*
  give joy dar *v.* alegría
joyful alegre *adj.*
judge juez(a) *m., f.* **6**
judge juzgar *v.* **6**
judgment juicio *m.* **6**
juice jugo *m.*
July julio *m.*
jump saltar *v.*
June junio *m.*
jungle selva, jungla *f.*
just apenas *adv.* **3**; justo/a *adj.* **2**
  have just done something
    acabar de (+ *inf.*)
justice justicia *f.* **6**

K

keep conservar *v.*
  keep an eye on vigilar *v.* **3**
  keep watch on vigilar *v.* **6**
key llave *f.*; clave *f.* **8**
keyboard teclado *m.*
kick patear *v.*
kid chaval(a) *m., f.* **6**
kidnap secuestrar *v.* **6**
kidnapping secuestro *m.* **6**
kill matar *v.*
  kill oneself matarse *v.*

kilometer kilómetro *m.*
kind: That's very kind of you.
  Muy amable.
kiss beso *m.*
  kiss (each other) besar(se) *v.* **1**
kitchen cocina *f.*
knee rodilla *f.*
knife cuchillo *m.*
know saber *v.*; conocer *v.*
knowledge conocimiento *m.* **4**
know how saber *v.*

L

labor union sindicato *m.*
laboratory laboratorio *m.*
lack faltar *v.*
  lack (of) falta (de) *f.*
  lack of interest desinterés *m.* **5**
  lack of safety inseguridad *f.* **6**
lazy perezoso/a *adj.*
lake lago *m.*
lamp lámpara *f.*
land tierra *f.* **5**; aterrizar *v.*
landlord dueño/a *m., f.*
landscape paisaje *m.* **5**
language lengua *f.* **4**
  official language
    lengua *f.* oficial
laptop (computer)
  computadora *f.* portátil
large grande *adj.*
large (*clothing size*) talla grande
last durar *v.*; pasado/a *adj.*;
  último/a *adj.*
  last name apellido *m.*
  last night anoche *adv.*
  last week semana *f.* pasada
  last year año *m.* pasado
late atrasado/a *adj.* **2**
late tarde *adv.*
later (on) más tarde
  See you later. Hasta la vista.;
    Hasta luego.
laugh reírse (e:i) *v.*
laughed reído *p.p.*
laundromat lavandería *f.*
law ley *f.* **6**
lawyer abogado/a *m., f.* **6**
lay laico/a *adj.* **6**
lazy perezoso/a *adj.*
lead encabezar *v.* **6**
leaf hoja *f.* **5**
learn aprender *v.* (a + *inf.*)
least: at least por lo menos
leave salir *v.*; irse *v.*; abandonar *v.* **1**;
  marcharse *v.*
  leave a tip dejar una propina
  leave behind dejar *v.*
  leave for (*a place*) salir para
  leave from salir de
  leave someone dejar a alguien *v.* **1**

left izquierdo/a *adj.*
  be left over quedar *v.*
  to the left of a la izquierda de
leg pierna *f.*
leisure ocio *m.*
lemon limón *m.*
lend prestar *v.*
less menos *adv.*
  less… than menos… que
  less than menos de (+ *number*)
lesson lección *f.*
let dejar *v.*
let's see a ver
letter carta *f.*
lettuce lechuga *f.*
liar mentiroso/a *m., f.* **1**
liberal liberal *adj.* **6**
liberty libertad *f.*
library biblioteca *f.*
license (*driver's*) licencia *f.* de conducir
lie mentira *f.*
life vida *f.*
  of my life de mi vida
lifestyle: lead a healthy lifestyle
  llevar una vida sana
  lifestyle section sección *f.*
    de sociedad **3**
lift levantar *v.*
  lift weights levantar pesas
light luz *f.*
  traffic light semáforo *f.* **2**
like como *adv.*; gustar *v.*
  I don't like them at all.
    No me gustan nada.
  I like… Me gusta(n)…
  like this así *adv.*
  like very much encantar *v.*;
    fascinar *v.*
  Do you like…? ¿Te gusta(n)…?
likeable simpático/a *adj.*
likewise igualmente *adv.*
line línea *f.*; cola (*queue*) *f.*; fila *f.* **2**
link enlace *m.*
lion león *m.* **5**
listen (to) escuchar *v.*
  Listen! (*command*) ¡Oye! *fam.,*
  sing.; ¡Oiga/Oigan! *form., sing./pl.*
  listen to music escuchar música
  listen (to) the radio escuchar
    la radio
listener oyente *m., f.* **3**
literature literatura *f.*
little (*quantity*) poco/a *adj*; poco *adv.*
live vivir *v.*; en directo/vivo **3**
  live together convivir *v.* **2**
lively animado/a *adj.*
living room sala *f.*
lizard lagarto *m.* **5**
loan préstamo *m.*; prestar *v.*
lobster langosta *f.*
local: local news
  noticias *f.* locales **3**

located situado/a *adj.*; *adj.*
  ubicado/a
  be located quedar *v.*
loneliness soledad *f.*
long largo/a *adj.*
  long term a largo plazo *adj.*
look facha *f.*
look (at) mirar *v.*
  look down on despreciar *v.* **4**
  look for buscar *v.*
  look like parecerse (c:zc) *v.* **2, 4**
lose perder (e:ie) *v.*
  lose a game perder un partido
  lose elections perder
    las elecciones **6**
  lose weight adelgazar
loss pérdida *f.*
lost perdido/a *adj.* **2**
  be lost estar perdido/a **2**
lot, a muchas veces *adv.*
lot of, a mucho/a *adj.*
lottery lotería *f.*
love (*another person*) querer (e:ie) *v.*;
  (*each other*) amarse; quererse (e:ie)
  v. **1**; (*inanimate objects*) encantar
  v.; amor *m.*
  in love enamorado/a *adj.* **1**
  I loved it! ¡Me encantó!
luck suerte *f.*
lucky: be (very) lucky tener
  (mucha) suerte
luggage equipaje *m.*
lunch almuerzo *m.*
  have lunch almorzar (o:ue) *v.*
lung pulmón *m.* **5**
luxury lujo *m.*
lyrics letra *f.* **3**
lying mentiroso/a *adj.* **1**

M

ma'am señora (Sra.); doña *f.*
machine máquina *f.*
mad enojado/a *adj.* **1**
magazine revista *f.* **3**
magnificent magnífico/a *adj.*
mail correo *m.*; enviar *v.,* mandar *v.*;
  echar una carta al buzón
  mail carrier cartero *m.*
mailbox buzón *m.*
main principal *adj.*
maintain mantener *v.*
maintenance mantenimiento *m.*
major especialización *f.*
make hacer *v.*
  make an effort hacer
    un esfuerzo
  make the bed hacer la cama
makeup maquillaje *m.*
  put on makeup maquillarse *v.*
mall centro comercial *m.* **2**
man hombre *m.*

manage administrar *v.*
manager gerente *m., f.*
manner modo *m.*
manufacture fabricar *v.*
many mucho/a *adj.*
  many times muchas veces
map mapa *m.*
March marzo *m.*
margarine margarina *f.*
marinated fish ceviche *m.*
  lemon-marinated shrimp
    ceviche *m.* de camarón
marital status estado *m.* civil
market mercado *m.*
  open-air market mercado al
    aire libre
marriage matrimonio *m.* **1**
married casado/a *adj.* **1**
  get married (to) casarse (con) *v.* **1**
marry casar *v.*
marvelous maravilloso/a *adj.*
marvelously maravillosamente *adv.*
mask: ski mask pasamontañas
  m., sing.
mass misa *f.*
massage masaje *m.*
masterpiece obra maestra *f.*
match (*sports*) partido *m.*
match (with) hacer *v.* juego (con)
mathematician matemático/a *m., f.*
mathematics matemáticas *f., pl.*
matriarchy matriarcado *m.* **2**
matter importar *v.*
mature maduro/a *adj.* **1**
maturity madurez *f.*
maximum máximo/a *adj.*
May mayo *m.*
maybe tal vez; quizás
mayonnaise mayonesa *f.*
mayor alcalde(sa) *m., f.* **2**
me me *sing., d.o. pron.*
  to/for me me *sing., i.o. pron.*
meal comida *f.*
mean significar *v.* **2**
means modo *m.*
means of communication
  medios *m., pl.* de comunicación
meat carne *f.*
mechanic mecánico/a *m., f.*
  mechanic's repair shop
    taller mecánico
media medios *m., pl.*
  (de comunicación) **3**
medical médico/a *adj.*
medication medicamento *m.* **5**
medicine medicina *f.*
medium mediano/a *adj.*
meet (each other) encontrar(se) *v.*;
  conocerse(se) *v.*
meeting reunión *f.*
member socio/a *m., f.*
menu menú *m.*
mess lío *m.*

message recado *m.*; mensaje *m.*
  text message mensaje de texto
Mexican mexicano/a *adj.*
Mexico México *m.*
microwave microondas *f.*
  microwave oven horno *m.*
    de microondas
middle age madurez *f.*
midnight medianoche *f.*
mile milla *f.*
milk leche *f.*
million millón *m.*
  million of millón de
mind mente *f.*
mine mío/a(s) *poss.*
mineral mineral *m.*
  mineral water
    agua *f.* mineral
minimum mínimo/a *adj.*
  minimum wage
    sueldo *m.* mínimo
minute minuto *m.*
mirror espejo *m.*
misfortune desgracia *f.*
Miss señorita (Srta.) *f.*
miss perder (e:ie) *v*; echar *v.* de
  menos *v.* **1**; extrañar *v.*
mistaken equivocado/a *adj.*
mistreatment maltrato *m.*
mix mezclar *v.*
mock burlarse (de) *v.*
model maqueta *f.*
modem módem *m.*
modern moderno/a *adj.*
mom mamá *f.*
Monday lunes *m., sing.*
money dinero *m.*
monitor monitor *m.*
monkey mono *m.* **5**
monolingual monolingüe *adj.*
month mes *m.*
monument monumento *m.*
mood ánimo *m.* **1**
moon luna *f.* **5**
more más
  more… than más… que
  more than más de (+ *number*)
morning mañana *f.*
mother madre *f.*
  mother tongue lengua materna *f.*
mother-in-law suegra *f.* **4**
motor motor *m.*
motorcycle motocicleta *f.*
mountain montaña *f.*
mountain range cordillera *f.* **5**
mouse ratón *m.*
mouth boca *f.*
move (*from one house to another*)
  mudarse *v.* **1, 4**
  move away alejarse *v.*
  move backward retroceder *v.* **2**

movie película *f.* **3**
  movie star estrella *f.* de cine **3**
  movie theater cine *m.* **2**
  new movie estreno *m.* **3**
  shoot (a movie) rodar (o:ue) *v.* **3**
movies cine *m.* **3**
MP3 player reproductor *m.* de MP3
Mr. señor (Sr.); don *m.*
Mrs. señora (Sra.); doña *f.*
much mucho/a *adj.*
  very much muchísimo/a *adj.*
mud barro *m.*
multinational multinacional *adj. m., f.*
  multinational company
    empresa *f.* multinacional
municipal municipal *adj.*
murder crimen *m.*
muscle músculo *m.*
museum museo *m.* **2**
mushroom champiñón *m.*
music música *f.*
  music video video *m.* musical **3**
musical musical *adj.*
  musical group conjunto/grupo *m.*
    musical
musician músico/a *m., f.*
Muslim musulmán/musulmana *adj.* **6**
must deber *v.* (+ *inf.*)
  It must be… Debe ser…
my mi(s) *poss. adj.*; mío/a(s) *poss pron.*
myth mito *m.* **2**

N

naïve ingenuo/a *adj.* **2**
name nombre *m.*
  be named llamarse *v.*
  in the name of a nombre de
  last name apellido *m.*
  My name is… Me llamo…
  user name nombre de usuario
napkin servilleta *f.*
national nacional *adj.*
  national news noticias *f., pl.*
    nacionales **3**
nationality nacionalidad *f.*
natural natural *adj.*
natural disaster desastre *m.* natural
  natural resource recurso *m.* natural
nature naturaleza *f.*
nauseated mareado/a *adj.*
navy armada *f.* **6**
near cerca de *prep.*
neaten arreglar *v.*
necessary necesario/a *adj.*
  It is necessary that…
    Hay que…
neck cuello *m.*
need faltar *v.*; necesitar *v.* (+ *inf.*)
negative negativo/a *adj.*
neglect desatender (e:ie) *v.* **5**

neighbor vecino/a *m., f.*
neighborhood barrio *m.* **2**
neither tampoco *adv.*
neither… nor ni… ni *conj.*
nephew sobrino *m.* **4**
nervous nervioso/a *adj.*
network cadena *f.* **3**; red *f.* **1**
never nunca *adj.*; jamás
new nuevo/a *adj.*
  new movie estreno *m.* **3**
new development novedad *f.*
newlywed recién casado/a *m., f.*
news noticias *f., pl.* **3**;
  actualidades *f., pl.*
  international news
    noticias internacionales **3**
  local news noticias locales **3**
  national news
    noticias nacionales **3**
  news report reportaje *m.* **3**
newscast noticiero *m.*
newspaper periódico *m.* **3**;
  diario *m.* **3**
next próximo/a *adj.*
  next to al lado de *prep.*
nice simpático/a *adj.*; amable *adj.*
nickname apodo *m.* **4**
niece sobrina *f.* **4**
night noche *f.*
  night stand mesita *f.* de noche
nightlife vida *f.* nocturna **2**
nine nueve *adj.*
nine hundred novecientos/as *adj.*
nineteen diecinueve *adj.*
ninety noventa *adj.*
ninth noveno/a *adj.*
no no; ningún, ninguno/a(s) *adj.*
  no one nadie *pron.*
  No problem. No hay problema.
  no way de ninguna manera
nobody nadie *pron.*
noise ruido *m.*
noisy ruidoso/a *adj.* **2**
nonconformist inconformista *adj.*
none ninguno/a(s) *pron.*
noon mediodía *m.*
nor ni *conj.*
north Norte *m.*
  to the north al norte
nose nariz *f.*
nostalgia nostalgia *f.*
not no *adv.*
  not any ningún, ninguno/a(s) *adj.,*
    adv.; ningunos/as *pron.*
  not anyone nadie *pron.*
  not anything nada *pron.*
  not bad at all nada mal
  not either tampoco *adv.*
  not ever nunca *adv.*; jamás *adv.*
  not trust desconfiar *v.*
  not very well no muy bien
  not working descompuesto/a *adj.*

notebook cuaderno *m.*
nothing nada *pron.*
noun sustantivo *m.*
November noviembre *m.*
now ahora *adv.*
nowadays hoy día *adv.*
nuclear nuclear *adj. m., f.*
  nuclear energy energía nuclear
number número *m.*
nurse enfermero/a *m., f.*
nutrition nutrición *f.*
nutritionist nutricionista *m., f.*

O

oblivion olvido *m.* **1**
o'clock: It's… o'clock Son las…
  It's one o'clock. Es la una.
obey obedecer *v.*; hacer caso **3**
obligation deber *m.*
obtain conseguir (e:i) *v.*; obtener *v.*
obvious obvio/a *adj.*
  it's obvious es obvio
occupation ocupación *f.*
occur ocurrir *v.*
October octubre *m.*
of de *prep.*
  Of course. Claro que sí.;
    Por supuesto.
offer oferta *f.*; ofrecer (c:zc) *v.*
office oficina *f.*
  doctor's office consultorio *m.*
official oficial *adj.*
  official language lengua oficial *f.*
often a menudo *adv.*
Oh! ¡Ay!
oil aceite *m.*; petróleo *m.* **5**
OK regular *adj.*
  It's okay. Está bien.
old viejo/a *adj.*
old age vejez *f.* **4**
older mayor *adj.*
  older brother, sister
    hermano/a mayor *m., f.*
oldest el/la mayor
omen presagio *m.*
on en *prep.*; sobre *prep.*
  go on sale salir a la venta *v.* **3**
  keep an eye on vigilar *v.* **3**
  on behalf of por *prep.*
  on the dot en punto
  on time a tiempo
  on top of encima de
once una vez
one un, uno/a *adj.; m., f.; sing. pron.*
  one hundred cien(to)
  one million un millón *m.*
  one more time una vez más
  one thousand mil
  one time una vez
onion cebolla *f.*
online en línea *adj.*

only sólo *adv.*; único/a *adj.*; no más *adv.* **3**
  only child hijo/a único/a *m., f.* **4**
open abierto/a *adj.*; abrir *v.*
open-air al aire libre
opera ópera *f.*
  soap opera telenovela *f.* **3**
operation operación *f.*
opinion opinión *f.*
  express an opinion opinar *v.* **3**
opposite enfrente de *prep.*
oppresion opresión *f.* **4**
oppressed oprimido/a *adj.* **6**
or o *conj.*; u *conj. (before words beginning with o or ho)*
orange anaranjado/a *adj.*; naranja *f.*
orchestra orquesta *f.*
order mandar; (*food*) pedir (e:i) *v.*
  in order to para *prep.*
orderly ordenado/a *adj.*
ordinal (*numbers*) ordinal *adj.*
other otro/a *adj.*
ought to deber *v.* (+ *inf.*) *adj.*
our nuestro/a(s) *poss. adj.; poss. pron.*
out of control descontrolado/a *adj.* **5**
out of order descompuesto/a *adj.*
out of place desplazado/a *adj.* **2**
outcome desenlace *m.* **2**
outdoors al aire libre **5**
outskirts alrededores *m., pl.* **2**
oven horno *m.*
over sobre *prep.*
overcome superar *v.* **4**
overpopulation superpoblación *f.*
overthrow derrocar *v.* **6**
overwhelmed agobiado/a *adj.* **1**
owe (money) deber *v.* (dinero)
own propio/a *adj.*
  on his/her own por su cuenta. **1**
owner dueño/a *m., f.*
ozone layer capa *f.* de ozono **5**

P

p.m. tarde *f.*
pacifist pacifista *adj.* **6**
pack (one's suitcases) hacer *v.* las maletas
package paquete *m.*
page página *f.*
  front page portada *f.* **3**
pain dolor *m.* **2**
  have a pain tener *v.* dolor
paint pintar *v.*
painter pintor(a) *m., f.*
painting pintura *f.*
pair par *m.*
  pair of shoes par *m.* de zapatos
pamper mimar *v.* **4**
pants pantalones *m., pl.*
pantyhose medias *f., pl.*
paper papel *m.*; (*report*) informe *m.*

Pardon me. (*May I?*) Con permiso.; (*Excuse me.*) Perdón.
parents padres *m., pl.*; papás *m., pl.*
park estacionar *v.*; aparcar *v.* **5**; parquear *v.* **3**; parque *m.*
parking lot estacionamiento *m.* **2**
parking space aparcamiento *m.* **5**
partner (*one of a married couple*) pareja *f.*; socio/a *m., f.*
party fiesta *f.*
  party pooper aguafiestas *m., f.*
pass pasar *v.* **6**
  pass a law aprobar (o:ue) una ley *v.* **6**
passed pasado/a *p.p.*
passenger pasajero/a *m., f.* **2**
passport pasaporte *m.*
password contraseña *f.* **5**
past pasado/a *adj.*
pastime pasatiempo *m.*
pastry shop pastelería *f.*
patent patente *f.*
patience paciencia *f.*
patient paciente *m., f.*
patio patio *m.*
pay pagar *v.*
  pay attention fijarse *v.* **3**
  pay the bill pagar la cuenta
  pay homage to the gods homenajear a los dioses *v.* **4**
  pay in cash pagar *v.* al contado; pagar en efectivo
  pay in installments pagar *v.* a plazos
  pay raise aumento *m.* de sueldo
pea arveja *m.*
peace paz *f.* **6**
peaceful pacífico/a *adj.* **6**
peach melocotón *m.*
pear pera *f.*
pedestrian peatón/peatona *m., f.* **2**
pen pluma *f.*
pencil lápiz *m.*
penicillin penicilina *f.*
people gente *f.* **2**
pepper (black) pimienta *f.*
per por *prep.*
perfect perfecto/a *adj.*
performance espectáculo *m.*
perhaps quizás; tal vez
permission permiso *m.*
persecution persecución *f.*
person persona *f.*
  person in charge encargado/a *m., f.* **5**
personality carácter *m.* **4**
pharmacy farmacia *f.*
phenomenal fenomenal *adj.*
photograph foto(grafía) *f.*
photographer fotógrafo/a *m., f.* **3**
physical (exam) examen *m.* médico
physician doctor(a), médico/a *m., f.*
physicist físico/a *m., f.*

physics física *f. sing.*
pick up recoger *v.*
picture cuadro *m.*; pintura *f.*
pie pastel *m.*
piece pedazo *m.* **5**
   piece of junk pedazo de lata
pill (tablet) pastilla *f.*
pillow almohada *f.*
pineapple piña *f.*
pink rosado/a *adj.*
place lugar *m.*; poner *v.*
plaid de cuadros
planet planeta *m.*
plan plano *m.*; planificar *v.*
plans planes *m., pl.*
   have plans tener planes
plant planta *f.*; plantar *v.* **5**;
   sembrar *v.*
plastic plástico *m.*
   (made) of plastic de plástico
plate plato *m.*
   platter of fried food
     fuente *f.* de fritada
play drama *m.*; comedia *f.*; jugar
   (u:ue) *v.*; (*a musical instrument*)
   tocar *v.*; (*a role*) hacer el papel de;
   (*cards*) jugar a (las cartas); (*sports*)
   practicar deportes; poner *v.*
   play a CD poner un disco compacto
   play an instrument tocar *v.* **3**
player jugador(a) *m., f.*
playwright dramaturgo/a *m., f.*
plead rogar (o:ue) *v.*
pleasant agradable *adj.*
please por favor
Pleased to meet you. Mucho gusto.;
   Encantado/a. *adj.*
pleasing: be pleasing to gustar *v.*
pleasure gusto *m.*; placer *m.*
   It's a pleasure to… Gusto de
     (+ *inf.*)
   It's been a pleasure. Ha sido
     un placer.
   The pleasure is mine.
     El gusto es mío.
poem poema *m.*
poet poeta *m., f.*
poetry poesía *f.*
poison intoxicar *v.* **5**
police (force) policía *f.*
   police station comisaría *f.* **2**
policeman policía *m.* **2**
policewoman mujer policía *f.* **2**
political político/a *adj.*
   political exile exiliado/a político/a
     m., f.
   political party partido político **6**
   political refugee
     refugiado/a político/a
politician político/a *m., f.* **6**
politics política *f.* **6**
polka-dotted de lunares
poll encuesta *f.*

pollute contaminar *v.* **5**
polluted contaminado/a *m., f.*
   be polluted estar contaminado/a
pollution contaminación *f.* **5**
pool piscina *f.*
poor pobre *adj.*
populate poblar *v.* **2**
population población *f.*
pork cerdo *m.*
   pork chop chuleta *f.* de cerdo
portable portátil *adj.*
   portable computer
     computadora *f.* portátil
position puesto *m.*; cargo *m.*
possessive posesivo/a *adj.*
possible posible *adj.*
   it's (not) possible
     (no) es posible
post office correo *m.*
postcard postal *f.*
poster cartel *m.*
potato papa *f.*; patata *f.*
pothole agujero *m.* **2**
pottery cerámica *f.*
poverty pobreza *f.*
power poder *m.* **6**
powerful poderoso/a *adj.* **4**
practical práctico/a *adj.*
practice entrenarse *v.*; practicar *v.*
praise elogiar *v.* **6**
predict predecir (e:i) *v.*
prefer preferir (e:ie) *v.*
pregnant embarazada *adj.*
premiere estreno *m.* **3**
premonition presentimiento *m.*
prepare preparar *v.*; capacitar *v.*
preposition preposición *f.*
prescribe (*medicine*) recetar *v.*
prescription receta *f.*
present regalo *m.*; presentar *v.*
preserve conservar *v.* **2, 5**
president presidente/a *m., f.* **6**
press prensa *f.* **3**; pulsar *v.* **4**
   freedom of the press
     libertad *f.* de prensa **3**
   sensationalist press
     prensa sensacionalista **3**
pressure presión *f.*
   be under a lot of pressure sufrir
     muchas presiones
pretty bonito/a *adj.*; bastante *adv.*
prevent prevenir (e:ie) *v.* **5**; impedir
   v. **2**
price precio *m.*
   (fixed, set) price precio *m.* fijo
prior to previo/a *adj.*
pride orgullo *m.*
priest sacerdote *m.* **4**; cura *m.* **6**
principles ideales *m., pl.*
print estampado/a *adj.*; imprimir *v.*
printer impresora *f.*; imprenta *f.* **1**
prison cárcel *f.* **6**
   (prison) cell celda *f.*

prisoner preso/a *m., f.* **5**
private (*room*) individual *adj.*
prize premio *m.*
probable probable *adj.*
   it's (not) probable (no) es probable
problem problema *m.*
process trámite *m.*
profession profesión *f.*
professor profesor(a) *m., f.*
profit ganancia *f.*
program programa *m.*
programmer programador(a) *m., f.*
progress progreso *m.*
prohibit prohibir *v.*
prominent destacado/a *adj.* **3**
promise jurar *v.*
promotion (*career*) ascenso *m.*
pronoun pronombre *m.*
proof prueba *f.*
protect proteger *v.* **5**
protected protegido/a *adj.* **5**
protein proteína *f.*
protest protestar *v.*; manifestación *f.*
proud orgulloso/a *adj.* **1**
prove comprobar (o:ue) *v.*
provided (that) con tal (de) que *conj.*
prune podar *v.* **5**
psychologist psicólogo/a *m., f.*
psychology psicología *f.*
public público *m.* **3**
   public ransportation
     transporte *m.* público **2**
publish publicar *v.* **3**
Puerto Rican puertorriqueño/a *adj.*
Puerto Rico Puerto Rico *m.*
pull tirar; sacar *v.*
   pull a tooth sacar una muela
   pull someone's leg tomar
     el pelo *v.*
punish castigar *v.*
punishment castigo *m.* **3**
pupil alumno/a *m., f.* **6**
purchase compra *f.*
purchases compras *f., pl.*
pure puro/a *adj.* **5**
purple morado/a *adj.*
purse bolsa *f.*
put poner *v.*; puesto/a *p.p.*
   put (a letter) in the mailbox
     echar (una carta) al buzón
   put on (a performance) presentar *v.*
   put on (clothing) ponerse *v.*
   put on makeup maquillarse *v.*
   put up with aguantar *v.*; soportar *v.* **5**

Q

quality calidad *f.*
quarry cantera *f.*
quarter (*academic*) trimestre *m.*
   quarter after (*time*) y cuarto;
     y quince
   quarter to (*time*) menos cuarto;
     menos quince

question pregunta *f.*
quickly rápido *adv.*
quiet tranquilo/a *adj.*
quit dejar *v.*; renunciar *v.*
quiz prueba *f.*

R

rabbit's foot pata de conejo *f.* **5**
race carrera *f.*
racism racismo *m.*
radio (*medium*) radio *f.* **3**
  radio (set) radio *m.*
  radio announcer locutor(a) *m., f.* de radio **3**
  radio station radioemisora *f.* **3**
rain llover (o:ue) *v.*; lluvia *f.* **5**
  It's raining. Llueve.; Está lloviendo.
raincoat impermeable *m.*
rainforest bosque *m.* tropical; selva *f.* **5**
  tropical rainforest selva tropical *f.* **5**
raise (*salary*) aumento de sueldo
raise (*children*) criar *v.* **4**
ranch rancho *m.*
rather bastante *adv.*
reach alcanzar *v.*
  reach a goal alcanzar una meta *v.*
read leer *v.*; leído/a *p.p.*
  read e-mail leer correo electrónico
  read a magazine leer una revista
  read a newspaper leer un periódico
ready listo/a *adj.*; dispuesto/a (a) *adj.*
  (Are you) ready? ¿(Están) listos?
reality: reality show programa *m.* de telerrealidad **3**
realize darse cuenta de *v.*
reap the benefits (of) *v.* disfrutar *v.* (de)
reason razón *f.*
rebellious rebelde *adj.* **4**
receive recibir *v.*
recipe receta *f.* **4**
recognize reconocer (c:zc) *v.*
recommend recomendar (e:ie) *v.*
record grabar *v.* **3**
recreation diversión *f.*; recreo *m.*
recycle reciclar *v.* **5**
recycling reciclaje *m.* **5**
red rojo/a *adj.*
red-haired pelirrojo/a *adj.*
reduce reducir *v.*; disminuir *v.*
  reduce stress/tension aliviar el estrés/la tensión
refrigerator refrigerador *m.*
refugee refugiado/a *m., f.*
  political refugee refugiado/a político/a
  war refugee refugiado/a de guerra
region región *f.*

regret arrepentirse *v.* **1**; lamentar *v.* **4**; sentir (e:ie) *v.*
regrettable lamentable *adv.*
rehearse ensayar *v.* **3**
reject rechazar *v.*
related to sitting sedentario/a *adj.*
relative pariente *m., f.* **4**
  relatives familiares *m., pl.* **1**; parientes *m., pl.* **4**
relax relajarse *v.* **2**
release (a movie) estrenar *v.* (una película)
relieve aliviar *v.* **5**
relieved aliviado/a *adj.*
religion religión *f.* **4**
rely (on) contar (o:ue) (con) *v.* **1**
remain quedarse *v.*
remember acordarse (o:ue) *v.* (de); recordar (o:ue) *v.*
remodel remodelar *v.*
remote control control remoto *m.*
remove quitar *v.* **5**
renewable renovable *adj.* **5**
rent alquilar *v.*; (*payment*) alquiler *m.*
repeat repetir (e:i) *v.*
replace reemplazar *v.*
report informe *m.* **6**; reportaje *m.*
  news report reportaje *m.* **3**
reporter reportero/a *m., f.* **3**
representative representante *m., f.*
reputation: have a good/bad reputation tener buena/mala fama *v.* **3**
request pedir (e:i) *v.*
rescued rescatado/a *adj.* **6**
research investigar *v.* **3**
researcher investigador(a) *m., f.*
resemble parecerse (c:zc) *v.* **4**
reservation reservación *f.*
reside residir *v.* **2**
resign (from) renunciar (a) *v.*
resolve resolver (o:ue) *v.* **5**
resolved resuelto/a *p.p.*
resources recursos *m., pl.* **5**
respect respetar *v.* **4**
responsibility deber *m.*; responsabilidad *f.*; compromiso *m.* **1**
rest descansar *v.*
restaurant restaurante *m.*
résumé currículum *m.*
retire (from work) jubilarse *v.*
returned vuelto/a *p.p.*
review reseña *f.* **1**
revolutionary revolucionario/a *adj.*
rhythm ritmo *m.* **3**
rice arroz *m.*
rich rico/a *adj.*
riches riquezas *f., pl.*
ride a bicycle pasear *v.* en bicicleta
ride a horse montar *v.* a caballo
ridiculous ridículo/a *adj.*
  it's ridiculous es ridículo
right derecha *f.*
  be right tener razón

right? (*question tag*) ¿no?; ¿verdad?
right away enseguida *adv.*
right here aquí mismo
right now ahora mismo
right there allí mismo
  to the right of a la derecha de
rights derechos *m.*
ring (*a doorbell*) sonar (o:ue) *v.*
rise ascender *v.*
risk riesgo *m.* **1**
rivalry rivalidad *f.*
river río *m.* **5**
road camino *m.*
road sign señal de tráfico *f.* **2**
roast asado/a *adj.*
  roast chicken pollo *m.* asado
rollerblade patinar *v.* en línea
romantic romántico/a *adj.*
room habitación *f.*; cuarto *m.*
  living room sala *f.*
roommate compañero/a *m., f.* de cuarto
root raíz *f.* **4**
roundtrip de ida y vuelta
  roundtrip ticket pasaje *m.* de ida y vuelta
rout recorrido *m.*
routine rutina *f.*
rubble escombros *m., pl.* **2**
rude malcriado/a *m., f.* **3**
rug alfombra *f.*
ruin arruinar *v.*
rule regla *f.* **6**
run correr *v.*; administrar *v.*
  run errands hacer diligencias **2**
  run into (*have an accident*) chocar (con) *v.*; (*meet accidentally*) encontrar(se) (o:ue) *v.*; (*run into something*) darse (con) *v.*
  run into (each other) encontrar(se) (o:ue) *v.*
rush apurarse, darse prisa *v.*
Russian ruso/a *adj.*

S

sacred ritual rito sagrado *m.* **4**
sacrifice sacrificar *v.* **4**
sad triste *adj.*
  it's sad es triste
safe seguro/a *adj.*
safety seguridad *f.* **6**
said dicho/a *p.p.*
salad ensalada *f.*
salary salario *m.*; sueldo *m.*
sale rebaja *f.*; venta *f.*
  go on sale salir a la venta *v.* **3**
salesman vendedor *m.*
saleswoman vendedora *f.*
salmon salmón *m.*
salt sal *f.*
same mismo/a *adj.*

sandal sandalia *f.*
sandwich sándwich *m.*
Saturday sábado *m.*
sausage salchicha *f.*
save salvar *v.* **4**; (*on a computer*) guardar *v.*
  save (money) ahorrar *v.*
savings ahorros *m., pl.*
  savings account cuenta *f.* de ahorros
saw serrar *v.* **5**
say decir *v.*; declarar *v.*
  say (that) decir (que) *v.*
  say goodbye despedirse (e:i) *v.*
  say the answer decir la respuesta
scale escama *f.*
scandal escándalo *m.* **6**
scant escaso/a *adj.* **5**
scarce escaso/a *adj.* **5**
scarcely apenas *adv.*
scared: be (very) scared (of) tener (mucho) miedo (de)
scenery paisaje *m.* **5**
schedule horario *m.*
school escuela *f.*
science *f.* ciencia
  science fiction ciencia *f.* ficción
scientist científico/a *m., f.*
scold regañar *v.* **4**
score (a goal/a point) marcar *v.* (un gol/un punto); anotar *v.* un gol
scream chillar *v.* **4**
screen pantalla *f.* **3**
scuba dive bucear *v.*
sculpt esculpir *v.*
sculptor escultor(a) *m., f.*
sculpture escultura *f.*
sea mar *m.* **5**
seal foca *f.* **5**
search engine buscador *m.*
season temporada *f.* **3**; estación *f.*; época *f.* **1**
seat silla *f.*
second segundo/a *adj.*; *m., f.*
secretary secretario/a *m., f.*
section sección *f.*
  lifestyle section sección de sociedad **3**
  sports section sección deportiva **3**
secure seguro/a *adj.* **1**
secular laico/a *adj.* **6**
security seguridad *f.* **6**
sedentary sedentario/a *adj.*
see ver *v.*
  see (you/him/her) again volver a ver(te/lo/la)
  see movies ver películas
  See you. Nos vemos.
  See you later. Hasta la vista.; Hasta luego.
  See you soon. Hasta pronto.
  See you tomorrow. Hasta mañana.

seed semilla *f.* **5**
seem parecer *v.*
seen visto/a *p.p.*
self-esteem autoestima *f.* **4**
selfish egoísta *adj.* **4**
sell vender *v.*
semester semestre *m.*
send enviar; mandar *v.*
sensationalist: sensationalist press prensa *f.* sensacionalista **3**
sensitive sensible *adj.* **1**
separate (from) separarse *v.* (de)
separated separado/a *adj.* **1**
September septiembre *m.*
sequence secuencia *f.*
serious grave *adj.*
serve servir (e:i) *v.*
set (*fixed*) fijo *adj.*
  set the table poner la mesa
settle poblar *v.* **2**
seven siete *adj.*
seven hundred setecientos/as *adj.*
seventeen diecisiete *adj.*
seventh séptimo/a *adj.*
seventy setenta *adj.*
several varios/as *adj. pl.*
sexism sexismo *m.*
shaman chamán *m.* **5**
shame (*pity*) lástima *f.*; (*embarassment, remorse*) vergüenza *f.*
  it's a shame es una lástima
shampoo champú *m.*
shape forma *f.*
  be in good shape estar en buena forma
  stay in shape mantenerse en forma
share compartir *v.* **1**
sharp (*time*) en punto
shave afeitarse *v.*
shaving cream crema *f.* de afeitar
she ella *f., sing. pron.*
shellfish mariscos *m., pl.*
ship barco *m.*
shirt camisa *f.*
shoe zapato *m.*
  shoe size número *m.*
  shoe store zapatería *f.*
  tennis shoes zapatos *m., pl.* de tenis
shoot disparar *v.*
  shoot a movie rodar (o:ue) *v.* **3**
shop tienda *f.*
shopping, to go ir *v.* de compras
  shopping mall centro *m.* comercial
short (*in height*) bajo/a *adj.*; (*in length*) corto/a *adj.*
  short film cortometraje *m.*
  short story cuento *m.*
  short term a corto plazo *adv.*
shortage escasez *f.*
shorts pantalones cortos *m., pl.*
should (*do something*) deber *v.* (+ *inf.*)

shout gritar *v.*
show espectáculo *m.*; mostrar (o:ue) *v.*
  game show programa *m.* de concursos **3**; concurso *m.*
  reality show programa *m.* de telerrealidad **3**
shower ducha *f.*; ducharse *v.*
shrimp camarón *m.*
shutter persiana *f.* **2**
shy tímido/a *adj.* **1**
shyness timidez *f.*
siblings hermanos/as *pl.*
sick enfermo/a *adj.*
  be sick estar enfermo/a
  get sick enfermarse *v.*
  get sick (of) (*be fed up*) estar harto *v.* **1**
sidewalk acera *f.* **2**
sign firmar *v.*; letrero *m.* **2**; pancarta *f.*; señal *f.*
silence silencio *m.*
silence callar *v.* **6**
silk seda *f.*
  (made of) de seda
silly tonto/a *adj.*
similar semejante *adj.*
since desde *prep.*
sing cantar *v.*
singer cantante *m., f.* **3**
single soltero/a *adj.* **1**
  single room habitación *f.* individual
sink lavabo *m.*
sir señor (Sr.); don *m.*
sister hermana *f.*
sister-in-law cuñada *f.* **4**
sit down sentarse (e:ie) *v.*
six seis *adj.*
six hundred seiscientos/as *adj.*
sixteen dieciséis *adj.*
sixth sexto/a *adj.*
sixty sesenta *adj.*
size talla *f.*; tamaño *m.*
  shoe size *m.* número
(in-line) skate patinar (en línea)
skateboard andar en patineta *v.*
ski esquiar *v.*
  ski mask pasamontañas *m., sing.* **3**
skiing esquí *m.*
  cross country skiing esquí de fondo
  downhill skiing esquí alpino
  water-skiing esquí acuático
skirt falda *f.*
sky cielo *m.*
skyscraper rascacielos *m.* **2**
sleep dormir (o:ue) *v.*; sueño *m.*
  go to sleep dormirse (o:ue) *v.*
sleepy: be (very) sleepy tener (mucho) sueño
slender delgado/a *adj.*
slim down adelgazar *v.*
slippers pantuflas *f.*
slow lento/a *adj.*
slowly despacio *adv.*

small pequeño/a *adj.*
smart listo/a *adj.*
smell olor *m.*
smile sonreír (e:i) *v.*
smiled sonreído *p.p.*
smog smog *m.* **5**
smoggy: It's (very) smoggy. Hay (mucha) contaminación.
smoke fumar *v.*
smoking section sección *f.* de fumar
   (non) smoking section *f.* sección de (no) fumar
snack merendar *v.*;
   afternoon snack merienda *f.*
   have a snack merendar *v.*
snake serpiente *f.* **5**
sneakers los zapatos de tenis
sneeze estornudar *v.*
snow nevar (e:ie) *v.*; nieve *f.*
snowing: It's snowing. Nieva.; Está nevando.
so (*in such a way*) así *adv.*; tan *adv.*
   so much tanto *adv.*
   so-so regular *adj.*
   so that para que *conj.*
soap jabón *m.*
   soap opera telenovela *f.* **3**
soccer fútbol *m.*
social prejudice prejuicio social *m.* **4**
sociology sociología *f.*
sock(s) calcetín (calcetines) *m.*
sofa sofá *m.*
soft drink refresco *m.*
software programa *m.* (de computación)
soil tierra *f.*
solar solar *adj. m., f.*
   solar energy energía solar
sold out agotado/a *adj.*
soldier soldado *m., f.*
solution solución *f.*
solve resolver (o:ue) *v.* **5**
some algún, alguno/a(s) *adj.*; unos/as *pron. m., f., pl; indef. art.*
somebody alguien *pron.*
someone alguien *pron.*
something algo *pron.*
sometimes a veces *adv.*
son hijo *m.*
song canción *f.*
son-in-law yerno *m.* **4**
soon pronto *adv.*
   See you soon. Hasta pronto.
soothe aliviar *v.* **5**
sorry: be sorry sentir (e:ie) *v.*
   I'm sorry. Lo siento.
   I'm so sorry. Mil perdones.; Lo siento muchísimo.
soul alma *f.* (*but:* el alma) **1**
   soulmate alma gemela
soundtrack banda *f.* sonora **3**
soup caldo *m.*; sopa *f.*
source fuente *f.* **5**

south Sur *m.*
   to the south al sur
space espacio *m.*
space shuttle transbordador *m.* espacial
Spain España *f.*
Spanish (*language*) español *m.*; español(a) *adj.*
spare (free) time ratos libres
speak hablar *v.*
special: special effects efectos *m.* especiales **3**
specialized especializado/a *adj.*
species especie *f.* **5**
   endangered species especie en peligro (de extinción) **5**
spectacular espectacular *adj.*
spectator espectador(a) *m., f.*
speech discurso *m.*
speed velocidad *f.*
   speed limit velocidad *f.* máxima
spell checker corrector *m.* ortográfico **5**
spelling ortografía *f.*; ortográfico/a *adj.*
spend (*money*) gastar *v.*
spirit (*soul*) alma *f.*; (*mood*) ánimo *m.* **1**
spoil malcriar *v.* **4**
spoiled brat niñato/a *m., f.* **4**
spoon (*table or large*) cuchara *f.*
spoonful cucharada *f.* **5**
   in spoonfuls a cucharadas **5**
sport deporte *m.*
   sports club club *m.* deportivo
   sports-related deportivo/a *adj.*
   sports section sección *f.* deportiva **3**
spouse esposo/a *m., f.*
sprain (one's ankle) torcerse (o:ue) *v.* (el tobillo)
sprained torcido/a *adj.*
   be sprained estar torcido/a
sprawl expansión *f.*
   urban sprawl expansión urbana **5**
spread esparcir *v.*; difundir *v.* **2**
   spread news difundir *v.* **2**
   spread the word correr *v.* la voz
spring primavera *f.*
spy espiar *v.* **6**
(city or town) square plaza *f.*
square plaza *f.* **2**
stadium estadio *m.* **2**
stage etapa *f.*
stained manchado/a *adj.* **2**
stairs escalera *f.*
stairway escalera *f.*
stamp estampilla *f.*
stand in line hacer *v.* cola
stand (someone) up dejar *v.* plantado/a **1**
standard of living nivel *m.* de vida *f.*; calidad *f.* de vida *f.* **1**
star estrella *f.*
   movie star estrella de cine **3**
   shooting star estrella fugaz

start (*a vehicle*) arrancar *v.*; (*establish*) establecer *v.*
station estación *f.* **2**
   bus station estación *f.* de autobuses **2**
   fire station estación *f.* de bomberos **2**
   police station estación *f.* de policía **2**
   radio station radioemisora *f.* **3**
   subway station estación *f.* del metro **2**
   train station estación *f.* de trenes **2**
statue estatua *f.*
status: marital status estado *m.* civil
stay quedarse *v.* **2**
   stay in shape mantenerse en forma
   stay up late trasnochar *v.*
steak bistec *m.*
steering wheel volante *m.*
step etapa *f.*
stepbrother hermanastro *m.* **4**
stepdaughter hijastra *f.*
stepfather padrastro *m.* **4**
stepmother madrastra *f.* **4**
stepsister hermanastra *f.* **4**
stepson hijastro *m.*
stereo estéreo *m.*
still todavía *adv.*
stingy tacaño/a *adj.* **1**
stock market bolsa *f.* de valores
stockbroker corredor(a) *m., f.* de bolsa
stockings medias *f., pl.*
stomach estómago *m.*
stone piedra *f.*
   sculpted stone piedra esculpida
stop parar *v.*; detenerse (e:ie) *v.* **2**
   stop (*doing something*) dejar de (+ *inf.*)
stop parada *f.* **2**
   bus stop parada *f.* de autobús **2**
   subway stop parada *f.* de metro **2**
store tienda *f.*
   storekeeper tendero/a *m., f.*
storm tormenta *f.*
stormy tempestuoso/a *adj.* **1**
story cuento *m.*; historia *f.*
stove cocina, estufa *f.*
straight derecho *adj.*
   straight (ahead) derecho
straighten up arreglar *v.*
strange extraño/a *adj.*
   it's strange es extraño
strawberry frutilla *f.*; fresa *f.*
street calle *f.* **2**
strengthen fortalecer *v.* **6**
stress estrés *m.*
stressed (out) estresado/a *adj.*

stretching estiramiento *m.*
   do stretching exercises hacer ejercicios; *m. pl.* de estiramiento
strict estricto/a *adj.* **4**
strike (*labor*) huelga *f.* **6**
stripe raya *f.*
   striped de rayas
stroll pasear *v.*
strong fuerte *adj.*
   to grow stronger fortalecerse *v.* **1**
struggle lucha *f.* **6**
struggle (for/against) luchar *v.* (por/contra)
student estudiante *m., f.*; estudiantil *adj.*; alumno/a *m., f.* **6**
study estudiar *v.*
stuffed-up (*sinuses*) congestionado/a *adj.*
stupendous estupendo/a *adj.*
style estilo *m.* **3**
submissive sumiso/a *adj.* **4**
subscribe (to) suscribirse (a) *v.* **3**
substitute sustituir *v.*
subtitles subtítulos *m., pl.* **3**
suburb suburbio *m.* **2**
suburbs afueras *f., pl.* **2**
subway metro *m.*
   subway station estación *f.* del metro **2**
   subway stop parada *f.* del metro **2**
success éxito *m.* **3**
successful exitoso/a *adj.*
   be successful tener éxito
such as tales como
sudden repentino/a *adj.* **2**
suddenly de repente *adv.*
suffer sufrir *v.*
   suffer an illness sufrir una enfermedad
suffocate ahogarse *v.* **5**
sugar azúcar *m.*
suggest sugerir (e:ie) *v.*
suit traje *m.*
suitcase maleta *f.*
summer verano *m.*
summon convocar *v.* **6**
sun sol *m.* **5**
sunbathe tomar *v.* el sol
Sunday domingo *m.*
(sun)glasses gafas *f., pl.* (oscuras/de sol); lentes *m. pl.* (oscuros/de sol)
sunny: It's (very) sunny. Hace (mucho) sol.
supermarket supermercado *m.*
superstitious supersticioso/a *adj.*
supply abastecer *v.*
support apoyo *m.*
   support (each other) apoyar(se) *v.* **4**
   support network red *f.* de apoyo *m.* **1**

suppose suponer *v.*
sure seguro/a *adj.*
   be sure estar seguro/a
surf (*the Internet/web*) navegar *v.* (en Internet/en la red) **3**
surprise sorprender *v.*; sorpresa *f.*
surprised sorprendido/a *adj.* **2**
surround rodear *v.* **4**
surrounded rodeado/a *m., f.*
survey encuesta *f.*
survival supervivencia *f.*
survive subsistir *v.* **2**
suspect sospechar *v.*
suspicion sospecha *f.* **3**
suspicious sospechoso/a *adj.*
sweat sudar *v.*
sweater suéter *m.*; chompa *f.* **3**
sweep the floor barrer el suelo
sweetie chato/a *m., f.* **3**
sweets dulces *m., pl.*
swim nadar *v.*
swimming natación *f.*
   swimming pool piscina *f.*
symbol símbolo *m.* **5**
symptom síntoma *m.*

T

table mesa *f.*
tablespoon cuchara *f.*
tablet (*pill*) pastilla *f.*
take tomar *v.*; llevar *v.*;
   (not) take advantage of (des)aprovechar *v.*
   take a bath bañarse *v.*
   take care of cuidar *v.*
   take a bike/car/motorcycle ride dar una vuelta en bicicleta/carro/ motocicleta *v* **2**
   take off quitarse *v.*
   take out the trash *v.* sacar la basura
   take photos tomar *v.* fotos; sacar *v.* fotos
   take a risk arriesgarse *v.*
   take (*wear*) **a shoe size** calzar *v.*
   take a shower ducharse *v.*
   take someone's temperature tomar *v.* la temperatura
   take a stroll dar un paseo *v.* **2**
   take a walk/ride dar una vuelta *v.* **2**
talented talentoso/a *adj.*
talk hablar *v.*; conversar *v.* **2**
   talk show programa *m.* de entrevistas
tall alto/a *adj.*
tank tanque *m.*
tape recorder grabadora *f.*
taste probar (o:ue) *v.*; saber *v.*
   taste like saber a
tasty rico/a *adj.*; sabroso/a *adj.*
tax impuesto *m.*

taxi taxi *m.*
tea té *m.*
teach enseñar *v.*
teacher profesor(a) *m., f.*; maestro/a *m., f.*
team equipo *m.*
technician técnico/a *m., f.*
telecommuting teletrabajo *m.*
telepathy telepatía *f.*
telephone teléfono
   cellular telephone teléfono *m.* celular
telescope telescopio *m.*
television televisión *f.*;
   television set televisor *m.*
   television viewer televidente *m., f.* **3**
tell contar *v.*; decir *v.*
tell (that) decir *v.* (que)
   tell lies decir mentiras
   tell the truth decir la verdad
temperature temperatura *f.*
ten diez *adj.*
tenderness ternura *f.* **2**
tennis tenis *m.*
   tennis shoes zapatos *m., pl.* de tenis
tension tensión *f.*
tent tienda *f.* de campaña
tenth décimo/a *adj.*
terrain terreno *m.*
terrible terrible *adj. m., f.*
   it's terrible es terrible
terrific chévere *adj.*
territory territorio *m.*
terrorism terrorismo *m.* **6**
terrorist terrorista *m., f.* **6**
test prueba *f.*; examen *m.*
text message mensaje *m.* de texto
thank agradecer *v.* **4**
Thank you. Gracias. *f., pl.*
   Thank you (very much). (Muchas) gracias.
   Thank you very, very much. Muchísimas gracias.
   Thanks (a lot). (Muchas) gracias.
   Thanks again. (*lit. Thanks one more time.*) Gracias una vez más/de nuevo.
   Thanks for everything. Gracias por todo.
that que; quien(es); lo que *pron.*
   that (one) ése; ésa; eso *pron.*; ese; esa; *adj.*
   that (*over there*) aquél, aquélla, aquello *pron.*; aquel, aquella *adj.*
   that which lo que *conj.*
   that's me soy yo
   That's not the way it is. No es así.
   that's why por eso
the el *m.*, la *f. sing.*; los *m.*, las *f., pl.*
theater teatro *m.*
   theater play obra *f.* de teatro

their su(s) *poss. adj.*;
suyo/a(s) *poss. pron.*

them los/las *pl., d.o. pron.*
to/for them les *pl., i.o. pron.*

then (*afterward*) después *adv.*; (*as a result*) entonces *adv.*; (*next*) luego *adv.*; pues *adv.*

theory teoría *f.*

there allí *adv.*
There is/are… Hay…
There is/are not… No hay…

therefore por eso

these éstos; éstas *pron.*; estos; estas *adj.*

they ellos *m.*, ellas *f. pron.*

thief ladrón/ladrona *m., f* **6**

thin delgado/a *adj.*

thing cosa *f.*

think opinar *v.* **3**; pensar (e:ie) *v.*; (*believe*) creer *v.*
think about pensar en *v.*

third tercero/a *adj.*

thirst sed *f.*

thirsty: be (very) thirsty tener (mucha) sed

thirteen trece *adj.*

thirty treinta *adj.*

thirty (*minutes past the hour*) *adj.* y treinta; y media

this este; esta *adj.*; éste, ésta, esto *pron.*
This is… (*introduction*) Éste/a es…
This is he/she. (*on telephone*) Con él/ella habla.

those ésos; ésas *pron.*; esos; esas *adj.*

those (over there) aquéllos; aquéllas *pron.*; aquellos; aquellas *adj.*

thousand mil *adj.*

threat amenaza *f.* **6**

threaten amenazar *v.* **5**

three tres

three hundred trescientos/as *adj.*

throat garganta *f.*

through por *prep.*

throughout: throughout the world en todo el mundo

throw away echar *v.* **5**

throw out botar *v.*

Thursday jueves *m., sing.*

thus (*in such a way*) así *adj.*

ticket boleto *m.*; entrada *f.* **6**; pasaje *m.*

tie (*clothing*) corbata *f.*; empate *m.*; (*link*) lazo *m.* **1**; (*a game*) empatar *v.*

tiger tigre *m.* **5**

tight-lipped parco/a *adj.*

time vez *f.*; tiempo *m.*
have a good/bad time pasarlo bien/mal
We had a great time. Lo pasamos de película.

What time is it? ¿Qué hora es?
(At) What time…? ¿A qué hora…?

times veces *f., pl.*
many times muchas veces
two times dos veces

tiny diminuto/a *adj.*

tip propina *f.*

tire llanta *f.*

tired cansado/a *adj.*
be tired estar cansado/a

to a *prep.*

toast (*drink*) brindar *v.*
toast pan *m.* tostado

toasted tostado/a *adj.*
toasted bread pan tostado *m.*

toaster tostadora *f.*

today hoy *adv.*
Today is… Hoy es...

toe dedo *m.* del pie

together juntos/as *adj.*

toilet inodoro *m.*

tolerate aguantar *v.* **5**

tomato tomate *m.*

tomorrow mañana *f.*
See you tomorrow. Hasta mañana.

tongue lengua *f.*
mother tongue lengua materna *f.*

tonight esta noche *adv.*

too también *adv.*;
too much demasiado *adv.*; en exceso

tool herramienta *f.*

tooth diente *m.*
toothpaste pasta *f.* de dientes

tornado tornado *m.*

tortilla tortilla *f.*

touch tocar *v.*;

tour an area recorrer *v*; excursión *f.*

tourism turismo *m.*

tourist turista *m., f.*; turístico/a *adj.*

toward hacia *prep.*; para *prep.*

towel toalla *f.*

town pueblo *m.*

toxic tóxico/a *adj.* **5**

toy juguete *m.*

trade oficio *m.*; comercio *m. sing.*

traffic circulación *f.*; tráfico *m.* **2**
traffic light semáforo *f.* **2**

tragedy desgracia *v.*; tragedia *f.*

trail sendero *m.*
trailhead sendero *m.*

train entrenarse *v.*; tren *m.*
train station estación *f.* (de) tren *m.* **2**

trainer entrenador(a) *m., f.*

translate traducir *v.*

transportation (public) transporte *m.* público **2**

trap trampa *f.* **6**

trash basura *f.* **5**

travel viajar *v.*
travel agent agente *m., f.* de viajes

travel (*around a city*) recorrer *v.* **2**

traveler viajero/a *m., f.*
(traveler's) check cheque (de viajero)

treadmill cinta caminadora *f.*

trembling tembloroso/a *adj.* **4**

tree árbol *m.* **5**

trick engañar *v.*

trillion billón *m.*

trimester trimestre *m.*

trip viaje *m.*; recorrido *m.*
take a trip hacer un viaje

tropical forest bosque *m.* tropical

true verdad *adj.*
it's (not) true (no) es verdad

trunk baúl *m.*; tronco *m.* **5**

trust confianza *f.* **5**

trust (in) confiar (en) *v.* **1, 6**

truth verdad *f.*

try intentar *v.*; probar (o:ue) *v.*
try (*to do something*) tratar de (+ *inf.*)
try on probarse (o:ue) *v.*

t-shirt camiseta *f.*

Tuesday martes *m., sing.*

tuna atún *m.*

turkey pavo *m.*

turn doblar *v.* **2**
turn back voltear *v.*
turn down rechazar *v.* **2**
turn into (*something*) convertirse (e:ie) en (algo) *v.*
turn off (*electricity/appliance*) apagar *v.*
turn on (*electricity/appliance*) poner *v.*; prender *v.*

turtle tortuga *f.* **5**
sea turtle tortuga marina **5**

twelve doce *adj.*

twenty veinte *adj.*

twenty-eight veintiocho *adj.*

twenty-five veinticinco *adj.*

twenty-four veinticuatro *adj.*

twenty-nine veintinueve *adj.*

twenty-one veintiún *adj.*; veintiuno/a *adj.*; *m., f.*

twenty-seven veintisiete *adj.*

twenty-six veintiséis *adj.*

twenty-three veintitrés *adj.*

twenty-two veintidós *adj.*

twice dos veces

twin gemelo/a *m., f.*
twin brother hermano gemelo *m.* **4**
twin sister hermana gemela *f.* **4**

twisted torcido/a *adj.*
be twisted estar torcido/a

two dos *adj.*
two hundred doscientos/as *adj.*
two times dos veces

type escribir a máquina *v.* **4**

U

ugly feo/a *adj.*
unbearable insoportable *adj.*
unbiased imparcial *adj.* **3**
uncertainty incertidumbre *f.*
uncle tío *m.* **4**
under bajo *adv.*; debajo de *prep.*
understand comprender *v.*; entender (e:ie) *v.*
understanding comprensión *f.* **4**; entendimiento *m.*
understanding comprensivo/a *adj.*
underwear ropa interior
unemployed desempleado/a *adj.*
unemployment desempleo *m.*
unequal desigual *adj.* **6**
unethical poco ético/a *adj.*
unexpected inesperado/a *adj.* **2**
unfair injusto/a *adj.* **6**
unfaithffulness infidelidad *f.* **1**
unforgettable inolvidable *adj.* **1**
unfriendly antipático/a *adj.* **4**
ungrateful desagradecido/a *m., f.* **4**
union unión *f.*
  labor union sindicato *m.*
United States Estados Unidos (EE.UU.) *m. pl.*
universe universo *m.*
university universidad *f.*
unless a menos que *adv.*
unmarried soltero/a *adj.*
unsociable huraño/a *adj.* **4**
until hasta *prep.*; hasta que *conj.*
up arriba *adv.*
  up-to-date actualizado/a *adj.* **3**
upload subir *v.*
upset disgustado/a *adj.* **1**
urbanize urbanizar *v.* **5**
urgent urgente *adj.*
  It's urgent that… Es urgente que…
us nos *pl., d.o. pron.*
  to/for us nos *pl., i.o. pron.*
use usar *v.*
use up agotar *v.* **5**
used for para *prep.*
useful útil *adj.*; práctico/a *adj.*
usefulness utilidad *f.* **5**
user name nombre de usuario

V

vacation vacaciones *f., pl.*
be on vacation estar de vacaciones
go on vacation ir de vacaciones
vacuum pasar *v.* la aspiradora
  vacuum cleaner aspiradora *f.*
valley valle *m.*
value valorar *v.* **2**

values valores *m., pl.*
vanguard vanguardia *f.*
various varios/as *adj. pl.*
VCR videocasetera *f.*
vegetables verduras *pl., f.*
verb verbo *m.*
very muy *adv.*
  very much muchísimo *adv.*
  (Very) well, thank you. (Muy) bien, gracias.
victim víctima *f.* **6**
victory victoria *f.* **6**
video video *m.*
  music video video *m.* musical **3**
  video camera cámara *f.* de video
  video(cassette) video(casete) *m.*
  videoconference videoconferencia *f.*
  video game videojuego *m.*
viewer: television viewer televidente *m., f.* **3**
vinegar vinagre *m.*
violence violencia *f.* **6**
visit visitar *v.*
  visit monuments visitar monumentos
vitamin vitamina *f.*
volcano volcán *m.*
volleyball vóleibol *m.*
vote votar *v.* **6**

W

wage sueldo *m.*
wait (for) esperar *v.* (+ *inf.*)
  wait in line hacer *v.* cola
waiter/waitress camarero/a; mesero/a *m., f.*
wake up despertarse (e:ie) *v.*; amanecer *v.*
walk caminar *v.*
  take a walk pasear *v.*;
  walk around pasear por
wall pared *f.*
wallet cartera *f.*
want querer (e:ie) *v.*
war guerra *f.* **6**
  war refugee refugiado/a de guerra
warehouse almacén *m.*
warm tibio/a *m., f.* **3**
warm (oneself) up calentarse (e:ie) *v.*
warming calentamiento *m.* **5**
wash lavar *v.*
  wash one's face/hands lavarse la cara/las manos
  wash (the floor, the dishes) lavar (el suelo, los platos)
  wash oneself lavarse *v.*
washing machine lavadora *f.*
waste malgastar *v.* **5**

wastebasket papelera *f.*
watch vigilar *v.* **3**; mirar *v.*; reloj *m.*
  watch television mirar (la) televisión
water agua *f.*
  water pollution contaminación del agua
  water-skiing esquí *m.* acuático
way manera *f.*
we nosotros(as) *m., f.*
Web red *f.*
weak débil *adj. m., f.*
weakling enclenque *adj.* **4**
wealth riqueza *f.*
weapon arma *f.* (*but:* el arma) **6**
wear llevar *v.*; usar *v.*
  wear warm clothes abrigarse *v.* **3**
weather tiempo *m.*
  The weather is bad. Hace mal tiempo.
  The weather is good. Hace buen tiempo.
weaving tejido *m.*
web red *f.*
  surf the web navegar *v.* en la red **3**
website sitio *m.* web **3**
wedding boda *f.*
Wednesday miércoles *m., sing.*
week semana *f.*
weekend fin *m.* de semana
weight peso *m.*
  lift weights levantar *v.* pesas *f., pl.*
weird raro/a *adj.* **6**
welcome bienvenido(s)/a(s) *adj.*
well pues *adv.*; bueno *adv.*
  (Very) well, thanks. (Muy) bien, gracias.
well-being bienestar *m.* **2**
well organized ordenado/a *adj.*
well-mannered (bien) educado/a *adj.* **4**
west oeste *m.*
  to the west al oeste
western (*genre*) de vaqueros
whale ballena *f.* **5**
what lo que *pron.*
what? ¿qué?
  At what time…? ¿A qué hora…?
  What a pleasure to… ! ¡Qué gusto (+ *inf.*)…
  What day is it? ¿Qué día es hoy?
  What do you guys think? ¿Qué les parece?
  What happened? ¿Qué pasó?
  What is today's date? ¿Cuál es la fecha de hoy?
  What nice clothes! ¡Qué ropa más bonita!
  What size do you take? ¿Qué talla lleva/usa?
  What time is it? ¿Qué hora es?
  What's going on? ¿Qué pasa?
  What's happening? ¿Qué pasa?
  What's. . . like? ¿Cómo es…?
  What's new? ¿Qué hay de nuevo?

What's the weather like? ¿Qué tiempo hace?
What's wrong? ¿Qué pasó?
What's your name? ¿Cómo se llama usted? *form.*
What's your name? ¿Cómo te llamas (tú)? *fam.*
when cuando *conj.*
When? ¿Cuándo?
where donde
where (to)? (*destination*) ¿adónde?; (*location*); ¿dónde?
   Where are you from? ¿De dónde eres (tú)? *fam.*; ¿De dónde es (usted)? *form.*
   Where is…? ¿Dónde está…?
   (to) where? ¿adónde?
which que *pron.*; lo que *pron.*
which? ¿cuál?; ¿qué?
   In which…? ¿En qué…?
   which one(s)? ¿cuál(es)?
while mientras *adv.*; rato *m.* **6**
whistle (at) silbar (a) *v.* **6**
white blanco/a *adj.*
   white wine vino blanco
who que *pron.*; quien(es) *pron.*
who? ¿quién(es)?
Who is…? ¿Quién es…?
   Who is calling? (*on telephone*) ¿De parte de quién?
   Who is speaking? (*on telephone*) ¿Quién habla?
whole todo/a *adj.*
whom quien(es) *pron.*
whose? ¿de quién(es)?
why? ¿por qué?
widow viuda *f.*
widowed viudo/a *adj.* **1**
widower viudo *m.*
wife esposa *f.* **4**
will voluntad *f.* **1**
willing (to) dispuesto/a (a) *adj.*
win ganar *v.*
   win a game ganar un partido
   win elections ganar las elecciones **6**
wind viento *m.*
window ventana *f.*
windshield parabrisas *m., sing.*
windy: It's (very) windy. Hace (mucho) viento.
wine vino *m.*
   red wine vino tinto
   white wine vino blanco

wineglass copa *f.*
wing(s) el ala *f.* /las alas
winter invierno *m.*
wireless inalámbrico/a *adj.*
wish desear *v.*; esperar *v.*
   I wish (that) ojalá (que)
with con *prep.*
   with me conmigo
   with you contigo *fam.*
within (ten years) dentro de (diez años) *prep.*
without sin *prep.*; sin que *conj.*
wolf lobo *m.* **5**
woman mujer *f.*
womanizer mujeriego *m.*
wonderful genial *adj.* **1**
wood madera *f.* **5**
wool lana *f.*
   (made of) wool de lana
word palabra *f.*
work trabajar *v.*; funcionar *v.*; trabajo *m.*
   work (*of art, literature, music, etc.*) obra *f.*
   work out hacer gimnasia
   work schedule horario *m.* de trabajo
world mundo *m.*
World Cup Mundial *m.*
worldwide mundial *adj.*
worried (about) preocupado/a (por) *adj.* **1**
worry (about) preocuparse *v.* (por)
   Don't worry. No se preocupe. *form.*; Tranquilo.; No te preocupes. *fam.*
worse peor *adj.*
worst el/la peor, lo peor
worthy digno/a *adj.* **4**
Would you like to…? ¿Te gustaría…? *fam.*
write escribir *v.*
   write a letter/post card/e-mail message escribir una carta/postal/ mensaje electrónico
writer escritor(a) *m., f*
written escrito/a *p.p.*
wrong equivocado/a *adj.*
   be wrong no tener razón

X

X-ray radiografía *f.*

Y

yard jardín *m.*; patio *m.*
year año *m.*
   be… years old tener… años
yellow amarillo/a *adj.*
yes sí *interj.*
yesterday ayer *adv.*
yet todavía *adv.*
yield enough to live on dar para vivir *v.*
yogurt yogur *m.*
You tú *fam.*, usted (Ud.) *form. sing.*; vosotros/as *m., f., fam.*; ustedes (Uds.) *form. pl.*
   (to, for) you te *fam. sing*; os *fam. pl.*; le *form. sing.*; les *form pl.*
   you te *fam., sing.*; lo/la *form., sing.*; os *fam., pl.*; los/las *form., pl, d.o. pron.*
   You don't say! ¡No me digas! *fam.*; ¡No me diga! *form.*
   You are… Tú eres…
   You're welcome. De nada.; No hay de qué.
young joven *adj.*
   young person joven *m., f.*
   young woman señorita (Srta.) *f.*
younger menor *adj.*
   younger brother, sister hermano/a *m., f.* menor
   youngest el/la menor
youngster chaval(a) *m., f.* **6**
your su(s) *poss. adj. form.*
   your tu(s) *poss. adj. fam. sing.*
   your vuestro/a(s) *poss. adj. form. pl.*
   your(s) suyo(s)/a(s) *poss. pron. form.*
   your(s) tuyo(s)/a(s) *poss. fam. sing.*
   your(s) vuestro(s)/a(s) *poss. fam.*
youth juventud *f.* **4**

Z

zero cero *m.*

Index

Credits

Every effort has been made to trace the copyright holders of the works published herein. If proper copyright acknowledgment has not been made, please contact the publisher and we will correct the information in future printings.

Photography and Art Credits

All images © Vista Higher Learning unless otherwise noted.

Cover: Iñaki B. Argazkiak/Moment Open/Getty Images.

Lesson 1: 2: Aldomurillo/iStockphoto; **3:** (b) J. Emilio Flores/Corbis Historical/Getty Images; **4:** (l) Anne Loubet; (tm) Edyta Pawlowska/Fotolia; (bm) ImageShop/Corbis; (tr) Pixland/Jupiterimages; (mr) FotoliaI/Fotolia; (br) Ant236/Fotolia; **8:** Courtesy of Network Ireland Television; **12–13:** Colorblind/Corbis; **13:** (tl) AO Images/PacificCoastNews/Newscom; (mr) Helga Esteb/Shutterstock; (ml) Noppasin Wongchum/123RF; (br) Eddie Moore/ZUMA Press/Newscom; **14:** (l) Digital Catwalk/Retna/Photoshot/Newscom; (inset left) Patrick McMullan Co./PMC/Sipa USA/Newscom; (r) From *In the Time of the Butterflies* by Julia Alvarez ©2010 by Julia Alvarez. Courtesy of Algonquin Books; (inset right) Peggy Peattie/ZUMA Press/Newscom; **15:** (t) *Earache Treatment* (1989), Carmen Lomas Garza. Alkyd and oil on canvas. 17 1/8 X 15 1/8 in. (43.4 X 38.3 cm). Hirshhorn Museum and Sculpture Garden, Smithsonian Institution, Museum Purchase, 1995. Photography by Ricardo Blanc; (b) Aldamisa Entertainment/Photos 12/Alamy; (inset) Patrick McMullan Co./PMC/Sipa USA/Newscom; **16:** (b) Philip Gould/Corbis Documentary/Getty Images; **21:** (l, r) Martín Bernetti; (m) José Blanco; **24:** Janet Dracksdorf; **25:** (tl) Ali Burafi; (tm) Janet Dracksdorf; (tr) José Blanco; (bl) Paola Rios-Schaaf; (bm) Oscar Artavia Solano; (br) Martín Bernetti; **27:** Shironosov/iStockphoto; **28:** (tl, tr, br) Martín Bernetti; (tm) PM Images/Getty Images; (bl) Paula Díez; (bm) Reed Kaestner/Corbis; **32:** J. Emilio Flores/Corbis Historical/Getty Images; **33:** Aldo Murillo/iStockphoto; **35:** Jean-Régis Roustan/Roger-Viollet/The Image Works; **36:** (foregound) Josh Westrich/Corbis/Getty Images; (background) Image Source/Corbis.

Lesson 2: 40: Don Mason/Blend Images/Corbis; **41:** (b) Todd Coleman **42:** (tl) Ferenc Szelepcsenyi/Fotolia; (tm) Lauren Krolick; (m) Paula Díez; (bl) Luis Sandoval Mandujano/iStockphoto; (bm) David R. Frazier Photolibrary, Inc/Alamy; (br) Stockbyte/Getty Images; **50:** (bl) Stockcam/iStockphoto; (br) Monica Rodriguez/Media Bakery; **50–51:** (t) Wojtek Buss/AGE Fotostock; **51:** (tl) Vario Images GmbH & Co.KG/Alamy; (mr) Grigorev Mikhail/Shutterstock; (ml) Fotointeractiva/123RF; (br) Christian Rodriguez/Bloomberg/Getty Images; **52:** (l) *Autorretrato con mono* (1938), Frida Kahlo. Oil on Masonite. Oil on Masonite, support: 16 x 12 in; framed: 19 1/2 x 15 1/2 x 1 1/2 in. Albright-Knox Art Gallery/Art Resource, NY/©2017 Banco de México Diego Rivera Frida Kahlo Museums Trust, Mexico, D.F./Artists Rights Society (ARS), New York; (r) SUN/Newscom; **53:** (t) Featureflash Photo Agency/Shutterstock; (b) Detail of *Batalla de los Aztecas y Españoles* (1929-1930), Diego Rivera. Fresco, 4.35 x 5.24 meters. Palace of Cortes, Cuernavaca, Mexico. Schalkwijk/Art Resource, NY/©2017 Banco de México Diego Rivera Frida Kahlo Museums Trust, Mexico, D.F./Artists Rights Society (ARS), New York; **54:** Buddy Mays/Corbis Documentary/Getty Images; **58:** Mark Lewis/Alamy; **61:** James W. Porter/Corbis/Getty Images; **62:** Angus McComiskey/Alamy; **70:** Todd Coleman; **71:** *Autorretrato como tehuana* (1943), Frida Kahlo. Oil on masonite, 76 x 61 cm. The Jacques and Natasha Gelman Collection of Mexican Art, Mexico City, D.F., Mexico. Erich Lessing/Art Resource, NY/©2017 Banco de México Diego Rivera Frida Kahlo Museums Trust, Mexico, D.F./Artists Rights Society (ARS), New York; **73:** Courtesy of Mercè Rodriguez; **74:** Adan Perez/EyeEm/Getty Images.

Lesson 3: 80: Franckreporter/iStockphoto; **81:** (b) Maremagnum/Photolibrary/Getty Images; **82:** (tl) Courtesy of Facebook ©2017; (tm) Tsian/Fotolia; (tr) José Blanco; (m) Damir Karan/iStockphoto; (b) Pascal Pernix; **90–91:** Ocean/Corbis; **91:** (t) Lucas Vallecillos/VWPics/Newscom; (mt) Maremagnum/Photolibrary/Getty Images; (mb) Luis Alcala del Olmo/El Nuevo Dia de Puerto Rico/Newscom; (b) Bob Krist/Corbis Documentary/Getty Images; **92:** (l) *Vegetación Tropical* (1948), Wifredo Lam. Moderna Museet. Estocolmo, Suecia. ©2017 Artists Rights Society (ARS), New York/ADAGP, Paris. (tr) Alberto Cristofari/Contrasto/Redux; (br) Jacket cover from *La Casa de La Laguna* by Rosario Ferré. Used by permission of Vintage Books, a division of Penguin Random House LLC; **93:** (l) Monica Davey/EPA/Newscom; (r) Courtesy of Ediciones de La Discreta S.L.; (inset) Graham Tim/Corbis Historical/Getty Images; **94:** Patrick Eden/Alamy; **99:** Hugh Burden/Masterfile; **104:** Alberto E. Tamargo/Sipa USA/Newscom; **110:** Goodshoot/Photononstop; **112:** (t) Patrik Giardino/Corbis/Getty Images; (bl) John Parra/

Wire Image/Getty Images; (bm) Comstock/Corbis; (br) Lawrence Manning; **113:** (t) Pascal Pernix; (b) Ingram Publishing/Alamy; **115:** Photo courtesy of Oriol Miralles; **116:** Chris Knorr/Design Pics/Corbis.

Lesson 4: 120: Kevin Kozicki/Media Bakery; **121:** (b) Danny Lehman/Corbis; **122:** Elena Ray/Fotolia; **123:** Randy Faris/Corbis/VCG/Getty Images; **126:** Courtesy of ECAM; **130–131:** Danny Lehman/Corbis/VCG/Getty Images; **131:** (t) Charles O. Cecil/Danita Delimont Photography/Newscom; (mr) Kent Gilbert/AP Images; (ml) Alberto Lowe/Reuters; (b) Esteban Felix/AP Images; **132:** (t) Oscar Elias/Newscom; (b) *Dos peras en un paisaje* (1973), Armando Morales. Mary-Anne Martin Fine Art/©2017 Artists Rights Society (ARS), New York/ADAGP, Paris; **133:** (t) Richard Bickel; (inset) Danny Lehman/Corbis; (b) *Caserio* by Mauricio Puente, El Salvador. Photo courtesy of Mauricio R. Puente; **134:** Joson/Media Bakery; **137:** Oleg Gekman/123RF; **140:** (both) Martín Bernetti; **142:** (all) Paula Díez; **146:** Danny Lehman/Corbis Documentary/Getty Images; **147:** Martin Norris/Alamy; **149:** Win McNamee/Getty Images; **150:** (t) AFP/Getty Images; (b) White House Press Office/ZUMA Press/Newscom; **151:** Jared Wickerham/Getty Images; **153:** Toni Albir/EPA Photo EFE/Newscom; **154:** Long10000/123RF.

Lesson 5: 158: Martín Bernetti; **159:** (b) Sipa Press Pixelformula/SIPA/Newscom; **160:** (tl) Corel/Corbis; (tm) Martín Bernetti; (tr) Janet Dracksdorf; (ml) Vrabelpeter1/Fotolia; (mr) Carsten Reisinger/Fotolia; (bl) Frank Burek/Corbis; (br) Anne Loubet; **168:** (b) Edwin de Jongh/123RF; **168–169:** (t) Martín Bernetti; **169:** (t) Martín Bernetti; (m) Paola Rios-Schaaf; (b) Daryl Benson/Masterfile; **170:** (tl) Sipa Press Pixelformula/SIPA/Newscom; (inset) Carlos Alvarez/Getty Images; (r) Piero Pomponi/Liaison/Getty Images; **171:** (tl) *President Charles DeGaulle* (1967), Marisol Escobar. Mixed media: wood, plaster and mirror. Dimensions: 107 1/4 x 86 1/4 x 31 7/8 in. Smithsonian American Art Museum, Washington, DC/Art Resource, NY/Licensed by VAGA, New York, NY; (tr) Oscar White/Corbis Historical/Getty Images; (b) AP Images; **172:** Fotos 593/Fotolia; **177:** Szefei/Shutterstock; **179:** Medioimages/Photodisc/Getty Images; **188:** Amazon-Images/Alamy; **189:** Martín Bernetti; **190:** Corbis; **191:** AP Images; **192:** Scott Picunko/Illustration Source.

Lesson 6: 196: Juan Carlos Lucas/NurPhoto/Getty Images; **197:** (b) Christophe Simon/AFP/Getty Images; **198:** (t) Gary Yim/Shutterstock; (m) Ernesto Arias/EFE/Newscom; (b) Leo Ramirez/AFP/Getty Images; **201:** (l) Katie Wade; (ml) Martín Bernetti; (mr, r) José Blanco; **206:** (bl) Lars Rosen Gunnilstram; (br) Eric Wheater/Lonely Planet Images/Getty Images; **206–207:** (t) Hubert Stadler/Corbis Documentary/Getty Images; **207:** (tl) Beyond Fotomedia GmbH/Alamy; (tr, br) Lauren Krolick; (bl) Martín Bernetti; **208:** (l) Book cover from *Hija de la Fortuna* by Isabel Allende. Copyright ©1999 por Isabel Allende. Reprinted by permission of HarperCollins Publishers; (m) Christophe Simon/AFP/Getty Images; (r) El Mercurio de Chile/Newscom; **209:** (t) Luis Hernán Herreros Infante; (m) *L'Etang de No.* (1958), MATTA. Oil on canvas, 293 x 200 cm. Musée National d'Art Moderne, Centre Georges Pompidou, Paris, France/CNAC/MNAM/Dist. RMN-Grand Palais/Art Resource, NY/©2017 Artists Rights Society (ARS), New York/ADAGP, Paris; (b) Marc Alex/AFP/Getty Images; **210:** Lauren Krolick; **215:** Prathan Chorruangsak/Shutterstock; **218:** Lauren Krolick; **222:** Martín Bernetti; **223:** (l) Ekaterina Pokrovsky/Fotolia; (r) Jorg Hackemann/Shutterstock; **226:** (l) Bettmann/Getty Images; (r) World History Archive/Newscom; **229:** Ezequiel Scagnetti/ZUMA Press/Newscom; **230:** (bird) Daniel Hernanz Ramos/Moment Open/Getty Images; (branches) Andrean Richardo/EyeEm/Getty Images.

Manual de gramática: 241: Paula Díez; **248:** (all) Martín Bernetti; **254:** Martín Bernetti; **260:** Martín Bernetti; **261:** (t) Pressmaster/Shutterstock; (b) Piranka/iStockphoto; **264:** Anne Loubet; **266:** Anne Loubet; **268:** Corbis; **270:** José Blanco; **271:** Martín Bernetti; **274:** Paula Díez; **275:** Martín Bernetti; **280:** SW Productions/Photodisc/Getty Images; **282:** (l) José Blanco; (r) Janet Dracksdorf; **283:** Paula Díez; **284:** Martín Bernetti.

Back Cover: Demaerre/iStockphoto.

Text Credits

page 36 "Poema 20", Veinte poemas de amor y una canción desesperada. © 1924, Fundación Pablo Neruda.

page 74 Courtesy of Mercè Sarrias Fornés.

page 116 Courtesy of Ginés Cutillas.

page 154 © Augusto Monterroso.

page 192 © Jaime Sabines, "La luna", reprinted by permission of the Sabines family.

page 230 From Memoria del fuego: El siglo del viento. Copyright © 1986 by Eduardo Galeano. Published by Siglo XXI de Espana Editores, S.A. By permission of Susan Bergholz Literary Services, New York, NY and Lamy, NM. All rights reserved.

Short Film Credits

page 08 Courtesy of Network Ireland Television.
page 46 By permission of IMCINE.
page 86 Courtesy of Yecid Benavides, Yecid Benavides Jr. and Johanan Benavides.
page 126 Courtesy of ECAM.
page 164 By permission of Gaizka Urresti.
page 202 By permission of Xavi Sala Camarena.

TV Clip Credits

page 33 Courtesy of Univision Communications, Inc.
page 71 Courtesy of Mariana Price.
page 113 Courtesy of Noticias SIN.
page 151 © 2013 Noticiero Univision.
page 189 Courtesy of Agencia EFE.
page 227 Courtesy of ANA INES CIBILS, MATHILDE BELLENGER/AFPTV/AFP.